전기

교차 3

전기, 삶에서 글로

발행일	2022년 10월 31일 초판 1쇄
지은이	주아·윤진·강민혁·김한결·윤여일·이우창·강초롱 정성욱·현재환·이진이·지영래·편영수·나성인·윤상원·김민철
기획위원	김영욱·박동수·박민아·최화선
진행	김현우
편집	남수빈
교정·교열	김보미·김준섭·이돈성
디자인	6699press
사진	Studio DOSI
제작	영신사

펴낸곳	읻다
등록	제300-2015-43호. 2015년 3월 11일
주소	(04035) 서울시 마포구 양화로11길 64 401호
전화	02-6494-2001
팩스	0303-3442-0305
홈페이지	itta.co.kr
이메일	itta@itta.co.kr

ISBN 979-11-89433-62-8 (04080)

ISBN 979-11-89433-41-3 (세트)

책값은 뒤표지에 있습니다.

잘못된 책은 구입하신 서점에서 바꿔 드립니다.

삶에서 글로

일러두기

+ 서평 도서의 인용은 내주로, 그 외 문헌의 인용은 각주로 표기했다.
+ 책·간행물·신문은《 》로, 신문 기사는 “ ”로, 논문·영화·미술 작품은 〈 〉로 묶었다.
+ 외국 인명과 지명 표기는 국립국어원 외래어 표기법을 따랐으며,
관례로 굳어진 것은 예외로 했다.

서문
한 인간을 쓴다는 것

김영욱

유한한 삶, 빈약한 글

한 인간과 그를 기억하는 자들은 곧 사라진다. 삶을 기록하는 일은 이러한 운명을 인정하고 할 수 있는 한 그것에 맞서는 것이다. 인간의 보편적 작문인 조사弔詞와 비문碑文이 전기의 한 기원으로서 끊임없이 진화하는 장르에 인류학적 정당성과 동력을 제공하는 것은 우연이 아니다. 누구에게나 사랑하고 존경하는 사람의 인생을 몇 마디 말 혹은 한 편의 글로 바꾸어야 할 때가 온다. 나 자신도 언젠가 누군가에 의해 문장 몇 개로 분해될 것이다. 삶은 흙으로 돌아가지만 동시에 문자로 변환된다.

어떻게 글 한 편이 한 인간의 삶을 온전히 담을 수 있다고 믿겠는가? 추도의 말과 글은 다시 한 번 전기의 본질을 보여준다. 몇 분 남짓한 추사나 돌에 새긴 짧은 글귀는 망자에 대한 두세 가지 일화를 주관적으로 진술한다. 조금 더 시간을 주고 거리를 두어도 결과는 다르지 않다. 글의 빈약함과 삶의 풍부함 사이에는 넘을 수 없는 격차가 가로놓여 있다. 이 극복할 수 없는 불일치가 사적으로는 그리움의 깊이로 감각되겠지만, 전기 작가에게는 원리적 불가능성으로 인지된다. 전기를 완성하는 것은 불가능하며 어불성설이다.

그렇지만 조사와 비문은 무력감과 동시에 돌파하려는 의지를 갖는다. 인간적 대응은 역설적이다. 모든 것을 모든 관점에서 기술할 수 없기에 오히려 아주 적은 것을 암시와 비유로 기록하며, 이를 위해 각 단어와 어조가 진실한 감정이 요구하는 것과 대조적으로 교묘하게 조직된다. 게다가 애도하는 자는 앞에 누워 있는 사람이 다른 어떤 존재와 같지 않고 자신에게 닥친 상실이 다른 어떤 죽음과 같지 않다는 것을 확인하고자 기존 사례를 고려하고 차별화를 시도한다. 그 결과 긴 시간 동안 축적된 슬픔의 말들이 어느새 고도의 인간학이 되고 문학적 제도가 된다.

죽음과 애도의 보편성에 기대어 전기의 본질을 묘사하려는 이 고찰은 감상적이고 불충분하다. 전기의 인류학적, 철학적, 문학적 토대가 조문, 비문에 대한 한낱 상념으로 온전히 규명될 리 없다. 독특한 삶을 기술하고 판정하는 보편적 활동은 다수이고, 전기는 이것들 각각에서 다른 양상으로 추론된다. 또한 죽음을 경험하는 방식은 죽음의 확실성과 별개로 역사적으로 구성된다. 그것은 그리 보편적이지 않다. 죽음에 대한 언어적 반작용 기제만 고려한다 해도 매우 긴 역사적 탐사를 각오해야 한다. 그리고 이러한 역사성은 추사나 비문과 함께 전기의 모델로 상정될 수 있는 모든 활동에 적용되어야 할 것이다.

일례로 고대부터 의사들은 환자를 진단하고 치료하기 위해 신체적 요소와 도덕적이고 사회적인 요소의 상호 작용을 간과하지 않으면서 삶을 기술했다. 의학은 근대 사회에서 눈부시게 발전하기 전에도 한 인간을 내면까지 규정하는 전형적 실천이었다. 진단서는 조문, 비문만큼 전기의 보편적 기원일 것이다. 회자되는 전설에 따르면, 동료 시민들에게 광인으로 오인된 철학자 데모크리토스의 이성을 간파한 자는 그를 진찰한 히포크라테스였다. 마찬가지로 일탈과 교정의 관점에서 삶을 서술하지만 전제와 방법은 상이한 개인 결산의 보편적 활동이 있다. 재판과 판결문은 건강이 아니라 법을 기준으로 인간과 그의 행동을 요약한다. 사법적 판단은 자연적 질서와 완전히 갈라서지 않는 도덕적이고 사회적인 질서에 견주어 한 인간의 삶을 관찰하고 정의한다.

따라서 전기는 또한 진단서와 판결문을 원형으로 삼는다. 이로써 재차 추론되는 전기의 본질에서 삶은 그것의 가능 조건이면서도 그것과 대립하는 자연적, 도덕적, 사회적 질서에 따라 파악된다. 삶은 정상 상태가 아니라, 이상 증세를 통해 기술된다. 삶은 기억과 보상이 아니라, 판단과 개입의 대상이다. 이것이 작동하기 위해서는 다양한 층위의 질서가 먼저 규명되어야 하고, 기존 인간의 증상과 행동을 대조군으로 제시할 수 있어야 하며, 인간을 분석하는 방법과 그 절차를 기술할 언어가 해당 영역에서 전문적으로 고안되어야 한다. 진단서와 판결문도 자신의 역사를 갖는다는 사실을 잊지 말자. 인간과 그를 둘러싼 질서의 개념화, 이러한 개념화의 토대인 언어가 시간에 따라 변화했을 테니까. 1000년 전 중국에서 작성된 진단서와 고대 이집트의 판결문이 우리에게 낯선 단어와 형식으로 작성되었을 것이라고 추측할 수 있다.

조문, 진단서, 판결문… 그런데 신화와 경전은 이런 문서들 이상으로 오랫동안 삶을 묘사하고 판단하지 않았는가? 그것들은 한 개인을 다른 인간의 원형이나 신적 존재로 격상시키는 기교를 개발하기까지 했다. 주인공을 중심으로 그가 속한 세계를 조명하는 민담과 기타 장르들은? 이것들이 없었다면 인간에게 성격을 부여하고 인간과 세계의 구조를 효율적으로 제시할 장치를 전기가 구할 수 있었겠는가? 삶의 집합으로 이해되곤 하는 역사는 전기를 원자로 갖는 특수한 인식이 아닌가? 한동안 이어질 첨언은 전기가 인간에 대한 전면적 탐구임을, 그런 한에서 인간 관념과 활동을 분류하는 모든 기술에서 자원을 얻는 작업임을, 인간이 문제가 되고 그것을 글로 풀어내려 할 때 매번 뒤따르는 지성적이고 문학적인 작용임을, 그렇기 때문에 전기란 따로 다루기에는 너무 일반적인 범주임을 입증하는 것처럼 보인다.

관점 혹은 방법의 일반성과 혼동되곤 하는 다른 일반성이 있으며, 이러한 혼동에 의해 둘은 상호 강화된다. 한 인간에 대한 연구가 원리적으로라도 방법과 표현의 총체성을 요구할 때, 이로부터 도출될 결론이 인간 일반의 진리를 지시할 것이라는 기대 혹은 그에 대한 의무가 발생한다. 좋은 전기는 한 인간을 통해 모든 인간은 아닐지라도 특정 환경에 속하는 여러 인간을 함축한다는 이념이 당연시된다. 어떻게 하나의 고유한 삶에 대한 진술이 다른 삶을 사는 존재에게 유효할 수 있을까? 논리와 상식은 같은 답을 제시한다. 인간의 삶과 그 조건인 사회가 어느 정도 보편성을 갖기 때문이다. 사는 일은 시대와 지역을 막론하고 서로 통한다고 말한다. 인간은 타인에게서 자신을 비롯해 많은 사람을 발견한다.

보편자로서 인간은 얼마나 자연스러운 관념일까? 바로 앞에서 그것이 사실이 아니라 기대와 요청의 대상이라고 단정했다. 두 번째 일반성 또한 첫 번째와 마찬가지로 인간의 온전한 인식이 불가능하다는 것, 그럼에도 애써보는 것이 인간의 최선이라는 것을 함축하는 것 같다. 이런 짐작은 윤리적 언어로 번역될 때 더 분명히 이해된다. 전기는 인간이 자신과 다른 존재에게 진정으로 관심을 가질 수 있는지 묻는다. 타인의 진실, 아마도 네게 무의미할 그것을 위해 너는 그토록 길고 난해한 연구를 수행하겠는가? 전기는 모두가 느끼지만 모르는 척하는 본능, 즉 타인에 대한 근본적 무관심을 대면하고 염려하도록 한다. 당연시되는 인간의 보편성은 사회성의 환상일 가능성이 크다. 그래도 그것은 우리가 품고 있는 사회를 향한 욕망을 입증한다.

진지한 전기는 이 두 가지 일반성을 사실이나 이상이 아니라 문제로 수용한다. 전기 작가는 관점을 지정함으로써 자신을 한정하고, 부분적일 수밖에 없는 방법을 채택함으로써 그것이 속하는 논쟁의 맥락으로 뛰어든다. 그는 한 인간의 개성을 보존하면서 그로부터 보편적 진리를 얻는 것이 불가능하다는 것을 알지만, 자신 안에 일어나는 공감과 배움이 보편적 진리의 흐릿한 기호이지 않을까 생각해본다. 즉 그는 그가 쓰는 존재의 개인성과 자기 자신의 개인성을 동시에 느끼며, 그런 와중에 자신이 부정한 일반성을 예감한다. 전기는 이중의 불가능한 요구에 대한 인간적 한계의 자각에 의해, 그럼에도 불구하고 작성된다.

이미 기원전 4세기에 플라톤은 한 인간의 삶을 쓰는 행위의 모든 함축을 인식한 것 같다. 전체라고 해도 좋을 그의 저작 대부분은 결국 소크라테스라는 철학자의 전기다. 플라톤은 단 한 사람의 삶을 계속 쓴다. 이것은 단순한 반복이 아니다. 예를 들어 그가 《소크라테스의 변론》이나 《파이돈》에서 스승의 삶을 옹호하는 동시에 진리 자체를 구해내기 위해 당대 사법적 담론이나 죽음의 의미론 한복판에 들어가 싸우는 것을 보라. 플라톤은 자신이 아닌 한 철학자의 삶을 각 대화편의 맥락을 통해 묘사하고 고찰함으로써만 철학적 삶을 규명하고 실험할 수 있었다. 그는 자신의 진리를 발화하기 위해 소크라테스의 목소리가 구체적 장소를 또렷이 울리길 바랐다. 도대체 언제, 어떻게, 단 한 명의 삶을 묘사하는 것을 철학자로서 평생 작업으로 삼게 되었는지 궁금할 뿐이다.[1]

장르의 역사

전기는 개인과 인간성의 관계 혹은 개인으로서 자아와 타자의 관계에 기초한다. 장르로서 전기는 이 관계를 텍스트 쓰기와 읽기로 조사한다. 이때 일반성의 이념은 가상이라도 헛되지 않다. 하지만 이로 인해 역사성이 지워져선 안 된다. 기본적 사실에서 출발해 보자. 플라톤은 의도적으로 전기를 썼지만 그는 자신이 전기를 쓴다는 생각도, 그런 말도 하지

1
이 실천이 플라톤만의 독자적인 기획은 아니다. 실제로 전기의 역사에서 소크라테스의 사유와 삶을 종합하여 기술하는 "소크라테스 문헌socratic literature"은 장르 "선사prehistory"의 주요 계기로 평가된다. Herwig Görgemanns and Walter Berschin, "Biography," Brill's New Pauly, 2022년 9월 28일 접속, http://dx.doi.org.acces.bibliotheque-diderot.fr/10.1163/1574-9347_bnp_e217550.

않았다. 적어도 서양에서 전기는 개인의 형상이 어느 정도 굳어진 후에야, 그래서 개인과 개인의 지적이고 감정적인 관계가 상당히 근대적 형태가 되고 나서야 하나의 장르, 독자적인 연구로 인지된다. 서구권에서 '전기biographía'라는 말을 처음 쓴 것은 5-6세기 신플라톤주의 철학자 다마스키오스Damascios로 알려져 있다. 하지만 이 단어가 보급되고 그것이 지시하는 활동이 따로 논의되는 것은 17세기 후반이다.

역사 서술의 본질적 어려움을 대변하는 질문들이 제기된다. "전기" 이전의 전기와 이후의 전기를 구분해야 하는가? 그렇다면 어떤 시기, 어떤 저작, 어떤 관념을 기준으로 삼을 것인가? 그토록 길고 모호한 전사와 상대적으로 짧아도 급격한 변동을 겪으며 복잡한 인식론과 지정학을 산출한 역사 각각을 어떻게 세분화하고 공인할 것인가? 역사가 있긴 한가? 있다면 그것은 몇 개인가? 전기의 역사를 따져보는 사람은 마치 개인 일반의 역사를 기술할 때와 같은 막막함을 느낄 것이다. 이 장르의 역사를 고안하는 연구들에서 공통적으로 발견되는 도식은 다음과 같지만, 이것이 유럽 문화사의 허술한 개요와 잘 구별되지 않는다는 것도 사실이다.[2]

서양에서 전기의 시점에 대해서는 의견이 분분하다. 하지만 시작이 기원전 4세기든 기원후 1세기든 하나의 전통이 17-18세기까지 지속했다고 여겨진다. 이 "고전적 패러다임"에서 전기가 다루는 대상은 도덕적으로나 역사적으로 중요한 인물이고, 인식론적 도구는 한 인간의 성격이나 도덕성을 행위와 분리하여 비교하는 것, 즉 주체와 그의 일을 구조화하는 것이며, 서술 방식은 묘사나 서사보다 일화를 통해 특정 관념을 예증하는 것이고, 목적은 한 인간의 삶이 구현하는 도덕적, 종교적, 정치적 교훈을 얻는 것이다. 1-2세기의 동시대인인 수에토니우스Suetonius와 플루타르코스는 고전적 전기의 기원이자 모델이 된다. 전자

2
곧 서술할 전기 역사의 세 "패러다임"은 프랑스어권의 다음 연구를 기초로 한다. Daniel Madelénat, *La biographie* (PUF, 1984), 32-74. 그렇다 해도 서양에서 전기의 진화를 정리하는 대부분 문헌은 이러한 도식을 공유하는 것 같다. "이야기체 장르narrative genre"로서 전기에 대한 간략하지만 촘촘한 영어권 안내는 다음 문헌을 참고할 수 있는데, 특히 장르의 역사에서는 거의 동일한 통사를 확인할 수 있다. Paul Murray Kendall, "Biography," Encyclopedia Britannica, 2022년 9월 28일 접속, https://www.britannica.com/art/biography-narrative-genre. 아쉽지만 한국어로 된 종합적 서술은 찾기 어렵다. 또한 중국어나 일본어로 쓰인 문헌들이 동아시아에서 전기 장르의 통사를 다루리라 생각하지만 나로서는 접근이 어렵다.

가 경험적 사실의 기록에 치중하면서 실증적 면모를 보이는 반면, 후자는 일화를 통한 내러티브 구성 쪽에 기운다고 한다.

기원부터 18세기까지의 긴 역사를 하나의 전통으로 묶는 것, 그리고 성인전을 비롯한 중세의 실천이나 예술가 전기와 같은 르네상스의 혁신을 엄밀한 검토 없이 동일한 전통에 통합하는 것은 근대인의 원근법적 인식일 것이다. 그럼에도 18세기에 이르면 이전과 다른 특수한 조건이 마련되고 새로운 흐름이 분출한다는 사실을 부정하기 어렵다. 한 인간의 삶을 도덕적이거나 종교적인 가치로 환원하는 것이 부당하다고 판단된다. 개인의 본성과 경험을 재구성하기 위해 객관적 정보를 최대한 취합할 것이 요구된다. 인간과 세계는 개인주의와 세속화의 진전에 따라 전과 다르게 인식된다. 이와 함께 문학의 역할을 빠뜨릴 수 없다. 소설과 같은 근대 문학 장르와 그 방법적 도구들이 개발되면서, 전기의 형식 그리고 그 속에서 주조되는 인간의 형상 또한 다른 것이 된다.

18세기 후반부터 19세기까지 서양 전기의 전통은 보통 "낭만주의"의 표지를 달고 있다. 이 전통에서 전기는 한 인간의 총체성, 깊은 통일성을 확인하려 한다. 신분제와 봉건제 바깥으로 나와 원리적으로 비결정 상태인 개인의 삶은 이중의 동시적 과정, 즉 내밀한 힘과 욕망이 복잡한 사회적 관계들에 의해 해석되는 과정과 이 내밀함의 작용이 사회적 관계들을 변형시키고 창출하는 과정으로 재구성된다. 삶의 동력 대부분은 개인과 사회의 긴장에서 온다. 그래서 전기는 삶 각각의 독특한 주관성과 그 사회적 발현을 동시에 추적해야 한다. 한편으로 이전 전통에서 무의미했던 유년기와 성적 본능을 분석하는 것이 필수 절차가 되고, 다른 한편으로 광범위한 자료 수집과 사회학적 조사를 통해 실증적이고 구조적인 입증이 동원된다. 심리 소설, 성장 소설 등의 문학적 장치가 보급된 것도 주요한 조건이다. 새로운 전통의 모델이 된 새뮤얼 존슨Samuel Johnson과 제임스 보스웰James Boswell의 이름은 누락되는 일이 없다. 비로소 전기는 인간에 대한 다른 연구나 문학의 다른 장르와 구별되는 독립적 활동으로 지시되고 고찰된다.[3]

3
나는 이번 기회에 사례 하나를 살펴볼 수 있었다. 아래 책은 19세기 초 전기 장르가 근대 사회의 총체적 인간학으로 이해되고 있음을 보여준다. 저자에 따르면 전기 작가는 동시대 인간의 주관성 형성과 사회화 과정에 대한 여러 사전 연구를 수행해야 한다. 그런데 또한 타인의 삶에 대한 깊은 이해와 공감, 다른 개별자의 진실을 구하려는 신념을 갖출 것이 요구된다. 그는 이

한 인간이 가장 깊은 주관성과 가장 복합적인 사회성 양쪽으로 소급되는 다른 개인에게서 통일성을 구하겠다는 것은 근대 인간주의 혹은 휴머니즘의 다분히 이상화된 기획이다. 그리고 이상화된 만큼 무모하다. 실제로 이 전통을 상대화하고 비판할 때까지 오랜 시간이 걸리지 않았다. 19세기 후반이면 이성과 실증주의에 대한 비판이 격화되고, 진화론과 유물론적 역사관과 무의식의 발견이 인간을 자신에게서 소외된 존재로 만든다. 이제 개인은 하나의 정체성 안에 겨우 제한되어 있는 상충하는 힘들의 효과일 뿐이다. 이 효과를 정의하고 설명하기 위한 다양한 이론, 다양한 과학이 뒤따른다. 예를 들어 정신분석은 의식과 의식적 행위의 기술로 인간을 규정할 수 없음을 보여줌으로써 이론의 과학성이나 의학적 효과와는 별개로 전기 장르에서 "현대적 패러다임"의 기본 모델 중 하나가 되었다. 또한 개인을 전문적 직업 세계에 한정하고 그 세계의 내적 논리를 파고드는 방법은 그저 이전 전통들을 따르는 것이 아니라, 개인의 파편화에 사회의 파편화로 대응하고 있었을 것이다. 이에 호응하는 문학적 장치를 마련하기 위해 전기는 현대 문학의 미묘한 실험들과 장르 문학의 유희적 관습을 전용한다.

장대한 역사를 몇 문단으로 분절하다니. 하지만 이 무모함이 무지와 무력함의 이면이라는 것을 누구도 모르지 않을 것이다. 독자들은 구분된 세 전통이 순차적으로 이어지지 않았음을 알고 있다. 서점에 비치된 신간 대부분은 현대적 감수성으로 포장되어 있어도 여전히 《플루타르코스 영웅전》의 아류다. 특정 시대에 쓰인 중요한 전기가 한 가지 전통에 온전히 포괄되는 경우도 거의 없다. 서양 전기의 역사가 개인 관념 역사의 리듬을 따르는 것처럼 썼지만, 이러한 동기화에서 벗어난 사례는 매우 흔하다. 전기와 인접한 여러 장르들은 사방에서 전기의 진화에 개입하여 굴절을 유발한다. "낭만주의" 전통의 이상이 인지되기도 전에 그것을 회의하고 혁신하려 한 일기 모음집, 회고록, 자서전 등 일종의 1인칭 전기를 보라. 1764년 최초의 근대 자서전을 구상하던 장자크 루소Jean-Jacques Rousseau는 당시의 전기 장르들을 호출하며 이렇게 썼다. "'역사', '삶', '초상', '성격론'! 이것들이 다 무엇인가? [...] 한 인간의 삶을

것을 "전기의 정신biographical spirit"이라 부른다. 전기는 특정 주체에 대한 탐구일 뿐 아니라, 두 주관성 사이의 문제로 파악된다. James Field Stanfield, *An Essay on the Study and Composition of Biography* (G. Garbutt, 1813).

쓸 수 있는 자는 오직 자신뿐이다. 그의 내적 존재 방식, 그의 진정한 삶은 오직 자신에게만 인식된다."[4]

게다가 이 역사 서술은 다른 누군가가 아닌 우리에게는 결산이 아니라 쟁점일 수밖에 없다. 그것은 유럽 휴머니즘의 확산 속에서 "보편사"에 대한 동의와 저항을 조율하고 우리 자신을 위한 지정학을 구축하는 일이 전혀 해결되지 않았기 때문이다. 한 인간이 다른 인간을 이해하고 글로 옮기는 활동은 아주 오래 전부터 동아시아와 한반도에서 실행되어 왔다. 하지만 지금껏 그 역사는 제대로 정리되지 않았다. 전기의 변천이 예증하는 개인과 인간에 대한 입장이 우리의 언어와 문학을 통해 충분히 고찰되었다고 아무도 말하지 못한다. 그렇게 형성된 특수한 휴머니즘이 지금 이 세계에서 갖는 의미를 따져보는 것은 원천적으로 불가능하다. 《교차》 3호 《전기, 삶에서 글로》의 첫 번째 문제의식은 너무 큰 결핍의 너무 늦은 자각이다.

기획 회의

수많은 인간이 있었고, 이들의 삶을 기록한 수많은 글이 있었다. 막상 서평지의 구성과 방향을 결정하려 하자 이 확실한 사실 하나를 극복할 길이 보이지 않았다. 시간이나 공간에 따라 가장 대표적인 것을 추린다 해도 인류 역사와 지구 지표면의 극히 일부를 건드릴 뿐이다. 장르의 진화를 고려하면서 방법론을 기준으로 삼는 것도 가능할 텐데, 그러자면 장르의 심층적 연구가 공유되어야 하고, 각 서평자가 전기의 역사와 이론을 의식하며 작성해야 할 것이다. 어느 쪽을 택하든 만족스럽지 않았고, 무엇보다 우리 자신이 준비되어 있지 않았다. 차라리 전기에 대한 연구를 전면에 배치한다면? 외국어로 가득한 지루한 학술지를 보게 될 것이다. 게다가 전기에 대해서는 전문적인 글만큼 전문가도 찾기 힘들었다. 한국에서 전기는 모두가 읽고 있어도 아무도 어떻게 말해야 하는지 알지 못하는 것이다. 어째서 이 정도로 불모지일까? 우리는 첫 문제의식에서 조금도 나아가지 못했다. 그럴수록 기획의 정당성을 무시할 수 없어 괴로웠다.

언제나처럼 절충적이고 느슨한 타협에 이르렀다. 일단 전기의 역

4 Jean-Jacques Rousseau, *Manuscrit de Neuchâtel, in O.C. I* (Gallimard, 1959), 1149.

사성을 포기할 수 없었기에 이후 장르의 기원이 될 책 네 권을 묶었다. 이 '전기 이전의 전기'에서 윤진, 강민혁과 함께 플루타르코스와 디오게네스의 고전적 저작을 돌아보는 것도 충분히 유익하지만, 동아시아 전통의 기원 중 하나인 반고 그리고 예술가 전기를 독자적 영역으로 부상시킨 르네상스 시대 바사리를 포함시킬 수 있어서 무척 다행이었다. 반고와 바사리의 저서에 대한 서평을 작성한 주아와 김한결은 책이 속한 역사에 특별히 주목함으로써 기획자들의 구상을 지지해 주었다.

나머지 책에 대해서는 어떤 방침을 정해야 할까? 회의에서 추천된 전기들은 기획위원 각자의 지적 영역이나 관심사에 따라 다양했지만 공통점이 없는 것은 아니었다. 모아놓고 보니 대상이 되는 개인은 모두 유럽인이거나 미국인이었고, 흄을 제외하면 모두 19세기 이후의 인물이었다. 심각한 편중이고 중대한 약점이었다. 하지만 한계를 인정할 수밖에 없었고, 우리를 비판하며 등장할 기획들을 믿을 수밖에 없었다. 할 수 있는 일은 한계 안에서 잘 해보는 것이었다.

19세기 이후 본격적으로 정교화되고 제도화된 서구 근대성의 일면은 직업의 분화와 전문화다. 개인은 국적, 지위, 종교만큼, 아니 그보다 더 직업에 의해 구성된다. 이 시기로부터 많은 전기는 프랑스인으로서 아무개, 귀족으로서 아무개, 기독교인으로서 아무개보다, 교사로서 아무개나 운동선수로서 아무개를 강조한다. 이 사실을 활용할 수 있었다. 공교롭게도 아홉 권에 이름을 제공한 개인은 세 가지 직업으로 분류되었다. 그들은 철학자, 과학자, 예술가 중 하나였다. 범주들은 우리가 엘리트 집단에 편향되었음을 폭로했다. 하지만 세 직업은 아주 오래된 것이므로, 19세기 이후 서구인의 질적 변동 그리고 전기의 역사로 표현된 서구 휴머니즘의 진화를 더 잘 예증할 수 있을지 모른다.

철학자. 해리스의 흄(이우창), 존스의 마르크스와 우드코크의 프루동(윤여일), 커크패트릭의 보부아르(강초롱) 전기 서평은 근대 사회에서 사유를 직업으로 삼은 개인의 특이성과 그러한 인간을 서술하는 전기 작가의 전략을 검토한다. 과학자. 기슨의 파스퇴르(현재환), 켈러의 매클린톡(정성욱) 전기 서평은 과학자 개인의 삶을 파고드는 전기가 근대적 객관성을 독점하다시피 하는 자연과학의 존재 방식을 분석하는 양상을 관찰한다. 예술가. 맥케이의 슈베르트와 이성일의 슈만, 브람스(나성인), 사르트르의 플로베르(지영래), 슈타흐의 카프카(편영수), 아르토의 반 고흐(이진이) 전기 서평은 근대 사회 예술가가 사회를 부정하는 충동과 사회화의 욕망 사이에서 자신의 예술에 이르는 과정을, 거기 스민 감정을 추적한다. 우리는 서평자들에게 장르의 관점에서 작업해줄 것을 강하게 요구하지 않았고, 직종별 구성에 대해서는 아무 말도 하지 않았다. 그럼에도 불구하고 다른 분과에서 왔고 다른 방법론을 가진 9명의 저자는 각자의 초점에서 출발해 공명하는 문제로 접근했다. 서평이 도착할 때마다 더 흥미로웠다.

두 권이 남았다. 이 전기들은 이름이 없다는 점에서 전기의 극단적 실험이거나, 전기가 아닐 것이다. 사실 푸코의 리비에르(윤상원)와 코르뱅의 피나고(김민철)는 이름과 직업을 가지고 있다. 하지만 아무도 그들의 이름을 기억하지 않고, 아무도 그들이 삶을 꾸린 방식을 묻지 않는다. 광기에 휩싸인 살인자와 무의미한 흔적만 남기고 사라진 인간을 어떻게 이해하고 서술할 것인가? 온전한 개인으로 표상되기에는 너무 과도하거나 너무 미약한 존재에 대해 무엇을 쓸 수 있을까? 무엇을 써야 하는가? 윤상원과 김민철은 실패가 예정된 철학자와 역사가의 시도가 근대와 근대인에게 시사하는 것을 곰곰이 생각한다. 명시해두지 않아도 그들은 전기 장르의 한계 위에서 관조한다.

우리는 이러한 절충적 구성에 만족함으로써 방법론적 고찰을 유보했다. 독자들이 식상한 장르에 주목하기 시작한다면, 간혹 더 진지하고 체계적인 조사의 필요성을 느낀다면 충분할 것이다. 그렇지만 예민한 독자는 각 서평에서 방법론적 쟁점을 알아볼 것이다. 보부아르 전기는 철학자라는 인간형을 파악할 때 주어지는 두 가지 방안, 그러니까 글을 통해 삶을 평가하는 것과 삶을 통해 글을 평가하는 것 중 하나를 선택하며, 강초롱은 여성주의 입장에서 이 선택을 옹호한다. 동일한 인간형을 다루는 흄 전기는 글로 구성된 인간의 실체가 그가 쓴 모든 글의 맥락이 지나가는 결절이라고 주장하고, 이우창은 이러한 지성사적 전기의 가능성을 높이 평가한다. 파스퇴르 전기의 저자는 “사적 과학”이라는 독특한 개념으로 과학의 영역을 넓히면서, 개인의 삶이 공적 활동과 사생활로 양분된다는 관념을 은밀히 교정하려 하는 것 같다. 서평자 현재환은 이 개념이 과학사 연구에 기여한 것을 우선시하긴 한다. 매클린톡 전기를 다시 읽는 정성욱 그리고 특히 사르트르에게서 플로베르 전기의 발생을 추적하는 지영래는 과학자와 예술가 평전에서 각 전기의 성과를 확인하고 나서, 타인에게 매혹되어 타인의 삶을 쓰면서 자신의 실존적 고민을 해소하는 전기 작가의 욕망을 엿본다. 모든 쟁점이 전기의 방법론 일반을 검토하기 위해 필수적일 뿐 아니라, 완전히 전개된다면 마지막 두 책만큼 전기의 한계를 비판적으로 사유하게 할 것이다. 다른 서평들도 직접적으로든 간접적으로든 나름의 쟁점을 발굴한다. 모든 서평에 질문을 첨부하고 싶고, 모든 서평자에게 토론을 제안하고 싶다.

《교차》 3호의 의도와 구성은 이와 같다. 마지막 염려가 남았다. 이토록 다양한 전기와 상이한 접근을 단순히 분류하는 것만으로 우리의 기획이 전달될지 불확실했다. 조금 장황하더라도 서문에서 설명을 제공하는 것으로 합의했다. 내가 쓸 차례만 아니라면 완벽한 결론이다!

다른 삶

고유한 활동으로서 전기는 인간이 삶과 글 사이에 본질적 관계를 설정한 문화의 산물이다. 이 문화 속에서 형성된 인간이라면 망각과 죽음으로 떨어지는 삶을 글로 가로채는 법을 배우게 된다. 그것을 완전히 터득한 사람은 없었다. 하지만 단지 살기만 했다면 삶을 느끼지도, 알아보지도 못했을 것이다. 삶은 텍스트의 구조와 문체와 의미망에 따라 인식된다. 전기는 삶을 글로 옮기는 일이지만, 어떤 의미에서는 글을 통해 비로소 살게 되는 일이다. 쉽게 쓴 이 문장이 얼마나 많은 이론적이고 실천적인 함축을 지니는지 짐작하기 어렵다.

한편 나는 삶과 글의 관계만으로 전기의 작동이 다 밝혀질 수 없다는 점을 강조했다. 전기에 의해 파악되는 삶은 나의 것이 아니라 개인으로 포착된 다른 사람의 것이다. 전기의 대상이 단수형의 타인이라는 사실을 몇 번이고 말하고 싶다. 파생 장르들을 논의하기 위해서라도 이 사실에서 시작해야 한다. 전기의 시의성은 인간의 문제가 개인의 문제로 표현되는 시대에 발현된다. 그것은 개인으로서 타인을 아는 것이 중요한 사회에서 완전히 전개된다. 앞서 전기를 비난하는 루소가 삶이 그 자신에 의해서만 이해되고 서술될 수 있다고 주장하는 것을 보았다. 주위를 둘러보라. 어찌됐든 지금은 누구나 이 절대적 권리를 향유하고 있다. 모두가 개인으로서 자신에 대해 말하고 쓴다. 하지만 그것이 삶의 인식이나 창안으로 이어지는 일도, 그것을 통해 나의 삶을 타인에게 이해시키는 일도 도무지 일어나지 않는다. 모두가 자신의 삶을 쓰지만, 그것은 타인의 삶을 쓸 용기와 타인의 삶을 이해할 능력이 없기 때문이다. 자기 자신 외에는 쓸 것이 없기 때문이다. 루소를 반박하는 동시에 끝까지 읽어야 한다. 그는 같은 글에서 "이와 반대로 종종 자신의 마음을 알기 위해서라도 타인의 마음을 읽는 것에서 시작해야 한다"[5]고 넌지시 말한다. 개인으로서 인간을 앞세우고 투명한 이해를 지향한다는 점에서 전기는 고리타분한 휴머니즘의 전유물이며, 말하자면 극복되어야 할 인류세의 문학이다. 그런데 다음 인간, 다음 무엇인가의 형상은 전에 보지 못한 전기에서 나타날 것이다. 이유는 단순하다. 전기의 원리는 나와 다른 존재를 발견하고 그것을 규정하려는 노력이기 때문이다. "인간"이란 이 존재에 붙여진 잠정적 이름일 뿐이다.

김영욱(기획위원)

5 Jean-Jacques Rousseau, *Manuscrit de Neuchâtel*, 1149.

전기 이전의

한서열전
漢書列傳
班固
한서열전
漢書列傳
班固
한서열전
漢書列傳
班固
한길그레이트북스 155
한길그레이트북스 156
한길그레이트북스 157
한길그레이트북스 158
한길그레이트북스 159
한길그레이트북스 160

전기

한길사
유명한 철학자들의 생애와 사상 2
나남
유명한 철학자들의 생애와 사상 1
나남
플루타르코스 영웅전 I
BIOI PARÁLLÉLOI PLOÚTARCHOS
PARALLEL LIVES OF THE NOBLE GRECIANS AND ROMANS
플루타르코스 영웅전 II
플루타르코스 영웅전 III
플루타르코스 영웅전 IV
플루타르코스 영웅전 V

주아

동아시아 역사 서술의 질서 정연한 전통

반고, 《한서 열전》, 전3권,
신경란 옮김(민음사, 2021)
班固, 〈傳〉 100篇, 《漢書》(1C-2C?)

漢詩列傳 한시열전
박제가 신경림 옮김
1
3
민음사

한국이 속한 동아시아를 일컬어 흔히 한자 문화권이라고 한다. 한자는 현재 중국어와 일본어의 표기에 쓰일 뿐만 아니라, 한국어와 베트남어의 어휘에서도 적지 않은 비중을 차지하고 있다. 고대 중국에서 유래한 이 표의 문자 체계의 명칭이 왜 한자漢字가 되었을까?

'한자'의 '한'은 중국의 한漢 왕조를 가리킨다. 그러면 '한자'는 한 왕조에서 처음 만든 문자라는 뜻일까? 그렇지 않다. 한 왕조가 중국을 통치한 시기는 대략 기원전 2세기에서 기원후 2세기 사이이다. 한자의 기원은 훨씬 오래 전, 기원전 15세기경의 갑골문까지 거슬러 올라간다. 그러므로 한나라 사람들이 한자를 발명해 낸 것은 아니다.

사실 한나라 사람들은 자신들이 쓰는 문자를 '한자'라고 부를 이유가 없었다. 구체적으로 말하자면, '자' 앞에 굳이 '한'이라는 수식어를 붙여 다른 문자와 구별할 필요가 존재하지 않았다. 어차피 이들의 세계에서 유의미한 문자 체계란 한자뿐이었기 때문이다. 실제로 역사 문헌에서 한자漢字라는 말이 하나의 단어로 나온 것은 먼 훗날의 일이다. '한자'는 《원사》, 즉 기원후 13-14세기 몽골족이 지배한 원元 왕조를 다루는 역사책에 등장한다.[1] '漢字'라고 쓰는 문자는 여진 문자 및 거란 문자와 구별될 필요가 생기면서 비로소 '한자'라는 이름을 얻었다.

그런데 왜 하필 '한'이라는 고유 명사가 선택되었을까? 한 왕조가 멸망하고 원 왕조가 들어서기까지 1000년 이상의 시간이 흐르는 동안 중국에는 당唐, 송宋 등 명성이 혁혁한 통일 왕조가 세워졌다. 그럼에도 소위 '이민족'과 대별되는 중국 최대 민족의 이름은 결국 한漢으로 굳어졌다.[2] 한 왕조가 중국의 역사에 대내외적으로 끼친 영향이 그만큼 컸다는 방증이다.

중국사에서는 한나라를 최초의 제국인 진나라와 나란히 묶어 진한 시대라는 용어를 사용한다. 기원전 3세기 여러 제후국으로 분열된 전국 시대가 기원전 221년 진 시황의 통일로 종식되었지만, 진나라는 통일 제국으로서 오래 지속되지 못했다. 진나라의 폭정에 항거하여 각지

1
漢籍全文資料庫計畫(https://hanchi.ihp.sinica.edu.tw/ihp/hanji.htm) 검색.

2
단, 일본에서는 중국에서 온 물건을 가리키는 접두사로 '당唐'을 사용한다.

에서 일어난 봉기는 진승·오광의 난으로 시작하여 결국 항우의 초楚와 유방의 한漢 두 세력의 내전으로 압축되었고, 이 초한 전쟁(기원전 206-202)에서 승리한 유방이 전한前漢(기원전 202-기원후 8) 초대 황제로 즉위했다. 이후 전한 왕조는 200여 년 후 외척 왕망에 의해 멸망했으며, 왕망의 신新(기원후 8-23) 왕조는 다시 후한後漢(기원후 25-220)으로 교체되었다. 일반적으로 '한나라'라고 하면 전한과 후한 두 왕조를 모두 가리킨다. 이 글에서는 첫 번째 한나라에 집중해 보자.

한나라는 실질적으로 200년 이상 지속된 최초의 통일 제국으로 '한자', '한문', '한족'의 대표가 되었다. 그렇다면 한자 문화권으로 통칭되는 요소의 원형을 한나라에서 찾아볼 수 있을까? 《한서》를 살펴 보면 이런 의문을 해소할 수 있다. 《한서》는 중국 전한 시대의 역사를 서술한 100편짜리 책으로, 황제의 연대기인 〈기〉 12편, 제후와 관료의 임명을 연표로 표시한 〈표〉 8편, 역법·의례·형법 등 주제별로 역사를 서술한 〈지〉 10편, 개인의 일대기인 〈전〉 70편으로 이루어져 있다. 이중에서 가장 큰 비중을 차지하는 〈전〉을 묶어서 《한서 열전》이라고 부르기도 한다. 《한서 열전》은 최초의 농민 봉기를 주도한 진승과 반진 운동에서 가장 강력한 세력을 이룬 항우(전1 〈진승·항적전〉)부터 전한을 멸망시킨 신 왕조의 처음이자 마지막 황제인 왕망(전69 〈왕망전〉)까지를 다루고, 저자의 이력과 각 편의 요약으로 끝난다(전70 〈서전〉).

이 서평의 본문은 4개 절로 이루어져 있다. 우선 1절에서는 〈(열)전〉이라는 전기 장르가 처음에 《사기》에서 어떻게 발생했고 《한서》에서 어떻게 체계화되었는지를 고찰한다. 《한서》 이야기를 하면서 《사기》를 언급하지 않는 것은 불가능하다. 2절에서는 그 까닭이 무엇인지를 알아보고, 두 책이 동아시아 역사 서술의 전통에서 어떤 위치에 있는지를 소개한다. 다음으로는 한나라의 역사책으로서 〈열전〉의 내용이 어떻게 구성되었는지 살펴보기 위해 3절에서는 《사기》와 《한서》에서 겹치는 전한 시대 전반부를 어떤 방식으로 서술했는지를 비교해 보고, 4절에서는 《사기》에서 다루지 않은 전한 시대 후반부를 《한서》에서 어떻게 새롭게 묘사했는지를 분석한다.

1. 열전, 배열된 전통: 전한 시대 중국의 '전'

1.1. 《춘추공양전》, 《상서대전》, 《한시외전》: '전'의 전통적 의미

이전에 《한서》를 접한 적이 없고 왕망이 누구인지 모른다고 해도, 일단 한국어로 교육받은 독자라면 〈왕망전〉이라는 제목을 보고 이 글이 왕망이라는 인물의 전기biography이리라고 짐작할 수 있다. 한자 문화권에서 'OO전'이라고 하면 《홍길동전》처럼 OO이라는 성명을 가진 인물이 주인공으로 등장하는 이야기를 떠올릴 것이기 때문이다.

하지만 '전傳'이라는 말에 처음부터 전기라는 뜻이 있었던 것은 아니다. 제목에 '전'을 포함하는 책은 《한서 열전》 이전에도 많이 존재했다. 특히 전한 시대에는 《춘추공양전》, 《상서대전》, 《한시외전》 등이 있었다. 그러나 이 전들은 개인의 전기가 아니었다. 예컨대 《춘추공양전》은 춘추 시대 공양씨의 일대기를 담은 책이 아니라 《춘추》라는 경經에 대한 대한 공양씨의 학설을 담고 있는 책이다. 마찬가지로 《상서대전》은 《상서》(서경)의 해설서, 《한시외전》은 《시》(시경)의 해설서에 해당한다. 즉, 글의 갈래로서 전의 최초 의미는 원전인 경을 풀이한 것이었다. 이런 의미의 전은 명사로는 전통傳統이고 동사로는 전수傳授하는 것이라고 이해할 수 있다. 영어로는 'tradition'이나 'commentary'로 번역된다. 예를 들어 《춘추공양전》의 영문판 제목으로는 'The Gongyang Tradition of the Spring and Autumn Annals' 혹은 'The Gongyang Commentary on the Spring and Autumn Annals'가 쓰인다.

1.2. 《춘추공양전》에서 《사기 열전》으로: 기전체의 탄생과 '전'의 파생

'전'이 'biography'로 번역되는 인물의 일대기를 가리키는 말로 새롭게 쓰이기 시작한 것은 전한 시대 중반, 기원전 2세기 말에서 기원전 1세기 초 사이의 저작 《사기》에서부터다. 《사기》는 중국, 더 나아가서 동아시아 최초의 기전체 역사서다. 기전체는 기紀에 해당하는 제왕의 연대기(본기)와 전傳에 해당하는 개인의 일대기(열전)를 포함한다. 한국사에서도 《삼국사기》 및 《고려사》가 기전체 형식으로 편찬되었다.

왜 《사기》의 저자 사마천은 기존에 경전 해설서를 가리키던 '전'이라는 명칭에 개인의 삶에 관한 서술이라는 내용을 부여했을까? 이런 의문에 대해 사마천 자신이 답을 남긴 기록은 발견되지 않았다. 다만 사마천은 경서의 풀이와 개인의 삶 사이에 존재하는 어떤 연관성을 염두에

두었을 것이다. 이에 관해 역대의 중국 학자들이 제시한 몇 가지 설을 알아보자.[3]

첫 번째는 전이 경에 종속된다는 설이다. 여기에서는 사마천이 전을 단독 저작으로 두지 않고 기전체 역사서 내의 맥락에 놓았다는 점에 주목할 만하다. 당나라의 학자 유지기(661-721)에 따르면, 기-전 사이의 위계는 경-전 사이의 위계에 비유할 수 있다. 군주의 연대기인 기紀는 원전의 권위를 가진 경經에 대응한다. 경에 대한 보조 텍스트로서 전이 존재하듯이, 기에 수록된 제왕을 보좌하는 신하들의 일대기로서 전이 존재하는 것이다.

두 번째 설은 반대로 전의 독자성을 강조한다. 경은 유일하지만 해석자에 따라 다양한 전이 생길 수 있다. 예를 들어 전한 시대에는 《춘추》에 대한 해설서로 이미 춘추삼전, 즉 《춘추공양전》·《춘추곡량전》·《춘추좌전》 세 책이 서로 경합했다. 따라서 청나라의 학자 조익(1727-1814)의 정의대로 해설자의 고유한 이론을 담은 텍스트라는 점에 초점을 둔다면, 전은 여러 인물 각각의 독자적인 이야기가 될 수 있다.

1.3. 《사기 열전》에서 《한서 열전》으로: 기전체의 정립과 '전'의 승인

사마천이 '전'에 파생시킨 새로운 의미는 어떻게 유지되었을까? 사실 전은 《사기》에서 일회적으로 생겨났다가 후대에 이어지지 못하고 사라질 수도 있었다. 애초에 고대 중국에는 기전체 이전에 편년체라는 역사 편찬 전통이 수립되어 있었다. 앞서 언급한 《춘추》가 바로 현존하는 최초의 편년체 역사서로, 여기에서는 군주의 연대기와 신하의 이야기를 별도의 편으로 구별하지 않고 모든 사건을 연·월·일순으로 정리하여 서술한다. 《조선왕조실록》도 이 편년체에 해당한다.

'전'이 전기의 의미로 자리잡게 된 계기는 《사기》에서 최초로 제시한 기전체 형식을 《한서》가 계승한 데 있다. 전한 왕조의 역사서로서 《한서》는 노나라의 역사를 기록한 《춘추》 모델을 따를 수도 있었으나 《사기》의 형식을 채용했다. 단, 《한서》에서는 《사기》의 본기本紀와

3
Yuanxin Chen, "Writing History Through the Biographical Genre in the Han Dynasty (202 BCE-220 CE)"(Ph. D. diss., Princeton University, 2020), 8-10.

열전列傳을 기紀와 전傳으로 축약했다. 오늘날 모모라는 개인의 전기 제목으로 '모모열전'보다 '모모전'이 더 친숙한 것도 《한서》의 흔적이고, 'Parallel Lives'를 《영웅전》이라고 번역하는 것도 같은 관습에 따른 것이다.

또한 《한서》에서는 각 전을 (1) 구조화된 인적사항 (2) 여러 가지 일화 (3) 저자의 찬讚(평가) 세 부분으로 구성하는 형식을 확립했다. 일례를 표 1에서 살펴볼 수 있다.

인적 사항	[성명·자] **소망지**의 자는 **장천**長倩이고, [본적지] **동해군 난릉현** 사람이었으나 두릉현으로 옮겨 가서 살았다. [가문] 집안 대대로 농사를 업으로 삼아 소망지 대에 이르렀다. [학력] 소망지는 경학을 배우고 익히기를 좋아하며 《제시齊詩》를 연구했는데 같은 현 사람 후창后倉을 열 해 가까이 스승으로 모셨다. …
행적	[일화 1] **그 무렵에는** 대장군 곽광이 정권을 장악하고 있었다. 장사 병길이 유생 왕중옹王仲翁과 소망지 등 몇 사람을 추천하자 대장군이 모두 불러서 만나 보았다. … [일화 2] **지절 3년** 여름에 장안에 우박이 쏟아지자 소망지가 그 일로 상소를 올려 황제가 시간을 내준다면 재이가 발생한 원인을 아뢰겠다고 했다. 민간에 있을 때부터 소망지의 이름을 들어 알고 있던 선제가 명령했다. … [일화 3] **그때** 박사와 간대부 중에 나라를 다스리는 일에 능통한 자를 뽑아 군의 태수로 보내거나 제후국의 상으로 삼았는데 소망지는 평원 태수가 되었다. 소망지는 조정에서 일하고 싶은 마음에 먼 곳에 있는 군의 태수를 하자니 속이 편하지 않아 상소를 올렸다. [상소문 전문] … [일화 n] …
논평	**찬하여 말한다[讚曰].** 소망지는 대신을 역임했는데 황제가 늘 스승의 은혜에 감사했기 때문에 격의가 없을 만큼 황제와 친했다고 한다. … 소망지는 당당했으니 꺾일지언정 굽히지 않았고, 유생의 태두로서 황제를 보좌하는 능력을 갖추고 있었으니 옛사람의 풍모에 가까운 사직신이었다.

표 1. 《한서》 〈전〉의 구성 예시: 전48 〈소망지전〉

이런 구성은 대체로 《사기》에서 이미 나타났지만, 《사기》에서는 일부 정보를 생략하거나 순서를 바꾸는 등 반드시 일관된 체계를 따르지만은 않았다. 반면 《한서》의 저자 반고는 전의 도입부를 (성→이름→자)→(출신군→출신현) 순서로 통일했고, 인물의 인적 사항을 먼저 밝힌 후에 행적을 나열하고 마지막으로 인물에 관한 논평을 실었다. 예를 들어 《사기》와 《한서》에 공통으로 등장하는 위청이라는 인물의 전기 첫 문장의 차이가 표 2에서 드러난다.

	제목	첫 문장
《사기》	〈**위장군**·표기열전〉	**대장군** 위청은 평양현 사람이다. 그의 부친은 정계다.
《한서》	〈위청·곽거병전〉	**위청**의 자는 **중경**이다. 그의 부친 정계는 **하동군 평양현** 사람이다.

표 2. 《사기》와 《한서》의 대조: 위청의 소개

《사기》는 위청의 열전 제목을 '위장군'으로 지었고(이름을 언급하지 않는 것은 고대 중국에서 상대를 존중하는 방법이다), 위청의 인적 사항보다 그가 지낸 관직을 먼저 소개했으며, 위청의 자와 출신군은 기재하지 않았다. 《한서》는 《사기》의 내용을 수정하여 전의 제목을 성명으로, 첫 문장을 성명과 자, 출신군과 출신현으로 표준화했고, 주인공이 어떤 관직에 올랐는지는 그의 생애를 시간 순서대로 서술하는 과정에서 명시했다. 《후한서》 등 후대의 기전체 역사서에서도 전을 쓸 때 《한서》의 표준을 따랐다.

1.4. 《열녀전》, 《열선전》, 《열이전》: 기전체로부터의 독립 및 '전'의 장르화

역사 서술의 일부분으로 시작된 전은 시간이 지나면서 기전체 밖으로 나와 독립적인 작품이 되기도 했다. 가장 이른 사례가 전한 말의 학자 유향(기원전 77-6)이 저술한 《열녀전》이다. 이 《열녀전》은 조선 시대에 정절을 지킨 여성을 추앙하는 열녀烈女들의 전기가 아니라 《사기》에서 시작한 열전列傳의 여성 판으로, 다양한 유형의 여성들의 행적을 다룬다. 《열녀전》의 각 편은 앞서 살펴본 전의 구성과 마찬가지로 개인의 인적 사항으로 시작하고(단, 남성은 자신의 이름으로 소개되는 반면 여성은 대부분 남편의 아내나 아버지의 딸로 언급된다), 주인공의 행적이 나온 뒤 군자위君子謂라는 논평과 《시경》을 인용한 송왈頌曰로 끝난다. 《사기》와 《한서》에서 황후와 후궁을 제외한 여성들의 전기를 수록하지 않은 것과 달리,[4] 《열녀전》은 일반인 여성도 전의 주인공이 될 수 있음을 보여주었다는 데 의의가 있다. 이렇게 기전체 역사서 바깥에서 전의 창작자는 자신이 기존 역사서에서 다루지 않은 인물을 기록하고 소개하는 역할을 맡았다고 자부하기도 했다.[5]

심지어 전의 대상은 실존 인물에 한정되지 않고 신선과 귀신으로도 확장되었다. 유향이 썼다고 알려진 《열선전》과 삼국 시대 위나라의 첫 황제 조비가 썼다고 알려진 《열이전》이 대표적인 사례다. 이후 '전'이라는 명칭은 위진 남북조(220-589) 시대 《목천자전》(주 목왕의 전기), 《한무내전》(한 무제의 전기) 등 실존 인물에 대한 전설에 쓰이고,[6] 시간이 더 지나면 당唐(618-907) 왕조의 소설 《이와전》이나 《앵앵전》과 같이 허구의 인물을 주인공으로 하는 이야기의 제목으로 유행하게 된다.[7]

2. 《사기》와 《한서》: 동아시아 기전체 역사 서술의 시작

2.1. 사·한에서 24사로: 기전체의 의의와 정사의 자격

지금까지 한자 문화권에서 통용되는 인물의 이야기라는 장르로서 '전'의 원형이 《사기 열전》에서 발생했고 《한서 열전》에서 표준화되었다는 것을 알아보았다. 이제 동아시아 역사 서술의 전통에서 《사기》와

4
《사기》와 《한서》에 여성의 행적이 기록되지 않은 것은 아니다. 《사기》와 《한서》에서 주목할 만한 언행을 보여준 여성들의 이야기는 이후 《속열녀전》으로 편찬되기도 했다.

5
신승훈, 〈'傳', 歷史와 文學의 境界〉, 《동방한문학》 67집(2016): 37-62.

6
《목천자전》은 주 목왕이 서왕모와 같은 신을 만나는 등 허구의 내용으로 이루어져 있지만, 청 왕조 이전까지는 황제의 사생활을 기록한 기거주起居注로서 역사서로 분류되었다.

7
당나라 전기傳奇 작품들에 대한 문학사적 평가는 홍상훈, 《전통 시기 중국의 서사론》(소명출판, 2004), 169-178을 참고하라.

《한서》가 어떤 위치에 있는지 알아보자.

앞서 설명했듯이 《사기》와 《한서》는 동아시아 기전체 역사서 편찬의 시초다. 《춘추》 등 이전의 역사책이 단순한 사실의 기록이었다면, 기전체에서는 역사를 서술할 수 있게 되었다.[8] 또한 《춘추》의 해설서이자 확장판인 《춘추좌전》에서는 개인의 사적이 연대기 안에 흩어져 있었지만, 기전체에서는 기와 전을 분리함으로써 여러 인물을 각 개인으로 구별해 준다.[9]

《한서》가 나온 후, 대략 후한 왕조 중반부터 지식인들은 《사기》와 《한서》를 '사한史漢'으로 함께 묶어 중시했다. 《삼국지》에는 '사·한'에 후한 왕조의 관찬 역사서인 《동관한기》를 더한 '3사'도 나온다. 이후 남북조 시기 범엽(398-445)의 《후한서》가 《동관한기》를 대신하여 3사에 들어오게 된다. 남북조 시기의 역사서 《주서》 〈이역열전〉에 따르면, 고구려에도 일찍부터 3사가 전해졌다고 한다.

《사기》와 《한서》는 중국에서 국가적으로 공인한 정사正史다. '정사'라는 표현의 의미와 범위는 시대에 따라 다르다. 현재 남아 있는 이른 기록은 수隋 왕조(581-619)의 역사를 기술한 《수서》에서 도서 목록을 수록한 〈경적지〉다. 여기에서는 역사의 하위 분류로 정사를 두고 기전체 사서를 넣었다. 반면 당 왕조의 학자 유지기는 역사서를 정사와 잡사雜史로 나누고 정사에 《춘추》 등의 편년체 역사서와 《사기》 등의 기전체 역사서를 모두 포함시켰다. 오늘날 '정사'는 청淸(1616-1912) 건륭제(재위 1736-1796) 시기 중국 궁중과 민간에 소장된 서적을 집대성한 《사고전서》를 편찬할 때 황제가 선정한 24종의 기전체 역사서(1784)를 가리키는 말로 통용되고, '24사'라고도 한다.[10]

한편 청나라 때는 3사와 《삼국지》를 4사(혹은 전4사)로 묶어서 24사 중에서도 각별히 높게 평가했다.[11] 전4사의 공통점은 저자들이 개

8
홍상훈, 《전통 시기 중국의 서사론》, 81.

9
김민나, 〈先秦兩漢六朝의 역사서에 대한 논의: 《文心雕龍·史傳》〉, 《중국어문학지》 37집(2011): 761-791.

10
신승하, 《중국사학사》(고려대학교출판부, 2000), 24-25.

인의 자격으로 역사를 서술하기 시작한 책이라는 것이다. 반면 삼국 시대 이후 서진(265-317)·동진(317-420) 왕조의 역사를 서술한《진서》등 나머지 20사는 대부분 국가 주도 사업으로 편찬되었다. 수 왕조에서 민간인의 역사 편찬을 공식적으로 금지하기까지(593)[12] 개인 자격으로 펴낸 역사책은《수서》〈경적지〉에 수록된 것만 해도 적게는 수십 종, 많게는 수백 종이 있었다. 이중에서 최종적으로 정사에 포함된 것이《사기》·《한서》·《후한서》·《삼국지》4종뿐이라는 점만 보아도 전4사가 얼마나 특별하게 인정받았는지를 알 수 있다.

2.2. 사마천의 통사 서술:《사기》의 저자, 저술 목적 및 범위

이처럼 2000년이 넘는 시간 동안 중국에서 편찬된 수많은 역사서 중에서도 24종만이 정사로 인정되었고, 24사 가운데서도 전4사가 중시되었으며, 전4사 안에서도 대체로《사기》·《한서》가《후한서》·《삼국지》보다 더 우수한 저작으로 간주되었다.[13] 사·한으로 병칭되는《사기》와《한서》에서는 특히 저자들의 특징이 뚜렷하게 드러난다. 우선 두 책 모두 일종의 가업으로서 아버지가 구상한 역사 서술을 아들이 이어받아 체계화했고, 형식상으로는 열전의 마지막 편을 자서전 겸 총론으로 삼아 저자 가문의 이력부터 저술 목적까지를 직접 밝혔다.

《사기》의 저자 사마천(기원전 135-?)[14]의 삶에 대해 참조할 수 있는 자료는《사기》〈태사공자서〉와《한서》〈사마천전〉이다. 우선《사기 열전》의 마지막 편인〈태사공자서〉의 제목은 태사공 자신이 쓴 서문이

11
刘开军,〈略论赵翼与王鸣盛对 "前四史" 的批评〉,《东岳论丛》30卷 5期(2009): 104-108.

12
홍상훈,《전통 시기 중국의 서사론》, 135.

13
양승덕,〈《宋書》의 인물묘사 기교와 방법:〈本紀〉와〈列傳〉을 중심으로〉,《중국어문학》83(2020): 41-59.

14
후지타 가쓰히사,《史記를 탄생시킨 사마천의 여행》, 주혜란 옮김(이른아침, 2004). 사마천의 탄생 연도에 관해서는 다양한 설이 있는데, 그중에서도 기원전 145년 설과 기원전 135년 설이 유력하다. 이 글에서는 후지타 가츠히사가 사마천의 여행 기록과 당시의 사회 정세를 종합하여 기원전 135년으로 추정한 것을 따랐다.

라는 뜻이다. 태사공은 태사령太史令이라는 관직을 맡은 사람에 대한 존칭이다. 태사령은 전한 왕조의 관직으로, 천문·역법을 관장하고 국가의 문서 보관을 담당했다. 사마천의 아버지 사마담이 이 태사령을 지냈다. 〈태사공자서〉에 따르면 사마담은 역사 기록이 단절되고 현명한 군주, 충신, 열사를 논하지 못하게 된 현실을 태사령으로서 부끄럽게 여기고 아들 사마천에게 역사를 저술하라는 유언을 남겼다. 아버지의 뒤를 이어 태사령이 된 사마천은 먼저 당시의 역법을 개정하여 태초력이라는 달력을 제정했고, 마침내 역사책을 쓰기 시작했다.

그런데 책을 쓰기 시작한 지 7년째 되던 해에 사마천은 큰 위기를 겪게 된다. 한나라와 적대적이었던 이민족 흉노 군대에 패배하여 항복한 이릉이라는 인물을 변호하다가 황제를 속였다는 죄목으로 감옥에 갇히게 된 것이다. 한나라에서 황제를 속인 죄는 사형에 해당했다. 당시의 관념으로는 형벌을 받기 전에 스스로 목숨을 끊는 것이 사대부의 의무이자 권리였다. 그러나 사마천은 역사책을 완성하기 위해 자살이라는 선택지를 포기했고, 결국 생식기를 제거하는 궁형을 받고 살아남아 환관이 되었다. 이때 사마천의 심정은 《사기》에 자세히 기록되어 있지 않으나, 《한서》 〈사마천전〉에 실린 편지에는 당시에 느낀 치욕이 구구절절 묘사되어 있다. 이 일을 계기로 사마천의 글은 "의분을 떨쳤"다. 즉, 현실에서 자신의 원칙이 통하지 않으므로 과거의 일을 기술함으로써 미래의 독자들이 자신을 알아주기를 바랐다.

사마천은 자신의 역사 저작을 통해 "하늘과 사람의 관계를 연구하고 고금의 변화를 꿰어 일가의 학설을 이루고자" 했다.(전32 〈사마천전〉) 일단 고금의 변화를 꿰기 위해, 당시에 기록할 근거가 존재하는 가장 이른 시대부터 자신이 살고 있는 시대까지를 다루었다. 《사기 본기》는 전설상의 다섯 황제인 오제로 시작하여 하 왕조와 상 왕조를 거치고 서주 시대와 춘추·전국 시대, 진나라의 천하 통일과 초한 전쟁을 지나 전한 왕조를 시작부터 다루고 무제(재위 기원전 141-87)의 통치로 끝난다. 그리고 하늘과 사람의 관계에 대한 고찰은 《사기 열전》의 첫 번째 글인 〈백이열전〉에서 하늘의 법도가 옳은지 그른지에 대한 의문을 제기하는 데서 드러난다. 아버지 사마담은 《춘추》의 뒤를 잇는 역사서를 저술하고자 꿈꾸었고, 아들 사마천은 더 나아가서 《춘추》 이전 시기를 포함한 모든 시간과 공간을[15] 망라하여 이름을 남긴 인물들을 열전으로 되살려냄으로써 일가의 학설을 이루었다.

2.3. 반고의 단대사 서술:《한서》의 저자, 저술 목적 및 범위

공교롭게도《한서》역시《사기》와 마찬가지로 아버지의 뜻을 이어받아 아들이 만든 책이다.《한서》〈서전〉과《후한서》〈반표열전〉을 통해 반표(기원후 3-54)·반고(32-92) 부자의 행적을 알 수 있다.《사기》가 나온 뒤 여러 문인들은 후속편을 쓰고자 했다. 전한-신-후한 세 왕조를 겪은 반표도 자료를 채록하여《사기》의《후전》수십 편을 지었다.

반표가 세상을 떠난 후 아들 반고는 아버지의《후전》이 아직 완성되지 못했다고 여기고 역사를 더욱 정밀하게 연구했다. 그런데 반고의 저술은 시작부터 난관에 부딪혔다. 어떤 사람이 그가 사사롭게 역사를 개작한다고 황제에게 고발하여 감옥에 갇힌 것이다. 남동생 반초는 형의 목숨을 구하기 위해 곧바로 수도 낙양으로 달려가서 황제에게 탄원했고, 반고의 원고를 직접 살펴본 황제는 그의 책이 훌륭하다고 여겨 그를 추가로 시험했다. 그 시험이란 후한을 세운 광무제의 본기와 후한 개국 공신들의 열전을 쓰는 것이었다. 일련의 "사상 검열"을 무사히 통과한 끝에[16] 반고는 마침내 전한 왕조의 역사를 공식적으로 편찬할 자격을 얻었다. 반고는 자신이 겪은 고초를《한서》〈서전〉에서 언급하지 않았지만, 후대의 독자는《후한서》의 〈반표열전〉을 통해 자세한 내막을 알 수 있다.

《한서》의 저술은 20여 년 동안 계속되었다. 후에 반고가 외척의 모반 사건에 연루되어 옥사하자 황제는 반고의 여동생 반소에게《한서》를 이어 쓰게 했다.《후한서》〈열녀전〉에 따르면[17] 반소는 황궁 장서각에서 손수 8편의 〈표〉를 만들었고, 마지막으로 남아 있던 〈천문지〉는 마속이라는 학자가 완성했다.《한서》본문에는 당시의 기준으로도 어려

15

공간의 경우, 한나라의 입장에서 외국인 흉노, 남월, 민월, 조선, 서남이, 대원 등 여러 나라의 사적도 열전에서 다룬다.

16

안예선, 〈史書의《春秋》계승 의식과 문학성의 상관성:《史記》와《漢書》를 중심으로〉,《중국문학연구》43권(2011): 1-24.

17

《사기》와《한서》에는 여성의 열전이 없었으나,《후한서》를 시작으로 정사 열전에 〈열녀전〉이 편입되어 여러 여성들의 전기가 실리게 되었다. 1.4.에서 언급했듯이 열녀전은 조선 시대에 성행한 열녀烈女들의 전기가 아니라 열전列傳의 여성판이다.

운 한자가 많았기 때문에, 반소가 마속의 동생 마융에게 읽는 법을 가르쳐 주었다. 이렇게 해서 세상에 나오게 된 《한서》는 곧바로 중시되었고 《한서》를 외우지 않는 학자가 없었다고 한다.

통사인 《사기》와 달리 《한서》는 단대사로서 전한이라는 하나의 왕조의 역사를 다룬다. 이후의 정사 역사책은 모두 《한서》를 모델로 삼아 단대사가 되었다. 《한서》의 주요 저자인 반고는 한 왕조가 이룩한 성대한 발전이 "후세에 그 이름을 떨칠 수" 있도록 한나라의 사적을 기록해야 한다고 생각했다.(전70 〈서전〉) 그가 보기에 《사기 본기》는 진 시황과 항우처럼 한 왕조의 입장에서 긍정하기 어려운 지배자들을 포함하며 그 뒤에 한나라 황제들을 배열하고 있어서 한나라의 위대함을 드러내기에 적절하지 않았다. 그래서 《한서》의 범위는 한나라(전한)의 "열두 황제, 230년"으로 한정된다. 또한 반고의 아버지 반표는 사마천이 《사기》에서 "황로 사상을 우선 적용하고 유가의 육경[18]을 그 아래에 두었다"고 비판했다.(전32 〈사마천전〉)[19] 사마천과 달리 유가 이외의 학설을 철저히 배척한 반고는 "오경[20]의 뜻을 더해" 《한서》를 편찬했다는 점을 분명히 밝혔다.

2.4. '반마'의 우열론: 《사기》와 《한서》에 대한 역대의 평가

앞서 《한서》가 일종의 "사상 검열"을 거치고 시작된 책이라는 점을 언급했다. 이 검열의 목적은 무엇이었을까? 반고의 《전인》이라는 글에 따르면, 반고의 사상을 검증한 명제(재위 기원후 57-75)는 사마천이 궁형을 받은 원한으로 한 무제를 비방했다고 평가했다. 심지어 장제(재위 75-88)는 학자를 시켜 《사기》의 본문을 일부 삭제하게 했다고 한다. "한나라 황실은 두 번 다시 사마천 같은 인물이 나타나는 것을 원하지 않은 것이다."[21] 즉, 《한서》는 처음부터 후한 황실에서 《사기》의 대안으로 검

18
육경은 《시》, 《서》, 《역》, 《춘추》, 《예기》, 《악경》 여섯 가지 경서를 말한다.

19
단, 황로 사상, 즉 도가가 유가보다 우월하다고 본 것은 사마천의 아버지 사마담이다.

20
오경은 육경에서 《악경》을 제외한 다섯 가지 경서를 말한다. 《악경》 본문은 일찍부터 소실되었다.

증하고 후원한 역사책이다.

이렇게 《사기》와 《한서》는 처음부터 서로 비교될 수밖에 없는 위치에 있었다. 2000년 가까운 시간 동안 한자 문화권의 지식인들은 사마천과 반고를 '반마'로 병칭하며 두 사람의 저작을 함께 논했다. 먼저 위진남북조 시대와 당나라 초기까지는 체계적으로 정돈된 《한서》가 자유로운 《사기》보다 중시되어 《한서》의 주석서가 많이 나오고 일종의 '한서학'이 형성되었다.[22] 그러던 중 당 왕조 중반에 들어 한유(768-824)가 불우한 상황에서 뛰어난 저작이 나온다는 주장을 펼치고 사마천을 대표적인 예로 꼽으면서 《사기》가 인정을 받게 되었다. 이후 송나라 때는 단대사보다 통사가 우월하다는 역사관에 입각해 《한서》를 폄하하는 학자도 있었다. 그러던 중 송 왕조가 멸망하고 원 왕조가 들어설 무렵 유진옹(1231-1294)이 《반마이동평》(반고와 사마천의 차이점과 공통점에 대한 평론)에서 문학성이라는 새로운 가치를 제시했다. 유진옹은 《사기 열전》에서 사마천이 허구의 내용을 동원해서까지 인물을 생생하게 묘사해 낸 것을 칭찬했고,[23] 명 왕조의 지식인들도 같은 기준으로 《사기》를 문학의 모범으로 삼았다. 한편 청나라 때 고증학이 성행하면서 《한서》를 선호하는 경향이 다시 늘어났다.[24] 조선 시대 정조(재위 1776-1800)의 경우 《사기》와 《한서》를 여러 번 읽기를 추천하면서도 모두 "《한서》는 끝내 법도에 매였기 때문에 문자 이외에는 여지가 보이지 않아 호탕하고 준결한 사마천과는 다르다"고 평가했다.[25] 이렇게 시대에 따라 지식인들이 추구하는 가치가 달랐고, 그에 따라 《사기》와 《한서》중에서 어느 쪽을 더 높이 평가할지도 바뀌어 왔다. 평가의 내용은 다양할 수 있지만, 모두 《사기》와 《한서》가 다른 역사서를 압도할

21
박성진, 〈漢代《史記》의 傳播에 대한 고찰〉, 《중국문학연구》 54권(2014): 1-25.

22
홍상훈, 《전통 시기 중국의 서사론》, 73.

23
홍상훈, 《전통 시기 중국의 서사론》, 195.

24
오키 야스시, 《사기와 한서: 중국 정사의 라이벌》, 김성배 옮김(천지인, 2010), 81-125.

25
반고, 《한서열전: 개역판》, 안대회 옮김(까치, 2010), 24.

만큼 독보적인 위상을 차지하고 있다는 것을 전제로 한다.

3. 《사기 열전》과 《한서 열전》의 병렬: 전한 왕조 초반에 대한 두 가지 시각

3.1. 《사기 열전》과 《한서 열전》의 자료 선택 기준

지금까지 《사기》과 《한서》가 어떤 배경에서 저술되었는지, 한자 문화권의 역사에서 어떤 위치에 있는지를 알아보았다. 이제 한나라의 역사서로서, 구체적으로는 전한 왕조의 인물을 다루는 일대기의 모음으로서 두 책의 열전이 어떤 내용으로 이루어져 있는지를 살펴보자.

《사기》 〈태사공자서〉에 따르면, 사마천은 20살 때부터 여러 차례에 걸쳐 중국 대부분의 지역을 여행했다. 그 결과로 《사기 열전》의 논평부 곳곳에는 사마담·사마천 부자의 견문과 체험이 드러나 있다. 예를 들어 《사기》 〈번·역·등·관열전〉에는 사마담 혹은 사마천이 열전의 주인공인 번쾌의 후손 번타광과 나눈 이야기가 수록되어 있고, 〈한장유열전〉에서는 사마천이 태초력을 제정할 때 호수라는 인물과 함께 작업하면서 그의 사람됨을 알 수 있었다고 밝혔다.

반면 《한서》에는 반표·반고 부자의 경험이 직접적으로 드러나는 부분이 많지 않다. 저자의 이력을 수록하기 위해 마련된 〈서전〉을 제외하면 반씨 부자가 몸소 보고 들은 내용은 반표의 고모이자 전한 성제의 후궁이었던 반 첩여와 관련된 것뿐이다. 저자의 동시대를 포함하는 《사기》와 달리 《한서》의 경우는 이전 왕조의 역사를 다루므로 저자가 취재할 수 있는 범위에 한계가 존재할 수밖에 없지만, 그럼에도 《사기》의 저자가 옛날 사람의 후손을 찾아가서 조상의 일화를 전해 들었던 것과는 사뭇 다르다.

그렇다면 《한서》에서는 역사서를 쓰기 위해 어떤 자료를 채택했을까? 발로 뛰는 취재 경험이 녹아 있는 《사기》와 달리, 《한서》는 이미 수집된 문서를 적극적으로 활용했다. '한서'의 서書란, 후한 시대 학자 허신의 《설문해자》 서문에 따르면 죽간이나 비단에 기록된 글자다.[26] 즉, 《한서》의 저자들은 서면의 기록을 중시하여 황제의 조서(571편), 신하

26
홍상훈, 《전통 시기 중국의 서사론》, 37-38.

들의 상소문(503편), 문인의 문학 작품(89편), 편지(45편) 등을 많이 인용했다.[27]

3.2.《한서 열전》의《사기 열전》재편 사례

《한서》의 문헌 자료로 가장 큰 비중을 차지하는 것은 다름 아닌《사기》다. 이것은《한서》에서 다루는 시대가《사기》와 중복되기 때문이다.《사기 열전》에는 한 무제 시기까지 활약한 전한 왕조의 인물들이 포함되어 있다. 이들 인물은 전한 왕조의 역사를 처음부터 끝까지 서술하고자 하는《한서》에도 등장하게 된다.《한서》는 기존의 기록을 중시했으므로《사기》의 내용 또한 많이 차용했다.《사기》에 등장하는 인물의 이야기는《한서 열전》에서 본문이 대부분 유지된다. 이뿐만 아니라《사기》에서 유형화한 인물 범주도《한서 열전》에서 계승되었다. 예를 들어 유학자들의 전기인 〈유림열전〉, 엄격한 법 집행으로 두려움을 산 지방관들의 전기인 〈혹리열전〉등의 유전類傳은《한서》에서 〈유림전〉, 〈혹리전〉으로 이어지고 해당 범주에 맞는 인물이 추가되었다.

그러나《한서》의 저자 반고는《사기》에 드러난 사마천의 관점에 반대하면서 내용을 바꾸기도 했다. 대표적인 사례가 〈유협열전〉 및 〈화식열전〉의 서문을 새로 쓴 것이다. 〈유협열전〉은 법을 어기며 의리를 지킨 호걸들의 전기, 〈화식열전〉은 자기 힘으로 재산을 모아 부귀를 누린 재력가들의 전기다.《사기》에서는 이들에게 긍정적인 면이 있다고 칭찬했지만,《한서》에서 새로 쓴 〈유협전〉과 〈화식전〉 서문에는 이들이 계급 질서를 어지럽힌다는 비난만 들어 있다. 사마천은《사기 열전》의 주인공을 "대의를 받들며 탁월한 능력을 발휘하여 주어진 기회를 놓치지 않고 천하에 공명을 떨친 인물"로 선정했으나(전32 〈사마천전〉) 반고의 이상 세계에서는 "하급자가 규정을 초월하여 상급자처럼 살 수 없었고, 지위가 낮은 자는 높은 자가 누리는 대우를 넘을 수 없었"기 때문이다.(전61 〈화식전〉)

《사기 열전》에 수록되었으며《한서》에도 등장한 인물들의 전기는 신분에 따라 재배치되었다.《사기》에서는 제왕의 연대기인 본기本紀와

27
천치타이·자오용춘,《반고 평전》, 정명기 옮김(다른생각, 2013), 325.

일반인의 일대기인 열전列傳 사이에 제후 등급에 해당하는 세가世家를 두었지만, 《한서》에서는 세가를 삭제하여 황제라는 지존의 지위를 절대화하고 황제 이외의 사람들을 모두 열전으로 묶었다. 또한 사마천은 본기를 설정할 때 현실의 상황을 반영하여, 황제로 즉위했지만 통치권이 없었던 혜제를 제외했고 황제의 지위에 오르지 않았지만 실질적인 지배력을 행사한 항우를 포함했다. 철저한 신분제주의자로서 이것을 용납할 수 없었던 반고는 항우의 이야기를 열전으로 내리고 〈혜제기〉를 본기에 포함시켰다. 또한 여러 사람을 한 편의 전으로 묶는 합전合傳을 구성할 때 활약상보다 출신 성분을 중요하게 고려하기도 했다. 예를 들어 《한서 열전》의 역자도 지적했듯이(전3 〈위표·전담·한왕신전〉), 서로 활동 반경과 활약상이 달라서 《사기》에서 각기 다른 편에 실렸던 인물들도 《한서》에서는 전국 시대 왕실의 후손이라는 이유로 하나의 편으로 묶였다.

3.3. 《한서 열전》에서 삭제된 인물

그런데 《사기 열전》에 나온 전한 시대 전기 인물 중에서 《한서 열전》에 등장하지 못한 이들도 있다. 앞서 언급했듯이 《한서》는 중앙 정부의 공문서와 문학 작품을 주된 자료로 삼았고, 저자 반고는 유가에서 윗사람과 아랫사람을 구별하는 계급 질서를 중시했다. 그 결과 《한서 열전》은 전반적으로 황족과 관료에 중점을 두게 되었다.[28] 그렇기 때문에 《사기 열전》에서 우스갯소리로 군주에게 깨달음을 준 광대들의 이야기를 담았던 〈골계열전〉, 점술가들의 이야기를 담았던 〈일자열전〉 및 〈귀책열전〉이 《한서》에서는 삭제되었다. 〈일자열전〉과 〈귀책열전〉의 경우 이미 전한 왕조 때 《사기》의 해당 본문이 소실되었고 후세 사람의 가필만 남아 있다는 설이 있으므로, 단순히 기록이 부족해서 폐지되었다는 해석도 일견 가능하다. 하지만 반고는 《사기》 〈순리열전〉을 계승한 《한서》 〈순리전〉에 후대의 지방관을 추가했듯이 《한서》에 〈일자전〉을 만들어 후대의 점술가를 추가할 수도 있었음에도 그렇게 하지 않았다. 더 나아가서 《사기》 〈편작·창공열전〉의 주인공인 창공, 즉 문제(재위 기원

28
정지현, 〈《한서·전》의 찬술 경향 연구〉(석사 학위 논문, 서울대학교, 2009).

전 180-157) 시대의 유명한 의사 순우의는 그의 딸이 올린 상소문과 황제가 내린 조서가 자료로 존재했는데도 《한서 열전》에서 제외했다. 결국 광대와 점술가, 그리고 당시에 천한 직업이었던 의사는 여성과 마찬가지로 전의 주인공이 될 수 없었다. 《사기》〈일자열전〉에는 "성인聖人은 조정에 있는 것이 아니라면 반드시 점술가와 의사 중에 있다"라는 구절이 나오는데, 《한서》의 저자들은 이런 말을 용납하지 못했을 것이다.

3.4. 《한서 열전》에서 추가된 인물

반대로 《사기 열전》에 등장하지 않은 전한 시대 전기 인물을 《한서 열전》이 새로 발굴한 경우도 있다. 대표적인 인물이 문제 시기의 가산(전21 〈가·추·매·노전〉), 무제 시기의 오구수왕과 종군(전34 〈엄·주·오구·주보·서·엄·종·왕·가전〉)이다. 이들은 《사기》에서 다루는 시대에 활동했지만 사마천의 선택을 받지 못했다. 가산과 오구수왕은 《사기》에 이름이 아예 나오지 않았으며, 종군은 열전이 따로 없고 이름만 한 번 언급되었을 뿐이다. 반고는 왜 이들을 전의 주인공으로 뽑았을까? 이 인물들의 공통점은 황제에게 아주 긴 상소문을 올렸다는 것이다. 실제로 이들의 전기를 읽어 보면 행적에 대한 기술은 짧고 상소문 전문이 실려 있다. 이들뿐만 아니라 《한서 열전》 전21과 전34에 등장하는 인물은 모두 정치적·군사적·학술적 업적 없이 황제에게 올린 글로 주목을 받아서 한 편의 합전으로 묶였다.

그 외에 한 무제 시기의 인물인데 《사기 열전》에 언급되지 않고 《한서 열전》에서 소개한 인물로는 양왕손이 있다.(전37 양·호·주·매·운전) 양왕손은 앞서 언급한 가산 등과 달리 황제에게 상소문을 올리지 않았으며 문학 작품을 남긴 바도 없다. 《한서 열전》에 실린 그의 행적은 단 하나로, 죽고 나서 수의와 관을 쓰지 않고 맨몸으로 묻히겠다고 한 것이다. 한나라 때는 무덤을 화려하게 꾸미고 부장품을 많이 넣는 등 장례에 지나치게 사치를 부리는 습속이 신분을 가리지 않고 존재했다. 《한서》에서 양왕손의 전을 따로 마련한 데는 아마 이런 풍조를 비판하려는 의도가 있었으리라고 추측할 수 있다. 특히 반고는 낮은 신분의 사람들이 분수에 맞지 않게 고급스러운 장례를 치르는 것을 못마땅하게 여겼을 것이다.

《사기》의 절반 이상의 분량이 전한 시대 전반부를 다루다 보니,[29]

《한서》에서는 《사기》의 문장을 많이 차용했다. 그래서 저작권 개념이 현대와 달랐던 송나라 때조차 이미 반고가 사마천을 "표절"했다는 비판이 나왔고,[30] 이런 비판에 수긍하지 않더라도 《한서》의 앞부분은 《사기》와 중복되므로 따로 읽을 필요가 없다는 인식이 존재한다. 실제로 《한서 열전》이 한국어로 완역되기 전에 나온 여러 선집도 모두 《사기 열전》과 시대가 겹치지 않는 후반부에서만 인물을 선정했다. 하지만 이 절에서 살펴보았듯이 같은 시대라고 해도 《사기 열전》과 《한서 열전》에서 전의 주인공으로 누구를 선택했는지에는 차이가 있다. "의분을 떨쳤"던 《사기 열전》이 다양한 자리에서 자기 능력을 발휘한 개개인의 이야기를 다루었다면, "사상 검열"로 시작한 《한서 열전》에서는 신분 질서를 숭상했고 인물이 어떤 문서를 남길 만한 위치에 있었는지를 중시했다. 그러므로 《사기 열전》의 후속편으로서 《한서 열전》의 후반부만 접하면 한나라의 역사를 일관된 관점에서 이해하기 어렵다.

4. 《한서 열전》의 독립: 전한 왕조 후반에 대한 새로운 서술

4.1. 《사기 열전》의 속편을 쓰려는 다양한 시도

지금까지 《사기 열전》과 《한서 열전》에서 전한 시대 전반부에 활동한 여러 인물을 각기 어떻게 선정하고 배치하고 서술했는지를 소개했다. 다음으로는 《한서 열전》에서 《사기》 이후의 시대를 어떻게 다루었는지를 알아볼 차례다.

《사기》는 한 무제의 재위 중에 끝났지만, 전한 왕조는 무제가 죽은 후에도 100년 가까이 이어졌다. 유지기의 《사통》에 따르면 그동안 최소한 17명의 학자들이 사마천 이후 시대에 활동한 인물들의 전기를 쓰고자 했다.[31] 심지어 어떤 이들은 《사기》 본문에 자신의 글을 직접 덧붙여 넣었다. 대표적인 사례가 후대의 주석가들에게 많은 비판을 받은 저

29
안예선, 〈《漢書》중 漢 武帝 이전 시기 敍事 고찰: 《史記》와의 비교를 중심으로〉, 《중국어문논총》 69집(2015): 201-228.

30
오키 야스시, 《사기와 한서: 중국 정사의 라이벌》, 106.

31
천치타이·자오용춘, 《반고 평전》, 299.

소손이다. 반고는 그의 기록이 신빙성이 없다고 여겨 《한서》에서 채용하지 않았다.[32] 《한서 열전》은 2.3.에서 언급했듯이 반고의 아버지 반표가 시작한 《후전》을 바탕으로 삼았고, 《사기》 이후의 시점에서는 전한 말의 저명한 학자 유향과 양웅의 논평을 주로 인용한다.

4.2. 《한서 열전》 후반의 인물 선정

《한서 열전》은 모두 70편으로 이루어져 있다. 《한서 열전》에 기재된 인물이 총 337명이라는 설을 따르면[33] 한 편당 평균적으로 4-5명이 등장하는 셈이다. 실제로 기전체 역사서의 열전에서 1명을 다룬 전전專傳은 오히려 드문 편이다. 대부분의 열전은 여러 명을 나열한 합전合傳이다. 그 밖에 여러 명을 하나의 속성으로 묶은 유전類傳과 이민족을 다루는 민족전民族傳이 있다. 또한 전의 편명에 이름을 올리지 못했지만 본문에 짧게 수록된 부전附傳까지 감안하면 《한서 열전》에 등장하는 인물은 400명이 넘는다고 한다.(1권 해제) 《한서 열전》에는 먼저 전1 〈진승·항적전〉부터 전57 〈양웅전〉까지 전전·합전이 시간 순서대로 배열되어 있다. 여기에서 대략 전32 〈사마천전〉부터가 《사기》 이후의 역사에 해당한다.

앞서 언급했듯이 《한서 열전》의 서술 대상은 주로 황족과 관료다. 황족으로는 황제의 아들인 제후왕 및 후손들의 행적이 전33 〈무오자전〉(무제의 다섯 아들의 전기)과 전50 〈선원육왕전〉(선제와 원제의 여섯 아들의 전기)에 상세히 서술되어 있다. 불행히도 이들은 대부분 모반이나 저주 때문에 비참한 말로를 맞이한다. 《한서》의 특징은 비극적인 결말의 전조가 미리 나타난다는 것이다. 특히 주인공의 신분이 높은 경우에 패망의 징조로 여러 가지 괴이한 사건을 겪게 된다.[34] 예를 들어 전33 〈무오자전〉에서는 연왕 유단이 반란을 모의할 때 "벼락이 떨어져 성문을 불태웠을 뿐 아니라 큰바람에 왕궁의 성루가 무너졌으며 나무도 뽑혀 부러졌다". 결국 모반은 실패하고 유단은 자살하게 되었다.

32
버튼 웟슨, 《위대한 역사가 사마천》, 박혜숙 옮김(한길사, 1995), 291.

33
천치타이·자오용춘, 《반고 평전》, 340.

34
정지현, 〈양한서의 신이 서사 연구〉(박사 학위 논문, 서울대학교, 2016), 88-89.

관료의 경우 대부분 합전의 형식으로 수록되어 있다. 《사기》의 경우 합전 한 편에 들어가는 인물이 대부분 4명을 넘지 않았으나, 《한서》 후반부에서는 합전의 규모가 더욱 커져서 전34 〈엄·주·오구·주보·서·엄·종·왕·가전〉처럼 9명에 달하기도 한다. 예외적으로 전전으로 편성된 인물은 《사기》를 저술한 사마천(전32), 다양한 설화를 남긴 동방삭(전35), 중요한 사안마다 상소문을 올린 소망지(전48), 방대한 저작을 지은 양웅(전57)으로, 정치적인 영향력은 각기 달랐지만 많은 글을 쓴 문관이라는 공통점이 있다. 전69 〈왕망전〉은 왕망이 신 왕조의 황제로 즉위했기 때문에 사실상 본기의 성격을 띠고 있으나 《한서》에서는 한나라만을 정통 왕조로 인정하기 때문에 열전에 두었다. 그 외에도 한 사람의 이름으로 이루어진 전이 더 있지만, 한 편 내에서 최소한 아버지와 아들 2대를 다룬다는 점에서 전전보다 가전家傳에 가깝다. 예를 들어 전49 〈풍봉세전〉은 풍봉세뿐만 아니라 그의 아들 풍야왕·풍준·풍립, 손자 풍참까지 3대에 걸친 인물들이 등장한다.

부전된 인물의 사례로는 《염철론》으로 유명한 경제 관료 상홍양이 있다. 상홍양은 소제(재위 기원전 87-74) 시기 재상에 준하는 어사대부를 지냈기 때문에 전36 〈공손·유·전·왕·양·채·진·정전〉에서 여러 재상들과 함께 등장한다. 상홍양은 무제가 죽을 때 후계자를 보좌하라는 명령을 받았고 오랫동안 실권을 가졌지만, 전의 제목에 이름을 올리지는 못했다. 해당 편의 논평에서 반고는 그를 "장사꾼으로 이익을 좇던 자가 어울리지 않는 자리에 올랐다"라고 평가하며 그의 출신을 폄하하는 신분제주의적 관점을 드러냈다.

4.3. 전한 왕조 후기 재상들의 분류와 평가

전한 왕조에서 재상에 해당하는 최고의 관직은 승상이었다. 그러나 승상이 언제나 지위에 상응하는 권력을 행사할 수 있었던 것은 아니었다. 《사기 열전》에서는 이러한 현실을 반영하여 유사·장청책 등 뚜렷한 업적이 없는 승상들의 경우 애초에 열전에 수록하지 않았다. 반면 《한서 열전》 후반부에서는 일단 승상의 지위에 오른 인물에 대해서는 반드시 전을 만들었다. 인물이 어떤 공적을 세웠는지보다 어떤 지위에 있었는지를 더 중시한 것이다.

《한서》에서는 합전을 활용하여 승상의 등급을 매긴 점이 주목할 만하다. 가장 높은 등급은 전44 〈위상·병길전〉이다. 위상과 병길은 전한 왕조 전기의 소하·조참과 더불어 후기의 명재상으로 인정받아 후대에도 '소조위병'이 훌륭한 재상의 대명사가 되었다. 이 두 사람을 제외하면 전한 왕조 후기 대부분의 승상들은 《한서》에서 썩 긍정적인 평가를 받지 못했다. 우선 전36 〈공손·유·전·왕·양·채·진·정전〉은 실권을 전혀 가지지 못하고 자리만 채운 승상들이 나열되어 있다. 전51 〈광·장·공·마전〉에 등장하는 광형·장우·공광·마궁 네 사람은 황제의 스승까지 된 저명한 유학자였으나 승상의 자리에서는 실질적인 권력자에게 적극적으로 아부해서 살아남은 인물로 묶였다. 전53 〈설선·주박전〉에서 설선과 주박은 전한 말기에는 드물게 유학의 소양 없이 말단에서부터 자기 실력만으로 출세해서 승상까지 올랐지만 끝이 좋지 못했다. 전56 〈하무·왕가·사단전〉의 경우, 세 사람은 어지러운 정국에서도 목숨을 걸고 바른말을 하였으나 반고는 이들을 "한 삼태기 흙으로 이런 큰 강을 막으려고 시도했으나 강물에 빠져 죽고 말았다"라고 평가했다.

4.4. 〈흉노전〉과 〈서역전〉에 반영된 국제 정세의 변화

《사기》의 시대 이후 전한 왕조에서는 대외 관계에 큰 변화가 일어났다. 이 변화를 보여주는 것이 《한서 열전》의 민족전이다. 전64 〈흉노전〉, 전65 〈서남이·양월·조선전〉, 전66 〈서역전〉 3편의 민족전 중에서는 전65가 가장 간략하다. 남월·민월·조선의 경우 무제 시기에 한나라의 침공으로 멸망했으므로 《한서》에서 새로 덧붙인 내용이 없고, 무제 이후 한나라 군대가 서남이에서 일어난 "반란"을 평정하는 과정만 일부 추가되었다. 한나라의 입장에서 중요한 상대는 전64의 흉노와 전66의 서역이다.

전한 왕조의 가장 큰 적은 흉노였다. 초대 황제 고제 유방부터 흉노와 전투를 치르다가 포위되어 목숨을 잃을 위기에 놓인 적이 있고, 이후 문제와 경제 시기까지 수세에 몰린 채로 화친을 유지하다가 무제 시기에 공세로 전환하여 위청·곽거병의 활약이 있었으나 결과적으로는 오랜 전쟁으로 인해 막대한 인명 피해를 입고 많은 비용을 치렀다. 무제의 통치를 비판한 사마천도 흉노 문제에 대해서는 직접적인 의견을 내놓지 못하고, 《사기》 〈흉노열전〉의 평론에서 현실적으로 말을 하기 어렵다는 암시만 남겼다. 그러나 무제의 증손자 선제(재위 기원전 73-48) 때 흉노에 내부 분열이 일어나면서 관계가 역전되어 흉노의 임금인 호한야선우가 한나라 황제의 신하를 자칭하며 전한의 수도 장안을 방문하기에 이른다. 이후 왕망이 전한을 멸망시키고 신 왕조를 세우기 전까지 흉노는 한나라의 근심이 되지 못했다. 따라서 《한서》〈흉노전〉의 평론은 《사기》와는 달리 평화로운 광경을 과시한다. "변경의 성들은 저녁 늦게야 성문을 닫았고, 소와 말이 들판에 널려 있었으며 삼대에 걸쳐 비상을 알리는 개 짖는 소리가 들리지 않았고 백성들은 군역에 동원되지 않았다."(전64 〈흉노전〉 하)

다음으로 중국 역사상 최초로 서역西域이라는 단어가 나온 《한서》〈서역전〉은 《사기》〈대원열전〉의 후신이다. 원래 《사기》〈대원열전〉은 흉노의 기병에 필적할 강력한 기마 부대를 만들고자 한 무제가 장건을 서역으로 파견하여 서쪽 너머 대원이라는 나라에 좋은 말이 있다는 소식을 듣고 명마를 얻기 위해 대원을 침공하는 이야기였다. 한나라는 이 대규모 원정에서 간신히 승리를 거두었으나 역시 큰 피해를 입었다. 이후 선제 시기 흉노와의 관계에서 우위를 점하면서 서역에 대한 지배력을 확대하고 서역도호부를 설치함으로써 《한서》〈서역전〉은 "서역의 대형 인문지리지가 되었다".(전66 〈서역전〉 상 해제) 반고 또한 서역도호부의 성취가 "우리 스스로 이룬 것이지 다른 나라에 기대어 얻은 것이 아니"(전66 〈서역전〉 하)라고 자부했다. 《한서》〈서역전〉에서는 중앙아시아 수십여 개 나라 각각의 도읍, 장안과의 거리, 접경 국가, 특산물을 소개하는데, 그중에서 주목할 만한 이름으로 오익산리烏弋山離가 있다. 이 지명이 구체적으로 어느 지역을 가리키는지에 대한 학설은 다양하지만, 알렉산드리아의 음차라는 점에서는 대체로 의견의 일치를 보고 있다.[35] 기원후 1세기 중국 역사책에 그리스어 지명이 기록되었다는 것은 동시대 로마인들의 저작에서 중국을 "비단 나라Serica"라고 부른 것과 대비할 만하다.[35]

나가며

마지막 소절에서 우리는 한나라가 어떻게 해서 외부 세계에 중국의 대표로 알려질 만한 위상을 얻게 되었는지를 알아보았다. 즉, 한자 문화권에서 공유하는 문자의 명칭이 왜 '한자'가 되었는지에 대한 답은 《한서

35
동북아역사재단 엮음, 《한서 외국전 역주 하》(동북아역사재단, 2009), 390.

열전》에 있었다. 한자 문화권에서 《한서》는 기전체 단대사로서 '정사' 편찬의 모델이 되었고, 인물의 이야기를 《○○전》이라고 부르는 전통을 남겼다.

《사기 열전》처럼 생동감 있는 묘사는 찾아보기 어렵지만, 《한서 열전》은 대신 정연하고 표준화되어 있다. 반고는 한나라가 어떤 나라였는지를 점잖게 자랑한다. 적어도 스스로 글을 남길 수 있었던 사람들에 대해서는 빠짐없이 정보를 제공해 준다. 기록 바깥에, 신분 질서의 아래쪽에 놓인 사람들의 존재를 잊지 않는 한, 《한서 열전》이 텍스트로 쌓아 올린 세계는 읽고 탐방해 볼 만하다. +

참고 문헌

김민나. 〈先秦兩漢六朝의 역사서에 대한 논의: 《文心雕龍 史傳》〉. 《중국어문학지》 37집(2011): 761-791.

동북아역사재단 엮음. 《한서 외국전 역주 하》. 동북아역사재단, 2009.

박성진. 〈漢代《史記》의 傳播에 대한 고찰〉. 《중국문학연구》 54권(2014): 1-25.

신승하. 《중국사학사》. 고려대학교 출판부, 2000.

신승훈. 〈'傳', 歷史와 文學의 境界〉. 《동방한문학》 67집(2016): 37-62.

안예선. 〈《漢書》중 漢 武帝 이전 시기 敍事 고찰: 《史記》와의 비교를 중심으로〉. 《중국어문논총》 69집(2015): 201-228.

_____. 〈史書의 《春秋》계승 의식과 문학성의 상관성: 《史記》와 《漢書》를 중심으로〉. 《중국문학연구》 43권(2011): 1-24.

양승덕. 〈《宋書》의 인물묘사 기교와 방법: 〈本紀〉와 〈列傳〉을 중심으로〉. 《중국어문학》 83집(2020): 41-59.

정지현. 〈兩漢書의 神異 敍事 硏究〉. 박사 학위 논문, 서울대학교, 2016.

_____. 〈《漢書·傳》의 纂述 경향 연구〉. 석사 학위 논문, 서울대학교, 2009.

홍상훈. 《전통 시기 중국의 서사론》. 소명출판, 2004.

刘开军. 〈略论赵翼与王鸣盛对"前四史"的批评〉. 《东岳论丛》 30卷 5期(2009): 104-108.

반고. 《한서열전: 개역판》. 안대회 옮김. 까치, 2010.

오키 야스시. 《사기와 한서: 중국 정사의 라이벌》. 김성배 옮김. 천지인, 2010.

천치타이·자오용춘. 《반고 평전》. 정명기 옮김. 다른생각, 2013.

후지타 가쓰히사. 《史記를 탄생시킨 사마천의 여행》. 주혜란 옮김. 이른아침, 2004.

Chen, Yuanxin. "Writing History Through the Biographical Genre in the Han Dynasty (202 BCE-220 CE)." Ph. D. diss., Princeton University, 2020.

윗슨, 버튼. 《위대한 역사가 사마천》. 박혜숙 옮김. 한길사, 1995.

주아

취미로 전4사(《사기》·《한서》·《후한서》·《삼국지》)를 읽고 팬픽션과 자료집을 쓰는 동인 작가. 학부와 대학원에서는 언어학을 공부했다. 전4사와 《열녀전》, 《세설신어》 등을 비롯한 고중세 중국어 데이터에서 호칭어가 사용되는 양상을 계량적으로 분석하는 작업에 관심을 두고 있다.

윤진

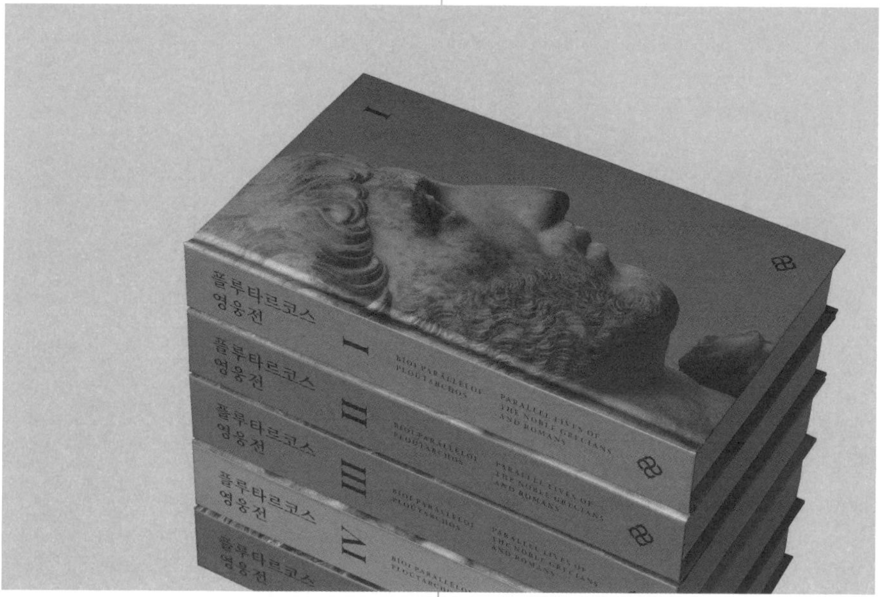

로마 제정기 한 식민지 엘리트의 자기 합리화

플루타르코스, 《플루타르코스 영웅전》, 전5권,
신복룡 옮김(을유문화사, 2021)
Plutarchos, *Bioi Parealleloi* (2C?)

플루타르코스
영웅전
I
BÍOI PARALLÉLOI
PLOÚTARCHOS
플루타르코스
영웅전
II
플루타르코스
영웅전
III
플루타르코스
영웅전
IV
플루타르코스
영웅전
V

들어가며

> 생각을 거듭한 끝에, 나는 아름답고 유명한 아테네를 세운 인물과 영광스러운 로마의 아버지를 짝지어 설명하지 않을 수 없었다. (1권 64쪽)

그리스계 로마 작가 플루타르코스가 쓴《플루타르코스 영웅전》의 원제목은 *Bioi Parealleloi*이므로, 직역하자면《대비對比 열전》이라고 하는 편이 가장 좋을 것이다. 그러나 이미 예전부터 국내에 여러 차례 출간된, 그래서 잘 알려진 이름은《플루타르크 영웅전》혹은《플루타르코스 영웅전》이므로 이 글에서도《플루타르코스 영웅전》이라고 칭할 것이다.[1] 구태여 그리스어 원제목을 들먹여 가면서 제목에 대한 이야기를 늘어놓는 이유는 '(그리스와 로마의) 비교되는 삶들'이라는 말로 이 책의 주요한 서술 의도를 포착할 수 있기 때문이다. 두 지역 옛 영웅들의 삶을 각각 추적하고, 비교할 만한 두 영웅을 각 지역에서 하나씩 짝지어 함께 비평하는 스타일의 전기는 플루타르코스가 처음 내놓았고, 그 이후로도 이런 형태의 평전은 거의 나오지 않았다. 그런 면에서 플루타르코스는 매우 독특한 평전 스타일을 확립한 사람인 셈이다. 게다가 그는 서구권 최초로 '평전'이라는 장르를 개척한 사람이다. 유럽 문명권에 한정해서는 '평전의 아버지'라고 해도 좋다. 다만 그보다 150-200년쯤 전에 중국 역사가 사마천이《사기》에서〈열전〉을 내놓았으므로 '세계 최초'라고 말할 수는 없다. 그러면 이 오래된, 그리고 우리나라에서도 이미 수십 년 전부터 여러 차례 소개되었던 책에 대해서 무슨 말을 할 수 있을까?《플루타르코스 영웅전》은 대중에게 별로 알려지지 않은 책도 아니며, 논쟁거리가 들어가 있는 도발적인 이론을 담은 저서도 아니다. 여기에 답하기 전에 우선 그가 어떤 시대, 어떤 환경에서 살았던 사람인지 살펴볼 필요가 있다.

1
이 점은 예전에 발표된 허승일의 서평도 마찬가지로 지적하고 있다. 허승일,〈플루타르코스의『영웅전』〉,《동서인문》7호(2017): 10.

플루타르코스라는 이름—상당수의 독자에게는 플루타르크라는 영어식 이름—은 잘 알려져 있지만, 그가 어느 시대, 어떤 환경에서 자랐는지에 대해서는 대강 로마 작가라는 정도로만 알려진 경우가 많다. 또 그것이 딱히 틀린 말도 아니다. 하지만 좀 더 정확하게 말하자면 그는 로마 제국의 속주provincia, 즉 식민지인 그리스 출신의 작가였다. 플루타르코스는 서기 46년에 태어나 119년 이후의 어느 때인가 사망했다. 그리스가 로마의 속주가 된 것이 기원전 146년이므로, 그는 고향이 식민지가 되고 나서 거의 200년이 다 되어갈 무렵 태어난 것이다. 그가 태어날 즈음은 로마의 초대 황제 아우구스투스부터 시작하여 4대째 황제인 클라우디우스Claudius 때이고, 사망한 것은 하드리아누스Hadrianus 황제 때이다.

이때는 이미 그리스 지식인들이 로마 제국의 통치를 받아들여 순응하던 시기였다. 플루타르코스 역시 로마의 통치가 그리스인들에게 유익하다고 믿어서 자신의 저작 여러 군데에서 그런 믿음을 표현해 놓았고,[2] 《플루타르코스 영웅전》 이외의 작품들을 모아놓은 저술 《모랄리아》의 〈왕들과 장군들의 어록〉 첫머리에서도 이것이 트라야누스Traianus 황제에게 바치는 글이라고 명시한다. 이 글에서 플루타르코스는 "철학에서 나온 첫 번째 과실이라는 평범한 봉납물을 사소한 선물로, 또 우정의 증표로 당신께 바칩니다"라고 말한다. 그러면서 바로 이어서 자신의 이전 저작인 《플루타르코스 영웅전》을 언급한다. "저는 위인들의 성격과 기질을 진정으로 이해할 수 있는 무언가는 그들의 행동보다 말에 더 잘 반영되어 있다고 보았습니다. 이는 로마인과 그리스인 중에서 가장 뛰어난 통치자, 입법자, 군주의 생애로 구성한 제 작품에서도 그렇습니다."[3]

2

속주 지식인들의 로마 제국에 대한 입장 혹은 자세에 대해서는 김경현, 〈팍스 로마나 시대, 로마제국의 지배 원리 - 식민지 엘리트의 시선〉, 《역사학보》 217호(2013): 3-36을 참조할 수 있다. 이 글 첫머리에서 플루타르코스를 '식민지의 엘리트 지식인'이라고 표현한 것도 이 논문의 시각에 영향을 받았다. 특히 플루타르코스에 대한 평가는 같은 논문의 10쪽에 보다 자세히 나타난다.

3

플루타르코스, 《모랄리아》, 윤진 옮김(한길사, 2021), 88.

이처럼 로마의 지배를 합리화하던 그리스 지식인 일부는 로마인이 그리스인과 같은 조상을 가졌다는 소위 '동조동근론同祖同根論'을 펼치기도 했다. 플루타르코스가 바로 그런 대표적인 인물이었다. 예를 들어 그는《모랄리아》〈로마에 관한 의문들〉 편에서 여러 로마 관습을 설명하면서 그중 상당 부분을 그리스 관습과 비교하거나, 그리스인이 예전에 로마로 건너가 그런 관습을 만들었다는 식으로 설명하고 있다. 한편 〈그리스와 로마의 대비 일화〉라는 글에서는 그리스에서 일어났던 일들과 비슷하게 로마에서 일어났던 일들을 대비하여 적고 있다. 그중 상당수는 믿기 어려운 설화들을 가져다가 서술한 것이지만, 그는 시종 진지하게 그리스에서 일어났던 일이 로마에서도 유사하게 벌어졌다고 적고 있다. 게다가 그는 식민지인으로는 드물게 로마 시민권도 취득할 수 있었는데, 로마식 이름은 루키우스 메스트리우스 플루타르쿠스Lucius Mestrius Plutarchus였다.

플루타르코스는 보이오티아 지방 소도시 카이로네이아의 명문가에서 태어났다. 신탁이 정확하다고 소문난 델포이의 아폴론 신전에서 80km 정도 떨어진 곳이었다. 그의 아버지 이름은 전해지지 않지만, 보통 조부의 이름을 따서 명명하는 그리스의 관행으로 미루어보아 니카르코스Nikarchos였을 가능성이 높다. 플루타르코스는 부인 티목세나Timoxena와의 사이에서 적어도 아들 둘을 두었다. 그중 아리스토불로스Aristobulos는《모랄리아》〈식탁 담화〉의 화자로 등장한다. 한편 플루타르코스의 스승은 플라톤 학파 철학자 암모니오스Ammonios였다. 플루타르코스는 스승에 관한 글을 썼다고 하지만, 지금은 산실散失되어 전해지지 않는다. 다만 그가 서기 66년부터 67년에 암모니오스에게 철학과 수학, 종교 등을 배웠다는 것은 알려져 있다. 암모니오스는 여러 글과 강연 등으로 로마에서 상당한 명성을 얻었지만, 고향을 떠나지 않았으며, 로마 제국 각지에서 명성 높은 사람들이 그를 만나러 찾아왔다고 한다.

플루타르코스는 젊은 시절부터 여러 가지 문제에서 타 도시와의 교류 사절을 맡는 등 고향 도시를 위해 일했고, 최고 행정관인 아르콘archon 직을 수행하기도 했다. 플루타르코스는 생애 말년의 30년 정도를 델포이의 아폴론 신전 신관으로 봉직했다. 〈델포이의 엡실론E에 관하여〉, 〈더는 운문으로 주어지지 않는 피티아 신탁에 관하여〉, 〈신탁의 진부함에 관하여〉 같은 글은 신관으로서의 관심사를 잘 보여준다.《플루타르코스 영웅전》역시 이 시기에 쓰였을 것으로 추정된다.

플루타르코스의 애증의 대상인 알렉산드로스

플루타르코스는 앞에서 살펴본 것처럼 식민지 지식인으로서 로마 제국에 대한 이중적 감정을 품고 있었다. 로마에 합병된 지 이미 200년에 가까운 시간이 흘렀으므로 초창기의 그리스 지식인들이 가졌을 법한 반감은 사라졌거니와, 로마 제국은 절정기를 구가하고 있었으므로 제국의 지배를 인정하고 그에 합류하는 것만이 그리스인들이 가야 할 길이라고 그는 생각하고 있었다. 하지만 그리스인으로서의 지성과 문화에 대한 자부심은 사라진 것이 아니라, 오히려 더 강하게 작용했다. 실제로 이 시기 로마의 황제와 귀족, 지식인 들은 그리스의 수준 높은 문화를 인정하고 '친그리스적'인 행보를 취하고 있었다. 이 부분은 특히 하드리아누스 황제 때 절정에 이르는데, 황제 스스로가 그리스를 사랑하고 존중하는 입장을 아주 강렬하게 내보였다. 그러므로 이 시기 로마와 그리스의 관계는 권력(로마)과 지성(그리스)이 상호 존중하는 관계라고 할 수 있을 것이다. 서기 1-2세기에 그리스 철학자와 지성인이 로마에서 그리스어로 강연회를 열면 교양인이라고 자부하는 많은 로마인이 구름처럼 몰려들어 경청했고, 이 강연자 중에는 플루타르코스도 있었다. 이 강연의 원고 중 하나가 《모랄리아》에 남아 있는 〈알렉산드로스의 덕과 운명에 관하여〉이다. 이 강연은 2부로 구성되어 있는데, 이틀에 걸쳐 진행했던 강연회의 대본이라고 추정할 수 있다.

한편 흥미로운 부분은 《플루타르코스 영웅전》에도 〈알렉산드로스 전기〉가 있는데, 이 글과 〈알렉산드로스의 덕과 운명에 관하여〉의 시선 혹은 해석이 자못 다르다는 점이다. 전체적으로 보아 〈알렉산드로스 전기〉에서는 대체로 좋은 평가를 하는 반면, 때로는 소극적으로나마 알렉산드로스Alexandros의 단점에 대해 지적한다. 그리고 알렉산드로스가 신탁을 받기 위해 이집트의 아문 신전을 방문했을 때 최고 신관이 나와서 "내 아들아"라고 말했다는 부분에 대해서는, 다른 사료들과 달리 최고 신관이 "젊은이여, 어서 오시게"라고 말하려 했지만 그리스어에 능하지 못해 "신의 아들이여"라고 들리게 발음했다는 식으로 나름 이성적 해명을 제시한다.(4권 56-57쪽) 물론 그 이후 알렉산드로스는 자신이 신의 아들이라는 신탁을 받았다며 적극적으로 선전 활동에 나선다. 그 외의 서술에서도 플루타르코스는 가끔 자신이 가진 반감을 감추면서 약간씩만 간접적으로 내비친다. 특히 그의 행실이나 성품에 관한 부분에서 더욱 그렇다. 한편 〈알렉산드로스의 덕과 운명에 관하여〉에서는 알렉산드로스가 철학을 바탕으로 아시아를 '문명화'했다는 식의 '유럽 중심주의적 시각'을 드러낸다. 그리고 〈알렉산드로스 전기〉에서는 운명이 그를 정복의 길로 이끌었으며 신들의 가호가 있었다는 식으로 서술한다. 그러나 〈알렉산드로스의 덕과 운명에 관하여〉에서는 운명이 알렉산드로스를 막아서지만, 그가 가진 '덕'으로 그 모든 역경을 극복했다고 강조한다.

이런 차이점은 두 글의 지향점이 다르다는 데서 비롯한다. 전자는 영웅 전기의 한 부분이었기 때문에 독자에게 교훈을 주려 했고, 알렉산드로스의 약점이나 아쉬운 부분에 대해서도 언급해야 했다. 플루타르코스의 출신지도 또 하나의 실마리를 제공한다. 마케도니아의 젊은 왕 알렉산드로스는 마케도니아와 그리스 연합군을 이끌고 페르시아 원정을 떠나기 전에 그리스에서 자신의 지배력에 반기를 든 여러 도시 국가를 강제로 진압했다. 플루타르코스의 고향 카이로네이아와 인근의 테바이는 이때 알렉산드로스에게 피해를 입었던 과거가 있었다. 그러므로 플루타르코스가 볼 때 알렉산드로스는 범그리스 문명권의 지도자로 과거 페르시아의 그리스 침공에 복수했다는 측면에서는 찬미의 대상일 수밖에 없다. 게다가 그의 업적은 누가 보아도 영웅이라는 말에 어울릴 인물이었으므로 플루타르코스는 그를 칭찬해야 했지만, 그가 자신의 고향을 침략했다는 점에서 마음 한구석에는 찜찜함이 남았을 것이다.

그러나 후자는 로마 대중을 상대로 하는 강연이었고, 굳이 알렉산드로스의 약점까지 언급할 필요는 없었다. 게다가 플루타르코스는 식민지 그리스 지식인으로서 제국의 심장부에서 강연하며 적어도 자신이 속한 그리스 문명권의 영웅이 역경에도 불구하고 위업을 이루어냈다는 점을 강조하고 싶었을 것이다. 또 강연이라는 특수성 때문에 극적인 부분을 강조하여 격정적인 반응을 끌어내는 것을 주요 목적으로 삼았을 수도 있다. 적어도 역사적 위인에 관한 한 플루타르코스가 치밀한 역사가라기보다는 대중적 작가에 가까웠고, 지식인이 아닌 일반 대중을 대

4
플루타르코스와 알렉산드로스를 다룬 다른 역사가들인 아리아노스, 쿠르티우스 루푸스의 시각 차이에 관해서는 다음을 참조하라. 윤진, 〈알렉산드로스를 보는 세 가지의 시선: 플루타르코스, 퀸투스 쿠르티우스 루푸스, 아리아노스의 저작에 나타난 알렉산드로스 대왕〉, 《서양 고대사연구》 28집(2011): 117-142.

상으로 하는 글쓰기에 더 많은 관심을 보였음을 이 두 편의 글에서 읽어낼 수 있다.

보이오티아 대 스파르타

고대 그리스의 역사는 오랫동안 도시 국가, 즉 폴리스 중심으로 진행되었고, 한 번도 통일된 적이 없었다. 이는 당연히 강렬한 지역색으로 이어졌으며, 언제나 그리스인이라는 자각보다는 '어떤 고장 사람'이라는 지역 정체성이 먼저였다. 오히려 로마의 식민지가 된 이후에나 그리스인이라는 정체성이 나타났을 것이다. 그런 면에서는 플루타르코스 역시 자유로울 수 없었다. 더군다나 앞서 언급한 대로 애향심이 가득했던 인물인 그는 카이로네이아, 더 나아가서 보이오티아 지역에 대한 자부심과 애착이 남달랐다. 사실 이런 면은 그보다 앞선 시대의 역사가인 폴리비오스Polybios에게서도 보인다. 기원전 2세기 인물이었던 폴리비오스는 현대에도 믿을 만하며 객관적인 서술을 한다고 평가되는 역사가로서, 그의 《역사*Historiai*》는 제1급 사료로 취급된다. 그럼에도 폴리비오스 역시 자신의 조국인 아카이아 동맹과 적대적 관계였던 아이톨리아, 스파르타, 만티네이아에 대해 서술할 때는 매우 적대적으로, 때로는 편견이 확실해 보이는 서술을 했다.[5]

이런 식의 강렬한 지역색에 가득 찬 서술은 플루타르코스가 보이오티아와 직접 전쟁으로 맞붙었던 스파르타에 대해 서술하는 과정에서도 엿볼 수 있다. 보이오티아가 자랑할 만한 고대 영웅으로는 에파메이논다스Epameinondas가 있다. 보이오티아 지역 테바이 출신으로 기원전 362년에 사망한 그는 뛰어난 장군이자 정치가였고, 기원전 371년 레욱트라Leuktra 전투에서 당시 무적으로 여겨지던 스파르타군을 궤멸시킴으로써 보이오티아의 영웅이 되었다. 당연히 《플루타르코스 영웅전》에 포함되어야 마땅한 인물이며, 실제로도 전해져 오는 《플루타르코스 영웅전》 목록에는 나타나지만 안타깝게도 그에 관한 서술, 즉 〈에파메이논다스 전기〉는 산실되어 사라졌다. 따라서 여기서는 직접 비교할 수 없으나, 간접적으로 서술 방향에 대해 알아볼 수는 있다. 《모랄리아》

5
이 점에 대해서는 윤진, 〈Polybius' View on the City-States〉, 《서양 고대사연구》 22집 (2008): 123-134를 참조하라.

〈왕과 장군의 어록〉의 '에파메이논다스 편'이 남아 있기 때문이다. 여기서 플루타르코스는 스물네 가지에 달하는 에파메이논다스의 어록과 일화[6]를 소개하는데, 간접적으로라도 그에 대해 낮게 평가한 적이 한 번도 없다. 그에 따르면, 에파메이논다스는 리더십이 대단하여 "거느린 병력은 결코 공황 상태에 빠진 적이 없"었고, "전장에서 맞이하는 죽음"을 예견하고 있었으며, "매우 소박하게 식사"하고, 페르시아에서 보내온 금화 3000개라는 막대한 뇌물에 전혀 흥미를 보이지 않을 만큼 강직한 인물이었다. 또 사람들이 축제를 즐기고 술을 마시며 즐거이 지낼 때도 홀로 "씻지도 않고 걸으며 생각에 빠져 있었다". 그 이유를 묻는 친구에게, 그는 "그대들 모두 술을 마시고 축제를 즐기도록 하기 위함이라네"라고 답할 정도로 국가에 헌신한 인물이었다고 플루타르코스는 묘사한다. 이런 '선공후사'의 정신은 레욱트라 전투 다음 날에도 보이는데, 에파메이논다스는 이때도 홀로 사색하며 우울해한다. 그 이유를 묻는 이에게 답하기를, 어제의 승리에 자신이 너무 좋아했다고 자책한다는 것이다.[7] 이렇듯 플루타르코스는 에파메이논다스를 절제, 소박함, 명예심, 애국심을 모두 갖춘 완벽한 영웅으로 묘사한다.

그에 반해 에파메이논다스의 적수였던 스파르타의 아게실라오스 대왕에 대해서는 좋은 평과 나쁜 평을 함께 내리고 있다. 열거하면 다음과 같다. 아게실라오스Agesilaos는 "어떤 역경이나 과업 앞에서도 물러서지 않"고 야심을 가진 인물로서 낙천적인 인품을 지녔다.(3권 16쪽) 또한 그는 "정적을 다루는 방법"이 뛰어난 인물로서 "정적이 잘할 때면 칭찬하는 데 인색하지 않고, 동지가 잘못을 저지르면 나무라지 않고, 오히려 그들을 도와주는 것을 자랑스럽게 생각"했다.(3권 20쪽) 그러나 얼핏 보아서는 칭찬인 듯한 이 평가는 사실 플루타르코스로서는 매우 좋지 않게 평한 것이다. 말하자면 그가 정략에 능한 인물로서 적을 끌어안고 자신의 세력을 늘리는 데 집착하고, 자신의 편이라면 잘못을 저질러도 감싼다는 윤리적 비판을 가한 것이다. 다만 같은 그리스, 특히 보

6
에파메이논다스와 레욱트라에서 맞붙어 싸웠던 아게실라오스Agesilaos 대왕에 대해서는 열두 가지 일화를 소개한다.

7
플루타르코스, 《모랄리아》, 174-182.

이오티아와의 싸움이 아닌 페르시아와의 전쟁에서 그가 성공을 거듭한 점에 대해서는 전공을 아낌없이 찬미한다. 즉, "그 시대에 가장 위대한 인물"이라고까지 평한다.(3권 28쪽) 한편으로는 그가 미소년에 대한 사랑이 지나쳐서 종종 공사 구분을 못하며, 친구들의 잘못을 과할 정도로 감싸는 점에 대해서는 일침을 가한다.

《플루타르코스 영웅전》의 구성과 서술

플루타르코스가 이 책을 오늘날 우리가 보는 순서대로 저술하지 않았다는 사실은 현재 첫 번째 영웅으로 등장하는 〈테세우스 전기〉에서 알 수 있다. 플루타르코스는 "그러나 법률가 〈리쿠르고스〉와 〈누마〉를 출판한 뒤, 이제 더 먼 과거로 신화에 해당하는 〈로물루스〉의 시대까지 거슬러 온 것이 불합리한 결정만은 아닐 것이다"라고 쓰고 있기 때문이다.(1권 63-64쪽) 즉 현재 출판된 책들에서 항상 첫 순서로 나타나는 테세우스-로물루스 전기는 적어도 리쿠르고스-누마 전기 이후에 쓰인 것이다. 원래 서술 순서를 추적하려면 전문적으로 《플루타르코스 영웅전》을 연구한 선학의 힘을 빌려야 한다. 존스Christopher Prestige Jones는 《플루타르코스 영웅전》을 깊이 있게 분석하여 그가 실제로 영웅전을 쓴 순서를 추정했다.[8] 사실 존스는 플루타르코스의 전 작품을 면밀하게 살펴서 나름의 전거와 논리를 들어 원래 서술 순서를 복원하고자 했다. 하지만 그도 완벽하게 복원하지는 못하여 몇 군데에서는 단순한 추정을 할 수밖에 없었다. 존스의 추론과 재구성에 따른 《플루타르코스 영웅전》의 서술 순서는 다음과 같다.[9]

1) 에파메이논다스Epameinondas—스키피오Scipio
2)-4) 키몬Kimon—루쿨루스Rukulus
펠로피다스Pelopidas—마르켈루스Marcellus

8
C. P. Jones, "Towards a Chronology of Plutarch's Works," *Journal of Roman Studies* 56 (1966): 61-74.

9
허승일, 〈플루타르코스의 『영웅전』〉, 10-11에서도 존스의 논문을 근거로 서술 순서를 제시한다.

세르토리우스Sertorius—에우메네스Eumenes 또는 필로포이멘 Philopoimen—플라미니우스Flaminius[10]

5) 데모스테네스Demosthenes—키케로Cicero

6) 리쿠르고스Lykurgos—누마Numa

7)-9) 테세우스Theseus—로물루스Romulus

테미스토클레스Themistokles—카밀루스Camillus

리산드로스Lysandros—술라Sulla

10) 페리클레스Perikles—파비우스 막시무스Fabius Maximus

11) 세르토리우스Sertorius—에우메네스Eumenes 또는 솔론Solon—포풀리콜라Populicola 또는 필로포이멘—플라미니우스[11]

12) 디온Dion—브루투스Brutus

13)-14) 티몰레온Timoleon—아이밀리우스 파울루스Aemilius Paulus

알렉산드로스Alexandros—카이사르Caesar

15) 아게실라오스Agesilaos—폼페이우스Pompeius

16)-23) 세르토리우스—에우메네스 또는 필로포이멘—플라미니우스 또는 솔론—포풀리콜라

아기스Agis와 클레오메네스Kleomenes—티베리우스 그라쿠스Tiberius Gracchus와 가이우스 그라쿠스Gaius Gracchus 형제 또는 아리스테이데스Aristeides—대 카토Cato Maior

알키비아데스Alkibiades—코리올라누스Corioanus

니키아스Nikias—크라수스Crassus

포키온Pokion—소 카토Cato Minor

데메트리오스Demetrios—안토니우스Antonius

피로스Phyrros—가이우스 마리우스Gaius Marius

10

이 경우는 이 영웅 전기 세 쌍의 조합이 두 번째에서 네 번째 사이에 서술되었던 것으로 보지만, 그 세 쌍 간 서술 순서는 정확히 말할 수 없다는 의미이다.

11

만약 필로포이멘—플라미니우스가 2)-4)에 해당하게 되면 아리스테이데스—대 카토 또는 아기스와 클레오메네스—티베리우스 그라쿠스와 가이우스 그라쿠스 형제에 해당한다.

《플루타르코스 영웅전》의 옮긴이 신복룡에 따르면, 이 국역본은 페린Bernadotte Perrin이 영어로 번역한 하버드 대학교 판본[12]을 저본으로 하고, 그 외 다른 영역본을 참고했다고 한다. 또한 신복룡은 16세기 중반 프랑스의 성직자이자 학자인 주교 아미요Jacques Amyot가 여러 자료를 모아 산실된 부분을 채워 넣은 것 중 일부를 프랑스어 판본에서 찾아 추가로 넣었다고 밝힌다. 〈한니발 전기〉와 〈스키피오 전기〉 그리고 누락된 비교 평전 네 편 〈피로스와 마리우스의 비교〉, 〈테미스토클레스와 카밀루스의 비교〉, 〈알렉산드로스와 카이사르의 비교〉, 〈포키온과 소 카토의 비교〉가 그것이다. 이제껏 국내에 출간된 번역본 중에서 아미요 및 그와 함께 일했던 학자 뒤 아양Bernard de Girard du Haillan의 글을 포함한 경우는 없었기 때문에 새로운 시도라고 할 수 있을 것이다.

하지만 새로운 시도에는 언제나 그렇듯이 장단점이 있다. 장점으로는 당연히 국내에 처음 소개되는 글이 추가되었다는 점이다. 그럼으로써 독자들은 보다 풍부한 읽을거리를 가지게 되었다. 하지만 우려되는 부분 역시 없는 것은 아니다. 우선 아미요가 〈한니발과 스키피오의 비교〉 부분을 편집해 넣었듯이, 원저자의 글과 후세의 글이 뒤섞여 버리는 일이 일어나서 그 구분이 쉽지 않다는 점이다. 게다가 읽는 이들이 그리스어 원저나 라틴어판, 영역판 등을 따로 찾아보지 않는 한 어디까지가 플루타르코스의 글인지 알기 쉽지 않다. 뿐만 아니라 신복룡도 서문에서 쓰고 있듯이, 영문학자인 그는 프랑스어로 된 후세 학자들의 모작(?)을 직접 번역하지 않았다는 점도 고려해야 한다. 물론 본인이 감수하고 다른 학자들에게 조언을 받았다고는 하지만, 16세기 프랑스어로 된 후세 작가들의 글을 집어넣으면서 직접 번역하지 못했다는 점은 논란의 여지가 없지 않다.

윤리인가 실용인가?

《플루타르코스 영웅전》은 오랫동안 젊은이, 때로는 어린이와 청소년을 위한 책으로 치부되어 내려오다 보니 처음 출간된 이후부터 오늘날까지도 당연히 교훈을 얻으려 읽는 서적으로 여겨진다. 다만 그 교훈이

12
B. Perrin, *Plutarch's Lives* (Harvard University Press, 1967).

정신적 수양을 위한 윤리적 가르침일지, 세상살이를 위한 실질적 가르침일지는 작은 논란거리다. 사실 두 가지를 구분하는 것 자체가 어렵고 서로 적당히 섞여 있다고 말해야 하겠지만, 여전히 이 책의 의도 자체를 어느 한편에 더 가깝다고 말하고 싶어 하는 경우가 있다. 우선 옮긴이는 머리말에서 "진정으로 지혜로운 고수는 암수暗數를 이겨낼 수 있어야" 한다고 말한다. 그는 "이런 점에서 본다면,《플루타르코스 영웅전》과《삼국지》는 수양서가 아니며, 삶의 지혜를 가르쳐 주는 경세서經世書일 뿐이다"라고 강하게 말한다.(1권 16쪽) 그러면서 그는 "역사가 반드시 의인들의 승리로 끝난 것은 아니"라는 것을 보여주기 때문이라고 그 이유를 설명한다.(1권 17쪽) 한편 이 책을 윤리서, 수양서로 보는 학자도 당연히 있다. 허승일은《플루타르코스 영웅전》서평에서 플루타르코스가 "윤리 면을 강조하여, 영웅들의 덕과 악을 규범으로 제시, 권선징악의 효시로 삼으려 했다"라고 단언한다. 그리하여 플루타르코스가 "절충주의 철학을 표방했지만, 스토아 학파와 에피쿠로스 학파의 극단론만은 강력하게 비판"했다고 해석한다.[13]

경세서인가 윤리서인가 하는 논란이 생긴 배경은 당연히 플루타르코스가 그 의도를 간접적으로만 밝혔기 때문이다. 그는 이 책 여러 곳에서 '명예', '용기', '이성', '공의', '공익', '성스러움', '악행', '징벌' 등의 용어를 구사하여 독자들이 정의롭고 신의 뜻에 따라 사는 삶을 살기를 촉구한다. 그런 면을 강조하여 보자면 당연히 윤리서라고 판단할 수밖에 없다. 하지만 전체적인 구성과 등장인물들을 중시해서 보면, 정치가와 전쟁 영웅을 중심으로 구성했으므로 당시 그리스와 로마의 귀족들, 특히 청소년층을 대상으로 실용적이고 정치적인 가르침을 주기 위해 썼다고 보는 편이 옳을 것이다. 거기에 이 책이 당시 로마의 최고위 정치가인 집정관 소키우스Socius에게 헌정되었다는 점을 추가로 생각해 보면 단순히 윤리적 가르침을 주기 위한 것만은 아니었다는 결론이 나오게 된다. 플루타르코스도 여기저기서 인용하는 그리스의 선배 역사가 투키디데스Tukydides가 밝힌 것처럼, "과거의 사건은 인간이 비슷하기에 다시 일어난다는 것을 명확히 알고자 하는 사람에게 유익"하므로, "나는

13
허승일, 〈플루타르코스의 『영웅전』〉, 15.

이 책을 박수받기 위해서가 아니라 영대永代의 유산으로 썼다"[14]는 의도를 공유했을 것이다. 다만 너무도 진지하여 당대에 재미없다는 평을 들었던 투키디데스에 비하면, 플루타르코스는 '이야기꾼'이라고까지 불렸던 헤로도토스Herodotos의 글쓰기에 가까운 편이다. 말하자면 보다 대중적인 글쓰기를 한 것으로, 여러 일화와 전설, 심지어 꿈과 그 해몽, 신탁과 징조 등을 여기저기 배치하여 읽는 사람이 흥미를 갖도록 하는 것이 플루타르코스 글쓰기의 특징이다. 어찌 보면 그는 역사가와 다큐멘터리 작가 그 사이의 어디쯤 되는 사람일 것이다.

나가며

《플루타르코스 영웅전》 서평은 처음 생각했던 것보다 훨씬 어려운 작업이었다. 이미 나온 지 2000년 가까이 되어 이제까지 수억 혹은 수십억의 독자를 가진 책에 대해서 새로이 할 말은 많지 않았기 때문이다. 다만 플루타르코스가 당시 식민지 처지였던 그리스의 지식인으로서 그리스와 로마의 '비교되는 삶들'을 적어낸 이 저작은 그러한 조건에 처한 작가만이 쓸 수 있는 매우 독특한 장르를 개척했다는 점을 강조하고 싶다. 개인 플루타르코스는 식민지인이라는 자의식과 보다 큰물에 나가서 자신의 학식을 내보이고 싶다는 생각을 동시에 가지고 있었을 것이다. 다른 한편 그는 조국, 그리고 고향이 제국의 지배에 들어간 지 두 세기가 지나는 동안 지중해 전역으로 확산하던 로마 제국의 성세에 따를 수밖에 없음을 인식했지만, 조국 그리스의 지성과 문화에 대한 자부심 또한 품고 있었을 것이다. 어쩌면 《플루타르코스 영웅전》이 고전 중에서도 빛나는 한 자리를 2000년 가까운 세월 동안 차지할 수 있었던 것은 재능 있는 한 식민지 엘리트가 내적 고뇌 속에서 제국에 협조할 수밖에 없었던 그 모순된 상황이 만들어낸 이중적이고 미묘한 그 무언가가, 사람들 누구나가 가지고 있는 내적 갈등을 건드렸기 때문이 아닐까? +

14
Thukydides, *Historiai*, I. 22.

참고 문헌

김경현. 〈팍스 로마나 시대, 로마제국의 지배 원리: 식민지 엘리트의 시선〉. 《역사학보》 217호(2013): 3-36.

윤진. 〈알렉산드로스를 보는 세 가지의 시선: 플루타르코스, 퀸투스 쿠르티우스 루푸스, 아리아노스의 저작에 나타난 알렉산드로스 대왕〉. 《서양 고대사연구》 28집(2011): 117-142.

_____. 〈Polybius' View on the City-States〉. 《서양 고대사연구》 22집(2008): 123-134.

허승일. 〈플루타르코스의 『영웅전』〉. 《동서인문》 7호(2017): 5-23.

Chrysanthou, C. S. *Plutarch's Parallel Lives: Narrative Technique and Moral Joudgement*. De Gruyter, 2018.

플루타르코스. 《모랄리아》. 윤진 옮김. 한길사, 2021.

Stadter, Philip A., ed. *Plutarch and the Historical Tradition*. Routledge, 1992.

Thukydides, *Historiai*.

윤진
고려대학교 사학과에서 학사, 석사, 박사 학위를 받았다. 2003년부터 충북대학교 인문대학 사학과에서 교수로 재직 중이다. 그리스와 로마에 대한 논문 20여 편을 썼고, 플루타르코스의 《모랄리아》 및 아리아노스의 《알렉산드로스 대왕 원정기》 등 4권의 책을 번역했으며, 《스파르타인, 스파르타 역사》를 비롯한 3권의 책을 썼다.

강민혁

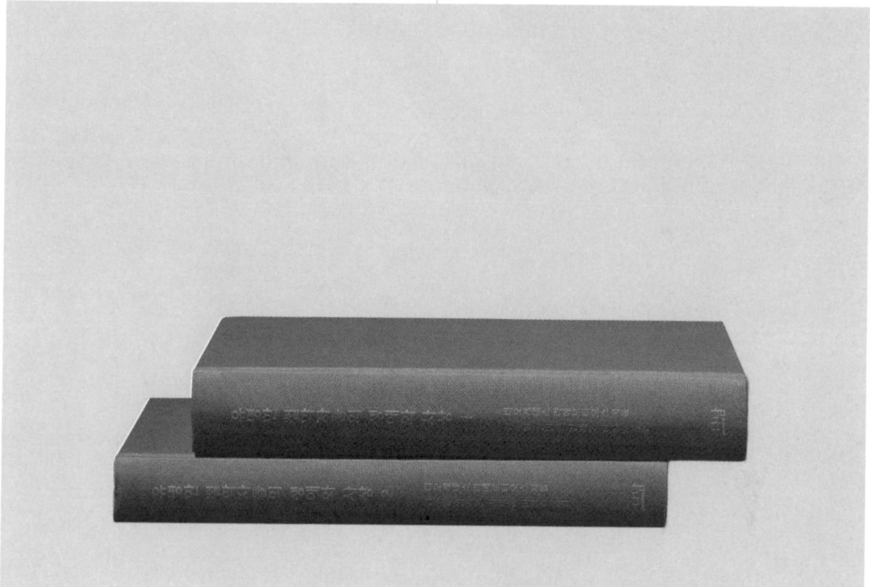

삶과 로고스가 함께 거주하는 미래의 철학

디오게네스 라에르티오스,
《유명한 철학자들의 생애와 사상》, 전2권,
김주일·김인곤·김재홍·이정호 옮김(나남, 2021)
Diogenes Laertios, *Bioi kai Gnomoi ton en Philosophia Eudekimesanton* (3C?)

강민혁

이 책은 기묘한 사람들의 이야기로 가득 차 있다. 별을 관찰하다가 발을 헛디뎌 벼랑에 떨어진 사람, 나이 들어서 리라를 배우며 쉬지 않고 춤을 추는 사람, 여름에는 뜨거운 모래 위에 몸을 굴리고 겨울에는 눈 덮인 조각상을 껴안으며 단련하는 사람, 폭우를 피해 자신을 쇠똥에 묻고 쇠똥의 열기로 몸이 마르기를 바란 사람, 참주의 코를 물어뜯고 자신의 혀를 깨물어 참주에게 뱉었다는 사람… 이들은 우리가 쉽게 상상하기 힘든 방황과 기행을 펼쳐 보인다. 평생 방황의 운명을 타고난 이들은 바로 철학자들이다.(2권 4절, 2권 32절, 6권 23절, 9권 3절, 9권 27절)

3세기 경의 그리스 철학자 디오게네스 라에르티오스는 이런 철학자를 두고 "지혜로운 자"라기보다 "지혜를 소중히 하는 사람aspazomenos"이라 말한다.(1권 12절) 디오게네스는 이미 지혜를 갖춘 자가 아니라 지혜를 소중히 여기고 다루는 사람들, 어쩌면 지혜롭지 않을 수 있는 사람들의 생애와 그들이 소중히 여겼다는 지혜를 이야기한다. 하지만 이 무대에 오른 등장인물들이 그 지혜를 숨겨두고 눈에 띄지 않게 보관하는 일에 몰두한 것은 아니다. 삶이란 과연 무엇인가? 그가 전하는 이야기 속에서 사람들은 이 질문 외에 다른 문제의식을 지니지 않는다. 그가 플라톤과 시노페의 견유주의자 디오게네스 모두에게 경의를 표하는 것은 이 때문이다.

여느 스토아주의자답게 디오게네스에게도 철학은 논리학과 자연학과 윤리학의 언어로 표현된다. 하지만 그에게 삶이란 논리학과 자연학과 윤리학 그 어느 것으로도 결코 환원되지 않는 세계이다. 삶은 철학과 본질적인 관계를 맺기에, 철학을 통해 자신의 일면을 보여준다. 그러나 삶은 시간과 함께 항상 변화하며 순간적이기에, 장자莊子가 말한 '그림자의 그림자[魍魎]'와도 같아[1] 그 자체는 쓸모없는 공허에 더 가깝게 느껴지며 반反철학적으로 보이기까지 한다. 이 공허에서 멈추어 버리면 허무, 망상, 가상에 불과한 것이 되지만, 그러지 않을 때가 더 드물다.

철학은 삶을 떠나 존재할 수 없으므로, 삶이야말로 철학이 구성되는 장소임이 틀림없다. 철학자는 삶을 철학으로 일궈내고 그것을 담론

1

장자, 《장자》, 안동림 옮김(현암사, 1993), 85; 전호근, 《장자강의》(동녘, 2015), 184. '망량'은 그림자 가장자리에 있는 엷은 그림자를 말한다. 여기서는 전호근의 번역을 따랐다.

의 형태로 바꾸어 나간다. 언어적 형상을 갖추지 않은 비담론적인 것들이 언어적 형상이 있는 담론적인 것으로 변환된다. 그러나 철학 담론은 변화하는 삶을 완전히 담을 수 없고, 오히려 변화하는 삶이 철학의 담론적 구성을 방해하는 것처럼 보이기까지 한다. 삶은 자신이 구성한 철학에 아랑곳하지 않고 작동하며 변해간다. 급기야 담론과는 일치하지도, 심지어 닮지도 않은 삶이 철학 밖에서, 그러나 우리 곁에서 생성되고 존재하게 된다. 철학자들의 저 기이한 방황과 기행은 삶이 철학을 초과하는 자리에 존재하리라 짐작케 할 뿐이다. 철학이 기하학, 천문학처럼 발명된 것이라는 디오게네스의 서술은 흥미롭다.(서론 11절) 삶은 철학을 발명한다. 삶과 철학 사이의 본질적 관계 때문에 철학 담론은 삶의 방식대로 만들어진다. 이 발명품은 삶 주위를 돌며 삶을 닮으려 무던히 애를 쓰지만, 정확히 포개지는 일은 없다.

디오게네스에 따르면 철학의 발명은 세 가지 형태로 진행된다. 가장 철학적인 것에 가까운 말logos의 논리학, 말을 넘어서 존재하는 사물의 자연학, 삶에 가장 근접하여 그 주위를 맴도는 윤리학이 그것이다. 우리는 스토아주의자들이 이 세 형태를 동물이나 알, 혹은 농토에 비유한 것을 디오게네스를 통해 잘 알고 있다.(7권 39절) 동물의 비유에서 논리학은 뼈와 힘줄, 윤리학은 살, 자연학은 혼에 해당한다. 알의 비유에서 껍질은 논리학, 그 내부는 윤리학이며, 알의 핵은 자연학이다. 농토의 비유에서 울타리는 논리학, 열매는 윤리학이며 땅과 나무는 자연학이다. 철학의 삼각형이라고 할 논리학, 자연학, 윤리학의 구조는 삶 주위를 돌며 삶의 위성衛星이 된다.

그러나 삶으로부터 구성되어 삶 주위를 맴돌던 이 위성들은 언젠가부터 삶을 가려버린다. 이런 단정은 맥락을 무시하고 현재의 철학을 난폭하게 비트는 것이라 항변할 수도 있다. 그러나 사람들은 철학이 너무 난해해졌으며, 철학이 삶이 아니라 철학을 위해 존재한다고 불평하며 이 단정에 심심치 않게 동의한다. 오랜 세월 사람들은 철학을 형이상학적 원리를 매개로 대상을 사고하는 양식으로 이해해 왔다. 근대가 신학에서 철학을 간신히 구출한 뒤에는 철학이 과학과 현실 사회에 발을 딛고 사고하기 시작했지만, 칸트 시대 이래로는 아카데미 지식인들 사이에서 주로 유통되며 문체가 난해해졌다.[2] 근대 이전에는 철학을 고귀한 천상에 숨겨두었다면, 이후에는 난해한 지식에 숨겨둔다. 물론 프리드리히 니체Friedrich Nietzsche가 철학 비판을 감행하고 철학을 상대화하여 일상인들의 삶 그 자체로 복귀시키려 했고, 루트비히 비트겐슈타인 Ludwig Wittgenstein은 의미는 물화된 것이 아니라 사람들의 일상적 언어 사용을 통해 다양하게 드러난다며 일상적 삶의 철학적 지평을 열기도 했다. 그러나 아직 그 전략의 성공 여부는 분명하지 않다.

디오게네스 라에르티오스의《유명한 철학자들의 생애와 사상》은 철학자의 삶을 가리지 않고 담론과 함께 무대 위에 올린다. 이 책은 철학 담론을 인용하고 요약하면서도, 수많은 철학자의 독특한 삶을 함께 배열한다. 이는《논어》나《맹자》처럼 담론과 삶의 일화를 뒤섞는 텍스트의 전략과도 흡사하고,《동의보감》이나《아케이드 프로젝트》같이 편집과 배치로 사유가 발현되는 텍스트와도 비교할 만하다. 철학에 대한 모든 지식을 축적한 책이 있다 해도 삶이라는 복잡한 책에는 미치지 못한다. 디오게네스는 이를 증명이라도 하려는 듯 글을 쓴다. 어쩌면 철학자들의 목록에 자신 또한 기입하려는 욕망이 있었을지 모른다. 그러나 책 속에 고유명 디오게네스의 그림자는 들어 있지 않다. 그는 철학자들의 목록에서 한자리를 차지하기보다는 철학자들의 삶과 담론을 구성하는 뼈에 도달하고, 이를 종합한 새로운 형상을 만들어낸다. 이것 자체가 인용과 편집으로 이루어진 새로운 철학자, 디오게네스 라에르티오스의 삶이자 철학일지 모르겠다. 그 순간 우리는 '유명한 철학자들'을 읽는 것이 아니라, 삶의 변화무쌍한 모습과 산종散種된 철학을 품은 새로운 철학자, 디오게네스 라에르티오스를 읽는 것이다.

철학자의 일상과 함께 출현하는 논리학

논리학이라 불리는 연구 영역은 아리스토텔레스의《오르가논》을 통해 형성되었다.[3] '논리학'이라는 말은 아리스토텔레스 주석가인 아프로

2
데카르트René Descartes, 말브랑슈Nicolas Malebranche, 스피노자Benedictus de Spinoza, 라이프니츠 Gottfried Wilhelm Leibniz, 루소Jean-Jacques Rousseau, 볼테르Voltaire 등 칸트 이전 근대 철학자들은 강단의 스콜라 철학자들과 달리 대부분 재야 지식인이나 정치가, 외교관 등이었다. 이들은 일반 지식인을 독자로 가정하여 가능한 한 전문 용어를 사용하지 않았다. 그러나 철학자의 직업이 대부분 대학 교수가 되기 시작한 칸트 시대 이후로는 학생이나 동료 학자를 독자로 삼으면서 문체마저 변해버렸다. 기다 겐,《반철학이 뭡니까?》, 장은정 옮김(재승출판, 2019), 176.

3
윌리엄 닐·마사 닐,《논리학의 역사 1》, 박우석·배선복·송하석·최원배 옮김(한길사, 2015), 87.

디시아스의 알렉산드로스가 처음 사용한 것으로, 그로부터 대략 500년이 지난 뒤에야 우리가 현재 알고 있는 의미, 즉 논증의 형식을 분석하는 학문이라는 뜻을 갖게 된다. 논리학의 역사 전체는 아리스토텔레스 논리학이 주도했으며,[4] 크리시포스가 메가라학파의 가르침으로부터 발전시킨 스토아학파 철학자들의 저술은 거의 보존되지 않았기에 이들에 관한 것은 많이 알려져 있지 않다. 그러나 남아 있는 기록들, 심지어 비판자들의 악의 섞인 조롱과 단편적 인용만 보아도 이들이 굉장히 지적인 논변가라는 것을 느낄 수 있다. 그러나 스토아학파의 논리학은 연설술이나 격언 수준에서 유통되는 주변부 지식으로 전락하고 말았다.

사실 아리스토텔레스 이전에도 이미 고대 논리학의 전조가 있었지만, 이는 아리스토텔레스 논리학이 태동하기 위한 전 단계 정도로만 간주되었다. 설사 중요하게 다루더라도 고대 논리학 형성에 영향을 준 기하학은 추상적 명제 혹은 세계의 구조에 관한 일반 명제를 증명하려는 시도로 과학적 방법의 시원이라고 높이 평가되는 반면, 변증술은 기하학이 이루어낸 과학적 휘광에 가려 그저 말싸움 정도로 간주된다. 그러나 디오게네스에게는 이런 위계가 애초에 존재하지 않고, 두 가지가 자연스럽게 함께 거주한다. 오히려 디오게네스에게 변증술은 철학의 본질에 가깝고, 기하학 뒤편에서 근원적으로 존재하는, 철학적인 것의 실증성positivité이라고 해야 할 정도다.

기하학적 논증이 예외 없이 참인 전제로부터 출발해서 필연적으로 참인 결론에 도달하는 것과 달리, 변증적 논증은 출발점이 되는 전제가 참인지 분명하지 않으며, 결론도 참이어야 할 필연성이 없다. 그러므로 변증술을 통해 진리에 도달하는 길은 언술 그 자체에서 직접 발견되지 않는다. 예컨대 증명적 논증의 대표 격인 순수 수학에서는 그것을 구성하는 기호와 언술 그 자체가 직접적으로 진리다. 삼각형에서 두 모서리 길이의 합은 나머지 모서리의 길이보다 길다는 유클리드의 증명은 언술 자체로 진리다. 그러나 대화와 논박으로 이루어진 변증술은 대화자

4
고대 논리학은 아리스토텔레스에게서 파생된 소요학파와 크리시포스가 메가라학파의 가르침으로부터 발전시킨 스토아학파에서 찾아 볼 수 있다. 그러나 후자의 저술이 거의 보존되지 않아 전승되지 못했기에 논리학 전체 역사에 미친 영향은 아리스토텔레스 논리학과 비교해 매우 미약하다. 윌리엄 닐·마사 닐, 《논리학의 역사 1》, 21, 231.

들의 전제도 서로 다를 수 있으며, 심지어 각자의 전제를 참으로 간주할 이유도 없다. 따라서 그들의 결론이 참이라 간주할 근거도 당연히 없다.

기하학에 가려진 이 변증술의 지층은 디오게네스에게 거의 날것으로 펼쳐져 있다. 그의 저작에서 대화자가 상대방의 말에 숨은 전제를 찾아내 논증의 아이러니를 드러내는 것은 흔한 일인데, 이는 진지한 담론적 논박뿐 아니라 철학자의 일상적인 대화에서도 마찬가지이다. 이런 비非철학적 장면은 책 곳곳에 독특한 미장센으로 배치되어 있다. 소크라테스는 변증술의 논박 과정에서 주먹질을 당하거나 머리털이 뽑히기도 하는데, 그렇게 당하고도 참는 것을 보고 다른 이들이 놀라움을 표시하자 그는 말한다. "만약 당나귀가 나를 걷어찼다면 내가 당나귀를 고발해야 하는 거요?"(2권 21절) 이 일상적 장면은 상대에 따라, 토론의 맥락에 따라 참을 수 있거나 없는 것인데, 소크라테스는 이 전제를 잊고 상황을 바라보는 사람들의 통념적 관점을 드러낸다. 기원전 4세기 메가라의 철학자 스틸폰은 "사람이 있다"라고 말하는 것은 아무 말도 하지 않는 것이나 다름없다고 설파한다. 여기서 말하는 '사람'이 여기 '이' 사람인지 저기 '저' 사람인지 알 수 없으므로, "사람이 있다"라는 말만으로는 전제하는 지시 대상을 확정할 수 없기 때문이다. 이 또한 전제로 거슬러 올라가 상대방 말의 아이러니를 드러내는 일이다.

대화자들은 서로를 이해하지 못하는 상태에서 대화하고 서로의 전제로 거슬러 올라가는 수고를 마다하지 않는데, 그 과정에서만큼은 이해할 수 없는 것들을 버리지 않고 내버려 둔다. 이런 의미에서 변증술은 상호 관계를 인정하는 감각에 기대어 수행되는 공동체적 기술이다. 나아가 이 기술은 논증 밖 생활 세계의 영향을 당연한 것으로 여긴다. 스틸폰은 물고기를 사야 하는 시간이 되자 토론 도중 주저 없이 떠나는데, 논의를 포기하는 것이냐는 질문에 이렇게 대답한다. "나는 포기하지 않소. 오히려 논의는 유지하고 당신을 포기하는 거요. 논의는 기다려 주지만 그 물고기는 팔려 버릴 테니까."(2권 119절) 이 일화는 변증술의 목표가 논증이 아니라 삶에 있음을 명백히 드러낸다.

변증술의 의미는 닐Kneale 부부가 정확히 지적했듯 '불가능으로의 환원reductio ad impossibile'이다.[5] 상대가 의존하는 가정으로부터 출발해서 그가 원하는 방향으로 차근차근 짚어 나가보면 어느 순간 터무니없는 귀결이 나온다. 이 아포리아를 두 논자가 깨닫게 되면서 변증술은 끝난다. 이 과정에서 상대방은 스스로 모순에 처하고 혼란에 빠진다. 원래의 통념을 끝까지 끌고 가면 괴상한 결론에 빠진다는 사실을 뒤늦게 깨닫는 것이다. 이런 장면에서 대개는 소크라테스가 상대방의 생각을 고쳐먹게 한다는 도덕적 결론을 상상하곤 한다. 그러나 이 장면은 상대의 잘못된 생각을 교정한다기보다, 두 대화자 모두에게 도무지 어찌할 수 없는 괴물이 숨어 있음을 깨우치는 장면이다. 철학자에게 통념은 숨어 있는 괴물적 사고의 표현인 것이다.

변증술의 과정을 논리적 도식으로 표현하면, '만약 P라면 Q인데, Q가 아니다. 그러므로 P가 아니다'가 된다. 소크라테스는 이 도식을 이용하여 상대방이 의존하는 전제를 드러내고 궁극적으로 그것을 포기할 수밖에 없는 결론을 도출해 논증을 끝낸다. 이는 논박술elenchos의 표준적인 양식인데, 이를 문답 형태로 기술하여 제시한 최초의 사람은 다름아닌 플라톤이다.(3권 24절) '플라톤 입문편'이라고 할 3권 48절부터 66절은 플라톤의 변증술 논증을 대화편에 기초해 디오게네스가 나름대로 정리한 내용이다.

그러나 이 부분이 109절에 달하는 디오게네스의 플라톤 소개글 전체에서 차지하는 비중은 매우 적다. 논리학은 이런 배치를 통해 아주 다르게 감각된다. 오늘날 우리가 과학적 인식의 뼈대이자 독립적인 학문으로 여기는 논리학이 디오게네스의 글에서는 철학자의 일상적 일화들에 녹아들어 전달된다. 이는 어떤 장소를 사진으로만 바라보다가 실제 현장으로 가서 프레임 밖의 광경을 보았을 때 느끼는 생생함과 같다. 단테가 살았던 피렌체 생가를 사진으로만 보면 아무런 영감이 생기지 않다가, 직접 찾아가 주변 거리와 건물 그리고 사람들을 함께 보면 단테의 순례길이 생생한 질감으로 다가온다. 그러나 현대 논리학은 이 프레임 밖—아마 우리는 단지 일상이라고 여길 그런 밖—과 그다지 쉽게 소통하지 못한다. 형식논리를 체계화한 고틀로프 프레게Gottlob Frege의 표기법, 게오르크 칸토어Georg Cantor의 집합론, 힐베르트 프로그램 등을 거치며 수리적으로 변한 논리학은 생활 세계를 비추기보다 고도의 추상세계를 표현하는 데 몰두한다. 이에 따라 논리학의 성과에 사람들이 접근하기 어려워졌고, 그 결과가 우리의 일상적인 삶과 어떤 관계에 있는

5
윌리엄 닐·마사 닐, 《논리학의 역사 1》, 65.

지도 분명치 않게 되었다. 그러나 디오게네스는 논리학이 일상적 삶과 함께 존재하며 삶과 연속성을 지님을 분명히 한다. 논리학은 홀로 존재하는 것이 아니라, 철학자의 삶과 함께 존재한다. 그때서야 논리학은 깊이 박힌 나무뿌리에 빗물이 전해지듯 삶 자체에 귀함을 보탠다.

이렇게 디오게네스의 배치에서 플라톤을 바라보면, 그가 논리학의 원리를 분명하게 발견했던 사람임에도 디오게네스가 왜 플라톤을 논리학자라 부르지 않는지 깨닫게 된다. 플라톤은 논리학의 원리들을 제시하기는 했지만, 근본적으로 그에게 논리학 그 자체를 탐구하고 체계화하려는 욕망은 존재하지 않았다. 고대 철학에서 논리학은 독립적 탐구 대상일 수 없었다. 이들에게 변증술적 논리학은 일상적 논쟁에서 상대방을 논박하여 승리하기 위한 기술이었고, 그중 가장 효과적인 방식이 변증술이었을 뿐이다.

이를 가장 잘 보여주는 이들은 귀류법을 능수능란하게 구사한 스토아주의자들이다. 이들은 상대가 처음의 주장과는 양립할 수 없는 주장을 하고 있음을 보이며 상대방을 격파해 나간다. 스토아주의자들은 논리학을 수사학과 변증술로 나눈다. 수사학은 정치 현장이나 법정 연설, 일상적 찬사 등 "서술 형식의 논증에서 잘 말하는 것과 관련된 앎"이다.(7권 43절) 스토아주의 수사술은 고대 그리스 서사시의 풍성하고 우아한 수사와 달리 절제되고 간결한 것으로 유명하다. 피에르 아도Pierre Hadot에 따르면 당시 도시의 삶에 대한 훈련은 다양한 수사학적 연습을 통해 언어를 완벽하게 구사하는 경지에 이르는 것이었고, 그 과정에서 통치 원리를 끌어내는 것이었다.[6] 이는 변증술적 연습을 통해 가능했다. 그것은 "묻고 답하는 형태의 논증에서 옳게 대화를 나누는 것과 관련된 앎"이다.(7권 43절) 이 훈련에서 스승은 제자나 청중에게 테제가 될 만한 질문을 던진다. 스승은 이 논제를 가지고 차츰 논변을 발전시키면서 계속 이야기를 끌고 가는데, 이런 과정은 단지 수사학적인 것으로 보일 수도 있고 실제로 수사학적 연습에 그치기도 한다. 그러나 이는 결국 모

6

피에르 아도, 《고대 철학이란 무엇인가》, 이세진 옮김(열린책들, 2017), 180. 미셸 푸코Michel Foucault의 후기 철학은 삶의 기술로서의 철학 개념을 계보학적으로 검토한 피에르 아도Pierre Hadot나 율리우시 도만스키Juliusz Domański의 선행 연구가 없었다면 열리지 않았을 길이다. 이 서평 또한 이 책에 빚진 바가 크다.

든 독단론적 주장은 성립할 수 없음을 보여주기 위한 것이다.[7]

변증술은 '진리의 기준'과 관련된 부분을 논의의 첫머리에 두어야 한다고 보는데(7권 49절), 이때 '기준'이란 파악 가능한 인상kataleptike phantasia으로서 근대에 와서 '표상representation'으로 불리는 것이다. 그러나 근대적 의미의 표상과 고대의 인상mental impression은 다르다. 디오게네스에 따르면, 인상은 영혼에 새겨진 각인이다.(7권 45절) 그러나 외부 사물이 단순히 영혼에 재현represent되기만 하는 것은 아니다. 인상은 실제로 있지 않은 것에서 오기도 하고, 실제 있는 것에서 오더라도 실제 그대로 각인되지는 않는다. 그것은 분명하지도 확연하지도 않다.(7권 47절) 즉, 인상은 영혼이 존재하는 방식에 따라 각각 다르게 나타날 수 있다. 근대의 표상이나 물자체와 달리 스토아학파의 인상은 단순히 외부 사물이 의식에 떠오르는 것이 아니라 영혼의 존재 구조가 함께 드러나는 것이다. 그러므로 이 인상을 파악하는 것은 영혼을 진리에 부합하게 변형하는 중요한 기술이 된다.

여기서 스토아학파 논리학의 존재 의의가 드러나는데, 변증술은 이 인상들이 참인지 판별하는 데에 집중함으로써 인상의 노예가 되지 않도록 하는 현자의 앎이다. 디오게네스는 이를 "여러 덕들을 포괄하는 덕"이라고 표현하는데, 변증술을 연마하는 일이 영혼의 덕을 연마하는 일과 동일하다는 뜻일 것이다.(7권 46절) 고대 논리학은 진리를 확정하는 도구라기보다, 주체가 덕을 연마하며 변형해 나가기 위한 중대한 도구임이 분명해진다. 디오게네스는 이 분명한 차이를 삶의 일화와 담론 간의 적절한 배치를 통해서 정확히 드러내려 한다. 과학이 철학에 우위를 점한 후부터 수리화된 논리학은 신성 불가침의 종교 비슷한 것이 되었다. 그러나 디오게네스가 전해주는 논리학의 세계는 공동체의 일상적 대화 속에서 자연스럽게 발현되는 말들의 세계이다.

자연학, 인간 너머의 삶을 만드는 자연-되기

디오게네스는 철학의 기원으로 두 사람과 두 학파를 지목한다. 하나는 아낙시만드로스에서 기원한 이오니아학파, 다른 하나는 피타고라스에

7
피에르 아도, 《고대 철학이란 무엇인가》, 183.

서 기원한 이탈리아학파이다.(서론 13절) 보통의 서양 철학사가 탈레스를 기원에 두는 것과 달리, 디오게네스는 1권 〈7현인〉이 끝나고 본격적으로 철학자를 다루기 시작하는 2권 〈이오니아학파·소小소크라테스학파〉의 첫머리를 아낙시만드로스부터 시작한다. 아낙시만드로스에 관한 내용은 단 두 절뿐이지만, 다소 특이한 시작이다.[8]

그러나 디오게네스는 아낙시만드로스를 철학자 첫머리에 세워놓고도 업적은 너무 간단하게 기술한다. 그는 최초의 해시계인 그노몬gnomon을 고안했고, 땅과 바다의 경계를 처음 그려 최초로 지도를 제작했으며,[9] 천문학에 기초해 천구天球를 만들었다. 아울러 그는 "한정되지 않은 것to apeiron이 근원arche이자 원소stoicheion"라고 주장했다.(1권 1-2절) 디오게네스가 기술하는 아낙시만드로스의 자연학적 업적은 이것이 전부다. 그러나 아낙시만드로스는 헬라스 사람 중 자연학적인 글을 최초로 발표한 인물이었다. 어떤 의미에서 세계를 과학적으로 탐구하려는 행위가 탄생한 것이고 또 그것을 최초로 표명한 것이니, 과학적 사유의 역사에서 일대 사건이다.[10]

아낙시만드로스는 원통형의 지구가 아무런 받침대 없이 허공에 떠 있다고 생각했다. 이 말은 지구 아래에도 하늘이 있다는, 당시로서는 아주 획기적인 생각이었다. 아침에 태양이 동쪽에서 떠서 저녁에 서쪽으

8

버트런드 러셀Bertrand Russell만 해도 아낙시만드로스를 밀레토스학파의 둘째 철학자로 소개한다. 버트런드 러셀, 《러셀 서양철학사》, 서상복 옮김(을유문화사, 2019), 65. 디오게네스는 1권 12절에서 철학자와 지혜로운 자를 구분하여 설명한다. 지혜로운 자가 이미 지혜를 소유한 자라면, 철학자는 아직 지혜를 소유하지 않은 자로서 지혜를 추구하는 사람이다. 이에 그는 탈레스가 철학을 처음 이끈 것은 맞다고 보지만, 탈레스를 '철학자'라는 존재를 본격 서술하기 시작한 2권에 넣지 않고 1권 〈7현인〉 편의 '현인', 즉 지혜로운 자들에 배치한다. 그런 후 1권 말미에서는 2권에 앞서 "이제 철학자들에 대해서 언급해야만 한다"라고 거듭 천명하면서 이 사실을 다시 상기시킨다.(1권 122절)

9

탈레스 외, 《소크라테스 이전 철학자들의 단편 선집》, 김인곤·강철웅·김재홍·김주일·양호영·이기백·이정호·주은영 옮김(아카넷, 2005), 133.

10

카를로 로벨리Carlo Rovelli는 《첫번째 과학자, 아낙시만드로스》(이희정 옮김, 푸른지식, 2017)에서 아낙시만드로스를 과학적 사고를 탄생시킨 인물로 평가한다. 사실 이런 평가는 이미 칼 포퍼에 의해 표명된 바 있다. Karl Popper, *The World of Parmenides: Essays on the Presocratic Enlightenment*, ed. Arne F. Petersen (Routledge, 1998).

로 사라졌다가 다음 날 아침에 동쪽으로 다시 뜬다면, 필시 지구 아래도 뻥 뚫려 있어서 태양이 한 바퀴를 돌았을 것이라고 추론해 볼 수 있겠다. 엠페도클레스가 아낙시만드로스를 우스꽝스러운 사람 취급하며 흉내 낸 것을 보면, 당시 이 생각은 괴이한 것으로 받아들여졌다.(8권 70절) 그러나 아낙시만드로스의 가설은 분명 번득이는 과학적 지성의 발현이라고 할 수 있다. 더군다나 지구가 왜 떨어지지 않고 허공에 떠 있는가 하는 물음에 대해서는 '반드시 어느 방향으로 움직일 이유가 전혀 없기 때문'이라고 응수하는데, 이 또한 질문 자체를 뒤집는 기발한 발상이었다. 그런데도 디오게네스의 글에서 아낙시만드로스는 철학자의 첫머리를 장식하면서도 배경처럼 자리 잡고 있을 뿐이다.

자연학에 대한 디오게네스의 태도는 아주 묘하다. 그는 기상, 세계의 구성과 사물의 법칙, 천상과 지상에 대한 천문학적 지식, 생물의 기원에 관한 지식을 거부하지는 않는다. 그러나 그가 호기심 충족을 위해 이런 앎을 찾거나, 이를 진리 탐구의 결과물로 받아들이는 것은 아니다. 천문학을 연구한 첫 번째 인물이자 자연에 관해 최초로 논한 현인으로 소개되는(1권 23절) 탈레스는 가장 어려운 것을 묻는 말에 주저 없이 "자신을 아는 것"이라 답한다.(1권 35절) 자연 탐구의 목표라 할 만한 '우주의 기원과 끝'이 제일 어렵다고 해야 할 것 같은데 말이다. 더군다나 122절에 걸친 1권에서 7현인 전체의 생애와 철학 소개, 그리고 144절에 걸친 2권에서 이오니아학파와 소小소크라테스학파 철학자들 전체의 생애와 담론 소개에서도 천문학이나 자연학에 대한 소개는 네다섯 구절밖에 없다.(1권 27절, 2권 1절, 8-10절, 17절) 일반적으로는 소크라테스와 소피스트에 와서 윤리학이 철학의 중심 주제가 되었다고 여기고, 그 이전의 철학을 '소크라테스 이전 철학' 또는 '자연철학'이라고 부른다. 그러나 소크라테스 이전 철학의 본류라고 할 이오니아학파를 다루는 부분에서도 디오게네스는 자연학적 담론이 주요 주제는 아니라는 듯 매우 과소하게 다루며 가볍게 넘어간다.

이오니아학파의 철학에서 자연학적 시각이 중요한 부분을 차지하는 것은 분명하다. 그러나 디오게네스가 소개하는 자연학적 탐구는 철학자의 전체 생애와 사상에서 일부를 차지할 뿐이다. 이를테면 소크라테스의 스승 아르켈라오스가 이오니아에 자연철학을 도입했다고 하면서도 그가 탐구한 우주, 생물, 인간의 생성을 한 절에 짧게 기술할 뿐이며, 소크라테스가 윤리학을 도입하면서 자연철학이 끝났다는 말이 이어진다.(2권 16절) 이 부분만 보면 소크라테스가 끝냈다는 자연철학이 과연 무엇인지 알 수 없을 정도다. 이어지는 소크라테스, 크세노폰, 아이스키네스 등에서 자연학적 견해를 소개하는 곳은 단 한 장면도 없다. 이런 비非자연학적 기술은 3권 플라톤 편이 시작될 때까지 계속된다.

디오게네스는 플라톤의 자연학, 즉 우주의 생성과 구성에 관한 학설을 자기 나름의 이해에 기반하여 서술한다. 여기서 주목해야 할 점은 디오게네스가 플라톤의 우주론도 독립된 자연 법칙으로 기술하지 않는다는 점이다. 디오게네스가 설명하는 플라톤의 자연학에 따르면, 우리 영혼은 조화롭게 구성되며 불멸한다. 질료 자체는 무질서하지만, 조물주 데미우르고스에 의해 어느 한 장소로 이끌리면서 물, 불, 공기, 흙이 생성되어 우주가 탄생한다. 이어 디오게네스는 "영혼이 있는 것이 영혼이 없는 것보다 더 좋은 것이기 때문에 우주는 영혼이 있으며, 가장 훌륭한 원인이 되는 것의 산물이라 추정된다"라고 플라톤의 자연학을 마무리한다.(3권 71절) 결국 디오게네스의 이해에 따르면, 플라톤이 자연학을 펼친 이유는 우주에 영혼이 있고 그것이 신에 의해 균형과 질서를 갖춘 상태로 생겨났다는 것을 이해하기 위함이다. 플라톤이 이를 통해 궁극적으로 주장하는 목적은 "신과의 동화"이다.(3권 78절)[11] 플라톤 편에서도 우주론은 '좋음'을 알기 위해 지나가는 경유지이지 도착점이 아니다. 디오게네스는 어느 철학에서든 자연학이 삶의 주제와 연결된다는 점을 당연히 여기고 자신의 글에 분명히 반영한다.

이런 식의 서술은 4권 〈아카데미아학파〉, 5권 〈소요학파〉, 6권 〈견유학파〉에서도 이어지고, 심지어 아리스토텔레스 편에서도 자연학적 견해는 극히 일부만이 소개된다. 그러나 디오게네스가 속한 〈스토아학파〉(7권)에 이르면 자연학을 대하는 태도는 좀 더 진지해진다. 아니, 그것이 삶의 문제임을 본격적으로 드러낸다. 이를테면 제논에게 삶의 궁극 목적은 "자연에 일치하여 사는 것", 곧 덕에 따라 사는 것이다.(7권 71절)[12] 이제 우주와 자연은 독립된 과학적 탐구 대상이 아니다. 그것은

11
플라톤의 이런 주장은 《테아이테토스》에도 나타난다. 플라톤, 《테아이테토스》, 정준영 옮김(이제이북스, 2013), 143(176b).

12
스토아학파와 에피쿠로스학파는 자연학을 그 자체를 위해 발전해야 할 것으로 보지 않

삶이 닮아야 하는 모범이다. 앞에서는 자연학에 관한 서술이 서너 절을 넘지 않았지만, 삶의 문제와 본격 연결된 스토아학파에 오면 가장 많은 분량을 차지한다.(7권 132-160절) 이 또한 디오게네스가 삶과 철학 담론 사이의 상호 작용을 편집과 배치로 웅변하는 대목이다.

나아가 마지막 권인 10권에서, 에피쿠로스는 감각과 지각과 감정의 철학자답게 자연학적 담론과 윤리적 담론이 완전히 결합한 경지를 보여준다. 디오게네스는 자연학적 담론으로 가득한 에피쿠로스의 편지 전문을 소개한다.(10권 35-116절) 에피쿠로스는 자연학 연구의 이유를 다음과 같이 명확히 한다. "전 우주의 본성이 무엇인지 분명히 이해하지 못하고 신화에 근거한 설명을 의심하는 사람은 가장 중요한 문제에 관한 두려움을 해소할 수 없을 것이다. 그러므로 자연에 대한 연구 없이는 쾌락을 순수한 상태로 얻을 수는 없을 것이다."(10권 143절) 이처럼 에피쿠로스는 궁극적으로 죽음에 대한 두려움이 우리 안에 자리 잡고 있고, 그 두려움을 치유하기 위해 자연학 연구가 필요하다고 제안한다. 에피쿠로스의 자연학은 주체의 욕망과 무관하게 존재하는 것이 아니다. 오히려 죽음이나 욕망에 "우리의 마음이 조금도 흔들리지 않았더라면 우리는 자연에 대한 연구를 필요로 하지 않는다".(10권 142절) 이런 관점은 편지 곳곳에서 발견된다. 그는 "천체 현상에 관한 앎에 평정과 굳센 확신 이외의 다른 어떤 목적이 없다"라고 단언하며(10권 85절), 우리가 천체 현상에 대한 자연학적 원인을 파악하는 이유도 "어떤 [자연적] 조건에서 마음의 평정이 가능하고 어떤 조건에서 불가능한지"를 알기 위해서라고도 말한다.(10권 80절) 또 자연 현상을 눈으로 알아도 그 본성과 원인을 모르면 두려움을 가질 것이기에 자연학 탐구를 하는 것이라 지적하기도 한다.(10권 79절) 에피쿠로스에게 자연학적 탐구란 현

고, 윤리적 목적을 위한 것으로 간주했다. 그러나 두 학파간의 오랜 반목이 증명하듯, 그 구체적인 사유는 완전히 다르다. 스토아학파는 모든 것이 우주 안에 있고, 세계가 일종의 거대한 유기체이며, 모든 것이 이성적 필연에 따라 도래한다고 생각한다. 그러나 에피쿠로스학파는 신체 혹은 물체가 원자들의 집합이긴 하지만 서로 섞이지 않는 요소들의 병치 상태에 있다고 보고 각각의 개별체를 인정하며, 그것들이 서로 우발적으로 부딪치면서 세계가 구성된다고 생각한다. 여기에 따라 자연학이 윤리학과 연결되는 방식, 특히 자유를 생각하는 방식도 다르게 나타난다. 에피쿠로스학파가 우발성에 기대어 자유를 설명한다면, 스토아학파는 이성이 세운 계획에 이미 모든 저항과 대립마저 포함하고, 이것들을 사용하여 자유를 실현한다고 생각한다. 피에르 아도, 《고대 철학이란 무엇인가》, 218-223.

상의 원인을 정확히 아는 것이며, 그 궁극적 의의는 인간의 행복이다.

결국 고대 철학에서 자연에 대한 앎의 유효성은 그 앎이 주체에게 삶을 더 잘 살아갈 수 있는 용기를 주거나 세상의 풍파에 맞설 수 있게 하느냐, 혹은 노예적 삶을 벗어날 힘을 주느냐에 달려 있다. 플라톤의 자연학에는 우주에 영혼이 있고 우주가 신에 의해 균형과 질서를 갖추었음을 이해하며, 궁극적으로는 그 신과의 동화를 통해 얻는 '좋음'으로 주체의 삶을 변형시키려는 의지가 스며들어 있다. 스토아학파는 자연에 일치해 살아야 덕을 따라 사는 것인데, 그러기 위해서는 자연학적 앎을 지향해야 한다고 주장한다. 그것은 자연-되기를 통해 새로운 삶을 사는 것이다. 에피쿠로스학파는 더 나은 행복을 획득하기 위해 자연학적 앎을 탐구한다.[13] 디오게네스는 이런 관점을 전체의 풍경 속에서 적확하게 포착하도록 돕는다. 고대 자연학이 이오니아학파에서는 커다란 숲의 자그마한 꽃 언덕처럼, 플라톤에서는 지성으로 다가가는 문의 문설주처럼, 스토아학파와 에피쿠로스학파에 이르면 장대한 장관을 이룬 폭포수처럼 해설된다. 그가 설명하는 자연학은 자연 안에 이미 존재하는 삶의 윤리적 형태를 발견해 낸다. 그로부터 철학은 자연학을 통해 두려움을 없애고, 자연을 따라 삶의 미학을 창조한다. 디오게네스는 고대 철학에 광범위하게 퍼져 있는 관점, 즉 자연을 통해 제 모습을 이루는 삶만큼 철학도 발명된다는 관점을 품은 철학자라고 해야 할 것이다.

윤리학, 자유의 실천과 삶의 파레시아

플라톤의 《향연》 도입부에는 소크라테스가 향연에 참석하기 위해 평소와 달리(!) 목욕하고 신발을 갖춰 신는 장면이 나온다.[14] 디오게네스는

13
아도는 자연학에 대한 고대 문헌이 실제 자연학적 현상에 대한 체계적이고 명확한 이론을 발표한 과학적 논문이라고 보기 어렵고, 그 목적이 명백히 다른 데 있다고 주장한다. 아리스토텔레스에게 자연학은 문제들을 방법론적으로 다루는 법을 배우는 방편이며, 플라톤은 인간 영혼에게 사유 운동을 통하여 세계 영혼(=자연)을 모방하고 그로써 삶의 목표에 도달하기를 권한다. 또한 에피쿠로스는 자연에 대한 앎이 신과 죽음에 대한 두려움에서 벗어나게 한다고 보았다. 정신 수련으로서의 자연학은 고대 철학 전반에 걸쳐 있다. 피에르 아도, 《고대 철학이란 무엇인가》, 346-347.

14
플라톤, 《향연》, 강철웅 옮김(이제이북스, 2010), 56(174a).

소크라테스의 평소 생활 양식을 이렇게 묘사한다. "그는 검소한 생활에 자부심이 있었으며 누구에게도 보수를 요구하지 않았다. 그는 양념을 가장 적게 필요로 하는 음식이 먹는 즐거움이 가장 크고, 곁에 없는 또 다른 마실 것을 가장 덜 찾게 하는 음료가 마시는 즐거움이 가장 크며, 필요한 것이 가장 적은 자가 신들과 가장 가까이 있는 자라고 말하곤 했다." 그러면서 아리스토파네스의 희곡 〈구름〉에서 따온 다음 대목을 고쳐 인용한다. "서 있거나 걷거나 그대는 피로하지 않고, 추위를 심하게 타지도 않고, 아침 식사에 연연하지 않네. 술이나 포식 그리고 다른 모든 무분별한 것들을 멀리하네."(2권 27절) 디오게네스의 말마따나 아리스토파네스는 조롱하는 말로 자신도 모르게 소크라테스의 생활 양식을 칭찬한 꼴이 되었다.

미셸 푸코Michel Foucault는 윤리를 사려 깊고 신중한 자유의 실천이라고 간명하게 정의한 바 있다. 그러면서 자유는 윤리의 존재론적 조건이라고도 덧붙인다.[15] 고대 그리스에서 다른 도시, 다른 사람, 통치자 그리고 자기 욕망의 노예가 되지 않는 것은 윤리의 절대적이고 근본적인 주제이다. 노예적 상태에서 벗어나기 위해 어떤 관계에서든 올바르게 처신하면서도 적절히 자유로울 수 있는 것, 그리고 그러기 위해 자기가 빠져든 욕망을 다룰 줄 알고, 늘 자기를 변형해 나가는 것, 그것이 바로 푸코가 말하는 고대 그리스인의 윤리이다. 이 점에서 윤리는 적절하게 자유를 실천하는 일상적 행동 양식 자체이다. 즉, 윤리는 일상에서 자유가 구체적으로 드러나는 방식이기 때문에, 그것 자체가 생활 양식의 문제라고 할 수 있다. 한 사람의 에토스는 그의 옷, 몸가짐, 걸음걸이, 사건에 대응하는 침착성 등으로 나타나는 것이다.[16]

디오게네스의 책 곳곳에는 철학자들의 생활 양식이 고스란히 드러나 있다. 출신, 가문, 활동 지역, 정치적 발언과 행동뿐 아니라 일상의 소소한 일화들이 두서없이 나열되고, 이성 관계나 스캔들도 깨알같이 서술된다. 대개의 철학사는 철학자가 만들어낸 담론에 집중하지만, 이 책에서 담론은 그 철학자를 규정하는 여러 요소 중 하나일 뿐 결정적 요

15
미셸 푸코 외, 《미셸 푸코의 권력이론》, 정일준 옮김(새물결, 1994), 104.

16
미셸 푸코 외, 《미셸 푸코의 권력이론》, 106.

소가 아니다. 디오게네스는 철학자 주위를 돌며 철학자-주체를 형성하는 삶의 요소들을 가능한 한 다양하게 포착하려고 한다. 사실 이 책에서 윤리학은 자연학이나 논리학처럼 분명히 구별되지 않는다. 즉, 자연학이나 논리학처럼 어느 절에서 어느 절까지가 윤리학에 관한 기술이라고 잘라 말할 수 없다. 디오게네스에게 윤리학은 물론 자연학이나 논리학과 구분되는 것이기는 하지만, 그 어떤 것도 윤리적 요소를 품지 않은 것은 없으므로 그는 이를 별도의 이론으로 체계화하여 따로 기술하는 데 힘을 들이지 않는다. 그 덕분에 디오게네스가 포착한 철학자들의 일상은 담론 안에 갇히지 않는다. 오히려 곁에 배치해 놓은 일화들과 함께, 철학 담론이 홀로 있으면 얻지 못했을 친숙함과 다양성을 확보한다. 감춰진 것은 없고, 모든 것은 변화할 수 있도록 보류되어 있으며, 나가려면 언제든지 나가라는 듯 늘 출구에 열려 있다. 삶이 그러한 것처럼 디오게네스의 책은 고대 철학의 역동적인 세계를 고스란히 보여주는데, 그 모습 자체가 고대 세계의 윤리학이다.

전체 29절로 이루어진 소크라테스 편은 소크라테스의 삶에서 추출된 이야기를 모은 삶의 앤솔러지이다. 디오게네스도 그를 "삶에 관해 토론한 최초의 철학자"라고 소개하니(2장 20절), 소개말에 걸맞은 기술인 셈이다. 철학적 논의에 더 집중했다고 할 수 있는 플라톤과 아리스토텔레스 편에서도 이 근본 취지는 유지된다. 107절에 이르는 플라톤 편에서 순수하게 철학적 담론을 서술한 부분은 절반 정도이다. 누구보다 이론적이라는 이미지를 가진 아리스토텔레스도 담론적 내용은 전체 35개 절에서 7개 절에 불과하다.(5권 28-34절) 플라톤 편의 나머지 절반은 플라톤의 가계도, 사제 관계, 친구들, 시켈리아 방문기를 서술하고, 다른 책에서는 보기 힘든 플라톤의 외모나 품성을 묘사한다. 플라톤은 어깨가 넓고 체격이 좋지만 목소리가 가늘었다. 소크라테스가 고운 소리를 내는 백조 꿈을 꾼 뒤 플라톤을 두고 백조라고 했다는 이야기도 덧붙인다.(3권 4절) 또 워낙 겸손하고 절도가 있어 웃는 모습을 보인 적이 거의 없었다고도 전한다.(3권 26절) 아리스토텔레스는 어눌하게 말했고 다리는 가늘었으며, 눈은 작지만 늘 화려한 옷을 걸쳤고 반지를 끼고 다녔다. 그는 산책로를 오가며 학생들과 철학 이야기를 나누는 것을 즐겼다.(5권 1-2절) 이 담담한 서술 속에서 우리는 거장들의 일상적 모습을 떠올리고, 그들의 세계로 점점 다가가 철학의 진면목으로 들어간다.

물론 거장들의 일상이 담담하기만 한 것은 아니다. 디오게네스는 숨기고 싶었을 진실들도 다른 일상과 함께 드러낸다. 플라톤 역시 희곡 작가들의 조롱을 피하지는 못했다. 이상한 것을 날조plassein나 하는 플라톤Platon이라는 둥(3권 27절),[17] 아무런 지혜도 발견하지 못하면서 자기 다리만 아프게 했다는 둥, 플라톤의 제자가 되면 텅 빈 양파의 텅 빈 본질을 알게 될 거라는 둥 조롱이 이어지다가 다음과 같은 결정타를 날린다. "플라톤이여. 당신은 달팽이처럼 눈썹을 근엄하게 꿈틀거려 우울한 얼굴을 하는 것 말고는 전혀 아는 것이 없구려."(3권 28절) 더불어 아스테르, 디온, 파이드로스를 사랑하고 아가톤과 입을 맞추었으며, 기녀 아르케아나사와 관계를 했다는 등 연애사 또한 거침없이 나온다.(3권 29-32절) 철학자는 통념과 달리 딱할 정도로 나약한 사람이다. 과거의 실수에서 벗어나지 못하고, 탐욕이나 욕정 같은 치명적인 유혹에도 자주 넘어간다. 그는 자신이 사악한 짓을 저지를지 모른다는 두려움에 차 있었을지도 모른다. 그는 자기 내면에 거주하는 괴물을 분명히 깨닫는다. 그 순간 비로소 철학이라는 장치가 작동한다. 디오게네스의 글은 철학이 이 괴물과 함께 구성됨을 숨김없이 보여준다.

삶의 양식이 더욱 극적으로 서술된 곳은 6권 〈견유학파〉이다. 디오게네스는 105절에 이르는 적지 않은 분량을 여기에 할애하는데, 이들의 철학은 학설 자체가 존재하지 않는 철학, 이른바 삶의 모습만 존재하는 철학이다. 이들은 공동체의 기본 규칙이나 옷, 예의범절 등 기존 관습을 모두 버리고 이질적인 삶을 산다. 견유주의자인 시노페의 디오게네스는 자신이 나라에서 쫓겨나 나라도 없고 집도 없으며, 하루하루 먹을거리를 구걸하며 떠돌아다니는 사람이라고 말한다.(6권 38절) 그런 그에게 세상에서 가장 아름다운 것이 무엇이냐고 묻자 이렇게 대답한다. "뭐든지 말할 수 있는 것parrhesia".(6권 69절) 이들은 공동체의 관습적인 삶과 단절한 채 청결도 예의도 지키지 않고, 심지어 공공장소에서의 자위나 성행위도 마다하지 않는다. 품위를 지키며 도덕적 교훈을 이야기하는 통념적인 철학자 상과는 달라도 한참 다르다. 이들은 단 하나의 아름다움을 지향하는데, 그것은 '파레시아'이다.

파레시아란 자신이 생각하는 모든 것을 말하는 것이다. 파레시아

17
'날조하다'라는 뜻의 그리스어 'plassein'과 플라톤Platon의 발음이 비슷한 것을 이용해 그의 학설이 날조되었다고 조롱하는 것이다.(1권 275쪽 주109)

를 행하는 자인 파레시아스테스parresiastes는 아무것도 숨기지 않으며 자신의 마음과 정신을 타인에게 활짝 열어 보인다.[18] 이들은 자신이 말하는 바가 진실이라는 신념을 가지고 거리낌 없이 말한다. 때문에 위험을 감수하며 정치적 파레시아를 감행하기도 한다. 물론 디오게네스는 위험을 감수하는 대중이나 왕에게 행하는 정치적 파레시아의 현장을 여러 곳에서 보여준다. 그런데 디오게네스는 여기에 새로운 요소를 덧붙인다. 그것은 일상적인 삶의 현장에서 관찰되는 파레시아, 바로 역설과 유머로 가득한 삶의 파레시아이다. 대중은 이 일상적이고 수행적인 삶의 파레시아를 통해 일상에서 '타자성의 섬광l'éclair d'une altérité'이 반짝이는 순간을 경험한다.[19]

아테네 견유학파 철학자 안티스테네스는 플라톤이 자신을 나쁘게 말한다는 것을 듣고 "왕은 훌륭한 일을 하고 나쁜 말을 듣는 것"이라고 가볍게 응수한다.(6권 3절) 왜 제자들에게 그렇게 혹독하냐고 묻자, 그는 "의사도 환자에게는 그렇게 한다"라고 답한다.(6권 4절) 사악한 자들에게 칭찬을 듣자, 그는 "내가 뭔가 나쁜 일을 저지른 게 아닌지 걱정된다"라고 말한다.(6권 5절) 그는 또한 철학을 배우면 자기 자신과 교제하는 능력을 얻을 수 있다고 말하며(6권 6절), 파레시아의 철학은 자기 자신 홀로 그리고 자기 자신과 함께 자유로워지는 것임을 천명한다. 시노페의 디오게네스가 "인간들아!"라고 외쳐 사람들이 모여들자, 그는 "내가 부른 것은 인간이지 쓰레기들이 아니야"라며 쫓아낸다.(6권 32절) 또 누군가 당신은 노인이니 좀 쉬라고 하자, 그는 "아니, 달리기 경주에서 결승선에 다 가까워졌는데, 나더러 힘을 더 내지 말고 힘을 빼라는 말인가?"라고 나무란다.(6권 34절) 또 어떤 사람이 집 입구에 "나쁜 놈

18
미셸 푸코, 《담론과 진실·파레시아》, 오트르망(심세광·전혜리) 옮김(동녘, 2017), 92.

19
푸코는 1982년 강의에서 스토아주의적이거나 에피쿠로스적인 자기배려를 통해 주체 내부에 구축되는 자기와 자기의 관계라는 진실 게임을, 1984년 마지막 강의에서 소크라테스적이고 견유주의적인 버전의 파레시아 개념을 통해 주체 외부에 구축되는 사회적 실천이라는 진실 게임을 탐구함으로써 고대 윤리의 균형을 획득한다. 보통 파레시아를 특정 정치 사안에 대한 발언으로만 설명하는데, 그보다는 일상의 사건과 함께 구성되는 면을 포함한다고 해야 할 것이다. 타자성은 이런 일상성을 통해 대중에게 드러난다. Michel Foucault, *Le Courage de la Vérité* (Seuil, 2009), 328.

은 들어오지 말 것"이라고 써 붙이자, 그는 "그러면 이 집주인은 어떻게 들어갈까?"라고 반문한다.(6권 39절)

디오게네스가 철학적 담론 이외에 철학자의 일화를 강박적으로 모아 기술한 것이 협소하거나 제한된 지식 때문이라 깎아내리지는 말아야 한다. 그는 마치 화성인이 지구를 찾아와 철학이 무엇이냐고 따져 물으면 대답할 법한 방식으로 철학과 철학자의 모습을 보여준다. 그는 흔한 도덕론적 담론을 나열하거나, 논리 추론적인 담론을 나열하면서 철학을 설명하지 않는다. 대신 담론을 산출하는 주체의 삶과 함께 철학을 전한다. 그러다 보니, 그의 서술은 역설과 유머로 가득한 삶의 모습을 닮았다. 그는 이런 삶의 파레시아 그 자체를 철학이라고 이해했을 것이고, 그 이해 그대로 철학의 광경을 전한다. 그의 글에서 철학자의 삶 자체는 우리가 읽어야 할 철학의 암호이며, 우리 세계의 철학적 형상이 된다. 파레시아의 윤리학은 담론으로 완전히 표현되는 것이 아니라, 이 현실에서 살아가는 것 그 자체일 수밖에 없다.

삶과 로고스가 함께하는 새로운 철학적 글쓰기

《옥스퍼드 철학 안내서*The Oxford Companion to Philosophy*》는 이 책이 에피쿠로스나 소크라테스 이전 철학자들에 관한 몇 가지 이외에는 많은 부분에서 문헌학적 일관성이 없고, 저자 디오게네스는 철학적 해설에 재능이 없을 뿐 아니라 철학적 입장도 가지고 있지 않다고 혹평한다. 물론 그 많은 철학자의 삶과 담론을 모아서 사람들에게 전한다는 것이 쉬운 일은 아니다. 디오게네스의 작업이 사람들에게 전해 들은 이야기를 이리저리 조합하고 윤색한 것뿐이라 평하는 학자들은 여전히 많고, 그것은 어쩌면 사실일지 모른다.[20]

그러나 디오게네스의 이 책이 지닌 미덕은 문헌학적 정확성이나 담론적 독창성에 있지 않다. 중요한 것은 디오게네스가 철학과 철학자들에게 접근하는 태도, 그리고 그가 드러내고자 하는 것이 무엇인가이다. 디오게네스는 논리학, 자연학, 윤리학으로 이루어진 철학 담론이 결

20
《옥스퍼드 철학 안내서》는 디오게네스가 그리스 철학자들을 무비판적으로 잘라 붙였다고 단정하여 소개한다. *The Oxford Companion to Philosophy*, ed. Ted Honderich (Oxford University Press, 2005), 216.

국 삶 그 자체를 생생하게 살아내기 위해 존재함을 삶과 담론의 적절한 배치를 통해 절묘하게 드러낸다. 짜깁기라고 혹평받는 이 책은 묘하게도 담론만으로 구성된 철학책에서는 볼 수 없는 것에 우리가 다가가게 하여, 그것을 사랑하도록 만든다. 사실 삶이란 정면으로 볼 수 없는 것이다. 삶과 그 삶을 살아내는 주체는 순간적이고 계속 변하기 때문에, 그것을 붙잡으려는 시도는 번번이 실패한다. 그래서 삶을 포착하려는 철학 담론은 늘 딜레마에 빠진다. 디오게네스는 이 딜레마를 늘 변하는 삶과 그 주위를 도는 담론의 위성들을 동시에 보여주며 넘어서고자 한다. 물론 그것조차 실패하기 일쑤이지만 그는 우리가 담론에 갇힌 철학의 틀 밖을 볼 수 있도록, 담론적인 것에서 볼 수 없는 것을 보게 함으로써 그것에 다가가도록 길을 만든다. 새벽이 되면 꿈이 현실에 자리를 내주고 별과 달이 해에게 시간을 내주듯이, 철학과 삶은 사유와 통찰을 주고받으며 우리를 새로운 삶으로 이끈다.

조르주 바타유Georges Bataille는 예술가란 자신을 짓누르는 힘들의 위엄 앞에 몸을 굽히지 않고 주권적으로 존재한다ce qu'est souverainement고 말한 바 있다.[21] 이 지적은 철학자들에게도 똑같이 적용될 수 있다. 철학자의 삶을 단지 철학 밖의 이야기이고 철학의 본질이 아닌 것으로 여길 수 있지만, 이는 철학의 중요한 측면을 무시하는 것이다. 여름이 없으면 가을이 오지 않는 것처럼, 철학은 주권적 존재로서 철학자의 삶 없이는 불가능하다. 오히려 철학 담론은 우리가 삶을 잘 살아내기 위해 주권적 존재로서 삶의 방식을 바꾸어 나가는 데 이바지한다.

소크라테스는 담론과 자신의 삶 자체로 상대의 영혼에 충격을 주고 스스로 삶을 문제 삼게 했고, 플라톤은 제자들 특유의 성격과 생활 조건에 주의를 기울이며 삶에 대응하도록 가르쳤다.(4권 6절) 훗날 플라톤이 시칠리아를 방문해 나쁜 생활 방식을 영위하는 자들에게 생활 방식을 바꾸라고 촉구한 일은[22] 주권적 존재로서 삶의 변화를 이끌기 위함이다. 철학자 폴레몬은 밤새 술을 진탕 마시고 즐기다 화관을 쓴

21
조르주 바타유, 《라스코 혹은 예술의 탄생/마네》, 차지연 옮김(워크룸 프레스, 2017), 227.

22
플라톤, 《편지들》, 강철웅·김주일·이정호 옮김(이제이북스, 2009), 93(330d).

채 플라톤주의자인 크세노크라테스의 학원에 쳐들어가는데, 그 자리에서 크세노크라테스의 가르침에 매료되어 철학자가 되겠다고 결심한다.(4권 16-17절) 이런 삶의 변화를 이끌기 위해 철학은 다양한 유형의 영혼에 맞게 담론을 조율하여 우리 안의 괴물적 통념을 일깨우고(논리학), 자연에 대한 관조와 자연-되기를 통해 인간학적 협소함에서 벗어나게 하며(자연학), 삶과 정치의 파레시아를 통해 개인과 공동체의 새로운 삶을 이끈다(윤리학).

디오게네스는 아주 오래전에 삶을 변화시키는 철학적 글쓰기를 선취했는지 모른다. 그는 플라톤이나 아리스토텔레스처럼 철학 담론의 비중이 큰 철학자에 대해서조차 이들의 삶의 양식을 기술하는 데 주저하지 않는다. 견유학파는 철학 담론 자체가 희소하기에 전편에서 삶의 방식을 묘사하는 식으로 소개하는데, 그럼으로써 철학의 거주지를 둘러싼 울타리가 더 넓어진다. 디오게네스의 이 '철학자 고고학'에는 담론의 지층과 더불어 철학자-주체들의 살과 뼈도 함께 쌓여 있다. 나는 디오게네스의 책 제목이 늘 마음에 들었다. 유명한 철학자들의 생애와 사상. 언제나 삶과 사유는 함께 거주한다. 현대의 학자들은 이 책의 서술이 못마땅할지 모르지만, 삶과 로고스가 함께 거주하는 이 책의 문제의식과 서술이야말로 미래의 철학이다. +

참고 문헌

전호근. 《장자강의》. 동녘, 2015.
기다 겐. 《반철학이 뭡니까?》. 장은정 옮김. 재승출판, 2019.
장자. 《장자》. 안동림 옮김. 현암사, 1993.
바타유, 조르주. 《라스코 혹은 예술의 탄생/마네》. 차지연 옮김. 워크룸프레스, 2017.
푸코, 미셸. 《담론과 진실·파레시아》. 오트르망(심세광·전혜리) 옮김. 동녘, 2017.
_____. 《미셸 푸코의 권력이론》. 정일준 옮김. 새물결, 1994,
아도, 피에르. 《고대 철학이란 무엇인가》. 이세진 옮김. 열린책들, 2017.
닐, 윌리엄, 마사 닐. 《논리학의 역사 1》. 박우석·배선복·송하석·최원배 옮김. 한길사, 2015.
플라톤. 《테아이테토스》. 정준영 옮김. 이제이북스, 2013.
_____. 《향연》. 강철웅 옮김. 이제이북스, 2010.
_____. 《편지들》. 강철웅·김주일·이정호 옮김. 이제이북스, 2009.
Popper, Karl. *The World of Parmenides: Essays on the Presocratic Enlightenment*. edited by Arne F. Petersen. Routledge, 1998.
로벨리, 카를로. 《첫번째 과학자, 아낙시만드로스》. 이희정 옮김. 푸른지식, 2017.
러셀, 버트런드. 《러셀 서양철학사》. 서상복 옮김. 을유문화사, 2019.
탈레스 외. 《소크라테스 이전 철학자들의 단편 선집》. 김인곤·강철웅·김재홍·김주일·양호영·이기백·이정호·주은영 옮김. 아카넷, 2005.
The Oxford Companion To Philosophy. edited by Ted Honderich. Oxford University Press, 2005.

강민혁
《자기배려의 책읽기》, 《자기배려의 인문학》의 저자. 학교에서 경영학과 경제학을 배우고 사회에 나와 회사에 다니고 있으나, 삶의 어느 순간 철학을 접하고 불현듯 읽고 쓰는 다른 삶이 포개졌다. 미셸 푸코 등 현대 정치 철학을 동력 삼아 철학 이곳저곳을 돌아다닌다.

김한결

평전은 역사가 될 수 있는가

조르조 바사리, 《르네상스 미술가 평전》,
전6권, 이근배 옮김(한길사, 2018-2019)

Giorgio Vasari, *Le vite de' più eccellenti architettori pittori, et scultori italiani, da Cimabue insano a'tempi nostri: Descritte in lingua Toscana, da Giorgio Vasari Pittore Aretino. Con una sua utile & necessaria introduzione a le arti loro*, 2 volumi indivisibili (Torrentino, 1550)

Giorgio Vasari, *Le vite de' più eccellenti pittori, scultori, e architettori, Scritte da M. Giorgio Vasari Pittore et Architetto Aretino, Di Nuovo dal medesimo riviste et ampliate, Con i ritratti loro, et con l'aggiunta delle Vite de'vivi et de'morti dall'anno 1550 infino al 1567. Prima, e Seconda Parte, Con le tavole in ciascun volume, delle cose più notabili, de'ritratti, delle vite degli artefici, et dei luoghi dove sono l'opere loro*, 3 volumi (Giunti, 1568)

르네상스 미술가평전 1
한길그레이트북스 156
르네상스 미술가평전 2
한길사
한길그레이트북스 157
르네상스 미술가평전 3
한길사
한길그레이트북스 158
조르조 바사리
르네상스 미술가평전 4
이근배 옮김
고종희 해설
한길사
한길그레이트북스 159
조르조 바사리
르네상스 미술가평전 5
이근배 옮김
고종희 해설
한길사
한길그레이트북스 160
조르조 바사리
르네상스 미술가평전 6
이근배 옮김
고종희 해설
한길사

들어가며

조르조 바사리1511-1574의 《더욱 뛰어난 화가, 조각가, 건축가의 삶*Le Vite de'più eccellenti pittori, scultori e architettori*》, 또는 국내 번역본의 제목을 따라 《르네상스 미술가 평전》(이하 《평전》)은 서양 미술사를 전공하는 이에게는 편치 않은 책이다. 이는 작게는 한 문학 장르의 시초이고, 크게는, 그리고 특히 전공자에게는 미술사라는 학문 자체의 역사를 촉발한 기념비적인 문서다. 그럼에도 이 책에 관한 연구를 거의 찾아볼 수 없는 한국 학계의 상황을 고려할 때, 서평자로서 느끼는 막중한 의무감과 사명감을 털어놓지 않고서는 글을 시작할 수 없을 것 같다. 그러나 이러한 개인적 소회와는 별개로, 《평전》은 사실 꽤 재미있는 책이다. 저자의 헌사와 '총서'(서문)을 비롯한 여러 부록들을 제외하고, 《평전》의 본문은 기본적으로 시대 순으로 나열된 미술가들의 이름을 따라간다. 각 미술가의 이름 아래에는 그의 삶과 작품에 관한 진지한 이론적 비평과 흥미로운 일화들이 가득하다. 바사리가 이 같은 시시콜콜하거나 때로는 자극적인 일화들을 적절히 다듬고 배치해 '이야기'를 만들어내는 모습은 어찌 보면 오늘날 인터넷에서 쉽게 찾아볼 수 있는 수많은 미디어 및 사용자 제작 콘텐츠에서 과거의 미술가를 다루는 방식과 유사하다. 따라서 바사리의 《평전》은 미술 애호가들에게는 흥미로운 읽을거리, 미술사 전공자에게는 궁극의 자료, 불멸의 정전이자 무거운 짐이라고 간단히 소개될 수 있을 것이다. 그런데 예컨대 르네상스 이탈리아의 역사를 쓰려는 역사가에게는, '평전'이라는 장르를 다루는 문학 연구가에게는 어떨까? 평전의 역사에서, 또 역사 속 평전들 가운데, 바사리의 이 책은 어디쯤 놓일 수 있을까?

책의 역사

《평전》의 역사는 이탈리아어 원전과 한국어 번역본 모두에서 기나긴 미술사 고쳐 쓰기의 역사와 같다.(6권 3871-3873쪽) 1550년에 《평전》 초판(일명 토렌티노 판)이 출간되어 성공을 거둔 이후, 바사리는 1568년 준티Giunti 출판사에서 일종의 개정 증보판을 펴냈다. 한 세기가 흘러 1759년에서 1760년에 걸쳐 나온 보타리Giovanni Gaetano Bottari 판을 시작으로 밀라네시Gaetano Milanesi(1878-1885 출간)와 바로키Paola Barocchi(1966-1984 출간)를 거쳐, 루치아노 벨로시Luciano Bellosi와 알도 로시Aldo Rossi가 편집하고 여기에 조반니 프레비탈리Giovanni Previtali의 서문을 실은 2015년 에이나우디Einaudi 비평판에 이르기까지, 《평전》의 역사는 곧 이탈리아 근세 미술사의 비판적 역사학이나 마찬가지다.[1] 이 외 유럽 국가에서도 누가 《평전》을 번역, 편찬했는지, 또 누가 해설을 썼는지를 살펴보면 곧 유럽 이탈리아 르네상스 연구 현황과 역사를 가늠할 수 있을 정도다. 최초의 프랑스어 완역본은 레오폴드 르클랑셰Léopold Leclanché와 필립오귀스트 장롱Philippe-Auguste Jeanron의 번역으로 1839년에 첫 권이 나왔고, 오늘날 주로 읽히는 것은 르네상스 연구의 대가 앙드레 샤스텔André Chastel이 지휘한 악트쉬드 판으로 2005년에 나왔다.[2] 독일의 경우 역시 이 분야의 권위자인 알레산드로 노바Alessandro Nova가 최근 번역본 편찬을 이끌었다.[3]

바사리의 《평전》이 한국에 처음 번역된 것은 1986년이다.[4] 이는 개스턴 디 비어Gaston du C. De Vere의 영문판을 저본으로 한 이근배1914-2007의 중역본으로, 2018-2019년 한길사에서 전6권으로 완간된 것이 그 최신판이다. 국내 서양 미술사 학계의 여러 상황을 생각하면 놀라운 일은 아니지만, 바사리와 그 저작에 관한 연구는 매우 부족하다.[5] 실상 《평전》 자체를 종합적으로, 또 심도 있게 다룬 학술 연구는 없었다고 해도

1

Le vite de' più eccellenti architetti, pittori, et scultori italiani, da Cimabue insino a' tempi nostri. Nell'edizione per i tipi di Lorenzo Torrentino, Firenze 1550, a cura di Luciano Bellosi e Aldo Rossi, presentazione di Giovanni Previtali, 2 vol. (Einaudi, 2015). 이는 1550년의 토렌티노 판을 바탕으로 한다.

2

Vies des peintres, sculpteurs et architectes par Giorgio Vasari, traduites et annotées par Léopold Leclanché et commentées par Jeanron et Léopold Leclanché, 10 vol. (Just Tessier, 1839-1842); Giorgio Vasari, *Les vies des meilleurs peintres, sculpteurs et architectes*, 2 tomes, André Chastel (éd.) (Actes Sud, 2005).

3

Edition Giorgio Vasari, Hg. Alessandro Nova, Matteo Burioni, Katja Burzer, Sabine Feser, Hana Gründler, Fabian Jonietz, Kommentierte Gesamtausgabe, 45 Bände + Supplementband. Neu übersetzt von Victoria Lorini u. a., mit umfangreicher textkritischer Kommentierung (Verlag Klaus Wagenbach, 2004-2015).

4

지오르지오 바자리, 《이탈리아 르네상스 美術家傳》, 전3권, 이근배 옮김(탐구당, 1986).

5

최병진, 〈『르네상스 미술가 평전』: 바자리의 의도와 미술사적 활용 방안〉, 《서양미술사학회 논문집》 57(2022): 125 각주 4.

과언이 아닐 정도다. 우선 임영방의 《이탈리아 르네상스의 인문주의와 미술》 일부, 고종희의 2018년 국문판 서문(1권 9-24쪽)과 그 바탕이 된 학술 논문,[6] 그리고 올재 클래식스 판본에 실린 감수자 최병진의 서문이 유용한 안내서라 할 수 있다.[7] 학술 논문 가운데서는 노성두와 최병진의 연구 여럿이 《평전》을 인용하거나 그 의미를 논하고 있다.[8] 이한순은 화가로서의 바사리와 그 작품을 연구했고, 그 범위 안에서 《평전》을 참고한다.[9] 그러나 그 이후 딱히 바사리에 관심을 가진 저자가 더 늘어나지는 않았다. 이러한 결핍을 상기할 때, 번역된 교양 서적에 눈을 돌리는 것이 독자에게는 어쩌면 더욱 유익한 선택일 수 있다. 한국어로 접근 가능한 《평전》에 관한 평 가운데서는 롤랑 르 몰레Roland Le Mollé의 《조르조 바사리: 메디치가의 연출가》 제3장 '미술가 열전의 탄생'이 개인사와 사회사를 비롯한 다양한 각도에서 저자와 책을 바라볼 기회를 제공한다.[10]

미술사의 아버지

흔히 바사리로부터 미술사가 시작되었다고 한다. 서양 미술사의 역사를 다룬 중요한 저작에서 제르맹 바쟁Germain Bazin은 바사리를 '창시자 Père fondateur'로 명명한다. 이러한 평가에는 그가 처음으로 '미술의 역사'를 썼다는 사실도 작용했지만, 오늘날까지 통용되는 주요한 역사적 관

6
고종희·이한순, 〈바사리의 『가장 위대한 화가 조각가, 건축가의 생애』와 매너리즘〉, 《서양미술사학회 논문집》 33집(2010): 193-226.

7
임영방, 《이탈리아 르네상스의 인문주의와 미술》(문학과지성사, 2003); 조르조 바자리, 《르네상스 미술가 평전》, 이근배 옮김, 최병진 감수(올재, 2017).

8
노성두, 〈르네상스 예술가의 역할〉, 《미술사논단》 2권(1995): 149-165; 최병진, 〈『르네상스 미술가 평전』〉; 〈르네상스 예술 장르의 상호 관계성과 시각 문화〉, 《이탈리아어문학》 40권(2013): 241-278; 〈메디치 컬렉션의 자전(autobiography)과 계몽주의 시대의 공공성: 우피치 미술관을 중심으로〉, 《서양미술사학회 논문집》 42권(2015): 171-197.

9
이한순, 〈죠지오 바사리의 「미네르바와 벌컨」에 표현된 미술이론〉, 《서양미술사학회 논문집》 7권(1995): 35-60.

10
롤랑 르 몰레, 《조르조 바사리: 메디치가의 연출가》, 임호경 옮김(미메시스, 2006).

점들을 자리 잡게 했다는 사실이 더욱 의미 있는지도 모른다. 요컨대 그는 몰락해 가던 예술이 부활한 지점이 바로 이탈리아의 르네상스이며, 이를 촉발하고 발전을 주도하며 또 완성한 인물이 누구인지를 정확히 거명하고 있다. 이때 그려진 서양 미술사의 지형은 오늘날까지 크게 바뀌지 않았다. "바사리가 없었다면 유럽의 미술사는 아예 존재하지 않았을 것"이라는 야콥 부르크하르트Jacob Burckhardt의 익히 알려진 평을 되새길 만하다.[11]

바사리의 책은 그 성격과 태도, 서술 방식에 관해 찬성 혹은 반대하거나 이를 비판적으로 수용하려는 수많은 담론을 생성했다. "미술이라는 것은 사실상 존재하지 않는다. 다만 미술가들이 있을 뿐"이라는 곰브리치Ernst H. Gombrich 《서양미술사》의 첫 문장은 "이것[《평전》]이 최초의 미술사였다"라는 르코크Anne-Marie Lecoq의 단언과 호응한다.[12] 1960-1970년대 바르부르크 학파의 중심 인물 중 하나인 루돌프 비트코버Rudolf Wittkower와 마고 비트코버Margot Wittkower는 예술 작품에서 관찰되는 여러 정서적 또는 '전기적' 특성을 그 작가의 내면과 삶의 궤적에 연관시키고자 하는 감상자의 충동을 미술사 안에서 확인한다.[13] 《평전》에 대한 마고, 루돌프 비트코버의 또 다른 오마주인 《신성한 미켈란젤로*The Divine Michelangelo*》뿐만 아니라, 에른스트 크리스Ernst Kris, 오토 쿠르츠Otto Kurz의 《예술가의 전설》과 같은 저작 역시 바사리를 매우 적극적으로 참고하고 있다.[14] 실상 바사리의 《평전》은 13-16세기 미술가를 다루는 모든 저작과 평가의 기반이 된다.

11

The Divine Michelangelo: The Florentine Academy's Homage on his Death in 1564, trans. Rudolf and Margot Wittkower (Phaidon, 1964); 노성두, "바사리, 그가 있었기에 '르네상스' 있었다", 《한겨레》, 2006년 4월 27일, https://www.hani.co.kr/arti/culture/book/119316.html.

12

E. H. 곰브리치, 《서양미술사: 문고판》, 백승길·이종숭 옮김(예경, 2013), 21; Anne-Marie Lecoq, "Giorgo Vasari, les Vies des plus excellents architectes, peintres et sculpteurs...1550," FranceArchives, 2022년 9월 18일 접속, https://francearchives.fr/fr/pages_histoire/38801.

13

Margot and Rudolf Wittkower, *Born Under Saturn* (New York Review Books, 2006)(초판 1963).

14

에른스트 크리스·오토 쿠르츠, 《예술가의 전설》, 노성두 옮김(사계절, 1999).

역사적으로, 바사리의 전통에 효과적으로 이의를 제기한 저작은 곧 미술사 서술의 전통에 분열을 일으켰다. 예컨대 린다 노클린Linda Nochlin은 "왜 위대한 여성 미술가는 없었는가?"라는 질문을 각인시킨 1971년 저서에서 바사리가 만들어낸 천재적 남성 미술가들("Boy Wonder")의 공고한 신화를 예리하게 해체해낸다.[15] 제임스 엘킨스James Elkins가 말했듯, 지금까지 서양 미술사의 역사는 '서양 중년 백인 남성들' 간의 관계만으로 이루어진 세계였다.[16]

그렇다면, 여기서 미처 다 언급하지 못한 수많은 미술사 저작에 영감을 주었으며 최초의 미술사 저작으로 일컬어지는 《평전》은 과연 어떠한 문학적 전통을 바탕으로 탄생했을까? 바사리 이전에 예술가들의 생애를 기술하려는 시도는 이탈리아 안에서도 여럿 존재했다. 미술사 이전 미술사의 역사를 살펴보자면 단테Dante Alighieri, 보카초Giovanni Boccaccio, 페트라르카Francesco Petrarca와 같은 인문주의자들이 남긴 시를 우선 들 수 있다. 특히 단테는 그와 동시대인인 치마부에Cimabue와 조토Giotto di Bondone에게 매우 생생한 언어로 찬사를 바쳤다.(1권 207쪽) 바사리는 《평전》에서 이 시대 작가들의 영향을 공공연히 드러내고 있다. 1390년 즈음에는 첸니노 첸니니Cennino Cennini가 예술론을 남겼다. 피렌체 세례당의 북쪽 문(일명 '천국의 문porta del paradiso') 등 청동 부조 장식을 도맡은 조각가 로렌초 기베르티Lorenzo Ghiberti, 1378-1455는 1447년 최초의 예술가 자서전이라 불릴 만한 저서 《논평*I Commentarii*》을 펴내 14-15세기의 피렌체 예술가들의 업적을 회고ricordi했다. 조반니Giovanni Villani, 필리포 빌라니Filippo Villani의 《피렌체와 유명한 피렌체 시민들의 기원*Liber de origine civitatis Florentiae et eiusdem famosis civibus*》는 피렌체 위인들의 업적을 기술하면서 조토와 같은 예술가들의 이름을 언급했다. 바르톨로메오 파초Bartolomeo Facio의 《위인들에 관하여*De viris illustribus*》(Napoli, 1456)에서는 피사넬로Pisanello와 젠틸레 다 파브리아노Gentile da Fabriano가 등장한다. '아노니모 말리아베키아노l'Anonimo Magliabecchiano'

15
린다 노클린, 《왜 위대한 여성 미술가는 없었는가?》, 이주은 옮김(아트북스, 2021), 38-39.

16
James Elkins, "A Brief History of Theory in Art History," 2022년 3월 15일 접속, https://youtu.be/Wn2Azw47bW0.

또는 '아노니모 가디아노l'Anonimo Gaddiano'의 저작으로 일컬어지는 토스카나 예술가들에 관한 연대기적 기술(1537-1542)과 노체라의 주교인 파올로 조비오Paolo Giovio, 1483-1552의 《위인들에 대한 찬사*Elogi degli uomini illustri*》(Venezia, 1546)도 같은 선상에 놓인다.[17] 특히 조비오는 1546년 알레산드로 파르네세Alessandro Farnese 추기경의 집에서 바사리가 《평전》의 집필을 주문받던 자리에 동석했으며, 이후 《평전》을 기꺼이 감수한 것으로 알려졌다.(6권 3624-3626쪽) 바사리의 작가로서의 재능을 알아보았기 때문이든, 《평전》의 기획이 지닌 '가능성'을 높이 샀기 때문이든, 그는 바사리가 화가로서 본업에 임하고 있을 때도 하루빨리 원고에 더 집중하기를 촉구했던 인물이다.

《평전》은 우선 미술가들의 삶을 이처럼 독점적으로 그리고 본격적으로 서술한 최초의 저작이라고 볼 수 있다. 이러한 시도가 미술을 역사적으로 해석하는 데 근본적 틀을 제공했다는 점에서, 이 책은 최초의 미술사 저작이라 간주된다. 바사리의 동시대인들에게 예술적 창작 활동과 그 결과물, 나아가 그 '감상'과 미적 가치는 객관적인 기술의 대상이 되기 어려웠다. 심지어 그 후로도 오랫동안 그렇게 간주되었다. 그러나 미술가들에 관해서라면 어떨까? 그들의 삶을 구성하는 여러 전기적 요소, 성미, 작업의 요건, 사후 세간의 평가와 같은 '사실'들은 바로 위에 언급한 여러 전례들을 통해 보아도 글로 쓰이고 읽히는 데 무리가 없었다. 바사리는 본인 스스로 예술가인 한편 자랑할 만한 인문주의 교육을 받아온 지성계의 일원으로서, 자신의 시대에 영향을 미친 과거 미술가들로부터 동시대에 이르는 계보를 작성하는 작업을 몸소 수행할 수 있었다. 여기에는 매우 다양한 종류의 사료가 동원되었고, 이들 중 일부는 오늘날의 관점에서 출처를 분류하거나 식별하기 어려운 경우도 있다.(6권 3864쪽) 르 몰레는 이에 대해 다음과 같이 평한다.

> 1550년판의 결론 부분에서 설명하고 있듯이, (바사리는) 가능한 한 모든 것을 자기 눈으로 확인하고 싶어 했다. "나는 확실치 않은 것은 검토하고 또 검토하여 꼼꼼히 확인하려 애썼다." 그리고 18년

17
바사리의 글과 연구사, 그리고 저자명의 국문 표기 문제 등에 관한 한국외국어대학교 이탈리아어과 최병진 선생님의 가르침에 이 자리를 빌려 감사드린다.

후인 1568년판의 결론에서도 이와 비슷한 말을 했다. "나는 그들이 말하는 작품들을 내 눈으로 직접 검토하지 않고는 결코 신뢰하지 않았다." [...] 그가 직접 볼 수 없었던 것은 그의 정보 제공자들이 보충해 주었다. 그들이 보내 준 많은 편지, 보고서, 목판화, 소묘, 크로키, 도표, 도면 등이 바사리의 작업 테이블 위에 수북이 쌓여 갔다. 하지만 이러한 방식이 많은 한계와 불완전함과 오류를 초래했다는 사실 또한 부인할 수 없다. 특히 바사리가 글로 쓰인 것이거나 말로 전해들은 이 정보들을 때로는 매우 경솔하게 처리했다는 사실을 알면 더욱 그렇다.[18]

바사리보다 대략 200년 후 등장하여 미술사를 학문적으로 정립한 요한 요아힘 빙켈만Johann Joachim Winckelmann의 방법론 이후, 그리고 특히 20세기 초반의 미술사를 포섭한 합리의 세계는 바사리가 발명한 전통을 정전으로서 추종하기를 거부했고, 이를 비판하거나, 부정하거나, 혹은 다시 쓰고자 하는 수많은 시도를 부추겼다. 《평전》이 서양 근세 미술사에서 여전히 가장 많이 참조되는 글임은 분명하다. 또한 가장 많이 비판받는 글일 것 또한 분명해 보인다. 수세기에 걸쳐 많은 평자들이 이 책에 든 오류를 찾아내는 데 골몰해왔다. "그러나 이러한 평가는 사실 바사리의 오류에서 비롯된 것으로..." 르네상스 미술, 특히 미술가에 관한 학술서를 접해본 이라면 이 같은 수사를 쉽게 떠올릴 수 있을 것이다. 흡사 보물 찾기를 방불케 하는 이러한 교정 작업의 연대기는 그 자체로 매우 흥미로운 연구 주제다.

이 책 덕분에 바사리는 미술사의 아버지라 일컬어지지만, 그런 한편 그의 동향인들은 매우 오랫동안 그를 이야기꾼으로 생각했다. 바사리의 시대는 역사에서의 고증 내지는 진실성의 의무도, 표절의 개념도 알지 못했다. 바쟁의 표현과 같이, 역사에 관한 바사리의 인식은 '진실된 것보다는 그럴듯한 것'에 머물러 있었다.[19] 때문에 이 책은 일종의 '스토리텔링' 문학의 계보 안에 놓이기도 한다. 미술사가 율리우스 폰 슐로

18
롤랑 르 몰레, 《조르조 바사리》, 146.

19
Germain Bazin, *L'histoire de l'histoire de l'art* (Albin Michel, 1986), 38.

서Julius von Schlosser가 1924년 저서에서 밝힌 것처럼 예술을 다루는 문학은 16세기 이탈리아에서 평전을 포함한 장르 분화를 거쳐 문학의 고유한 한 형태로 자리잡기 시작했으며, 그 장르적 또는 역사적 모호함에도 불구하고 오늘날에는 미술사의 중요한 사료로 쓰인다.[20] 《평전》은 그가 제시한 대로 학문의 개입 이전 예술문학Kunstliteratur의 초기 개념을 설명하는 매우 실천적인 사례다. 알리나 페인Alina Payne은 바사리의 글쓰기를 '실제와 문학'의 교차라고 본다.[21]

이 때문에 《평전》은 역사와 픽션 간 불가분의 관계를 증명하는 흥미로운 저작이기도 하다. 역사는 어디까지 진실이고, 또 어디까지 허구인가? 마이클 해트Michael Hatt와 마크 레드베리Mark Ledbury의 견해로는, 미술사란 당초에 '허구에 관한 기록'이다.[22] 이들의 주장은 다소 과장되게 들리지만, 우리말로 소설 또는 허구를 의미하는 단어 '픽션fiction'의 어원을 따져보면 이는 본래 인간이 무언가를 모방해 만든 무엇 또는 그 행위를 의미한다. 미술사는 조물주나 자연이 아닌 인간이 만든 허구에 관한 서술이며, 또한 그 서술 역시 역사학의 관점과 방법을 택하는 한 어느 정도 허구의 혐의를 질 수밖에 없다. 조금 부풀리자면, 플라톤적 관점에서 사람이 만들거나 쓴 모든 것은 허구이자 환상이다. 이러한 생각에까지 다다르면, 《평전》은 결국 허구에 관한 허구로 치부될 수 있다. 그러한 위험에도 불구하고 여전히 《평전》은 르네상스 시대 이탈리아 미술과 미술가에 관한 가장 풍부한 사료인 동시에 이론서이며, 서양 미술사의 대체 불가능한 방법론이자 하나의 글쓰기 형식이다. 그 까닭은 기본적으로 이것이 평전이라는 사실에 있다.

평전의 집합 또는 연속

전기나 평전이 곧 역사가 될 수 있는가? 다시 말해, 평전은 그 자체로 충분히 역사성historicité을 지닐 수 있는가? 《평전》은 13-16세기 대략

20

J. von Schlosser, *La littérature artistique* (Flammarion, 1992)[최초 출간 1924].

21

Alina Payne, "Vasari, Architecture, and the Origins of Historicizing Art," *RES. Journal of Anthropology and Aesthetics* 40 (Autumn 2001): 51.

22

Fictions of Art History, eds. Mark Ledbury, Michael Hatt et al. (Yale University Press, 2013), 8.

300년 동안 등장한 미술가 200여 명의 삶과 작품에 관한 평을 실은 방대한 저술이다. 1550년 초판을 개정해 나온 1568년 준티 판은 이러한 평전들뿐만 아니라 바사리 본인의 삶에 관한 서술, 미술 이론(소묘론), 그리고 피렌체 아카데미를 중심으로 미술과 관련된 당대의 상황, 사건 등을 기술한 글들을 함께 싣고 있다. 미술의 역사와 '기법론'을 다룬 '총서' 및 '전기에 대한 서설'과 같이 1권에 실린 일종의 서문을 이들과 함께 살펴보면 바사리의 의도는 더 명확하게 드러난다. 미술은, 또 그 역사는 대체 무엇으로 설명되고 기록될 수 있는가? 《평전》은 여기에 답하려는 16세기 예술가이자 궁정인, 그리고 지식인이었던 바사리의 공들인 시도이다. 요컨대 이는 미술의 이론과 역사를 망라하는 종합적 기술로, 평전은 여기에 효과적인 틀로서 동원된다. 두루뭉술한 과거의 일들, 미처 구별되지 못하고 명명되지 못했던 기억의 덩어리들이 평전을 통해 특정 개인과 연관되면서, 그들의 이름을 통해 역사의 맥락 안에 각인될 기회를 얻는다.[23]

또한 평전의 집합 또는 연속은 바사리가 구상하는 역사의 선형적 발전을 설명하는 근거로서 사용된다. 이를테면 스승 치마부에에 의해 '발견'되고 선택된 르네상스의 선구자 조토1267-1337의 삶은 그 완성에 해당하는 미켈란젤로Michelangelo Buonarroti, 1475-1564의 삶에 겹쳐진다. 이에 대한 바사리의 서술을 살펴보자.

> 치마부에는 양을 그리는 조토를 만났다. 조토는 누구한테 그림 그리는 방법을 배운 것도 아니고, 다만 타고난 재능으로 뾰족한 돌로 돌 위에 무엇인가를 그렸다. 깜짝 놀라 발걸음을 멈춘 치마부에는 그에게 자기와 함께 가서 공부할 생각은 없느냐고 물었다. [...] 피렌체에 온 지 얼마 안 되어 이 아이는 천부적인 재능에 치마부에의

23
이런 맥락에서 '총서'에 적힌 바사리의 집필 의도를 되새겨볼 만하다. "이처럼 이탈리아 각지에 흩어져 있는 고대뿐만 아니라 근대의 건축가, 조각가, 화가들의 아름다운 작품들도 그들의 이름과 함께 날로 없어지고 잊히고 있다. [...] 다시 말하면 마치 그것은 어떤 죽음이 점점 다가오는 것을 예언하는 듯했다. 그리하여 힘닿는 한 이 제2의 죽음으로부터 그들의 이름을 지켜서 세상 사람들이 오랫동안 기억할 수 있도록 오랜 시일에 걸쳐 기억을 되찾아냈으며, [...] 이것들은 내게 즐거움을 주었음은 물론 귀중한 증거가 되므로 능력이 미치지 못함을 잘 알면서도 회고록을 작성하는 것이 내 의무라고 생각하게 되었다."(1권 49-50쪽)

지도가 더해지면서 스승의 작품에 비할 만큼 실력이 향상했을 뿐만 아니라 아주 뛰어난 자연의 모방자가 되었다.(1권 193-194쪽)

저 유명한 조토와 그의 후계자들에게 계몽된, 근면하면서도 뛰어난 예술가들은 행운의 별과 조화된 성품을 가지고 자신들의 재능을 세상에 보여주고자, 탁월한 예술로서 예지라고 부르는 최고의 인식에 더욱 더 접근하려고 위대한 자연을 모방하고자 무한한 노력을 경주했으나 모두가 허사였다. 그 무렵 인자한 하늘의 아버지이신 하느님은 눈길을 지상으로 돌리시어 [...] 이러한 그릇됨에서 우리를 구원하시려고, 만능의 넋을 지닌 한 사람[미켈란젤로]을 지상에 내려보내기로 하셨다.(5권 2907쪽)

도메니코 기를란다요는 미켈란젤로가 일을 진행하는 품이 나이에 비해 비범하며, 많은 동료보다 뛰어날 뿐만 아니라 왕왕 스승과 백중할 만한 기량을 보여주었으므로 깜짝 놀랐다. 어느 날 동료들이 스승이 그린 디세뇨를 묘사하는데, 동료가 묘사한 여자의 얼굴에 미켈란젤로는 굵은 잉크로 손질하여 거의 완벽한 초상으로 만들었다. 두 그림의 차가 보여주는 불가사의와 뛰어난 기량과 판단력, 자기 스승의 작품에 가필하는 용기로 보아 이 소년의 기량은 짐작할 만했다.(5권 2911쪽)

바사리의 당시 관점에서, 책에 나열된 미술가들의 삶은 피렌체, 이탈리아, 나아가 인류 문명에 관여하는 모든 예술 창작의 발전 서사와 관계 맺는다. 미켈란젤로에게로, 더 나아가 그 추종자인 바사리에게로 나아가는 미술의 전진은 완벽한 미적 이상을 '다시금' 구현하는 것을 목표로 한다. 피렌체 예술의 역사는 그 '선례precedents'를 구성하는 각 미술가 개인의 서사로 촘촘히 짜여 있다.[24] 독자는 미술가들 삶의 연속으로부터 시대의 연속성을 확인한다. 바사리는 예술의 탄생, 진보와 퇴조 그리고 재생이라는 역사적 관점을 도입했을 뿐만 아니라 평전을 시대 순으

24
《꼭 읽어야 할 예술이론과 비평 40선》, 도널드 프레지오시 편저, 정연심·김정현 책임번역(미진사, 2013), 30.

로 나열하면서 그 안에서 생성된 크고 작은 계보들을 다룸으로써 '유파'라는 개념이 눈에 들어오도록 했다. 또한 이것이 이후 미술사의 주요 방법론인 양식사와 맺는 관계를 예보하고, '유형'의 역사를 엿보게 하기도 한다. 요컨대 바사리의 평전에서 서술의 대상이 된 인물 각자는 미술의 근본이 되는 법칙들을 되살리려는 근대인들의 집단적 노력 안에서 나름의 역할을 맡는다. 이처럼 바사리에게 평전은 '시대의 질서', '양식들maniere의 질서'를 구현하는 도구다.[25] (3권 1403-1411쪽)

상술했듯 16세기 피렌체에서는 그 전 세기에 이루어진 여러 문학적 시도를 바탕으로 걸출한 인물들의 나열이 곧 역사가 될 수 있고, 나아가 그 이상의 의미를 지닐 수 있다는 의식이 자리 잡고 있었다. 바쟁에 따르면 "위인들 가운데 예술가를 언급한 최초의 피렌체인들은 다음의 두 가지 제약과 싸워야 했다. 우선은 기독교에 관련된 것으로, 그에 따르면 개인은 역사의 수동자patient이지 능동자agent가 될 수 없었다. 그 다음은 예술가들의 상황에 관한 고려가 미흡했다는 것인데, 이는 고대의 유산이다."[26] 바사리가 바쟁의 미술사의 역사에서 '창시자'로 칭해지는 것은 이러한 제약을 넘어섰기 때문이다. 여기에는 피렌체가 '콰트로첸토Quattrocento'로 통칭되는 시기인 15세기에 이탈리아 안에서, 나아가 유럽 안에서 누렸던 문화적 우위를 복원하겠다는 '향토애', 더 나아가서는 이탈리아 특유의, 고향에 관한 다소 고집스러운 애착을 뜻하는 '캄파닐리스모campanilismo' 역시도 작용했다고 평가된다.[27] 바사리는 라파엘로Raffaello Sanzio da Urbino와 미켈란젤로에 의한 예술의 부활이라는 미술사의 서사를 구축하기 위해 그 바로 전 세기, 즉 콰트로첸토에 미술사상 특별한 의미를 부여하고자 했다. 이는 오늘날의 시점에서 볼 때 다소 생경한 관점으로 느껴지기도 한다. 19세기 초까지 서양 미술사의 역사를 돌이켜보면 바사리 이후 상당히 오랫동안 콰트로첸토, 특히 마솔리노Masolino da Panicale나 마사초Masaccio의 시대는 '고딕'의 범주로 판단되어

25
Alina Payne, "Vasari, Architecture, and the Origins of Historicizing Art," 57.

26
Germain Bazin, *L'histoire de l'histoire de l'art*, 13.

27
Alina Payne, "Vasari, Architecture, and the Origins of Historicizing Art," 72.

주로 평가 절하되었다.(2권 664-670쪽, 684-707쪽) 19세기 초중반 유럽에서 미술품 컬렉터들에게 주목받기 시작한 후에야 이 시대는 '초기 르네상스Première Renaissance'라는 이름을 얻을 수 있었고, 그 미술가들에게 붙여진 '원시주의자들Primitifs'이라는 이름은 차라리 긍정적인 것이었다. 바사리는 이 시대의 작가들에게 위대한 르네상스를 예비했다는 영광과 창조적 개인으로서의 정체성을 부여했다. 또한 바사리는 예술 부흥 운동이 피렌체에서 시작되어 이윽고 로마로 옮겨갔고, 따라서 이 두 도시가 15-16세기 이탈리아 예술의 중심지나 다름없다는, 당시로서는 과감한 서사를 써냈다.[28] 전기의 집합, 개인의 나열이 이처럼 단일한 관점의 역사적 서사를 이끌어낼 수 있다는 점은 흥미롭다.

바사리 본인 역시 미술가로서 책 안에서 최후의 평전 서술의 대상이 된 만큼, 《평전》은 또한 '동시대성moderno', 또는 바사리에 따라 "제3의 양식terza maniera"을 조명하는 데 기여하기도 한다.(3권 1408쪽, 6권 3589-3652쪽) 이는 물론 미술사의 관점에서 바사리가 미켈란젤로의 뒤를 이어 구체화한 마니에리스모manierismo(또는 매너리즘) 양식의 아직 완성되지 않은 미술사적 의의를 짐작케 한다는 점에서도 그렇지만, 역사 서술에서 현재를 살고 있는 저자, 또는 화자의 위치를 의식하게 한다는 데서도 그러하다. 동시대란 언제나 변화의 가운데 있고, 따라서 아직 결정되지 않았으며 유동적이다. 이는 바사리가 당시 그가 사용한 문헌 자료들을 어떻게 평하고 또 사용하는지를 통해서 드러나는 흥미로운 요소 가운데 하나다. 예컨대 필리포 브루넬레스키Filippo Brunelleschi, 1377-1446에 관한 항목(2권 710-759쪽)은 브루넬레스키 사후에 쓰인 《필리포 디 세르 브루넬레스코의 삶*Vita di Filippo di Ser Brunellesco*》을 약간 각색하고 살을 붙인 것에 그친다.[29] 미켈란젤로에 관해 쓸 때는 아스카니오 콘디비Ascanio Condivi가 미켈란젤로 생전에 쓴 전기를 매우 예민하게 의식하고 있음을 숨기지 않는다.(5권 2910쪽)

미술사 외 분야의 연구자들이 특히 주목하는 바사리 특유의 서술 방식 또는 문체formule vasarienne는 파올로 조비오와 같은 동시대 또는 가

28
Margot and Rudolf Wittkower, *Born Under Saturn*, 53 참조.

29
Giorgio Vasari, *Les vies des meilleurs peintres, sculpteurs et architectes*, volume 1, livre III: 189.

까운 과거의 피렌체 문인들의 영향을 드러낸다. 스베틀라나 앨퍼스Svetlana Alpers가 지적했듯이 많은 경우 바사리의 평전은 찬사elogium에서 시작한다.[30] 이어서 출생 및 성장 배경, 특히 조상이나 혈연 관계를 언급한 뒤 해당 인물이 예술가로 거듭나기까지의 성장 과정을 다룬다. 여기에는 주로 전설적이거나, 기이하거나, 적어도 흥미로운 일화들을 싣는다. 바사리의 평전에서 예술가 개인은 저자와 지나치게 가깝게도, 또는 소원하게도 나타난다. 요컨대, 서술의 대상이 된 예술가들과의 심리적 거리는 경우에 따라 차이가 있다. 이는 오늘날의 관점에서 마땅히 객관성을 지향해야 하는 역사 서술의 의무와는 거리가 있다. 그러나 아이러니하게도, 화자의 이 같은 존재감은 앞서 쓴 것처럼 독서를 재미나게 하는 데 일조한다. 사실 피터 워드잭슨Peter Ward-Jackson의 말처럼, 예술가에 관해 평전을 쓸 때 평전 작가가 할 수 있는 최선은 어쩌면 그저 작품의 목록을 나열하는 것일 수 있다.[31] 잘 알려진 바사리의 조력자인 빈첸초 보르기니Vincenzo Borghini는 바사리에게 예술가들의 사소한 삶의 일화들에 누구도 관심을 갖지 않을 것이라며 정확하고 건조한 작품 서술을 주문하기도 했다.[32] 그러나 바사리는 의식적으로 이를 거부했다. 여기에는 여러 연구자들이 주목했듯 미술가의 정신이 그의 작품과 이상 안에서 어떻게 발현되는지에 관한 그의 남다른 관심이 작용하기도 했을 것이다.[33] 예술가의 인간됨과 작품 세계는 별개인지, 나아가 예술가의 인간성과 작품의 우수성은 별개의 것인지 질문을 던졌던 비트코버의 문제의식은 바사리의 이 같은 관점에 관한 이해로부터 출발한다고 할 수 있다. 여러 사례들 가운데 외젠 들라크루아Eugène Delacroix가 그린 사색에 잠긴 미켈란젤로의 모습(〈작업실의 미켈란젤로*Michel-Ange dans son atelier*〉,

30

Svetlana Alpers, "Ekphrasis and Aesthetic Attitudes in Vasari's Lives," *Journal of the Warburg and Courtauld Institutes* 23 no. 3/4 (1960): 190-215.

31

Peter Ward-Jackson, "Vasari the Biographer," *Apollo* 77 (1963): 373.

32

Peter Ward-Jackson, "Vasari the Biographer," 374.

33

Peter Ward-Jackson, "Vasari the Biographer," 375-379; D. G. Britton, "Raphael and the Bad Humours of Painters in Vasari's "Lives of the Artists"," *Renaissance Studies* 22 no.2 (2008): 174-196.

1849)은 미술사 저술이 미술 창작 안에서 다시 활용되는 예이자, 바사리의 《평전》이 미술가에 관한 이해에 기여한 바를 되새기게 하는 기념물이다.(5권 3039쪽)

외젠 들라크루아, 〈작업실의 미켈란젤로〉(1849)

나가며

만약 지금 우리가 지난 3세기의 미술사, 또는 《평전》을 쓴다면 과연 어떤 모습일까. 같은 문제의식, 같은 문체, 같은 형식, 같은 방법론을 택할 수 있을까? 오늘날 미술의 역사를 쓰려는 이는 바사리가 그랬던 것처럼 평전의 연속에 의존할 수 있을 것인가? 아마도 그렇지 않을 것이다. 평전과 평전 사이에는 온도차와 고저차가 있고, 이는 어쩌면 효과적인 역사적 서사를 자아내는 데에는 위험 요소일지도 모른다. 또한 바사리가 상정했던 것과 같은 도식적 역사관은 오늘날의 독자들에게 더 이상 유효하지 않다. 바사리는 그런 면에서 단지 순진한 관찰자이자 이야기꾼으로 보이기도 한다.

그럼에도《평전》은 그 존재 자체로 미술의 역사에 돌이킬 수 없는 절대적 영향력을 끼쳤다. 미술가들에게 평전 서술의 대상이 될 수 있다는 인식을 심어주었다는 점이 그것이다. 미술가의 삶이 역사로 쓰일 수 있다는 착상은 매우 파격적인 것이었다. 이는 어찌 보면 서구 역사에서 미술관의 탄생이 미친 영향과도 비교할 만하다. 19세기 초반부터는 서구의 미술가들이 더욱 첨예한 대중의 비평에 작품을 노출시키는 동시에 자신의 이름을 역사에 아로새겨줄 미술관의 존재를 의식하지 않고서는 창작에 임하기 어려워졌다는 이야기다. 작곡가 샤를 구노Charles Gounod, 1818-1893는 세상에서 음악이 완전히 사라진대도 요한 제바스티안 바흐Johann Sebastian Bach, 1685-1750의《평균율 클라비어곡집》악보만 남아 있다면 모든 것을 재건할 수 있을 것이라 말했다. 바사리의《평전》역시 서양 미술사에서 그에 비하는 중요성을 지닌다.

끝으로, 비록 상당히 오래되었고 중역이기는 하나 우리말로도 제법 충실한 완역본이 존재한다는 사실에 감사하고 싶다. 오늘날 한국에서 인문학 연구자로서 이만한 분량의 고전을 선뜻 번역하려 나서기는 쉽지 않은 상황임을 알기 때문에 더욱 그렇다. 다른 여러 훌륭한 외국어 번역본이 있기는 하지만, 이탈리아어가 능숙하지 않은 서양 근세 미술사 연구자로서 국내에서 관련 연구를 하려면 어쨌든 국역본에 의존해야 한다. 나로서는 이탈리아어 저본과 국역본을 직접 비교할 능력이 없으므로 어디까지나 인상에 불과하지만, 이근배 선생의 번역은 오류가 없다고는 할 수 없어도 그야말로 충실하다. 그러나 앞서 소개한 다른 언어로 된 번역본들을 보면 아쉬운 마음이 드는 것 또한 사실이다. 미술사의 '시작'이 정말 어떠한 것이었는지를 과거와 오늘날의 시각으로 두루 살피고 이를 국내 독자들에게 온전히 전달하기 위해서는 미술사가들의 협조가 필요하다. 마찬가지로 사람들에게 이를 '재미있는 책'으로서 읽을 마음이 들게 하는 것 역시 미술사가들의 몫일 것이다. +

참고 문헌

고종희·이한순. 〈바사리의 『가장 위대한 화가 조각가, 건축가의 생애』와 매너리즘〉. 《서양미술사학회 논문집》 33집(2010): 193-226.

노성두. "바사리, 그가 있었기에 '르네상스' 있었다". 《한겨레》. 2006년 4월 27일, https://www.hani.co.kr/arti/culture/book/119316.html.

_____. 〈르네상스 예술가의 역할〉. 《미술사논단》 2권(1995): 149-165.

이한순. 〈죠지오 바사리의 「미네르바와 벌컨」에 표현된 미술이론〉. 《서양미술사학회 논문집》 7권(1995): 35-60.

임영방. 《이탈리아 르네상스의 인문주의와 미술》. 문학과지성사, 2003.

최병진. 〈『르네상스 미술가 평전』: 바자리의 의도와 미술사적 활용 방안〉. 《서양미술사학회 논문집》 57(2022): 123-142.

_____. 〈메디치 컬렉션의 자전(autobiography)과 계몽주의 시대의 공공성: 우피치 미술관을 중심으로〉. 《서양미술사학회 논문집》 42권(2015): 171-197.

_____. 〈르네상스 예술 장르의 상호 관계성과 시각 문화〉. 《이탈리아어문학》 40권(2013): 241-278.

Alpers, Svetlana. "Ekphrasis and Aesthetic Attitudes in Vasari's Lives." *Journal of the Warburg and Courtauld Institutes* 23 no. 3/4 (1960): 190-215.

Bazin, Germain. *L'histoire de l'histoire de l'art*. Albin Michel, 1986.

Britton, D. G. "Raphael and the Bad Humours of Painters in Vasari's "Lives of the Artists"." *Renaissance Studies* 22 no. 2 (2008): 174-196.

크리스, 에른스트, 오토 쿠르츠. 《예술가의 전설》. 노성두 옮김. 사계절, 1999.

Elkins, James. "A Brief History of Theory in Art History." 2022년 3월 15일 접속, https://youtu.be/Wn2Azw47bW0.

곰브리치, E. H. 《서양미술사: 문고판》. 백승길·이종숭 옮김. 예경, 2013.

Lecoq, Anne-Marie. "Giorgo Vasari, les Vies des plus excellents architectes, peintres et sculpteurs... 1550." FranceArchives. 2022년 9월 18일 접속, https://francearchives.fr/fr/pages_histoire/38801.

Ledbury, Mark, Michael Hatt, et al. eds. *Fictions of Art History*. Yale University Press, 2013.

르 몰레, 롤랑. 《조르조 바사리: 메디치가의 연출가》. 임호경 옮김. 미메시스, 2006.

노클린, 린다. 《왜 위대한 여성 미술가는 없었는가?》. 이주은 옮김. 아트북스, 2021.

Nova, Alessandro, Matteo Burioni, Katja Burzer, Sabine Feser, Hana Gründler, Fabian Jonietz, Hg. *Edition Giorgio Vasari*. Kommentierte Gesamtausgabe. 45 Bände + Supplementband. Übersetzt von Victoria Lorini u. a. Verlag Klaus Wagenbach, 2004-2015.

Payne, Alina. "Vasari, Architecture, and the Origins of Historicizing Art." *RES. Journal of Anthropology & Aesthetics* 40 (2001): 51-76.

프레지오시, 도널드, 편저. 《꼭 읽어야 할 예술이론과 비평 40선》. 정연심·김정현 책임번역. 미진사, 2013.

Schlosser, J. von. *La littérature artistique*. Flammarion, 1992.

바사리, 조르조. 《르네상스 미술가 평전》. 전2권. 이근배 옮김. 최병진 감수. 올재, 2017.

_____. *Le vite de' più eccellenti architetti, pittori, et scultori italiani, da Cimabue insino a' tempi nostri. Nell'edizione per i tipi di Lorenzo Torrentino, Firenze 1550*. 2 vol. a cura di Luciano Bellosi e Aldo Rossi, presentazione di Giovanni Previtali. Einaudi, 2015.

_____. *Vies des peintres, sculpteurs et architectes par Giorgio Vasari*. 10 vol. traduites et annotées par Léopold Leclanché et commentées par Jeanron et Léopold Leclanché. Just Tessier, 1839-1842.

_____. *Les vies des meilleurs peintres, sculpteurs et architectes*. 2 tomes. André Chastel, éd. Actes Sud, 2005.

Ward-Jackson, Peter. "Vasari the Biographer." *Apollo* 77 (1963): 373-379.

Wittkower, Margot and Rudolf Wittkower. *Born Under Saturn*. New York Review Books, 2006.

The Divine Michelangelo: The Florentine Academy's Homage on his Death in 1564. Translated by Rudolf and Margot Wittkower (Phaidon, 1964).

김한결
프랑스에서 서양 근세 미술사와 박물관사를 공부했고, 현재는 미술품 컬렉션사와 미술 저술의 역사를 연구하고 있다. 특히 18세기 전후 미술 작품이 수집과 취향의 역사를 거쳐 지식의 영역에 편입하게 된 과정에 관심을 가지고 있다.

사유

하는
삶

윤여일

‘그럼에도’의 생애사, 마르크스와 프루동

개러스 스테드먼 존스, 《카를 마르크스: 위대함과 환상 사이》, 홍기빈 옮김(아르테, 2018)
Gareth Stedman Jones, *Karl Marx: Greatness and Illusion* (Belknap Press, 2016)
조지 우드코크, 《프루동 평전》, 하승우 옮김(한티재, 2021)
George Woodcock, *Pierre-Joseph Proudhon: A Biography* (Macmillan, 1956)

카를 마르크스
위대함과 환상 사이
개러스 스테드먼 존스 지음
홍기빈 옮김
프루동 평전
조지 우드코크 지음 | 하승우 옮김
Jos
udh

한 인간은 시대 속에서 부자유하며, 시대를 바꾸겠다는 의지가 강할수록 그는 자신의 부자유함을 절감할 것이다. 한 개체가 자신의 의지를 관철하려는 시도는 사회의 질곡에 의해 굴절되며, 그럼에도 애써 시도할수록 그는 더한 좌절을 겪을 것이다. 한 주체가 곤란한 선택을 해야 하는 상황은 주체의 의지를 초과하며, 그의 선택이 과감할수록 객관적 결과는 주관적 바람에서 멀어질 것이다. 그처럼 노력이 실패를 거듭하는데도 한 걸음 내디디려다 다시금 실패하는 이들이 있다. 삶의 방식 자체가 실패를 부르는데도 실패를 새겨가며 한 생애를 억척스럽게 살아낸 이들이 있다.

우리는 이들을 뭐라고 부를 것인가. 실패자인가. 아마도 그러할 것이다. 그런데 우리는 이들 중 누군가를 혁명가라고 부른다. 여기, 두 혁명가의 생애를 기록한 두 권의 평전이 있다. 개러스 스테드먼 존스의 《카를 마르크스: 위대함과 환상 사이》와 조지 우드코크의 《프루동 평전》. 이 두 책을 펼치면 지독하게 도전하고 또 도전하다가 처절하게 좌절하는 인간의 이야기가 시작된다. 그 모습을 세밀하게 그려낸 것이 평전으로서 이 책들이 갖는 가장 중요한 미덕이다. 불가항력의 시대적, 사회적, 상황적 조건 가운데서도 고투를 감행한 이들이 역사적 인물이 되어버린 뒤, 실패를 무릅쓴 이들의 고투는 그래서 과연 무엇을 얼마나 성취했는지를 잣대로 평가되고는 한다. 역사의 뒤에 온 자들은 역사적 인물이 당대에 내린 고민스러운 선택을 두고 지금의 기준으로 잘잘못을 논하기도 한다. 그리고 이들의 실패를 들춘다. 실패를 거듭하지만 '그럼에도' 혁명을 도모한 자들이 아니라, 혁명을 기도했으나 '결국' 실패한 자들로 기억하고는 한다.

하지만 두 평전은 시대 상황 속에서 부자유했던 역사적 인물의 모색과 행보에 대해 선부른 평가를 내리기보다는, 이들이 남긴 텍스트와 그 시대의 자료를 통해 이들의 생애와 사상, 그리고 내적 고민을 추적해 면밀하게 재구성하려 했다. 그 과정에서 이들이 직면한 한계, 이들이 저지른 오류를 이들의 생애를 체감하고 사상을 이해하는 핵심적 단서로 삼으려 했다.

그럼에도 두 평전은 차이가 있다. 차이가 있을 수밖에 없다. 카를 마르크스Karl Marx는 그의 이름으로 혁명이 성공한 드물고도 대표적인 역사적 인물이다. 레닌도 마오쩌둥도 체 게바라도 마르크스를 저마다 다른 방식으로 계승해 그의 이름으로 혁명을 성공시킬 수 있었다. 1917년 러시아 혁명과 소비에트식 공산주의의 확산으로 공산주의 세계의 창시자가 된 마르크스는 단연 20세기의 가장 중요한 사상가였으며, 그에 관한 평전도 여러 권 나왔다. 존스의《카를 마르크스》는 의식적으로 기존 평전들과 차별화를 꾀했으며, 무엇보다 마르크스 사후에 부풀려진 그의 명성을 바로잡고자 했다. 이 책에서 마르크스는 먼 미래를 꿰뚫는 현자, 끝끝내 혁명을 일군 철인이 아니라, 시대의 혼란 속에서 방황하며 고투하다가 번번이 실패하고 일관된 이론을 수립하지 못한 채 죽기 직전까지 가설을 수정했던 인간으로 그려진다. 그리하여 이 책의 부제는 '위대함과 환상 사이'이다.

한편 마르크스에 비해 피에르조제프 프루동Pierre-Joseph Proudhon은 우리에게 낯선 이름이다. 알려졌더라도 실패한 혁명가, 도태된 몽상가의 이미지가 강하며, 마르크스와 달리 계승자가 드문, 따라서 역사적으로 고립된 인물이다. 현재 한국의 서점에서 구할 수 있는 그의 저작은 《경제적 모순들의 체계 혹은 곤궁의 철학》(지식을만드는지식, 2018)뿐이다. 이 책도 마르크스가 신랄하게 비판했다는 《철학의 빈곤》 덕분에 그나마 회자되는 편이다. 그의 주저 《소유란 무엇인가?》는 절판되어 전자책으로만 존재하고, 평전은 조지 우드코크의 《프루동 평전》 이전에는 전무했다. 영어로도 프루동의 주저가 다 번역되지 않았다고 한다. 그러한 실정을 알고 나니 두 평전을 읽고 쓰는 이 글은 프루동에게 조금 더 비중을 두어야 균형이 잡히겠다는 생각이 들었다. 무엇보다 《프루동 평전》을 통해 처음 접한 프루동의 생애사에 매료되었다. 《프루동 평전》에는 부제가 따로 없는데, 다 읽고 난 뒤 나는 '그럼에도의 인간'이라는 부제를 책에 적어두었다.

현실과 현재를 달리 보기

피에르조제프 프루동1809-1865과 카를 마르크스1818-1883. 둘은 9년 터울로 1800년대 초반에 태어났으며, 1848년 혁명이 이들의 생애사와 사상적 행보 한복판을 가로지른다. 두 사람이 태어난 시대는 이러했다. "프랑스혁명, 라인란트를 지배했던 나폴레옹 정부, 반쯤 성취되었다가 금방 철회된 유대인 해방, 그리고 프로이센 절대주의의 질식할 것 같은 분위기 등이 순식간에 지나간 직후의 세상이었다".(《카를 마르크스》, 55쪽) 이러한 세상에서 그들은 어떻게 혁명적 사상가가 되었던가.

두 평전을 읽건대 그들은 겹눈을 지녔다. 현실을 달리 봤다. 주어진 현실의 이면과 너머를 보려 했다. 우리가 '현실'로 경험하는 것은 어떤 필터로 걸러져 이미 의미화된 이미지들의 계열이다. 이 필터를 통념으로 부르건 이데올로기로 부르건 간에, 이 필터를 거친 이미지들이 우리 내면세계에 축적되어 통상적인 상호 이해를 가능케 하는 경험 공간과 의미 지평을 (재)형성한다. 그렇다면 현실 비판이란 그 필터의 존재를 알아차리고 현실을 달리 보려는 데서 시작된다. 마르크스는《자본》을 '상품들의 물신주의'에 관한 철학적 단편으로 시작했다. 우리가 상품, 화폐, 자본, 이윤, 임금 등의 개념을 현실에 대한 객관적 표상으로 간주하는 한, 우리는 그 개념들이 감추고 있는 모순을 인식하지 못한다. 상품은 사용 가치와 교환 가치의 모순이며, 화폐는 보편적 등가와 교환 수단의 모순이며, 자본은 산 노동과 죽은 노동의 모순이며, 임금은 잉여가치를 생산하는 유일한 상품인 노동력 상품 자체의 모순이다.

그리고 그들은 혁명을 꾀했다. 현실에서 주어지는 이미지들의 기만성을 벗겨내는 것이 비판적 사고라면, 혁명적 사고는 현재에서 미래의 조각들을 선취하려는 모색이다. 프루동은 한 편지에서 이렇게 적었다. "나는 새로운 관점을 발전시키고 있어. 예를 들어, 지난 4천 년 동안 인류는 계급을 무너뜨리는 과정을 겪고 있어. 스스로는 잘 의식하지 못하지만 신법의 이치에 따라 프랑스 사회는 매일 소유를 폐지하는 중이야(예를 들어 몰수법, 부채의 차환, 여성과 아동 노동의 보호)."(《프루동 평전》, 142쪽) 그는 현재 속에서 자신이 집중해야 할 시간의 줄기를 거머쥐었다.

겹눈은 어느 인간이나 가질 수 있다. 하지만 모든 인간이 의식적으로 발전시키려 하지는 않는다. 누구든 현재로부터 미래의 징후를 감지할 수 있다. 하지만 누구나 애써 건지려고 하지는 않는다. 비판적·혁명적 사고는 그리하여 새로운 사고의 공리계를 짜내는 데로 나아간다. 기성의 경험 공간과 의미 지평에서는 알아차릴 수 없는 것을 파악하기 위해 역량을 다해 기성 관념들을 새롭게 연관 짓고, 필요하다면 새로운 개념을 고안하여 새로운 발상을 해야 한다. 이러한 사유 활동이 진전되고 체계화되면 기존 사고의 공리계가 허물어질 수 있다. 이러한 사유가 누군가에게서 자라나 퍼진다면 그것은 위험한 일이다. 기존의 필터가 부서져 현실이 달라지기 때문이다.

위험한 사고의 인자를 품은 사유 활동은 체계화되기 위해 경험적 우연성을 씻고 추상화 과정으로 나아간다. 즉 철학화된다. 하지만 그들이 철학자였을 뿐이라면 그토록 여러 차례 실패하지 않았을 것이다. 그들이 전 생애에 걸친 사유 활동을 통해 추구했던 것은 사변적인 정식화가 아니라 현실적인 개선책이었다.

프루동은 정부의 권력이 사라진 '자유로운 개인들의 연합'을 이상적 사회상으로 여겼다. 하지만 무정부의 이상은 "수 세기가 지나야 된다"고 내다보았다. 그렇다고 이상을 단념하는 것이 아니라, 그렇기에 그 이상을 향한 일보를 중시했다. 그는 노동자들의 생산 수단 확보와 협동조합의 안정화를 위해 인민 은행 설립을 고안했는데, 이를 위해 당장은 인민 은행을 관리할 정부의 필요성을 인정해야 했다. "정치에 몰두하는 건 똥물에 손을 씻는 것이다"라고 말했지만, 1848년 2월 혁명이 일어나자 그해 6월 제헌 의회 선거에 출마해 국회 의원이 되었다. 그에게 이러한 이중성은 풀 수 없는 논리적 모순이 아니라 짊어지고 나아가야 할 현실적 역설이었다. 그는 스스로를 '역설의 인간'이라 불렀다. 이 말에는 자조감이 아니라 자긍심이 깔려 있었다.

존스는 비슷한 시기에 마르크스의 정치적 입장이 '자기 모순'에 빠져 있었다고 짚었다. 마르크스는 1848년 2월 《공산당 선언》을 출간했는데, 여기서 취한 입장은 정치적으로 도저히 지탱할 수 없는 것이었기 때문이다. "자유주의자들을 지지하는 동시에 자유주의적 부르주아들이 성공을 얻게 된다면 프롤레타리아트들은 더 극악한 상황에 처할 것임을 그들에게 지적한다는 것이었다. '배운 자들'의 공산주의는 분명히 부르주아 혁명을 지지하지만, 오로지 부르주아지들을 전복시키게 될 프롤레타리아 혁명의 전주곡으로서만 지지한다는 것이었다. 이는 곧 부르주아들과의 정치적 동맹을 지지하는 동시에 부르주아들을 전복시키는 것을 목표로 삼는다고 하는, 모순되고도 이중적인 역할을 수행한다는 것을 뜻했다."(《카를 마르크스》, 418쪽) 하지만 마르크스는 이 '모순되고도 이중적인 역할'을 스스로 짊어졌다.

사회 변혁을 사고할 뿐 아니라 실천하려는 자라면 자신의 사상과 현실적 선택이 초래한 결과 사이에 괴리가 생기는 공통된 운명을 피할 수 없을 것이다. 자신의 바람이 현실에 노출되어 부딪치고 깎이며 상대화되는 쓰라림을 겪지 않을 수 없을 것이다. 마르크스와 프루동은 평생에 걸쳐 그 괴리를 직시하고 파고들어 이를 양식으로 삼아 사고와 실천을 밀고 나갔다. 괴리가 클수록 실천성을 담보하려는 사고는 깊어져야 했을 것이다.

두 평전을 보면, 그들은 분명 흔들렸다. 그들이 추구한 것은 일관된 사상도, 올바른 사상도 아니었다. 그들은 정의를 원했고, 따라서 그들은 편파적이었다. 사회적 위치, 정치적 입장을 떠나 누구에게나 타당한 사상은 있을 수 없다. 그들은 보편타당한 사상이 아니라 편드는 사상을 추구했다. 마르크스는 보다 나은 세상을 희망할 수 있기를 희망하며 억압받는 노동자 편에서 사고했다. 레닌은 마르크스의 저작 중 가장 체계화된 《자본》에 대해 "통상적인 경제 서적과 달리 노동자계급에서 자본가계급을 비판한 유일한 경제 서적"이라고 평했다.

프루동은 《노동계급의 정치적 능력》에서 "정치적 능력을 갖는다는 것은, 하나의 공동체의 일원으로서 자기의 '의식'을 갖고, 그 결과로서의 '사상'을 확신하고, 그리고 그 '실현'을 추구하는 것"이라고 말했다. 그러고는 노동계급을 향해 이런 물음을 던졌다. "첫째, 노동계급은 사회와 국가에 대해 그 자신의 의식을 가지고 있는가? 집단적인 존재, 도덕적인 존재, 자유로운 존재로서 노동계급은 부르주아 계급과 자신을 구분하고 있는가? 둘째, 노동계급은 하나의 사상을 가지고 있는가? 즉 자신의 존재법칙, 조건 및 형식을 인식하고 있는가? 국가와 민족, 우주의 질서와의 관련 속에서 스스로를 이해하고 있는가? 셋째, 노동계급은 사회를 조직함에 있어 자기 자신의 실질적인 결론을 가지고 있는가?"(《프루동 평전》, 22쪽) 이 물음은 자신을 향한 것이기도 했다. 프루동 자신이 노동계급이었으며, 이 물음의 답을 모색하는 과정이 생애에 걸친 그의 사상적 행보였다. 마르크스와 프루동은 현실을 비판하고 혁명을 도모하기 위해 관념을 급진화했으나, 현실의 노동자들을 위해 그들과 함께 기꺼이 흔들릴 수 있었다.

그들이 불화하기 전에

그럼에도 둘 사이의 차이와 불화는 지울 수 없다. 가장 두드러진 장면이 프루동의 《경제적 모순들의 체계 혹은 빈곤의 철학》(1846)을 비꼬아 마르크스가 《철학의 빈곤》(1847)을 쓴 일이다. 마르크스는 서두에서 '프루동의 모순'을 추적하는 데 목표를 둔다고 천명하고는 프루동의 주장이 과학적 변증법과 거리가 먼 사변적 철학이라고 분석하고, 그의 사회 구상은 프티부르주아의 공상이라고 폄하했다. 《철학의 빈곤》이 일으킨 반향으로 마르크스주의자들만이 아니라 코뮌주의자, 아나키스트들 사이에서도 프루동이 과거의 소규모 소유권이나 옹호하는 시대 지체의 사상가라는 평가가 확산되었다. 프루동은 혁명 진영에서 입장이 난처해졌다. "나는 마르크스 박사에게 모욕을 당했습니다. 이건 독설이자 비방, 날조, 표절의 연속입니다." 프루동은 《철학의 빈곤》을 구해서 세심하게 읽으며 빼곡하게 메모를 했다. 이렇게 휘갈겨 쓰기도 했다. "마르크스는 사회주의의 촌충이다."(《프루동 평전》, 218쪽) 하지만 반박하는 글을 공개적으로 출간하지는 않았다.

둘은 대체 어디서 갈리게 되었을까. 무슨 일이 있었던 것일까. 《프루동 평전》을 보면 마르크스는 애초 프루동에게 무척 호의적이었다. 프루동은 1840년에 주저인 《소유란 무엇인가》를 발표했다. 여기에는 다음의 유명한 문장이 있다.

> 만일 '노예제도란 무엇인가?'라는 물음에 답해야 한다면, 나는 한마디로 '살인!'이라고 대답할 것이다. 그러면 내 말의 의미는 금방 이해될 것이다. 한 인간에게서 그의 사상과 의지, 인성을 빼앗는 권력이 생사여탈의 권력이다. 한 사람을 노예로 만드는 것이 그를 죽이는 것이라는 것을 증명함에 있어 그 이상의 논증은 필요하지 않을 것이다. 그런데 왜 '소유란 무엇인가?'라는 질문에 마찬가지로 '도둑질'이라고 답하면 안 될까?(《프루동 평전》, 120쪽)

마르크스는 1842년 10월 《신라인 신문》에 쓴 글에서 《소유란 무엇인가》를 "통찰력이 뛰어난 책"이라 평하며, 프랑스 바깥에서는 최초로 이 책의 가치를 인정했다. 《소유란 무엇인가》는 마르크스에게 사적 소유란 소외된 노동의 산물이라는 큰 시사점을 주었다. 소유는 무엇이고 왜 문제인가. 산업화를 거친 후 노동자는 개인적이 아닌 집단적으로 노동해 개별적 노동의 생산물 합계보다 많은 생산물을 산출한다. 이는 그 사회의 생산 수단 덕분이다. 여기에는 공장과 기계는 물론이고 토지, 지식, 분업 방식 등도 포함된다. 따라서 생산 수단은 과거로부터 다방면의 사람들이 집적한 사회의 공동 유산이다. 그런데도 자본가는 개별적 노동의 성과에 대해서만 개개인의 노동자에게 급료를 지불할 뿐 집단적 노동을 통해 생긴 잉여분은 노동자들이나 자신이 속한 사회와 나누지 않는다. 자본가는 사회의 공동 유산과 집합적 노동의 성과를 착취하는 셈이다. 프루동이 보기에 사회의 생산 수단을 사적으로 소유하여 얻은 이익은 사회의 집합력을 수탈한 불로 소득에 해당하므로 사적 소유는 도둑질과 다를 바 없었다.

마르크스는 3년 뒤 《신성가족》에서 《소유란 무엇인가》를 이렇게 평가했다. "프루동은 소유라는 정치경제학의 토대를 비판적인 실험대 위에 올렸다. 그리고 사실상 프루동은 최초로 결정적이고 활기차며 과학적인 연구를 진행했다. 이것은 정치경제학을 급진화하고 최초로 정치경제학을 참된 과학으로 만든 위대한 과학적 진전이다."(《프루동 평전》, 119쪽)

결핍을 결핍케 할 것이다

그리하여 그들은 노동하는 자, 즉 프롤레타리아트의 편에서 미래 사회를 모색했다. 프루동은 노동자들에게 가진 자들을 더 이상 돌보지 말라고 외쳤다. "오, 프롤레타리아, 프롤레타리아들이여! 당신의 거짓된 친구들이 부채질했을 그 증오심, 그리고 정부의 부패와 무관심, 악의만큼 혁신적인 이념의 발전에 많은 피해를 줬을 영혼의 분노와 달래기 힘든 증오심에 얼마나 오랫동안 시달렸던가?"(《프루동 평전》, 144쪽) 프루동은 《인민의 대표》를 발행하며 첫 호 1면 상단에 이렇게 적었다. "지금 생산자란 어떤 사람인가? 아무것도 아니다. 생산자는 무엇이 되어야 하는가? 모든 것!"(《프루동 평전》, 254쪽)

마르크스는 《신성가족》에서 이렇게 전망했다. 사적 소유가 세계를 지배해가면 그에 따라 프롤레타리아트의 상태는 갈수록 '비인간적'으로 내몰리게 된다. 이 계급은 "그저 명목으로만 인간"인 상태에 있는 계급이며, "근본적인 쇠사슬에 묶여 있는 계급"이다. 이 계급은 "사회의 모든 다른 영역들을 [...] 해방시킬 때에만 스스로를 해방시킬 수 있다." 이처럼 "사적 소유는 프롤레타리아트를 낳음으로써 자기에게 사형선고를 내리며, 프롤레타리아트는 바로 그 선고를 집행하는 자들이다".(《카를 마르크스》, 326쪽)

프롤레타리아트는 어찌하여 사회의 모든 다른 영역을 해방시켜 자신을 해방할 수 있는가. 그 까닭은 프롤레타리아트가 사적 소유로 인한 결핍을 메우려는 게 아니라 (자본주의를 구동하는) 그 결핍(감)을 결핍하게 만들 것이기 때문이다. 《공산당 선언》에서 마르크스는 말했다. 부르주아지는 '네가 원하는 것을 내가 가지고 있다'라고 하지만, 프롤레타리아트는 '네가 가진 것 중에 내가 원하는 건 없다'라고 대꾸한다. "당신들은 우리가 사적 소유를 폐기하려 한다고 해서 놀라고 있다. 그러나 당신들의 현존 사회에서 그 사회 성원의 10분의 9에게 이미 사적 소유는 폐지되어 있다." 프롤레타리아트는 우리도 사유 재산을 갖게 해달라고 부르주아지에게 호소하지 않는다. 대신 사유 재산제를 폐지할 작정이라고 선언한다. 그로써 주어지지 않은 것을 가지려 하는 결핍 상태로부터 벗어날 것이다. 결핍과 충족이라는 필터를 통해 작동하던 현실은 송두리째 바뀔 것이다. 여기에 프루동의 문장을 다시금 옮겨도 어색하지 않을 것 같다. "지금 생산자란 어떤 사람인가? 아무것도 아니다. 생산자는 무엇이 되어야 하는가? 모든 것!"

마르크스에게 보낸 답장

그런데 어느 지점에서 둘은 갈렸는가. 《프루동 평전》에 따르면 둘은 1844년 파리에서 만난 적이 있다. 이후 1845년 2월 마르크스는 프랑스에서 추방된 후 1846년 5월 프루동에게 편지를 써서 국제적인 네트워크 구성에 관한 협력을 제안했다. "우리 통신망의 근본적인 목적은 외국인들에게 독일에서 진행 중인 사회주의 운동에 관해 알리고 독일 내의 독일인들에게 프랑스와 영국의 사회주의 발전에 관해 알려주기 위해, 독일 사회주의자들이 프랑스와 영국의 사회주의자들과 접촉하는 것입니다. 그런 접촉 과정에서 의견 차이들이 드러날 수 있습니다. 누구라도 생각을 교환하고 공정한 비판을 받을 수 있습니다. 이것은 '말의 뜻 그대로' 표현하면 사회주의 운동을 위한 첫걸음, '민족성'이라는 한계를 뒤흔드는 첫걸음이 될 겁니다."(《프루동 평전》, 200쪽)

그런데 이 편지를 받은 프루동은 마르크스의 이후 활동에서 드러날 권위주의적 면모를 간파했다. 그리하여 제안을 반긴다고 답하면서도 몇 가지 유보 조건을 달았다. 이 편지에는 마르크스와의 간극, 그 간극에서 드러나는 프루동 사상의 핵심이 담겨 있기에 길게 옮긴다.

> 만일 당신이 원한다면 사회의 법칙과 이런 법칙들이 실현될 방법, 그런 법칙과 방식을 성공적으로 발견할 과정을 함께 연구해 봅시다. 그러나 선험적인 독단주의를 파괴한 뒤에 이번에는 우리가 인민에게 교리를 세뇌시키겠다는 꿈을 제발 꾸지 맙시다. [...] 모든

의견들을 다 드러내자는 당신의 생각을 진심으로 지지합니다. 유익하고 성실하게 논쟁을 계속합시다. 전 세계에 지적이고 현명한 관용의 사례를 보여줍시다. 그러니 우리가 운동에서 앞서 있다는 이유로 우리 자신을 새로운 불관용과 편협함의 지도자로 만들진 맙시다. 새로운 종교의 사도인 척하지 맙시다. 심지어 그것이 논리의 종교, 이성의 종교일지라도 말입니다. 모든 저항을 함께 모으고 격려합시다. 모든 독단주의와 모든 신비주의를 철저히 비판합시다. 문제 제기를 결코 소모적인 것으로 여기지 맙시다. 최종 선언문을 작성할 때, 필요하다면 뜻밖이더라도 처음부터 다시 힘차게 시작합시다. 그런 조건이라면 나는 당신의 조합에 기꺼이 가입할 겁니다. 그렇지 않다면, 거부합니다!
[...] 나는 당신의 편지에서 이 구절, "행동에 나설 순간에"라는 구절에 좀 주목했습니다. 당신은 기습 공격이 없다면, 공식적으로 혁명이라 불리는 것이 없다면, 오늘날에는 어떠한 개혁도 가능하지 않고 실제로는 단지 하나의 충격적인 사건에 그치게 되리라는 생각을 여전히 하고 있는 듯합니다. 내가 이해한 바에 따르면 그 생각은, 양해를 구하고 기꺼이 토론하고 싶은 그 생각은 오랫동안 나 자신도 공감해 온 생각이었지만, 가장 최근의 내 연구는 그 생각을 완전히 포기하게 했습니다. 나는 우리가 승리하는 데 그런 행동이 필요하지 않다고 믿습니다. 그래서 우리는 사회개혁의 수단으로 혁명적인 행동을 주장하면 안 됩니다. 왜냐하면 거짓된 수단은 단지 폭력이나 독단에, 간단히 말해 모순에 이끌릴 수 있기 때문입니다. 나 자신은 한 경제 집단이 사회에서 빼앗은 부를 다른 경제 집단이 사회로 환수시키는 방식을 고민하고 있습니다. 달리 말해 당신네 독일 사회주의자들이 공동사회라 부르고 내가 지금 당장은 해방이나 평등에 대한 요구로만 설명할 뿐인 것을 구성하는 방식으로, 정치경제학을 이용해 소유 이론이 소유에 맞서도록 하는 것입니다. 그렇지만 나는 얼마 지나지 않아 이 문제를 해결할 방법을 알게 되리라 믿습니다. 그러므로 나는 가진 자들에 대한 성 바르톨로메오의 밤[대학살]을 거행해서 그들에게 새로운 힘을 주는 것보다, 소유를 천천히 불태우는 쪽을 좋아합니다.(《프루동 평전》, 201-202쪽)

마르크스는 답장을 하지 않았고, 두 사람의 직접적 대화는 끊겼다. 대신 마르크스는 1847년 《철학의 빈곤》을 썼다. 위의 편지와 프루동의 저작을 참고한다면 둘 사이에 두 가지 차이점이 눈에 들어온다. 첫째, 새로운 사회에 대한 전망이다. 프루동이 보기에 공산주의는 원시적인 결사체의 형식이고, 소유는 노예 상태에서 벗어나려는 인간의 욕망에서 비롯되었다. 그는 정의로운 사회를 만들기 위한 기반으로 공산주의나 소유 모두가 적절하지 않다고 여겼다. 공산주의는 독립성을 거부하고 소유는 평등에 위배되기 때문이다. 그리하여 그가 공산주의와 소유를 종합한 '해방'은 자유로운 계약 체제로 결합된 소규모 생산자들의 세계였다. 사실 프루동이 모든 형태의 소유를 거부한 것은 아니었다. 프루동이 비난한 것은 스스로 노력하지 않으면서 노동자를 착취하는 자들의 소유였다. 인간이 생활할 수 있는 집, 일할 수 있는 토지나 작업장을 통제할 권리인 '점유'에는 적의를 품지 않았으며, 오히려 해방의 근본적 조건이라 여겼다. 하지만 프루동은 공산주의자들이 사적 소유와 함께 점유마저 파괴하려 한다고 경계했다.

둘째, 새로운 사회로 향하는 경로이다. 편지에서 드러나듯 프루동은 폭력을 동반하는 혁명에 동의하지 않았으며, 바람직한 변화들이 폭력 없이 이루어지기를 희망했다. 이와 관련해 존스는 혁명으로 향하는 경로에 관한 설명과 혁명의 주역인 프롤레타리아트의 주체성에 관한 고려가 마르크스에게 부족하다고 지적한 바 있다.

> 그저 프롤레타리아트는 사유 재산도 없고 또 종교도 없으므로 임박한 유적 존재의 구현, 즉 '인간이 스스로의 모습을 회복하는 것'을 대표하는 존재라는 것이다. 하지만 그는 이 프롤레타리아 개개인들에게는 자발성도, 또 자기 결단도 부여하지 않는다. 이들은 그저 집단으로서 공동의 상황과 상태로부터 집단적 의식을 갖게 된다는 것이다. 그들은 필요와 결핍으로 추동되는 자들로, 스스로는 아무 생각도 가지고 있지 않은 존재들이며, 그저 전체의 '계기들'일 뿐으로서만 제시된다. 그들이 개인 차원에서 합리적으로 확신하는 내용이 무엇이건, 그와 무관하게 이들은 필요와 결핍에 의해 반란을 일으키도록 추동된다는 것이다."(《카를 마르크스》, 359-360쪽)

프루동에게는 새로운 사회의 전망만큼이나 그리로 향하는 과정이 중요했다. 혁명의 과정은 새로운 사회를 생산하고 실증하는 것이어야 했다. 그리하여 그는 아나키스트가 되었다. 아나키즘은 목표이자 방법이었다. 프루동은 자신이 구상한 사회 형태에 '아나키'라는 이름을 붙인 최초의 인물이었다. 프랑스 대혁명 이후 당시에 아나키는 통치가 부재해 무질서와 폭력이 일어나는 상태를 일컫는 부정적 뉘앙스의 말이었다. 하지만 프루동은 오히려 통치 사회가 "끝없는 폭정의 기반이 될 무질서"를 낳고 폭력을 초래하기에 상호주의에 기반한 연합인 '아나키' 상태에서 사회는 통합될 것이라고 내다보았다.(《프루동 평전》, 333쪽)

프루동의 믿음 혹은 전제는 이러하다. 개인과 사회는 원래 조화하며 스스로 발전한다. 차이와 다양성은 상호 의존을 낳아 운동을 더 높은 단계로 끌어올린다. 지나친 간섭과 통제는 오히려 불의와 불평등을 초래한다. 그리하여 그의 아나키즘의 핵심은 "자유로운 협력, 상호부조, 분권, 연방주의"였다. 프루동은 《노동계급의 정치적 능력》에서 정치 조직이란 경제 조직을 반영한다며 "일련의 상호제가 없고 경제적 권리가 없다면, 정치 제도는 무력한 그대로 머무르며, 정부는 언제나 불안한 것"이라 주장했다.(《프루동 평전》, 21쪽) 따라서 노동자들이 상호 부조를 통해 결성한 연합들, 즉 협동조합이 생산 활동을 담당하는 것이 프루동 아나키즘의 기본 골격이 된다.

프루동이 꿈꿨던 자유롭고 유기적이며 끝없이 성장하는 사회의 거친 도면은 이러하다.

> 우리는 법의 자리에 계약을 놓을 것이다. [...] 정치권력의 자리에 우리는 경제적인 힘을 배치할 것이다. [...] 상비군의 자리에 우리는 산업조합을 놓을 것이다. 경찰의 자리에 이해관계의 일치를 놓을 것이다. 정치의 중앙집권화라는 자리에 우리는 경제적인 집중화를 배치할 것이다. [...] 법정은 중재재판으로, 국가 관료제는 분권화된 직접 관리로 대체될 것이다. [...] 외국의 권위주의적인 민족주의나 군사적인 사안과 관련된 문제들은 노동과 평화에 기반을 둔 사회에서, 그리고 관세장벽과 상업적인 특권, 식민지, 전략적인 국경과 요새, 그 무엇도 필요로 하지 않는 사회에서 아무런 의미도 갖지 못할 것이다.(《프루동 평전》, 333쪽)

이러한 수평적 조직화는 개별 사회에 그치지 않고 국제적 수준으로 나아간다. 프루동의 《연방의 원리》에 따르면 연방은 사회의 가장 단순한 단위에서 시작되어 확산한다. 행정 기관은 지역을 기초로 하고 가능한 인민들의 직접 통제를 받는다. 기초 단위를 넘어서는 연방 조직은 행정 기관보다는 지역 조직들 사이의 협력 기관이 된다. 국가 자체는 지역들의 연방이 되고, 유럽은 가장 작은 지방의 이해관계가 가장 큰 지방의 이해관계와 동등하게 표현되는 연방들의 연방이 된다. 세계가 이처럼 재조직화되려면 "수 세기"라는 긴 시간이 걸리겠지만, 그 시간은 진보의 궤적이기에 소중하다. 그런 프루동은 폭력을 통해 혁명의 도래를 앞당긴다는 노선에 설 수 없었다.

자기 운명의 자각

물론 마르크스와 프루동의 이런 차이는 프루동 쪽에서 유추한 것들이다. 마르크스가 프루동의 무엇을 어떻게 문제 삼았는지는 《철학의 빈곤》에 스스로 상세히 적었으니 넘어가고자 한다. 그보다는 두 평전을 읽다가 알게 된 그들의 행적 중 소개하고 싶은 대목으로 옮겨가고 싶다.

마르크스는 알고 보니 시인이 될 것이라는 믿음을 가진 청년이었다. 사랑에 빠지자 서정시를 열정적으로 습작했다. 1836년 그는 베스트팔렌 남작의 딸 예니를 사랑하게 되었고, 시인으로서 야망은 더욱 불타올랐다. 이듬해 아버지에게 보낸 편지에서는 이렇게 회고한다. "당시의 제 마음 상태에 따라서 제가 가장 마음을 쏟은 첫 번째 주제, 최소한 가장 직접적으로 즐겼던 첫 번째 주제는 서정시였습니다. 하지만 저의 자세와 그전에 있었던 모든 일들 때문에 그 서정시는 순수하게 이상주의적인 것이었습니다. 나의 천국, 나의 예술은 이 세상에 속한 것이 아니었으며, 한없이 머나먼 저 피안의 것이었습니다. 마치 저의 사랑이 그런 것처럼."(《카를 마르크스》, 115쪽) 그 1년 사이 그는 《사랑의 서》와 《시가들의 서》를 예니에게 바쳤다. 하지만 아버지에게 보낸 회고조의 문장에서는 시인으로서의 운명에 대한 믿음이 사그라드는 것이 보인다.

프루동에게는 자신의 운명을 일깨운 친구의 편지가 있었다. 가난 속에서 여러 일을 전전하느라 연구할 시간이 없었던 프루동에게 친구 팔로는 1831년 말엽에 이렇게 권했다. "이건 나의 예언이야. [...] 본인의 의지가 없다 해도 너의 운명에 의해서, 프루동, 너는 반드시 작가나 저술가가 될 거야. 너는 철학자가 될 거야. 너는 이 시대를 지도하는 인물들 중 한 명이 될 테고 네 이름은 19세기 연감에 실릴 거야. [...] 그게 바로 네 운명인 거야! 인쇄소에서 교열을 보든 어린 애들을 가르치든, 깊이 은거해서 단조로운 생활을 하든, 구석지고 고립된 마을을 찾든 마음대로 해. 내게 그런 건 별 차이가 없어. 너는 네 운명에서 벗어날 수 없을 거야."(《프루동 평전》, 69쪽) 그는 프루동이 파리에 와서 연구와 집필을 할 수 있도록 스스로 장학금을 신청해 프루동과 나누었다.

이념을 지키려 하기에 이론을 고수하지 않는다

마르크스와 프루동은 20대가 되어 저술가로서의 삶을 시작했다. 다만 두 사람은 이론가이기 이전에 저널리스트였다. 마르크스는 《독일-프랑스 연보》, 《전진!》, 《신라인 신문》, 《신라인 신문-정치경제 리뷰》 등으로 활동했다.[1] 프루동도 《인민》, 《인민의 대표》, 《인민의 목소리》 같은 신문을 발간해 자신의 주된 매체로 삼았다.

혁명가로서의 집념과 이론가로서의 기질, 거기에 저널리스트로서의 활동은 배합되어 앞서 언급했던 그들의 사상적 특징, 즉 이상화와 현실화, 추상화와 구체화 그리고 이론 구축과 자기 해체라는 이중의 운동을 가능케 했다. 존스는 마르크스의 논고 중 일정한 방법론에 입각해 특정 논지를 체계적으로 전개한 저작이 《자본》을 제외하면 드물다고 평가한다. 나머지는 모두 팸플릿, 논쟁, 리뷰, 저널리즘, 보고서 그리고 미출간 수고 및 노트 들이다. 마르크스는 실로 집요하게 이론을 구축했다가 상황 변화에 따라 여러 차례 방향을 극적으로 틀었던 인물이다. 《카를 마르크스》에서 묘사된 1848년 혁명이 실패한 이후 그의 모습은 이러하다. 1850년대에는 세계 자본주의 경제 위기를 계기로 유럽의 반동연합에 맞선 전쟁과 혁명이 일어나리라는 믿음을 집요하게 설파했다. 하지만 그런 일은 일어나지 않았다. 1860년대에는 노동조합의 단결과 정치적 민주주의의 확장을 통해 평화적으로 사회주의로 이행한다는 구상을 내놓았다. 하지만 1871년 파리 코뮌을 계기로 노동조합과 선거 민주주의에 기대는 사회 민주주의적 전망을 잃게 되었다. 《자본》을 통해 정립하려던 자본주의의 보편적 운동 법칙에도 스스로 자신감을 잃게

1
마르크스가 저널리스트로서 작성한 명문들은 다음의 책에 담겨 있다. 카를 마르크스, 《더 저널리스트: 카를 마르크스》, 김영진 옮김(한빛비즈, 2020).

되었다. 그래서 말년의 그는 인민주의자들처럼 촌락 공동체의 발전에 희망을 품었다고 한다. 만약 그렇다면 20세기에 들어 추앙했던 '성공한 마르크스'란 어느 시기의 마르크스였던가. 다른 시기의 마르크스는 '성공한 마르크스' 앞에서 어찌 되는 것인가.

프루동은 "나는 체계적인 이론을 만들지 않겠다", "나는 분파를 만들지 않겠다"라고 선언한 자였다. 우드코크는 이런 선언을 이렇게 읽어낸다.

> 일단 우리의 마음에서 절대자를 몰아내면, 모든 이념을 고정되고 획일화된 하나의 개념에 끼워 맞추는 것을 포기하면, 우리는 사회의 활기와 역동성만이 아니라 균형과 암묵적인 평화를 이뤄서, 이념과 능력의 적대적인 반응이나 상호적인 반응을 수용하는 사유의 자유를 얻을 것이다. 그럼으로써 우리는 역설적이게도 사회 내에 합의와 조화를 지속시킬 수 있고, 동시에 영원한 투쟁 상태에 있는 사회 에너지를 유지시켜서 모든 종류의 독재를 피할 수 있다.(《프루동 평전》, 402쪽)

이러한 면모는 마르크스에게 보낸 앞선 답장에서도 선명히 드러난다. 우드코크에 따르면 프루동은 상황 변화에 따라 자신의 시각을 끊임없이 교정했다. 《소유란 무엇인가》에서는 농민과 소규모 수공업자만을 고려한 듯한 사회적 재구성을 제안했다가, 철도가 놓이고 영국보다 다소 늦게 프랑스에서 산업 혁명이 확산되자 보다 큰 규모의 노동조합을 포함하기 위해 자기 이론을 수정했다.

이들에게는 확고한 이념이 있었다. 그래서 고수하려는 하나의 이론이 없었다. 현실의 문제적 상황에 직면하면 가설을 만들어 사용한다. 그러나 다음 국면에 이르면 가설을 다시 짠다. 전에 만들었던 가설이 당시에는 유용했더라도 그것을 도그마로 삼지 않는다. 이런 사상가는 일관된 체계를 갖추기 어렵다. 체계화된 사고가 풀 수 없는 현실과 마주하면 스스로 체계를 허물고 다시 사고하기 시작한다. 그렇다고 원칙이 없는 것은 아니었다. 이들이 중시한 사상적 원칙은 관념으로 구성된 도그마가 아니라 유동하는 현실 상황에 진입하겠다는 역동성이었다.

죽음을 예감하던 1863년, 프루동은 이념의 모순이라는 문제를 두고 친구들에게 보낸 편지에 이렇게 적었다. "진실은 하나이지만 우리에게 단편적으로, 그리고 아주 다양한 각도로 드러나. 실재나 외양에 대해 모순되게 말하건 말하지 않건, 우리의 의무는 우리가 본 그대로 설명하는 것이야." "내 정신의 본성은 한 문장으로 요약될 수 있어. 유동성 그 자체, 하지만 언제나 균형으로 돌아가려 하지."(《프루동 평전》, 474쪽)

프루동의 죄명들

마르크스와 프루동은 저술 활동으로 인해 망명 생활을 피할 수 없었다. 프루동에게는 투옥 생활까지 더해졌다. 그들의 논고는 그들과 함께 갖은 고초를 겪었다. 프루동의 경우《일요일 예배론》은 재산 평등의 이상에 근거한 사회 개혁론을 제시했는데 성직자회의 결정으로 판매가 금지되었다.《소유란 무엇인가》는 "소유는 도둑질이다"라는 과격한 표현과 내용이 문제시되어 브장송 아카데미에 의해 발간 허가가 취소되었다.《사회혁명》은 출간되기 전날 밤 경시청장이 출판을 금지했다.《진보의 철학》은 프랑스에서 위험을 감수할 인쇄업자가 없어 벨기에에서 출판해 프랑스로 들여오려 했는데, 경찰이 수입 금지 조치를 내렸다.《혁명과 교회에서의 정의》는 출판되었지만 한 주도 지나지 않아 경찰에게 압수당했다. 기소 목록은 프루동의 일기에 기록되어 있다. "(1) 공적인 평화를 어지럽힐 수 있는 거짓된 소문으로 잘못된 믿음을 재생산한 점, (2) 시민들 사이에 증오를 자극한 점, (3) 가족의 권리를 공격한 점, (4) 공적인 도덕과 종교적인 도덕을 유린한 점, (5) 준법정신을 공격한 점, (6) 범죄와 비행으로 규정된 행동들을 옹호한 점".(《프루동 평전》, 411쪽)《가진 자들에게 보내는 경고》는 출판되자 검사에게 책을 압수당하고 재판에 회부되었다. 법정에 출두했을 때의 죄명은 이러했다. "(1) 소유를 공격한 점, (2) 시민의 한 명 또는 더 많은 사람들이 불신하거나 증오하도록 자극하여 공공의 평화를 어지럽힌 점, (3) 왕정에 대한 증오와 불신을 자극한 점, (4) 가톨릭교회를 모욕한 점".(《프루동 평전》, 157쪽)

논고들의 수난사는 프루동에게 유명세를 안겨다 주기도 했다. 프루동은 개혁 세력들 사이에서 감시당하며 위태로운 영웅이 되었다. 그런가 하면 유명세에는 공격도 따랐다. 프루동은 한 편지에서 "나는 모든 이의 반감을 사고 있어. [...] 내가 불러일으킨 반감은 공산주의자, 공화주의자, 급진주의자에서 보수주의자와 예수회 수도사까지 널리 퍼져 있어"라고 토로했으며, 다른 편지에서는 "적들이 많아질수록 당신은 두려움을 느낍니다. 반면에 나는 그 적들로 인해 활기를 띱니다"라고 자긍심을 피력했다.(《프루동 평전》, 215쪽)

앞서 말했듯이 '역설의 인간' 프루동은 1848년 2월 혁명 이후 국회의원으로 선출되었으나, 자신의 잡지에 루이 나폴레옹 보나파르트Louis Napoléon Bonaparte를 비판하는 글을 썼다가 의원직을 박탈당하고 3년의 징역형과 3000프랑의 벌금을 선고받았다. 벨기에로 피신했다가 스스로 돌아와서는 수감되었다. 하지만 감옥도 그의 정신을 구속하지는 못했다. 그는 기유맹에게 보낸 편지에 이렇게 적었다.

> 혼란스러워하는 인민의 마음을 이해하면 할수록, 나는 더욱더 자유와 편안함을 느껴. 그래, 자유로워. 그건 이 세계에서 하찮은 존재자의 노예가 아니라 자연적인 필연성의 노예이기 때문이지. 나는 성직자나 판사, 군인에게 굴복하지 않아. 나는 당파에도 속하지 않고 어떠한 편견도 따르지 않아. 나는 존경심이나 심지어 인기도 초월했어. 나는 다른 사람들에게도 나와 같은 자유를 주고 싶어. 그들은 내가 너무 많은 자유를 누리기에 나를 감옥에 가두기로 결정했어. 그렇게 해서 그들이 얻는 게 뭘까? 아무것도 없어. 내가 잃은 건 뭘까? 정확하게 평가해 보면, 다시 말하지만 나는 아무것도 잃은 게 없어. 나는 3년 전에 알았던 것보다 열 배 이상 많은 걸 알게 되었고 그걸 열 배로 더 잘 이해해. 내가 얻은 걸 건설적으로 받아들이기에, 정말로 나는 잃은 것을 알고 싶지 않아.(《프루동 평전》, 348쪽)

감옥에서의 3년은 프루동이 저술가로서 가장 생산적이었던 시기이다. 세 권의 책을 쓰고, 세 개의 신문을 편집하고, 그 신문들에 도발적인 기사를 대거 실었다. 그의 정신적 위기는 오히려 감옥 바깥 세계에서 찾아왔다. 1848년 혁명의 실패 이후 반동의 시대. 1848년 혁명기에는 서유럽과 중부 유럽의 정치 권력이 극적으로 붕괴하고 반대 세력들(헌정 개혁가, 자유주의자, 공화주의자, 사회주의자들)이 큰 성과를 거두었지만, 보수 세력은 질기게 버티다가 다시 주도권을 쥐었다. 입헌 군주정 확립, 의회 설립, 언론 자유, 노동 시간 제한 등의 성과는 무너져 내렸다. 프랑스에서는 1848년 12월 대통령 선거에서 나폴레옹 보나파르트가 선출되어 공화국이 위기에 처했다. 프루동은 쿠데타가 거세지는 동안 압

제자에 대한 두려움에 떨었다. 1851년 12월의 일기를 보자. 여기서는 민중에 대한 실망감도 드러난다.

> 12월 3일. 국민의 선의가 이렇게 갑작스레 공격을 받은 적은 단 한 번도 없었다. [...] 그 모욕감이 너무 깊어서 국민은 포기한 듯이 어찌할 바를 모르고 있다!
>
> 12월 4일. 새벽 5시 30분에 일어났다. 동맥이 견딜 수 없을 만큼 고동쳐서 자는 동안에도 열이 나고 흥분되었다. [...] 자유의 몸이라면, 공화국의 잔해 밑에 충직한 시민들과 함께 묻히고 싶다. 아니면 해방을 존중하지 않는 땅에서 멀리 떨어져 살고 싶다.
>
> 12월 5일. 1843년에 보통선거권의 불합리함에 맞서 목소리를 높였다는 점에서 내가 얼마나 옳았나! 그렇다. 대중은 오랫동안 스스로 올바른 행동을 할 능력이 없었고 앞으로도 없을 것이다.
>
> 12월 10일. 노동계급의 변절로 파리는 승리를 놓쳤다.
>
> 12월 14일. 쉬쉐 부인은 바리케이드의 시민들이 저격당했다는 소식을 확인해 줬다. [...] 따라서 보나파르트는 자신을 방어하는 것으로 만족하지 않는다. 그는 대량 학살이나 범죄도 마다하지 않는다. 프랑스는 압제하에 있다. 정복자의 오만함은 그 한계를 모른다. 분노가 커지고 있다.
>
> 12월 15일. '파리 시민이 어리석다는 신호. 보나파르트의 신문들과 함께 대부분의 인민들은 쿠데타가 없었더라면 우리가 혁명, 즉 약탈과 방화, 살인, 도둑질을 경험했을 것이라고 반복해서 말하고 있다. 바로 눈앞에서 잔혹한 행위를, 군대의 이루 다 말할 수 없는 잔혹한 행위를 목격했는데도 말이다!(《프루동 평전》, 341쪽)

자신이 헌신하고자 했던 민중이 자신의 적대자이자 민중의 압제자를 추종하는 세태는 수감 생활 이상으로 프루동을 좌절케 했다. 이미 국민 투표에서 나폴레옹이라는 삼류 카이사르를 선택한 민중에게 크게 실망했던 그였다. "좋은 기회가 생길 때마다 대중은 항상 자신들 속에서 출현한 지도자들에게 공공연히 또는 비밀리에 이끌려 다녔다. 그리고 마음대로 하도록 내버려 둘 때마다 대중은 사회를 한 발짝씩 뒷걸음치도록 만들곤 했다."(《프루동 평전》, 357쪽) 그는 1848년 혁명의 결과로 성취한 보통 선거권에도 비판적이고 비관적이었다. 《인민의 대표》

에 "보통 선거권은 반혁명이다"라고 내걸었으며 "개인적인 이해관계가 집단 전체의 이해관계를 거스르듯, 투표의 총합은 전체적인 진보를 나타내는 게 아니라, 전체적인 퇴보를 나타내지 않을까. [...] 보통 선거권은 공화국을 물신화한다. 이 체제가 오래 유지될수록 경제 혁명은 계속 미루어지고, 그럴수록 우리는 왕정과 독재, 야만주의로 퇴보할 것이다"라고 추궁했다.(《프루동 평전》, 258쪽)

지치게 했으나 지지 않았다

감옥에서 나오자 평생을 따라다닌 가난이 그를 기다리고 있었다. 가난은 정말이지 그의 평생을 옥죄었다. 잠시 마르크스에게로 향하면, 그 또한 자주 가난에 시달렸다. 프루동이 석방된 무렵인 1852년 4월, 마르크스는 런던의 가난한 뒷골목에서 한 살배기 딸 프란체스카를 잃었다.

> 사흘 동안 아이는 생사를 오갔다. 아이는 끔찍하게 괴로워했다. 아이가 죽었을 때 우리는 그녀의 생명 없는 작은 몸뚱이를 뒷방에 남겨 두고 앞방으로 와서 바닥에 잠자리를 만들었다. 살아 있는 우리의 세 아이들은 우리 옆에 누워서 모두 함께 옆방에 창백한 죽은 몸으로 누워 있는 우리의 작은 천사를 슬퍼하며 울었다. 우리의 사랑스러운 아기가 죽었던 당시는 하필 우리가 가장 심한 빈곤을 겪고 있을 때였고, 우리의 독일 친구들도 하필 그때 우리를 전혀 도울 수가 없었다. [...] 마음은 찢어지게 슬펐지만, 나는 허겁지겁 인근에 사는 한 프랑스 출신의 이민자에게 달려갔다. 그는 우리 집에도 이따금씩 방문하곤 하는 사이였으며, 나는 그에게 우리의 끔찍한 빈곤 상태를 털어놓고 도와달라고 매달렸다. 그는 지극히 친절한 동정을 베풀어 내게 즉시 2파운드를 내주었다. 그 돈을 우리는 관을 사는 데 썼으며, 지금도 나의 아기는 그 관 속에서 평안히 잠들어 있다.(《카를 마르크스》, 529-530쪽)

가난은 더욱 심해져, 1857년 1월 엥겔스에게 보내는 편지에서 마르크스는 이렇게 토로한다. "여기에서 나는 아무런 희망도 없이 살고 있으며, 집안 사정에 꽁꽁 묶여 있는 상태일세. 집안 빚은 계속 쌓여만 가고 조금이라도 현금이 생기면 다 쏟아붓고 있지만. 딘 스트리트에서처럼 하루 벌이로 근근이 살아가는 일마저도 이제는 불가능하다네. 이젠

나도 어찌해야 할지 모르겠네. 정말로 5년 전보다 더 절망적인 상태에 처해 있다네. 나는 인생의 가장 쓰라린 지옥을 이미 맛보았다고 생각했다네. 하지만 아니었어! 그리고 가장 끔찍한 점은 이게 그냥 지나가는 위기가 아니라는 것일세. 도대체 어떻게 이 상황에서 벗어날 수 있을지 출구가 전혀 보이질 않아."(《카를 마르크스》, 544쪽) 마르크스는 자기가 얼마나 절망적인 상태인지 보여주기 위해 자신의 소득과 지출을 항목별로 상세히 적어 엥겔스에게 편지로 보내며 "비참한 집안 상태"에서 더 이상 자신의 "추상적 사유"가 버틸 재간이 없다고 하소연했다.

프루동은 가난하게 나고 자랐으며, 평생을 가난에서 벗어나지 못했다. 젊은 시절에는 인쇄소 파산과 신문사 청산 비용, 동생과 친구의 죽음으로 인한 빚마저 떠안았고, 그런 가운데 자기 가족만이 아니라 부모와 형제까지 돌봐야 했다. 프루동 역시 1854년 3살 난 딸 마르셀을 먼저 떠나보냈다. 그해 자신도 콜레라에 걸려 심하게 앓았다. 1855년에는 임신 중이던 아내 유프라지가 다시 뜨개질을 해야 했다. 프루동은 고질적인 가난을 자신의 운명인 양 한탄했다. "우리 세기의 가난은 지적인 한 인간에게는 아무것도 아니라고 느껴. [...] 그럼에도 사람은 수준 이하로 떨어지지 않아야 해. [...] 그런데 불행히도 나는 지금까지 원하는 것 이상으로 올라갈 수 없는 인종이었어. [...] 태어났을 때보다, 열여덟 살이 될 때까지 내 자신에게 느꼈던 것보다, 더 궁핍하고 더 비참하며 더 가난한 내 자신을 보게 될 운명인 걸까? 모르겠어. 내가 부를 경멸하기에, 그 부가 내 경멸에 대한 복수를 건지도."(《프루동 평전》, 383쪽)

감옥 속에서도 활력을 유지했던 그의 몸이 빠르게 쇠했다. 1856년 남긴 기록은 이렇다. "거의 20년 동안 심한 감정적 동요가 있은 뒤엔 두뇌가 마비되는 듯해. 맥박이 약해지고 호흡도 약해져. 경련을 일으키고 고개도 돌아가. 나는 술 취한 사람처럼 비틀거리기도 해. 그 외에도 많아. 나는 강경증과 아주 비슷한 증상을 보이는 심각한 마비를 운동과 심호흡, 맑은 공기, 체조 등으로 극복해 왔어. 고비가 길어지면 정신이 멍하고 몸 전체에 고통이 오며 어지럽고 잠을 못 자며 생각을 못 하고 읽을 수 없게 돼."(《프루동 평전》, 384쪽)

그럼에도 그의 정신은 가난에 지지 않았다. 그는 《소유이론》의 후기에 이렇게 적은 적이 있다.

사적 소유! 나는 광활한 길이 시작하는 지점에서 통행을 막는 보초처럼 커다란 글씨로 적힌 이 단어를 읽곤 한다. [그럴 때마다] 인간으로서의 내 존엄이 혐오감을 느꼈다고 맹세한다. 아, 그럴 때마다 나는 초연함을 권하고 겸손과 영혼의 소박함, 마음의 가난을 설교하는 그리스도의 가르침을 지켜왔다. 탐욕스럽고 무자비한 옛날 귀족을 내쫓고 오만한 호족과 욕심 많은 부르주아, 고약한 농민을 내쫓아라! 그런 인간들은 내게 혐오감을 준다. 따라서 나는 그들을 사랑하거나 이해할 수 없다.(《프루동 평전》, 451쪽)

그의 '소유 이론'은 이러한 개인적 감정을 바탕으로 하고 있었다. 이러한 개인적 감정은 가난한 노동계급이라는 생활상의 조건을 배경으로 하고 있었다. 그럼에도 그는 "그리스도의 가르침"에 따라 검소하고 의연한 청교도의 모습을 지키고자 했다. 아무리 곤궁하더라도 명예롭지 않은 제안에는 굴하지 않았다. 딸의 죽음으로 괴로웠고 그 자신도 질병으로 약해졌으며 수입이 없어 근심하던 상황에서도 그는 친구 쉬쉐에게 이렇게 편지를 보냈다. 자신답게 살아 있음의 긍지와 인간으로서의 정신적 여유를 담아.

파리에 오게 되면 뎅페르가 83번지에 들를 시간을 내주렴. 우리는 가난하지만 가난을 부끄러워하지는 않아. 우리는 최대한 [옷을 기운] 천 조각을 가리고 그럭저럭 하루하루를 보내며 소박하고 수수하게 살아. 일감과 떳떳함과 좋은 우정에 감사하며 살아. 말 나온 김에 덧붙이자면 우리를 모욕하는 사치스런 인간들보다도 아마 더 행복하게 삶을 마감할 거야. 우리는 항상 친구에게 줄 포도주 한 잔에 곁들일 양다리나 닭다리를 갖길 바랄 뿐이야. 자존심 따위는 악마에게나 줘버려! 네 두 손을 잡고 악수할 거야. 네게 편지를 쓸 때면 편지가 네 마음에 있는 내 영혼의 노래라고 믿어.(《프루동 평전》, 372쪽)

1864년에 들어서자 프루동은 천식이 악화되었다. 그해 12월에는 팔다리가 부어 잠들기 어려운 지경이 되었다. "내 쇠약한 팔다리와 나약해진 근육, 지친 신경을 바라보며 눈물을 흘려요. 불꽃이 꺼지지 않는 심장만이 남았어요. 나는 끝까지 싸울 거예요. […] 내 사상을 최대한 발

전시키기 전에는 죽고 싶지 않아요."(《프루동 평전》, 489쪽)

1865년 1월 19일 새벽 2시, 프루동은 아내 유프라지와 친구 랑글루아의 품 안에서 숨을 거두었다. 죽기 전, 원한다면 가톨릭 신부를 부르겠다고 하자 아내를 향해 얼굴을 돌리며 말했다. "당신에게 고해할래." 프루동이 운명했다는 비보에 파리의 민주 진영은 슬픔에 잠겼다. 그의 집 안마당과 집 밖으로 30년 간의 투쟁으로 맺어진 오랜 친구들, 이젠 나이 든 노련한 혁명가 친구들, 그와 다투고 그를 비난했던 정치인과 자유주의 언론인들이 모였다. 근처 거리에서는 그의 가는 길을 배웅하려는 6000명의 노동자가 기다리고 있었다.

일기와 편지에서 무엇을 읽을 것인가

나는 이러한 프루동의 생애를 조지 우드코크의 글로 알게 되었다. 마르크스의 생애는 여러 평전이 얼마간 다른 각도에서 조명한 바 있으나, 프루동의 생애는 《프루동 평전》이 내게 유일한 문헌이다. 우드코크가 프루동의 생애를 재구성할 때 활용한 핵심 자료는 일기와 편지였다. 1843년부터 1865년까지의 일기 열한 권은 후손들이 간직하고 있었다. 편지는 프루동이 작성해서 보냈던 수신자들이 소장했을 것이다. 따라서 어떤 편지가 남아 있고, 또 공개되는지에 따라 프루동의 생애는 달리 드러날 운명이었던 것이다. 미출간된 일기 또한 우드코크가 어떠한 구절을 중시하고 옮겼는지에 따라 프루동의 다른 면모가 부각될 것이다.

우드코크는 일기와 편지들에서 어떤 내용들을 취해 프루동을 그려냈던가. 가령 그는 프루동의 정신적 기원이 농민 세계에 있다고 보았다.

> 프루동의 행동을 특징짓는 고집과 성급함의 조합, 이방인에 대한 의심과 친구임을 증명한 사람들에 대한 풍부한 애정, 가끔 교활한 전술과 고결한 원칙을 결합시키려 했던 불운한 시도, 전형적인 농민의 개인주의와 농촌 환경에서 익힌 상호부조의 경향을 조화시키려는 끊임없는 노력, 이 모든 특징은 프루동이 태어나고 자란 그 농민 세계에 분명하게 뿌리를 내리고 있다.(《프루동 평전》, 502쪽)

다음의 글들은 각각 브장송과 리옹 시절 프루동의 일기와 편지에서 우드코크가 취한 대목들이다.

나쁜 공기와 금속성 증기, 사람의 호흡에 오염된 내 정신이 재미없는 독서로 활기를 잃었을 때, 나는 이런 오염 상태에서 벗어나는 제일 빠른 방법이 시내를 벗어나는 것이라는 점을 알았다. [...] 가장 깨끗한 공기를 마시기 위해 두 강 계곡 부근의 높은 언덕을 올랐지. 폭풍우가 몰아칠 때면 나는 큰마음을 먹고 그 장관을 놓치지 않았다. 바위에 난 구멍에 웅크리고 앉아 얕보거나 두려워하지 않으면서 나는 번쩍이는 제우스의 얼굴을 보는 것을 좋아했다. [...] 나는 번개와 천둥, 바람, 구름, 비, 이 모든 게 나와 하나라고 혼잣말을 했다.(《프루동 평전》, 59-60쪽)

리옹에서의 나는 산송장 같아. 지금 나는 의지와 욕망, 열정을 포기했어. 나처럼 이기적이고 고집 세며 격정적인 인간에게 이것이 얼마나 큰 희생인지 생각해 봐. 그러나 생필품을 마련하기 위해 나는 용기를 꺾고 마치 시체처럼 몸을 움직여. 책이 없다면, 고독이 없다면, 학식 있거나 교양 있는 모임이 없다면, 나는 아주 시시껄렁한 놈팽이로 전락할 거야. 나는 이미 [금전출납부의] 차변과 대변에 더 익숙해지기 시작했어. 나는 경쟁의 영향을 가까이서 보고 리옹의 상업에서 그 모든 메스껍고 저열한 것에 빠져들고 있어.(《프루동 평전》, 167쪽)

브장송과 달리 리옹은 프랑스 산업 혁명에서 핵심 도시였다. 우드코크가 묘사한 시골내기 프루동은 리옹이든 파리든, 마치 이문화 속에서 살아가는 이물異物처럼 대도시에서 부적응자로 위축되어 있다. 이물로서의 살이는 위화감을 키웠으며, 우드코크는 도시와 산업 문명 속 위화감이 프루동의 불온한 정신을 배양했다고 여기는 듯하다.

그 불온한 정신은 아나키즘으로 향했다. 왜였을까. 우드코크는 20대 프루동의 비참한 가족사로부터 이 물음에 관한 가설을 세운다. 1833년 프루동은 동생 장 에티엔이 군사 훈련 도중 죽었다는 소식을 접했다. 공금 횡령의 공모자로 내몰려 군대에서 스스로 목숨을 끊은 것이다. 이 사건이 프루동에게 미쳤을 영향을 우드코크는 이렇게 헤아린다.

이 사건이 프루동에게 미친 개인적인 영향에 관해 상세한 설명은 불가능하다. 그보다 콩데 출신의 이 힘없는 농민 일가가 느꼈던 무기력한 비통함을 상상하는 것이, 그리고 이 비극이 가난한 자와 정직한 자를 괴롭히는 사회에서 가장 밑바닥을 차지했던 그들 조건의 직접적인 결과라는 점을 이미 반항기가 있었던 피에르조제프가 얼마나 처절하게 깨달았던가를 아는 것이 더 중요하다. 억압적인 조직을 가진 국가는 장 에티엔의 바람이나 가족의 감정을 무시하고 그를 징집해서 이용하고 죽였으며 계속 똑같은 방식으로 또 다른 젊은이를 그런 구렁에 밀어 넣으려 징집을 하고 있다. 이 과정은 무한정 반복될 것이었다. 다른 한편으로—이것이 두 번째 교훈이다—국가는 결코 공정하게 작동하지 않는다. 영향력은 그 작동 과정을 왜곡하여 부유층의 자식들을 보호할 수 있다. 그래서 국가는 권력을 가진 자들의 도구라는, 프루동의 사상에서 이미 나타나던 아나키스트의 경향들이 그때부터 점점 더 강해지기 시작했고 주요한 공격 목표가 권력이라는 점은 프루동에게 분명해졌다. 따라서 사랑하는 동생의 죽음은 프루동이 반란자로 성장하는 데 가장 중요한 계기 중 하나가 되었다.(《프루동 평전》, 84쪽)

위의 인용구에서 우드코크는 동생의 죽음을 두고 프루동이 직접 언급한 자료가 남아 있지 않아 "상세한 설명은 불가능하다"라고 말문을 열었지만, 당시 그가 느꼈을 '무기력한 비통함'을 "상상"하여 프루동이 아나키스트로 나아가는 중요한 계기가 되었음이 "분명하다"라고 확언하는 데로 나아간다. 이러한 확언은 자료의 부족을 넘어서서 우드코크 자신의 신념에 의해 뒷받침되는 듯하다.

그밖에도 《프루동 평전》에서 인용한 일기와 편지의 구절들을 보면 프루동의 여러 모습 가운데 우드코크의 내면세계와 긴밀히 연관된 그의 모습과 생각이 포착되었다고 짐작하게 된다. 《프루동 평전》은 프루동에 관한 지식으로 꾸렸을 뿐 아니라, 우드코크 자신의 사상적 집념으로 떠받쳐진 작품인 것이다.

평전의 인물로부터 평전을 쓴 인물에게로

이런 생각에 이르자 우드코크에 대해 알아보지 않을 수 없었다. 더욱이 《프루동 평전》을 펼치자 〈제3판에 부치는 개인적인 서문〉에서 다음 같은 문장을 만났다.

프루동은 의심으로 가득 차 방황하는 사람들에게 이상적인 동반자로 보였다. 게다가 나는 사상만이 아니라 우리가 가난과 자존심을 공유했고, 비슷하게 유년기와 성장기를 시골에서 보냈다는 점을 알게 되면서, 프루동을 이상적인 동반자로 여기게 되었다. 정말 진지하다면 모든 전기 작가들은 자신을 그 대상과 동일시하고 배우가 연기를 하듯이 일시적으로 자기 자신을 잊어버린다. 프루동에 관해 글을 쓰며 나 자신을 그와 동일시하면서, 나는 프루동을 죽음에 이르게 한 병인 천식을 심하게 앓는 지경에 이르렀다. 나는 예전에 천식을 앓은 적이 없고 그 후에도 마찬가지였다.(《프루동 평전》, 33쪽)

조지 우드코크1912-1995는 캐나다 시인, 비평가, 역사가, 여행 작가, 극작가, 대본 작가 및 편집자라는 다양한 활동 내력으로 소개된다. 조금 더 살펴보니 2차 세계 대전 동안 양심적 병역 거부를 했다는 전력도 나온다. 우드코크의 《프루동 평전》을 먼저 읽고 나서 저자의 생애를 알아보는 식이 되었는데, 둘 사이에는 포개지는 지점이 많았다. 인용구처럼 둘은 "가난과 자존심을 공유"했다. 우드코크는 캐나다에서 태어난 뒤 가족이 영국으로 이주했는데, 대학교에 갈 돈이 없어 농부, 철도청 노동자, 자유 기고가 등의 직업을 전전했다. 할아버지가 케임브리지 대학교에 가면 학비를 내주겠다고 제안했지만, 성공회 성직자를 위한 신학교 훈련을 받아야 한다는 조건 때문에 거절했다. 그리고 우드코크는 신념에 따라 2차 세계 대전 참전을 거부했으며, 프루동이 그러했듯이 《나우*Now*》 같은 급진적 문학 잡지를 발행하고 아나키즘 색채를 띤 출판사 프리덤 프레스Freedom Press에서 활동했다. 30대부터는 본격적인 글쟁이로 생계를 도모했다.

프루동은 20대부터 인쇄소 등에서 노동을 하다가 점차 글 값으로 살아가기 시작했는데, 30대가 되어 《경제적 모순들의 체계 혹은 빈곤의 철학》이라는 주저를 내놓았을 때도 받은 인세가 적어 "10년 공부에 2000프랑이라니!"라며 불평하는 신세였다.(《프루동 평전》, 207쪽) 우드코크는 프루동보다 경제적으로는 성공한 작가였다. 1949년 캐나다로 돌아온 뒤 퇴비 만드는 일을 하며 생계를 꾸려다가다 작가로서 점차 안정된 수입을 확보하게 되었다.

프루동이 처음으로 발표한 논문은 〈주일 예배에 대하여〉(1839)였다. 여기서 그는 모세를 종교 지도자만이 아니라 사회 개혁의 아버지로 접근했으며, 'Lo thignob'라는 계율의 의미를 "도둑질하지 말라"가 아니라 "그대 스스로 무엇도 축적하지 말라"라며 파격적으로 해석하고 "소유는 거짓 신들 중 마지막 신"이라고 선언했다. 그는 이 글을 쓰며 "내 첫 작품이 어느 정도 성공을 거둔다면, 나는 6개월마다 어떤 결과물을 출판할 위치에 금방 서게 될 거다. 강하고 빠르게 공격하는 게 필요하다"라고 전망하고 다짐했다.(《프루동 평전》, 109쪽) 하지만 그 계획을 실현한 쪽은 우드코크다. 1944년 《무정부 또는 혼돈》부터 시작해 1994년 《체리 스트리트의 벚꽃 나무》에 이르기까지, 50년 동안 100여 권의 저작과 팸플릿을 펴냈다. 실로 (평균적으로) "6개월마다 어떤 결과물을 출판"했던 것이다.

그중에는 《아나키즘: 사상과 행동의 자유를 위한 역사》, 《정치학 거부》 같은 정치 사상서 외에 《무정부주의의 왕자: 표트르 크로포트킨에 대한 전기적 연구》, 《새벽과 가장 어두운 시간: 올더스 헉슬리 연구》, 《수사 시인 토머스 머턴》(1978) 등의 평전이 있다. 프루동 말고도 표트르 크로폿킨Pyotr Kropotkin, 윌리엄 고드윈William Godwin, 오스카 와일드Oscar Wilde, 허버트 리드Herbert Read 같은 아나키스트에 관한 평전들을 일생에 걸쳐 집필했다. 비록 《프루동 평전》만이 한국어로 소개되었지만, 《프루동 평전》을 읽어보건대 이 평전들은 연구서에 그치지 않을 것이다. 이들에 관한 사실의 기록이라기보다 이들을 통해 우드코크가 자신을 내비친 책일 것이다. 우드코크에게 꾸준히 평전을 쓰는 일은 이들의 사상을 자신에게로 번역해 오는 행위이자, 이들을 매개해 자신의 내적 고뇌를 사상의 형상으로 번역해 가는 행위였을 것이다. 나아가 평전 집필을 통한 이들과의 정신적 교류는 사상 이전에 삶의 태도도 형성했을 것이다.

〈제3판에 부치는 개인적인 서문〉에는 이런 에피소드가 나온다. 《프루동 평전》의 마지막 교정을 보던 시점, 그는 강의를 하던 워싱턴 대학교 영문학부에서 교수직을 제안받았다. 캐나다인인 그가 이 제안에 응하려면 미국 영사와의 인터뷰를 통과해야 했다. 당시는 매카시 열풍으로 제정된 맥캐런법에 따라 공산주의자와 그 동조자들에 대한 정치 사찰과 입국 금지가 가능한 시대였다. 그는 미국 정부가 아나키스트 활동가였던 자신의 과거를 조사하고 있음을 알고 있었으며, 미국 영사의 질문에 대한 자신의 답변이 입국 금지 여부를 결정하리라 예상했다. 그는 영사의 질문에 "프루동과 함께" 대답했다.

> 영사는 내가 여전히 아나키스트인지 물으며 마지막 기회임을 환기시켰다. 나는 잠시 생각한 뒤 내 마음속의 프루동과 함께 "근본적으로, 철학적으로 그렇다"고 대답했다. 미국은 나를 영원히 추방했고 전 세계에서 입국할 수 없는 유일한 나라가 되었다.(《프루동 평전》, 34쪽)

'따라서'에 앞선 '그럼에도'

이제 독자인 우리에게로 돌아오자. 우리는 두 평전과 어떻게 마주할 수 있을까. 혁명적 사상에게 제약의 조건은 가능성의 조건이다. 제약을 통과해야 가능성을 움켜쥘 수 있기 때문이다. 따라서 혁명적 사상은 그 사상을 간직한 자를 고난에 빠뜨릴 것이다. 그가 겪을 역경이 사상을 단련할 것이다. 그가 무너지지 않고 참아낸 박해와 모욕만큼 사상이 결정화結晶化될 것이다. 그런데, 그 사상은 타인들을 구원할지 모르겠으나, 이 운명은 그에게 얼마나 가혹한 것인가.

하지만 두 평전에서 마르크스와 프루동은 끔찍하게 견디기만 하지는 않았다. 질곡은 이들을 흥분시켰고, 적의는 이들을 고무시켰다. 정치적 억압과 고약한 적들은 이들로 하여금 전에 없던 계략, 역동성, 용기의 광맥을 내부에서 일깨웠다. 고난이 더해질 때 경쾌함과 때로는 유머마저 고양되었다. 소위 현실 정치에서 무력한 이들은 현실 정치에서 거듭 패배할 때 그 패배감을 현실 정치와는 다른 위상에서 자원으로 축적해 갔다. 체념하는 것이 아니라 패배감을 내적 동력으로 삼아 현실 정치와는 다른 위상, 즉 사상의 영역에서 한 걸음 더 나아갔다. 인간은 이렇게 미약하면서도 원대할 수 있다. 이들의 혁명적 사상은 타인을 구원하기에 앞서 이들 자신을 정신적으로 구원했을 것이다.

백수십 년 전의 혁명적 사상가에 관한 두 평전은 지금 우리에게 무엇을 시사할까. 집단적 비전의 시대는 이미 끝나버린 듯하다. 이들의 혁명관은 낡은 것이 되어버린 듯하다. 혁명관 자체가 시대착오적인 것이 되어버린 듯하다. 그럼에도 두 평전에 담긴 이들의 글은 어떤 에너지가 흘러넘쳐 우리를 사유로 이끈다. 더욱이 두 평전은 당시 어떠한 상황에서 이들이 그 글을 썼는지 알려준다. 그래서 상상케 한다. 그 문장들을 적기 위해 당시 어떠한 내적 고투를 거듭했을까. 그 문장들을 생성 중이던 시간, 한 인간의 고심 어린 시간으로 되돌려 읽게끔 한다. 그 헤아림은 점차 읽는 자 자신을 향한다. 그 문장들에 자신의 내면세계를 투사하여 거기서 잠재되어 있던 읽는 자 자신의 사고가 모습을 이룬다.

두 평전이 기록한 이들의 사상 역정은 실패의 기록이다. 그럼에도 이들은 다시 나아갔다. 좌절과 고뇌를 거듭한 이들의 생애는 독자가 자신의 좌절과 고뇌를 마주하게 하는 매개체가 된다. 우리는 책을 들출 때마다 이들의 다른 면모를 새롭게 발견할 것이다. 거기에는 다음번의 실패를 가능케 했던, 인간의 정신사에서 가장 위대한 접속어가 새겨져 있기 때문이다. '따라서'에 앞선 수많은 '그럼에도' 말이다. +

윤여일
고려대학교 사회학과를 졸업하고 서울대학교 사회학과 대학원에서 박사 학위를 받았다. 중국사회과학원 방문학자로 베이징에서, 도시샤대학 객원연구원으로 교토에서 체류했으며, 제주대학교 학술연구교수로 제주에서 지내고 있다. 《물음을 위한 물음》, 《광장이 되는 시간》, 《사상의 원점》, 《사상의 번역》, 《지식의 윤리성에 관한 다섯 편의 에세이》, 《동아시아 담론》, 《상황적 사고》, 《여행의 사고》를 쓰고, 대담집 《사상을 잇다》를 펴냈으며, 《다케우치 요시미 선집》(전2권), 《일본 이데올로기》, 《다케우치 요시미라는 물음》, 《어느 방법의 전기: 다케우치 요시미》, 《사상이 살아가는 법》, 《조선과 일본에 살다》, 《재일의 틈새에서》, 《사상으로서의 3·11》, 《사회를 넘어선 사회학》을 옮겼다.

이우창

문인의 글쓰기와 지성사적 전기

제임스 해리스James Harris, 《데이비드 흄: 지성사적 전기 *Hume: An Intellectual Biography*》(Cambridge University Press, 2015)

HUME
An Intellectual Biography
JAMES A. HARRIS
HARRIS
HUME
CAMBRIDGE

"최초의 지성사적 전기"[1]

《데이비드 흄: 지성사적 전기》의 서언preface은 "이 책은 내가 아는 한 흄에 관한 최초의 지성사적 전기다"라는 문장으로 시작한다.(vii쪽) 이러한 자기 규정은 몇 가지 의문을 떠오르게 한다. 우리에게 18세기 영국 혹은 스코틀랜드 철학자로 알려진 데이비드 흄David Hume, 1711-1776에 관해 도대체 얼마나 많은 전기가 나와 있으며, 이 책은 이전의 평전과 무엇이 다를까? 애초에 "지성사적 전기"란 도대체 무엇을 의미하는가? 지식인이나 사상가의 인생을 다룬 작업이라면, 흄의 생애를 다루는 글이라면 모두 여기에 해당하지 않는가? 그것이 흄의 사상이나 철학, 혹은 지적인 활동을 해설하는 작업이라면, 자신의 책이 최초라는 저자 제임스 해리스의 선언은 명백한 과장이 아닌가?

이와 같은 의문에 답하기라도 하듯, 저자는 우선 《데이비드 흄》이 어떠한 인물의 일생을 충실하게 소개한다는 의미에서의 "전기"에 해당하지 않는다고 선을 긋는다.[2] 대신 이 책은 흄의 "사상, 사상을 옹호하기 위한 논변, 그 논변을 담아내는 언어"에 초점을 맞춘다.(ix쪽) 이에 더하여 해리스는 자신의 목적이 단순히 사상을 요약하고 정리하는 일이 아니라, 흄의 저작을 그것을 배태한 "정황", 흄이 겨냥했던 "논쟁"과 같은 맥락 내에 위치시키고, 이를 통해 저작에서 "흄이 의도한 바"가 무엇인지 해석하는 데 있다고 부연한다. 텍스트를 역사적인, 특히 언어적인 맥락 내에 놓고 저자의 의도를 재구성하겠다는 설명에서 볼 수 있듯, 이 책은 이른바 '케임브리지학파'로 알려진 언어맥락주의 지성사 연구의 접근법을 따르고 있다('intellectual biography'를 '지성사적 전기'라는 말로 옮긴 이유이다).[3]

1
서평 집필과 개고에 도움을 주신 김민철, 오석주, 조성경, 최영찬 선생님 및 인다 기획위원께 감사드린다.

2
저자는 그러한 의미의 흄 전기로는 E. C. Mossner, *The Life of David Hume*, 2nd ed. (Oxford University Press, 1980)[초판 1954]을 추천한다.(ix쪽)

3
실제로 저자는 스코틀랜드 세인트앤드류스 대학교 철학과 학과장이자 동 대학교 지성사 연구소 공동 소장을 맡고 있다. 언어맥락주의 지성사 연구에 관한 안내로는 리처드 왓모어, 《지성사란 무엇인가?: 역사가가 텍스트를 읽는 방법》, 이우창 옮김(오월의봄, 2020) 참조. 이하 이 글에서 언급하는 '지성사'는 특별한 부연이 없는 한 언어맥락주의 방법론에 입각한 연구를 지칭한다.

하지만 문제는 남아 있다. 전기는 단순히 인물에 관한 사실 관계를 모아놓은 퇴적물이 아닌, 고유의 전통과 문법을 지닌 하나의 역사적 장르이다. 우리는 전기, 특히 평전을 읽으면서 저자가 인물 및 그가 속한 세계를 깊이 있게 이해할 수 있는 통찰을 제공하기를 기대한다. 그렇다면 《데이비드 흄》은, 책이 표방하는 "지성사적 전기"는 독자에게 무엇을 어떻게 전달할 수 있는가? 간단히 말해, 이 책의 성패는 흄의 개별 저작을 지성사적으로 설득력 있게 해석하는 것을 넘어, 흄이라는 인간과 그 행적을 이해하는 통찰력 있는 시선을 제공할 수 있는가, 나아가 '지성사적 전기'라는 새롭고 낯선 장르의 유용성을 입증할 수 있느냐에 달려 있다고 할 수 있다.

마치 이러한 과제를 염두에 두기라도 한 듯, 해리스는 자신의 흄 해석을 집약하는 개념으로 "문인man of letters"이라는 키워드를 먼저 제시한다.(viii쪽) 흄은 보통의 문인들이 생계를 해결하기 위해 떠맡아야 했던 다양한 글쓰기 노동에 뛰어들지는 않았으나, 다른 직업이나 유산 상속 없이 주로 문필 활동을 통해 사회적이고 경제적인 삶을 운위했다는 점에서 문인의 삶을 살았다. 흄은 문필 활동을 통해 경제적인 자립을 이루었으며, 그렇게 얻은 자유를 토대로 스스로의 관심사에 따라 다양한 분야와 주제에 걸쳐 글을 썼다. 해리스에게는 특히 후자의 사실이 중요한데, 이는 현재까지도 널리 퍼져 있는 흄 연구자들의 통념, 즉 그의 저술 활동이 하나의 단일한 철학적 체계의 산물이라는 믿음과 정면으로 충돌하기 때문이다. 《데이비드 흄》은 흄을 한 가지 철학적 문제에 몰두한 철학자가 아닌, 여러 관심사에 따라 다양한 장르의 글을 쓰며 살아간 문인으로 보아야 한다고 주장한다.

이어지는 서론Introduction 전반부는 흄 해석사를 개괄한다.(1-14쪽) 해리스는 19세기 초부터 20세기까지 흄 해석이 어떻게 변화하는지를 훑으면서, 각각의 해석이 그 평자들이 속한 시대의 상황에 귀속되고 있음을 드러낸다. 최초의 흄 전기 중 하나인 토머스 에드워드 리치Thomas Edward Ritchie의 1807년 책은 흄의 철학적 기여를 별 볼 일 없는 것으로 치부했으나—저자는 18세기 후반 스코틀랜드의 가장 영향력 있는 철학자이자 흄의 비판자였던 토머스 리드Thomas Reid의 제자였다—《영국사》의 성취만큼은 탁월하다고 인정했다. 19세기 중반에 이르러 이러한 평가는 뒤집힌다. 흄의 역사서는 미진한 작업으로 폄하되었으며, 대신 철학자 흄의 위상이 상승했다. 리드의 철학에 비판적이었던 존 스튜어트

밀John Stuart Mill은 흄의 회의주의와 경험주의를 중요한 업적으로 인정했다. 소설가 버지니아 울프의 아버지이자 19세기 후반 가장 영향력 있는 문인 중 한 명인 레슬리 스티븐Leslie Stephen은 이후 널리 받아들여지는 서사를 제시했다. 흄은 비판과 파괴에 뛰어난 재능을 가진 철학자였지만 창조와 건설의 능력은 없었으니, 결국 철학을 떠나 다양한 분야의 글쓰기에 손을 댔으나 스스로의 회의주의적 사고를 극복하지 못해 어디에서도 확실한 사상을 구축하는 데 실패했다는 것이다. 20세기 전반 존 레어드John Laird와 노먼 켐프 스미스Norman Kemp Smith는 이러한 서사의 큰 줄거리는 받아들이되 중요한 수정을 가했다. 흄의 정수가 《인간본성론*A Treatise of Human Nature*》에서 보여준 철학적 사유에 있음은 사실이다. 하지만 이후 정치 경제론 및 역사서로 이어지는 그의 저술은 좌절과 방황의 산물이 아니라, 처음의 문제의식을 다른 분야에도 적용하려는 일관된 실천으로 보아야 한다. 이처럼 흄의 본령이 젊은 시절 집필한 철학적 작업에 있다고 간주하고, 그로부터 이후 흄의 전작全作을 엮어내는 하나의 체계를 구축하려는 경향은 현대의 흄 연구에까지 이어지고 있다.

해리스는 이러한 관점이 흄이 집필한 다른 저작의 가치를 무시하고, 사실상 "흄의 지적인 삶에서 유의미한 발전이란 없었다"고 간주한다는 점에서 문제적이라 지적한다.(12쪽) 애초에 흄은 《인간본성론》이 자신의 근본적인 사유를 담고 있다고 설명한 바 없으며, 그가 자신의 모든 작업이 단일한 체계를 구성한다고 생각했다는 근거도 없다. 철학 중심주의 또는 '기원으로의 환원'을 거부하면서, 해리스는 흄의 주요 저작을 각각의 관점에서, "저자의 재능이 독립적으로 또 서로 다르게 발현된 성과로" 해석해야 한다는 대안을 제시한다.(14쪽) 원론적인 타당성에도 불구하고 이러한 기획에는 실천적인 난점이 있다. 저작을 고유의 맥락 속에서 이해하는 일은 후자의 재구성에 필요한 막대한 양의 문헌을 함께 검토하는 과제를 요구하며, 흄처럼 다양한 분야와 장르에 걸쳐 활동한 저자라면 그 난이도는 배가된다. 다행히도 해리스에게는 이를 어느 정도 수월하게 헤쳐나갈 수 있는 지적 토대가 주어져 있었다. 지난 반세기에 걸쳐 18세기 영국 정치 사상사 연구자들이 흄과 스코틀랜드 계몽을 이해하기 위한 밑그림을 그려놓았던 것이다.

근대 정치 사상과 데이비드 흄: 포콕과 포브스[4]

왜 하필 정치 사상사였을까? 여기에 답변하기 위해서는 우선 정치 사상사 연구에서 흄이 차지하는 독특한 위치를 짚어볼 필요가 있다. 20세기 서구 정치 사상사 연구의 근본 과제는 다음과 같은 물음으로 표현될 수 있다—근대 정치의 본질이란 무엇인가? 인기 있는 답변 중 하나는 정치의 핵심을 지배자·군주 대 피지배자·인민의 대결로 규정하고, 근대 정치를 후자의 승리 과정으로 서술하는 것이었다. 20세기 중반 영국과 미국은 스스로를 민주주의의 대변자로, 나치 독일 및 소비에트를 권위주의 체제의 대명사로 규정했다. (유대인 망명자들을 포함한) 영어권 정치 사상사 연구자들은 이에 발맞추어 역사를 민주주의가 권위주의적 독재에 대항하는 세계사적 투쟁의 과정으로 그려냈다. 이들은 중세 기독교의 교황 비판론이나 초기 근대 기독교 자연법 전통, 공화주의 등 자신이 연구하는 지적 전통으로부터 근대 민주주의 혹은 근대 국가의 기원을 찾아내고자 했다.[5] 근대성을 민주주의·인민 주권과 동일시하는 관점은 후대의 정치 사상사 연구자들에게도 이어졌다. 케임브리지학파의 퀜틴 스키너Quentin Skinner, 1940-와 그의 제자들이 대표적인 예였다. 이들은 17세기 잉글랜드 혁명기 정치 사상을 중세 후기로부터 이어지는 유럽 정치 사상의 맥락과 연결했으며, 나아가 토머스 홉스Thomas Hobbes와 존 로크John Locke와 같은 당대의 대표적 사상가들로부터 국가나 근대 자연권 이론 같은 근대 정치 사상의 요체가 다소간 완성된 형태로 등장한다고 주장했다.[6]

물론 케임브리지학파로 분류되는 역사가들 모두가 이러한 견해

4

'근대 정치 사상과 데이비드 흄: 포콕과 포브스', '스코틀랜드 계몽주의의 형성: 흔트와 필립슨'의 내용은 이우창, 〈영어권 계몽주의 연구의 역사와 "잉글랜드 계몽주의"의 발견〉, 《코기토》 97호(2022): 227-260의 2절과 3절 내용 일부를 수정, 보완한 것이다.

5

Carl Joachim Friedrich, ed., *Politica Methodice Digesta of Johannes Althusius* (Harvard University Press, 1932); Hans Baron, "Calvinist Republicanism and Its Historical Roots," *Church History* 8 no.1 (1939): 30-42; Felix Gilbert, "Political Thought of the Renaissance and Reformation: A Report on Recent Scholarship," *Huntington Library Quarterly* 4 no.1 (1940): 443-68; Hans Baron, *The Crisis of the Early Italian Renaissance: Civic Humanism and Republican Liberty in an Age of Classicism and Tyranny,* 2 vols. (Princeton University Press, 1955); Walter Ullmann, *A History of Political Thought: The Middle Ages* (Penguin Books, 1965); Brian Tierney, "Medieval Canon Law and Western Constitutionalism," *Catholic Historical Review* 52 no.1 (1966): 1-17.

에 동의한 것은 아니다. 그중 우리의 이야기에서 주목해야 할 대상은 J. G. A. 포콕J. G. A. Pocock, 1924-과 던컨 포브스Duncan Forbes, 1922-1994다. 1950년대부터 본격적인 활동을 시작한 두 정치 사상사가는 역사 서술이 곧 특정한 정치적 입장을 뒷받침하는 정치 사상이 될 수 있음을 인식했다. 따라서 이들은 포브스가 "속류 휘그주의"[7]라고 명명한 관점, 즉 역사를 인민과 의회가 사악한 지배자들을 무찌르고 자신들의 정당한 권리를 실현하는 과정으로 바라보는 규범적인 역사 인식을 깊이 불신했다(마찬가지로 이들은 자유주의와 맑스주의 역사관에도 회의적이었다). 이들이 보기에 역사적 변화에 대한 자의식과 함께 과학적이고 학문적인 분석을 추구하는 태도야말로 정치 사상에서의 근대성을 구성한다 할 수 있었다. 근대적인 사상가는 한편으로 시대와 시대 사이의 이질성을, 각 시대가 그 시대에 고유한 원리와 문제에 따라 움직인다는 사실을 인식해야 했다. 더불어 정치적 변화를 정파적으로 판단하기 전에 먼저 국가와 사회의 작동 원리를 과학적으로 또 학문적으로 설명하려는 자의식을 지녀야 했다. 그에 따르면 17-18세기 영국은 급격한 정치 경제적 변화만이 아니라, 그와 같은 정치체의 변화를 역사 이론적 모델로 설명하려는 정치의 "과학"이 등장한다는 점에서 근대 정치 사상이 등장하는 시기였다.[8] 여기서 흄은 근대 정치 사상의 혁신을 대표하는 사상가

6

Quentin Skinner, *The Foundations of Modern Political Thought* (2 vols., Cambridge University Press, 1978); Richard Tuck, *Natural Rights Theories: Their Origin and Development* (Cambridge University Press, 1979); James Tully, *A Discourse on Property: John Locke and his Adversaries* (Cambridge University Press, 1980); Annabel Brett, James Tully, and Holly Hamilton-Bleakley, eds., *Rethinking the Foundations of Modern Political Thought* (Cambridge University Press, 2006). 스키너는 케임브리지에서 발터 울만의 수업을 들었으며, 1970년대 초 프린스턴 고등연구원에 체류하면서 펠릭스 길버트와 긴밀히 교류했다.

7

'휘그주의Whiggism'란 17세기 후반 영국 명예혁명에서 승리한 '휘그파'에서 비롯된 개념으로, 영국의 역사가이자 포콕의 지도 교수였던 허버트 버터필드Herbert Butterfield의 저작 《휘그사관*The Whig Interpretation of History*》(1931) 이래 본격적으로 사용되었다. 버터필드는 영국사를 프로테스탄트 또는 휘그파가 승리하는 '역사적 진보'의 과정으로 서술하는 경향을 휘그주의라 비판했으며, 오늘날 이 표현은 역사를 목적론적으로 해석하는 태도 전반을 비판적으로 지칭하는 용도로도 사용된다. 이를 참조하여 포브스는 17-18세기 휘그파 문건에서 널리 통용되던 프로파간다적인 영국사 해석을 '속류vulgar 휘그주의'라고 지칭했다.

8

J. G. A. Pocock, *The Ancient Constitution and the Feudal Law: A Study of English Historical*

로 간주되었다.

1975년 포콕과 포브스는 각각 18세기 지성사 및 스코틀랜드 계몽주의 연구의 판도를 재편하게 될 고전적인 연구서를 출간했다. 먼저 포콕의 《마키아벨리언 모멘트》는 의심의 여지 없이 이후 18세기 영국의 언어, 사상, 문화의 연구에 가장 크고 넓은 파급력을 끼친 저작 중 하나다.[9] 다행히 국역본이 존재하지만, 저자가 매우 압축적인 서술 방식을 채택하고 있으며, 또 그가 당연하게 전제하는 많은 내용이 우리에게 낯선 만큼 책의 내용과 의의를 간략하게 짚어보자. 전체 줄거리는 다음과 같이 요약할 수 있다. 1부는 서구 정치 사상에서 정치체를 역사화하는 사유, 즉 국가가 시간의 흐름 속에서 흥하고 쇠망하는 기제를 설명하는 주요 패러다임들을 제시한다. 드디어 마키아벨리가 등장하는 2부는 15-16세기 이탈리아 도시 공화국의 정치 사상가들이 아리스토텔레스적 정치 언어를 바탕으로 "덕성의 과학science of virtue"(243쪽), 즉 시민의 덕성에 따라 정치체의 운명이 뒤바뀌는 원리를 체계적으로 규명하는 이론적 모델을 구축하는 과정을 보여준다.

근대 초 대서양 세계를 다루는 책 3부는 세 가지 이야기를 담고 있다. 먼저 내전기 전후 잉글랜드에 수입된 이탈리아 공화주의가 제임스 해링턴James Harrington의 저작을 통해 잉글랜드 고유의 공화주의 정치 이론으로 재구축되는 과정이 스케치 된다.(10-12장) 13장 및 14장은 혁명 이후 잉글랜드가 재정 혁명과 상비군을 토대로 강력한 근대 상업 국가로 거듭남에 따라 잉글랜드 공화주의 정치 이론이 한계에 직면하는 상황을 보여준다. 공화주의 패러다임의 '과학적' 설명에 따르면, 상업과 사치, 부채, 중앙 집권적 상비군은 모두 시민의 덕성을 부패하게 만들어 국가의 쇠망을 초래하는 부정적 요인이었다. 하지만 18세기 잉글랜드는 그러한 도덕적 부패의 요인들이 역으로 국가의 존속과 번영을 위해 필수적인 기능을 수행하는 '근대적' 시공간이 되어버렸다. 상업 사회의

Thought in the Seventeenth Century (Cambridge University Press, 1957), ch. 6; 포브스는 흄과 스코틀랜드 사상가들을 다루는 거의 모든 글에서 해당 주제를 언급한다.

9
J. G. A. Pocock, *The Machiavellian Moment: Florentine Political Thought and the Atlantic Republican Tradition* (Princeton University Press, 2016)[최초 출간 1975]; 국역본은 존 그레빌 에이가드 포칵, 《마키아벨리언 모멘트: 피렌체 정치 사상과 대서양의 공화주의 전통》, 전2권, 곽차섭 옮김(나남, 2011).

등장을 마주한 공화주의 정치 이론은 더는 국가의 작동을 설명하는 "정상 과학"으로 작동할 수 없었다.(508쪽) 마지막 15장은 18세기 후반 미국 혁명의 정치 언어를 검토하면서, 혁명의 주역들에게는 로크식 '자유주의'보다는 오히려 (신)해링턴주의, 즉 공화주의 정치 이론이 지배적인 사상으로 작용했음을 주장한다. 더는 공화주의의 언어를 그대로 지탱할 수 없게 된 영국과 달리, 북아메리카의 정치 언어는 공화주의 패러다임을 지속하는 방향으로 나아갔다.

《마키아벨리언 모멘트》는 서구 인문학의 역사에서 가장 야심만만한 책 중 하나였다. 포콕은 기존의 공화주의 정치 사상사를 18세기 잉글랜드를 근대 국가 체제로 이해하는 새로운 역사 연구의 맥락과 연결했다. 공화주의적 국가 이론이 하나의 정상 과학으로 등극하지만, 이내 중앙 집권적 국가와 상업 사회가 맞물려 작동하는 근대적 상황 앞에서 설명력의 한계를 드러낸다는 "패러다임 전환"의 줄거리는 토머스 쿤Thomas Kuhn의 《과학 혁명의 구조*The Structure of Scientific Revolutions*》(1962)가 끼친 영향을 보여준다. 정치적 주체로서의 시민이 상업 사회에서 맞이할 소외의 운명은 한나 아렌트Hannah Arendt의 "행동하는 삶vita activa"에 관한 정치 철학적 성찰을 사상사적 연구로 옮긴 것이라 해도 무방했다.[10] 무엇보다 포콕은 공화주의 정치 언어와 상업 사회 담론의 연결고리를 구축했다. 18세기 영국에서 상업과 경제가 중요하다는 사실은 당연한 이야기였으나, 당시의 도덕적·정치적 담론에서 그러한 주제가 어떤 방식으로 논의되었으며 관련 개념들이 어떠한 의미망을 이루고 있는가를 전체적으로 조망할 수 있는 인식의 틀을 제공한 것은 《마키아벨리언 모멘트》의 명백한 기여였다. 앨버트 허시먼Albert Hirschman의 《정념과 이해관계》와 함께, 포콕의 작업은 급격한 변화를 맞이하는 초기 근대 세계에서 사람들의 세계관과 인간관이, 정치 이론과 도덕 철학이 상호 작용하며 변모하는 과정을 관찰할 수 있게 해주었다.[11]

10

Hannah Arendt, *The Human Condition* (University of Chicago Press, 1958). Cf. J. G. A. Pocock, "The Ideal of Citizenship Since Classical Times," *Theorizing Citizenship*, ed. Ronald Beiner (State University of New York Press, 1995), 29-52.

11

Albert O. Hirschman, *The Passions and the Interests: Political Arguments for Capitalism before Its Triumph* (Princeton University Press, 2013)[최초 출간 1977]. 허시먼은 집필 기간 동안 프린스

1954년 "'과학적' 휘그주의"와 스코틀랜드 계몽주의의 개념을 제기한 이래, 던컨 포브스가 발표한 (몇 안 되는) 논저 대부분은 흄과 스코틀랜드 계몽주의에 집중했다.[12] 흄의 정치 사상이 갖는 의미를 당시의 맥락 내에서 재구성하고, 다른 한편으로 흄을 포함한 스코틀랜드 계몽주의 정치 사상에서 근대적인 정치·사회과학이 형성되는 과정을 포착하는 것이 포브스의 과제라 할 수 있다. 흄의 정치관은 휘그 대 토리, 진보·자유주의 대 보수주의라는 이분법적 도식으로 설명할 수 없다. 그는 분명 명예 혁명으로 성립한 정부를 인정했으나, 동시에 통속적인 휘그주의를 지배한 도덕주의적이고 비역사적인 열광에는 비판적인 거리를 두었다. 대신 문명 발전의 단계 및 정치 경제적 상황에 대한 '냉정한' 분석에 기초하여 체제의 정당성을 옹호하려 했다는 점에서 흄은 "과학적" 혹은 "회의주의적" 휘그였다. 포브스의 글들은 이러한 논지를 몇 차례나 되풀이하면서 조금씩 가다듬으며, 그런 점에서 포콕이 여우라면 포브스는 고슴도치다. 하지만 그 하나의 주제를 다루면서 그가 보여준 사유의 깊이와 재능은 오늘날의 독자들에게도 놀라운 것이다.

《흄의 철학적 정치학*Hume's Philosophical Politics*》은 포브스의 목표를 가장 철저하게 추구한 작업이었다.[13] 책은 총 3부로 구성된다. 1부 '정치학의 토대들'은 스코틀랜드 계몽 사상의 토대로 "근대 자연법 이론"을 제시한다. 그에 따르면 17세기부터 그로티우스Hugo Grotius와 푸펜도르프Samuel von Pufendord의 저작을 중심으로 인간 사회의 경험적 관찰로부터 자연법적 원리를 도출하는 근대 자연법 사상이 확산되었다. 18세기 스코틀랜드의 자연법 학자들 및 도덕 철학자들은 근대 자연법 이론과

턴 고등연구원에 체류 중이던 스키너의 검토를 받았으며, 책 곳곳에서 포콕과 포브스의 연구를 참조했다.

12

Duncan Forbes, "'Scientific' Whiggism: Adam Smith and John Millar," *The Cambridge Journal* 7 no. 11 (1954): 643-670. 흄에 관한 포브스의 주요 논문으로는 Duncan Forbes, "Politics and History in David Hume," *The Historical Journal* 6 no. 2 (1963): 280-323; Duncan Forbes, "Introduction," David Hume, *The History of Great Britain: The Reigns of James I and Charles I* (Penguin, 1970); Duncan Forbes, "Hume's Science of Politics," *David Hume: Bicentenary Papers*, ed. G. P. Morice (University of Texas Press, 1977), 39-50; Duncan Forbes, "Hume and the Scottish Enlightenment," *Royal Institute of Philosophy Lectures* 12 (1978): 94-109.

13

Duncan Forbes, *Hume's Philosophical Politics* (Cambridge University Press, 1975).

베이컨 및 뉴턴의 실험 철학적 접근법을 결합하여 인간의 심리에서 정치적 권위의 성립, 문명의 발전에 이르는 다양한 주제를 성찰했다. 《인간본성론》을 포함한 흄의 철학적 저작 역시 마찬가지의 목표를 추구했다. 흄은 인간 본성의 원리를 경험적으로 분석하면서, 그것이 역사적·사회적 변화에 따라 상이한 면모로 발현됨을 인식했다. 그의 철학을 원자론적 개인주의로 오독하는 이들의 주장과 달리, 흄은 인간에게 타인의 인정을 획득하고 또 타인의 상태에 공감하려는 사회적 본성이 있다고 규정했으며, 이러한 사회성 및 소유권의 보장에 기초하여 인간 사회가 형성되고 또 근대 상업 사회로 발전해왔다고 설명했다(따라서 사회·정치체가 계약에 의해 형성되었다는 로크식의 주장은 틀린 것이었다).

포브스의 지적인 역량이 가장 잘 드러나는 대목은 흄의 정치적 평론essay 및 역사서에 초점을 맞추는 《흄의 철학적 정치학》 2부와 3부다.[14] 2부 '철학적 정치학'은 주로 평론을 중심으로 흄의 정치 사상을 재구성한다. 5장은 흄의 '과학적 휘그주의'를 해명한다. 흄은 휘그파 정권의 정당성을 지지했으나, 고대로부터 내려온 정치적 자유를 간직한 것은 오직 명예혁명으로 성립한 잉글랜드의 혼합 정체mixed government뿐이라는 속류 휘그주의 이데올로기에는 동의할 수 없었다. 6장과 7장은 1740년대 초반 잉글랜드 정치 논쟁의 맥락을 상세하게 검토하면서, 흄의 정당 정치론 및 정부 형태론이 당대의 지배적인 도덕 정치적 프로파간다를 교정하는 일종의 "응용 철학", 즉 정치를 과학적으로 분석하려는 작업이었음을 보여준다. 3부 '철학적 역사'에서 포브스는 《영국사》를 정밀하게 읽는다. 3부 분량 대부분을 차지하는 8장은 먼저 18세기의 주요한 영국사 저작 및 역사 논쟁 팸플릿을 일별하면서 영국사 서술이 매우 정치적인 장르였음을 보여준다. 명예혁명 이래 잉글랜드인의 정치적 자유가 어디에서 기원하는지, 또 그러한 자유의 확장에 각각의 정치 세력이 어떤 역할을 행했는지 역사적으로 설명하는 과제는 각 정파의 입장과 긴밀하게 결부된 문제였다. 흄의 《영국사》는 이러한 역사적이고 정치적인 논쟁에 매우 독특한 방식으로 개입하는 저작이었다. 그

14
영어에서 'essay'라는 말이 가리키는 범위는 오늘날 한국어에서 '에세이'가 가리키는 대상보다 포괄적이며, 따라서 여기서는 '평론', '시론'과 같은 역어를 자유롭게 사용한다. 영어권 에세이 장르의 역사에 관한 짧은 개괄로는 이우창, 〈자신을 향해, 모두를 위해: 영어권 에세이 장르의 역사에 관한 짧은 에세이〉, 《Littor》 26호(2020. 10.): 30-34를 참조.

는 현재의 정부 형태constitution 및 그로부터 비롯된 정파 간 대립 구도 자체가 형성되어 온 역사를 그려내고자 했다. 과거의 정치 행위자들은 종종 자신의 시대에 정치 구조가 어떻게 변화하고 있는지, 또 자신들의 행동이 어떤 효과를 낳을 것인지 알지 못하고 행동했다. 잉글랜드인들이 획득한 정치적 자유는 그처럼 의도하지 않은 결과들이 뒤얽힌 끝에 만들어진 것이었다. 무엇보다 흄은 과거에서 현재의 정치적 정당성을 찾는 대신, 지금의 정치적·사회적 조건에 기초하여 정치적 판단을 내려야 한다는 교훈을 제시했다.

포브스는 흄을 통해 선과 악, 지배와 저항의 구도로 정치를 이해하는 과거의 도덕 정치적 담론 대신 정부 형태, 경제, 사회 문화 등의 요소들이 상호 작용하는 과정을 비정파적으로 분석할 수 있는 "정치의 과학"이 등장하는 순간을 묘사했다. 정치의 분석은 도덕적 선악을 분석의 일부로 포함할지언정 그에 매몰되어서는 안 된다. 정파 간의 갈등이나 상업 발달이 초래한 사치와 부패처럼 그 자체로는 바람직하지 않으나 국가의 작동을 위해 어쩔 수 없이 받아들여야만 하는 요소도 존재한다. 사회와 문명의 진보에 따라 정치적 행위의 조건 역시 변화하며, 이러한 복잡한 변화를 이해하기 위해서라도 과학으로서의 정치학에는 역사적인 성찰이 요구되었다. 냉전기 서구 정치 사상사 연구가 여전히 민주주의 대 권위주의와 같은 규범적 도식에 지배되고 있었음을 고려하면, 포브스와 포콕의 작업은 동시대의 맹목을 비판하기 위한 사유의 원천을 18세기로부터 찾아내는 시도였다고도 할 수 있다.[15]

스코틀랜드 계몽주의의 형성: 혼트와 필립슨

《흄의 철학적 정치학》과 《마키아벨리언 모멘트》는 케임브리지학파 안팎에서 근대 정치 사상이 무엇인지를 다시 묻는, 특히 근대 초의 공화주의 및 자연법 언어로부터 근대적인 정치 연구가 어떻게 탄생하는지에 주목하는 일련의 연구를 촉발했다. 상업과 정치, 그리고 역사의 진보를

15

이후 포콕의 흄 연구로는 J. G. A. Pocock, "Hume and the American Revolution: The Dying Thoughts of a North Briton," *Virtue, Commerce, and History: Essays on Political Thought and History, Chiefly in the Eighteenth Century* (Cambridge University Press, 1985), 125-141; J. G. A. Pocock, *Barbarism and Religion, Volume 2: Narratives of Civil Government* (Cambridge University Press, 1999), sec. 3 등을 참조.

본격적으로 사유하기 시작한 스코틀랜드 계몽사상은 근대 정치 사상의 출발점으로 각광받기 시작했다.[16] 헝가리 망명자 출신으로 케임브리지 학파의 새로운 기둥으로 활약했던 이슈트반 혼트István Hont, 1947-2013는 이러한 흐름을 보여주는 대표적인 사례다. 그는 데이비드 흄과 애덤 스미스가 대표하는 18세기 스코틀랜드의 정치 경제론에서 마르크스 이래 현대 정치 경제학 논의를 비판적으로 재검토할 수 있는 지적 원천을 찾을 수 있다고 믿었다. 포콕과 포브스의 연구에 깊은 영향을 받은 혼트는 공화주의와 자연법의 언어가 당대의 정치적 논쟁을 거치면서 근대적인 정치 경제학으로 재구축된다는 서사를 구축했다.[17] 동시에 정치 경제 논쟁은 올바른 국가 발전 전략과 정책 방향을 찾아내려는 실천적인 고민을 담고 있기도 했다. 해외 원정으로 누적된 막대한 국가 채무public debt 문제를 해결하기 위해서는 국가가 자발적으로 파산을 선언해야 한다는 흄의 주장을 당대의 문맥에서 살펴본 혼트의 연구는 흄의 정치 경제론이 당대의 구체적인 정책 논쟁과 닿아 있음을 보여주는 예였다.[18]

스코틀랜드 계몽주의를 새롭게 규정했음에도 불구하고 포콕과 포

16

Donlad Winch, *Adam Smith's Politics: An Essay in Historiographic Revision* (Cambridge University Press, 1978); Knud Haakonssen, *The Science of A Legislator: The Natural Jurisprudence of David Hume and Adam Smith* (Cambridge University Press, 1981); Istvan Hont and Michael Ignatieff, eds., *Wealth and Virtue: The Shaping of Political Economy in the Scottish Enlightenment* (Cambridge University Press, 1983); Stefan Collini, Donald Winch, and John Burrow, *That Noble Science of Politics: A Study in Nineteenth-Century Intellectual History* (Cambridge University Press, 1984); John Dunn, ed., *The Economic Limits to Modern Politics* (Cambridge University Press, 1990).

17

Istvan Hont, "The 'Rich Country—Poor Country' Debate in Scottish Classical Political Economy," *Wealth and Virtue*, eds. Istvan Hont and Michael Ignatieff, 271-315; Istvan Hont, "Free Trade and the Economic Limits to National Politics: Neo-Machiavellian Political Economy Reconsidered," *The Economic Limits to Modern Politics*, ed. John Dunn, 41-120. 혼트의 2005년 강연 원고는 그의 관심사가 포콕과 포브스의 작업에 빚지고 있음을 매우 명확하게 드러낸다. Istvan Hont, "The Cambridge Moment: Virtue, History and Public Philosophy" (unpublished lecture, Dec. 11-13, 2005, Chiba University [University of St Andrews Special Collections]); 해당 강연 원고를 열람할 수 있게 해준 김민철·리처드 왓모어Richard Whatmore 선생님께 감사드린다.

18

Istvan Hont, "The Rhapsody of Public Debt: David Hume and Voluntary State Bankruptcy," *Political Discourse in Early Modern Britain*, eds. Nicholas Phillipson and Quentin Skinner (Cambridge University Press, 1993)[J. G. A. Pocock 헌정 논문집], 321-348; Pocock, "Hume and the American Revolution".

브스, 혼트의 연구는 그것의 의미를 어디까지나 정치 사상 및 정치 이론의 역사 내에서만 설명할 수 있을 뿐이었다. 스코틀랜드 계몽을 주도한 문인들은 당대 스코틀랜드에서 실질적으로 어떤 위치에 있었으며, 그들의 저작은 그것을 배태한 사회와 어떠한 관계를 맺고 있었는가? 흄을 비롯한 스코틀랜드 계몽주의자들을 더 깊이 탐구하기 위해서는 결국 18세기 스코틀랜드 사회라는 맥락 속에서 그들의 활동이 지닌 의미를 이해해야만 했다. 하지만 스코틀랜드 사회의 성격과 변화를 설명하는 작업은 정치 사상사의 영역 내에서 해결할 수 있는 과제가 아니었다. 다행스럽게도 이들에게는 그러한 노고를 맡아줄 뛰어난 동료가 있었다. 바로 니컬러스 필립슨Nicholas Phillipson, 1937-2018이었다.

필립슨은 스코틀랜드 계몽주의를 단순히 사상의 집적체가 아닌 하나의 역사적 실체로 구축하는 과정을 주도했다. 그는 케임브리지 재학 중 포브스의 수업을 들었으며, 스코틀랜드 계몽주의 연구의 또 다른 선구자인 옥스포드의 휴 트레버로퍼Hugh Trevor-Roper, 1914-2003와도 가까운 사이였다. 일찍부터 에든버러 대학교에서 교편을 잡은 필립슨은 스코틀랜드 계몽을 주도한 문인들, 특히 흄과 스미스의 궤적을 중심으로 18세기 스코틀랜드 사회 문화의 발전을 탐구하기 시작했다. 필립슨의 테제는 늦어도 1970년대 중반의 작업에서 대략의 얼개를 드러내며, 이는 이후 다수의 논문을 통해 조금씩 보강되었다.[19] 여기서는 그가 구축한 스코틀랜드 계몽주의의 서사를 요약하여 제시한다.

필립슨의 설명은 크게 세 가지 층위로 나눌 수 있다. 가장 기저에 있는 것은 정치 경제적 변화다. 1707년 연합법Acts of Union으로 잉글랜드와 스코틀랜드가 합병한 이래, 에든버러와 글래스고를 비롯한 스코

19

그의 주요 작업으로는 Nicholas Phillipson, "Culture and Society in the Eighteenth-Century Province: The Case of Edinburgh and the Scottish Enlightenment," *The University in Society, Vol. II,* ed. Lawrence Stone (Princeton University Press, 1974), 407-448; Nicholas Phillipson, "Hume as Moralist: A Social Historian's Perspective," *Royal Institute of Philosophy Lectures* 12 (1978): 140-161; Nicholas Phillipson, "The Scottish Enlightenment," *The Enlightenment in National Context,* eds. Roy Porter and Mikuláš Teich (Cambridge University Press, 1981), 19-40; Nicholas Phillipson, "Politics, Politeness and the Anglicisation of early Eighteenth-Century Scottish Culture," *Scotland and England, 1286-1815,* ed. Roger A. Mason (John Donald Publisher, 1987), 226-246. 필립슨의 연구에 관한 유용한 개관으로는 Colin Kidd, "The Phillipsonian Enlightenment," *Modern Intellectual History* 11 no. 1 (2014): 175-190; James A. Harris, "Phillipson's Hume in Phillipson's Scottish Enlightenment," *History of European Ideas* 48 no. 2 (2022): 145-159 등을 참고.

틀랜드 저지대의 주요 도시들은 잉글랜드의 교역망과 연결되면서 본격적으로 상업적 발전을 시작하게 되었다. 합병의 효과는 제도와 물질의 차원에 그치지 않았다. 명예혁명 이후 런던의 지적이고 문화적인 성장을 선도한 저자들, 예컨대 로크와 조셉 애디슨Joseph Addison, 섀프츠베리 3rd Earl of Shaftesbury, 버나드 맨더빌Bernard Mandeville 등의 저술이 스코틀랜드로 유입되었다(필립슨은 특히 애디슨과 리처드 스틸Richard Steele의 《스펙테이터*The Spectator*》[1711-1714]가 끼친 영향을 강조한다). 일종의 문화 충격을 경험한 스코틀랜드의 문인들 역시 보다 "세련되고 우아한 polite" 문예를 추구하도록 이끌렸다. 문인 협회와 클럽은 스코틀랜드의 문화적 '교화'를 주도하는 전진 기지로 작동했으며, 아예 런던으로 이주해 문필가로서의 성공을 꿈꾸는 이들도 나타났다. 대학은 프랜시스 허치슨Francis Hutcheson으로 대표되는 새로운 도덕 철학, 푸펜도르프의 저작을 교과서로 삼는 근대적 자연법 등 새로운 학문을 가르쳐 후속 세대의 사상적 발전에 중요한 토대를 제공했다. 후대에 스코틀랜드 계몽주의자들로 불릴 일련의 문인 네트워크가 사회의 중심부에 본격적으로 모습을 드러내는 시점은 1740년대를 지나서다. 당대의 가장 뛰어난 역사가이자 스코틀랜드 국교회 및 에든버러 대학교 모두에서 요직을 거친 윌리엄 로버트슨William Robertson을 비롯한 '온건파moderate' 지식 엘리트 집단은 교회 '정통파orthodox'와의 긴장 속에서도 대학과 문인 협회 모두에서 막강한 영향력을 발휘했으며, 유럽 문예 공화국republic of letters의 역사에도 족적을 남겼다.

필립슨은 스코틀랜드 계몽주의자들의 지적인 실천을 당대의 경제적 변화, 대학과 협회 등 교육 문화 기구의 활동, 지식인 네트워크의 형성과 연결했으며 이를 통해 스코틀랜드 계몽주의의 종합적인 서사를 구축했다. 이러한 서사를 토대로 그는 각각 흄과 스미스를 다루는 두 권의 책을 썼다.[20] 이중 스미스 전기야말로 저자의 가장 뛰어난 작품이지만, 여기서는 흄에 대한 작은 안내서만을 간략히 소개한다. 흄의 철학적 배경과 방법론(3장), 정치 평론(4장), 《영국사》(5장 및 6장), 《영국사》

20
Nicholas Phillipson, *Adam Smith: An Enlightened Life* (Yale University Press, 2010); Nicholas Phillipson, *David Hume: The Philosopher as Historian* (Yale University Press, 2012) [초판은 Nicholas Phillipson, *Hume* (St. Martin's Press, 1989), 본문에서는 개정판을 기준으로 소개한다].

의 수용과 반응(7장)으로 이어지는 순서를 보면, 필립슨의 설명은 (흄의 역사 서술에 조금 더 큰 비중이 실린다는 점을 제외하면) 사실상 포브스가 제시한 도식을 계승한다고 할 수 있다. 흄을 "역사가로서의 철학자", 즉 철학적 사유의 방법론을 통해 역사와 정치를 다시 이해하려 한 저자로 규정한다는 점도 마찬가지다. 그러나 핵심은 필립슨이 포브스의 흄을 어떠한 맥락에 귀속시키냐에 있다. 필립슨의 책 2장은 스코틀랜드 문인들이 합병 이후 잉글랜드의 문인들, 특히 조셉 애디슨으로부터 받은 영향을 설명하며, 이를 흄의 역사적 위치를 파악하기 위한 중요한 맥락으로 제시한다. 즉 필립슨은 포브스의 흄 해석을 자신이 구축한 스코틀랜드 계몽주의 서사의 한 부분으로 흡수하고자 했다.

20세기 후반 케임브리지학파의 역사가들은 흄과 스코틀랜드 계몽주의를 새롭게 읽는 서사를 구축했다. 해리스의 흄 전기 또한, 저자가 직접 포브스의 저작이 "주요한 영감의 원천"이라 밝히듯 이러한 계보를 잇는 작품이다.(13쪽) 하지만 아래에서 살펴볼 수 있듯, 해리스는 단순히 앞선 연구자들의 내러티브를 반복하고 보충하는 데 만족하는 연구자는 아니다. 그렇다면 《데이비드 흄》의 저자는 자신이 속한 전통에서 무엇을 이어받고 무엇을 새롭게 이야기하는가? 여기에 답하기 위해 우선 서론의 후반부로 돌아가 보자.

문인의 글쓰기

《데이비드 흄》 서론 두 번째 절(14-24쪽)은 흄이 죽음을 앞두고 기록한 자전적 에세이 〈나의 인생My Own Life〉에서 시작한다. 흄은 스스로의 삶에서 '문예literature'의 추구가 중요한 가치였음을 계속해서 강조했다. 당시 문예란 무엇을 의미했는가? 이는 "역사, 철학, 정치, 혹은 신학"을 포함한 다양한 분야의 "지식"을 가리킬 수 있는 말이었다.(15쪽) 중요한 것은 지식의 범위가 아니라 성격이다. 문예란 "대학의 학적 전문 분야"나 "박식가 신사들이 강박적으로 추구하는 좁은 분야의 현학적인 지식"과 구별되는, 일반적인 교양 독자층에 넓게 통용될 수 있는 지식을 의미했다. 해리스는 흄이 이러한 의미에서 문예를 추구하는 "문인"이었으며, "철학은 그의 여러 관심사 중 한 가지에 불과했다"라고 지적한다. 18세기는 영국 출판 시장에서 유력자의 후원을 받지 않으면서도 글을 당장의 호구지책으로 삼지 않아도 되는, 경제적 자립과 대중의 존경을 함께 획득한 알렉산더 포프Alexander Pope와 같은 문인들이 등장한 시기였다.

흄 또한 소수의 전문가 집단이 아닌 넓은 교양 독자층을 위한 문필 활동으로 경제적 자립을 성취한, 그것도 매우 큰 성공을 이룩한 문인이었다.

문인이라는 범주는 광범위한 대상을 지칭할 수 있다. 흄의 문필 활동이 구체적으로 어떤 것이었는가를 설명하면서 해리스는 다시금 철학에 초점을 맞춘다. 다만 그는 18세기에 "철학"은 오늘날 우리가 생각하는 것보다 다양한 용법을 지닌 개념이었음을 강조한다. 흄과 같은 문인들에게 철학이란 "일상적이고 개별적인 것을 초월할 수 있을만큼 자유로워져서 [...] 일반적인 원리를 식별하고 그 특성을 파악하는 것"이었다.(18쪽) 철학은 특정한 지식이나 학설에만 국한되는 것이 아닌, 종교와 역사, 정치, 문화 등 다양한 영역에 적용할 수 있는 "정신의 습관, 사유와 글쓰기의 양식"이었다. 저자는 새뮤얼 존슨Samuel Johnson의 《영어사전》을 비롯한 당대 문헌에서 '철학'과 '철학자'라는 말에 결부된 용법을 하나씩 짚어간다. 이 말은 현상에서 일반적인 원리를 도출하는 태도, 혹은 그러한 내용을 담은 지식 전반을 지칭할 수 있었으며, 흄이 말하는 철학 또한 이러한 용법의 연장선에 있었다.

문예와 철학이라는 키워드는 이야기가 전개될 방향을 일러준다. 《데이비드 흄》은 흄의 저술 활동을 18세기 영국 독서 공중의 변화라는 맥락과 연결한다. 문예 시장의 성장과 함께 부와 명예, 정치적 독립성을 동시에 거머쥘 수 있는 새로운 저자 유형이 등장했다. 새로운 문인들에게는 영국, 나아가 유럽의 교양 독자층에게 어필할 수 있는 새로운 서술 방식이 필요했다. 흄은 그 가능성을 재빠르게 포착한 저자였다. "동료 전문가들을 위해서만 글을 쓰는 전문가"로 남는 대신 그는 독자와 "대화"할 수 있는 서술 방식을 추구했다.(23쪽) 현상에서 일반적인 원리를 도출하고 다시 그 원리를 통해 현상을 설명하는 글쓰기, 또 저자의 사적인 견해를 절제하면서 불편부당하고 객관적인 시선에 입각하려는 글쓰기로서의 철학이 그것이었다. 해리스는 한편으로 영국 문예 시장의 변화라는 한층 구체적인 문맥을 통해 흄이 한 명의 저자로서 어떠한 정체성을 선택했는지를 질문하며, 다른 한편으로 그의 저작이 어떠한 스타일을 구사하는지에도 주목한다. 해리스의 책은 단순히 포브스와 필립슨의 문제의식을 계승하는 것을 넘어, 이전의 해석들을 포괄할 수 있는 새로운 지평을 도입한다. 흄은 철학자, 정치 이론가, 역사가 중 어느 한 가지 길만 선택할 이유가 없었다. 문인으로서 그는 스스로의 관심사와 재능, 그리고 독자들의 흥미가 허락하는 한 어떠한 장르에서든 즐겁게 작업할 수 있었다.

본문 1장은 1734년까지 흄의 수업 시절을 개괄한다. 그는 에든버러 대학교에서 그리스·라틴 고전 문헌과 함께 새로운 학문, 즉 "실험적인 자연 철학"과 "근대 신교 자연법"을 접했다.(37쪽) 그러한 지식에 지속적인 영향을 받기는 했으나, 진정으로 흄을 사로잡은 것은 강의실 바깥에서 접한 도덕 철학적 논의였다(우리가 학술 논문과 대중 교양서, SNS 게시물을 구분하듯, 18세기의 지적 생산물 또한 각각의 성격에 따라 서로 다른 영역에서 유통되었다). 젊은 흄은 스토아주의 도덕 철학을 되살리려는 섀프츠베리의 저작에 깊은 감명을 받아 자신의 삶과 정념을 다스리려는 고전적인 철학적 수양에 돌입했다. 이 시도가 좌절된 뒤 그가 새롭게 접한 대상은 피에르 벨Pierre Bayle과 맨더빌Bernard Mandeville처럼 인간 본성의 탐구가 현실의 경험에 근거해야 함을 보여준 저자들이었다. 더불어 케임즈Henry Home of Kames와의 관계를 시발점으로 스코틀랜드의 도덕 철학, 특히 맨더빌에 대항하여 도덕 감정 개념을 중심으로 인간 본성을 체계적으로 설명하려 한 허치슨의 기획을 접하면서—흄은 허치슨을 진지하게 비판해야 할 상대로 여겼다—그는 점차 자신만의 철학적 작업을 구상하게 되었다.

1734년 파리로 건너간 흄은 몇 년간 프랑스 문인들의 저작을 접한 뒤 1737년 영국으로 돌아왔으며, 1739년 3권으로 구성된 《인간본성론》을 출간했다. 《데이비드 흄》 2장 '인간 본성의 해부학자'는 《인간본성론》의 기획이 속한 지적 맥락을 설명한 뒤 책에서 흄이 어떤 쟁점을 겨냥해 누구를 염두에 두고 무엇을 주장하고 있는가를 절제된 언어로 상세하게 안내한다.[21] 하지만 해리스의 전체 기획에서 좀 더 중요한 것은 흄의 책이 실제로 어떻게 받아들여졌는가를 짚어보는 대목이다. 분명 1740년경 흄은 《인간본성론》의 기획을 포기했으며, 책에서 예고했던 후속 기획을 이후에 진지하게 시도했다는 문헌 근거는 찾을 수 없다.(141-142쪽) 흄 본인의 회고를 포함하여 《인간본성론》은 일반적으로 처절한 상업적 실패를 안겨준 작품으로 알려져 있다. 그러나 해리스는 서평이나 출판 기록, 흄의 서신 등을 참고할 때 흄의 첫 철학서가

21
다른 장에서도 마찬가지지만, 해리스는 본문에서는 흄과 18세기의 맥락 자체를 설명하는 과제에 집중하고, 다른 해석자들의 연구에 대한 의견은 미주를 통해 처리한다.

당대의 기준에서 특별히 실패작이라 볼 근거가 없다고 지적한다.(118-119, 140쪽) 간단히 말해 흄이 철학자로서의 길을 포기했음은 사실이나, 이는 처참한 비평적·상업적 실패에 따른 수동적인 결정이 아니었다.

해리스는 흄의 방향 전환을 적극적인 움직임으로, 즉 더 넓은 범위의 독자를 겨냥하는 문인의 길을 선택한 것으로 해석할 수 있다고 주장한다. 그런 의미에서 흄의 다양한 시론을 검토하는 《데이비드 흄》 3-5장은 해리스의 해석이 얼마나 설득력 있는지 판가름하는 중요한 대목이라 할 수 있다. 철학자나 정치 사상가로서의 흄을 기대한 독자들에게는 다소 의외일 수 있겠지만, 3장 '에세이스트'는 다채롭고 풍부한 맥락을 연결하는, 이 책에서 가장 흥미로운 장 중 하나다. 저자는 1740년대 초 두 권으로 출간된 《도덕·정치적 평론*Essays, Moral and Political*》을 중심으로 크게 두 가지 연결된 과제를 수행한다. 하나는 흄의 정치 평론이 18세기의 정치적 논쟁에 어떤 방식으로 개입하는가를 살펴보는 일이며, 다른 하나는 "정치의 과학"을 추구하려는 그의 목표가 에세이라는 글쓰기 형식과 어떻게 결합하는지를 확인하는 일이다.

1절은 흄이 인용한 문헌을 추적하면서 그가 정치 경제적 쟁점, 특히 상업과 교역의 주제를 분석하고자 했던 당대의 저술들을 주의 깊게 읽었음을 지적한다.(145-154쪽) 3절부터 5절은 월폴Robert Walpole로 대표되는 '궁정 휘그파Court Whigs'와 볼링브로크Henry St John, 1st Viscount Bolingbroke가 주도한 토리파Torys 사이의 격렬한 정파 논쟁에 흄이 어떻게 개입했는지, 그가 추구한 "정치의 과학"(4절)과 "회의주의"(5절)가 어떠한 의미를 지닌 것이었는지를 짚어본다. 여기서 눈여겨볼 부분은 18세기 초 고급 평론 장르의 문을 열었다고 할 수 있는 애디슨의 《스펙테이터》 평론과 흄의 평론 사이 긴밀한 관계를 추적하는 2절이다.(154-166쪽) 해리스는 애디슨의 "세련된" 산문을 통해 스코틀랜드 계몽주의가 촉발되었다는 필립슨의 해석을 받아들이되, 한발 더 나아가 전자가 글쓰기 모델로서 끼친 영향에 주목한다. 애디슨의 도덕가moralist적 논평은 전통적인 철학의 주제로 여겨지지 않았던 흔하고 일상적인 소재까지도 성찰의 대상으로 삼았다. 흄은 여러 평론에서 애디슨을 의식적으로 모방했으며, 여성 독자의 가치를 높이 평가한 것은 그러한 사례 중 하나였다. 흄은 나아가 애디슨 식의 "품위 있는polite" 서술 방식을 정치 평론에도 적용했다.(195쪽) 《스펙테이터》의 에세이가 어디까지나 도덕가적 논평에 만족했다면, 흄은 정치에 대한 자신의 철학적 분석을 애디슨이 보여준 글쓰기 양식에 담아냈다. 결과는 성공적이었다.

4장 '자립의 달성'은 1742년부터 1748년까지 흄이 출간한 저작을 검토한다. 1절(199-216쪽)은 에든버러 도덕 철학 교수직 임용 시도가 실패로 돌아가는 과정을 상세히 짚어보면서, 그가 자신의 입장을 옹호하기 위해 썼던 철학적 팸플릿을 소개한다. 2절(216-232쪽)은 1748년 《인간 지성에 관한 철학적 평론*Philosophical Essays concerning Human Understanding*》이라는 제목으로 출간된 《인간 지성의 탐구*An Enquiry concerning Human Understanding*》에 초점을 맞춘다. 책의 내용은 전반적으로 《인간 본성론》을 반복했으나, "서술 방식에는 커다란 변화"가 있었다.(221쪽) 흄은 이제 독자를 존중하고 그 흥미를 돋우는 "에세이스트"로서 글을 썼다. 2절 후반부에서 칼뱅주의적 정통파와 무신론자 모두와 구별되는 "회의주의자" 흄의 독특한 종교적 위치를 검토한 후, 3절(232-247쪽)은 다시 흄의 정치적 글쓰기로 초점을 옮긴다. 그는 1747년 제2차 재커바이트 반란 문제로 위기에 처한 자신의 후견인을 옹호하는 팸플릿을 썼으며, 1748년에는 새로운 에세이를 보강한 《도덕·정치적 평론》 3판을 출간했다.

다방면에 걸친 흄의 저술 활동을 조명하고, 동시에 그가 어떠한 글쓰기 양식을 채택하는지를 눈여겨보는 해리스의 접근법은 5장에서도 이어진다. 1절은 《도덕의 원리에 관한 탐구*An Enquiry concerning the Principles of Morals*》(1751)에서 몽테스키외Baron Montesquieu의 역사적 사회 분석 방법이 흄의 도덕 철학적 작업에 어떻게 활용되었는지 해명한다.(250-265쪽) 흄의 정치 경제론에 관심 있는 독자들이 (3장 1절에 이어) 주목해야 할 2절은 《정치론*Political Discourses*》(1752)으로 묶여 출간되는 정치 경제적 평론을 일별한다.(265-289쪽) 중상주의와 자유 무역론이 대치하는 상황에서 흄은 화폐, 이자율, 산업, 국채와 같은 당대의 중요한 쟁점을 다루었다. 하지만 흄의 정치 경제 평론에는 기존의 논의와 차별화되는 지점이 있었다. 그는 구체적인 수치에 기대는 대신 경제 현상의 (사변적인) 원리를 논의 대상으로 삼았으며, 이러한 분석을 다시 사회·문화의 역사적 변화라는 장기적인 전망의 맥락 속에 위치시켰다. 흄의 접근법은 에세이적 글쓰기 형식을 활용하여 국제 정치 경제의 여러 쟁점을 클럽과 사교 모임의 교양 독자층이 논의할 수 있는 주제로 만들었다. 3절은 한편으로는 종교를 자연사natural history의 관점에서, 특히 인간 본성과 정념의 작용에 기대어 탐구하려는 흄의 작업이 이 시기부터 시작되었음을 보여주고, 다른 한편으로 흄이 주고받은 논쟁의 예를 들면서 스코틀랜드 지식인 사회에서 문인의 정체성과 우정의 개념이 긴밀하게 결합되어 있었음을 시사한다.(289-302쪽) 5장 결론부는 1753년 흄이 자신의 평론을 선별하여 출간한 네 권짜리 선집《여러 주제에 관한 평론 및 논고*Essays and Treatises on Several Subjects*》의 구성을 짧게 언급한다. 독자의 관점을 진지하게 고려했던 흄은 독자들이 자신이 의도한 바에 가깝게 책을 읽을 수 있도록 다양한 장치를 활용했다.

6장과 7장은《네 편의 논문*Four Dissertations*》(1757)에 수록된 종교적·미학적 평론을 검토하는 7장 1절을 제외하면(354-368쪽) 사실상 흄의《영국사》여섯 권 전체를 출간 순서에 따라 안내하는 한 편의 긴 글과 같다. 6장 첫 번째 절(308-325쪽)은 우선 명예혁명 전후에서 18세기 중반까지 영국사의 서술과 정치적 논쟁이 얽혀 온 맥락을 효율적으로 그려낸 뒤, 흄이《영국사》집필 이전의 정치적 평론에서부터 영국 정치사 논쟁에 개입하고자 시도했음을 짚는다. 해리스는 크게 포브스의 관점을 계승하면서도 흄의 역사서가 어떤 형식을 채택하는지에 관한 분석을 덧붙인다. 이전까지 주요한 영국사 저작이 정파적이라는 비난을 피하고자 역사가가 참조한 사료를 그대로 길게 싣는 서술 방식을 택했다면, 흄은 16-17세기 이탈리아 역사서들을 따라 1차 문헌 인용을 줄이고 "간결하고 잘 읽히는" 책을 쓰고자 했다.(322쪽) 해리스는 흄이 "역사가들만을 위한 역사가"가 아닌, "응접실 및 커피하우스와 같은 보다 넓은 세계에서도" 읽힐 수 있는 문인으로서의 역사가가 되고자 했다고 주장한다.(323쪽) 이후 7장까지 이어지는 내용에서 해리스는《영국사》의 각 권마다 흄이 누구의 저작을 인용했고, 어떤 쟁점을 다루었으며, 그의 의도와 전략이 무엇이었는지를 상세히 설명한다. 해리스의 분석적인 요약은 18세기의 영국사 서술, 혹은 (한국에서는 아직 낯선 분야인) '역사 서술의 역사history of historiography'에 관심이 있는 독자라면 한번은 반드시 읽을 가치가 있다.

8장 '파리, 런던, 에든버러'는《영국사》의 성공으로 충분한 재산을 축적한 흄의 마지막 13년을 따라간다. 1절은 결국 장자크 루소와의 불편한 결별로 끝나는 파리 생활을 짧게 요약한다.(410-421쪽) 조금 더 무게가 실리는 내용은 2절과 3절이다. 2절은 급진파 정치가 존 윌크스John Wilkes의 대두와—흄은 그와 개인적인 친분이 있었으나 그의 정치관에는 동의하지 않았다—미국 혁명으로 요동치기 시작한 1770년대 영국의 정치 지형을 묘사한 뒤, 급진파 공화주의를 비판적으로 언급한 흄이 '보수화'되었다기보다는 과거의 입장을 일관되게 견지한 쪽에 가깝다는 해석을 제시한다.(421-438쪽) 3절은 흄 사후 출간된《자연 종교에 관한 대화*Dialogues concerning Natural Religion*》(1779)로 향한다.(438-456쪽) 자신의 "회의주의"로 인해 스코틀랜드 내에서도 종종 기독교 도덕을 대변하는 저자들의 공격 대상이 되었던 만큼, 흄은 책의 집필 과정에서 세심한 주의를 기울였다. 대화편의 형식부터가 저자의 입장을 불투명하게 만드는 보호 장치로 쓰일 수 있었다.《자연 종교에 관한 대화》는 죽기 직전까지 개고를 지속한 저자의 노력이 무색하게도, 정작 출간 후에는 별다른 논란을 일으키지 않았다.《영국사》를 끝으로 더는 지적으로 생산적인 삶을 살지 않았다는 통념과 달리, 흄은 말년에도 자신의 방대한 출간 저작을 끊임없이 검토하고 개정하면서 문예를 향한 열정을 놓지 않았다는 결론과 함께 책의 본론이 마무리된다.

흄은 단지 광범위한 지적인 관심사를 지닌 사람이 아니라, 자신의 다양한 관심사를 병렬적으로 전개한 저자였다. 특히《데이비드 흄》3장에서 5장까지의 내용은 흄이 도덕 철학, 정치 평론, 종교사, 역사와 같은 장르들을 수시로 오가며 집필했으며, 철학이나 정치 사상, 역사와 같은 어느 한 가지 분야가 흄 사상의 목적인인 것처럼 간주하는 태도가 오류임을 명확하게 드러낸다. 그의 위치를 올바르게 규정하기 위해서는 더 많은 내용을 담아낼 수 있는 "문인"과 같은 범주가 필요하다. 문인으로서의 흄을 지속적으로 사로잡은 문제의식이 있다면 그것은 교양 독자층, 즉 일상적인 삶의 공간에서 조금 더 진지하고 깊이 있는 주제로 대화할 수 있을 만큼의 상식과 교육을 갖춘 독자들에게 다가설 수 있어야 한다는 것이었다. 이들에게 즐거우면서도 유용하게 읽힐 수 있는 글을 쓰기 위해 그는 애디슨의 도덕가적인 에세이 형식을 받아들여 자신의 것으로 만들었고, 그것을 철학과 정치, 역사, 종교와 같은 무겁고 진지한 주제에 적용했다. 전문가와 교양 독자 사이를 파고드는 흄의 시도는 성공적이었으며, 어쩌면 이것이야말로 지금까지도 영국 공론장에 남아 있는 그의 가장 큰 흔적일지도 모른다. 흄의 궤적을 재규정하면서《데이비드 흄》은 흄 해석사, 나아가 18세기 영국 문예사의 지평을 확장하는 데 성공한다.

해리스가 문인으로서 흄의 글쓰기를 분석했다면, 우리는 해리스가 보여준 지성사적 전기의 글쓰기를 어떻게 분석할 수 있을까? 동료 연구자를 염두에 두고 쓴 100쪽 조금 넘는 분량의 방대한 미주를 제외하면, 《데이비드 흄》의 서술은 크게 두 가지 유형의 글쓰기로 구성되어 있다. 우선 즉 각종 문헌 근거를 토대로 인물의 행적과 인적 교류 관계를 재구성하는 전통적인 전기적 서술이다. 해리스는 이를 주로 본문 매 장의 처음과 끝에 배치하여 특정한 시기를 구획하는 프레임으로 사용한다. 본 전기의 본령을 이룬다고 할 수 있는 지성사적 분석은 다시 두 가지 유형의 서술으로 구성된다. 먼저 저자는 1장이나 3장 전반부, 6장 1절 등에서 잘 드러나듯 언어맥락주의 모델에 따라 흄이 염두에 두었을 특정한 논쟁의 구도를 재구성하며, 이어 이러한 맥락 내에서 흄이 스스로의 저작을 통해 의도한 바가 무엇이었는지를 해석한다(당연하게도 해리스는 책 대부분에서 맥락의 재구성과 의도의 해석을 수시로 오간다).

해리스의 지성사적 서술에서 주목할 점은 그가 통상의 철학 연구는 물론 일반적인 지성사 연구에 비해서도 다종다양한 맥락들을 소환한다는 사실이다. 이론적으로야 특정한 텍스트와 결부될 수 있는 맥락의 수는 무한하지만, 실제로 자료를 만지며 연구해보면 한 명의 연구자가 안정적으로 재구성할 수 있는 맥락의 수에는 현실적인 제약이 따른다는 것을 깨닫게 된다. 그러나 《데이비드 흄》은 흄이 손댄 여러 장르에서의 논쟁을 각각 복원할 뿐만 아니라, 흄의 글쓰기 양식과 같은 형식적인 차원까지도 맥락으로 동원한다(다만 엄밀히 말하면 "양식style"에 관한 해리스의 설명은 직관적인 설득력에도 불구하고 여전히 추상적인 면이 있다). 다양한 맥락의 활용은 단순히 흄의 저작 각각을 더욱 충실하게 읽을 수 있는 근거 이상의 중요한 이점을 제공한다. 무엇보다 《데이비드 흄》은 흄이 속한 18세기 영국의 지식·문예장이라는 세계가 얼마나 크고 역동적인 곳이었는지, 역으로 그러한 세계의 크기에 근거해 흄의 지적 활동이 얼마나 넓은 것이었는지 보여준다. 저자 본인이 토로하듯 흄을 연구하기 위해 직접적으로 이용할 수 있는 자료가 제한적으로만 남아 있다는 사실을 고려하면(vii쪽), 이는 매우 영리한 전략이라 할 수 있다. 책은 역사가가 충분히 다양한 맥락을 동원할 수 있다면 자료의 제약이라는 난점을 기술적으로 우회할 수 있음을 입증한다. 물론 그러한 성공은 지난 반세기, 혹은 더 오랜 기간에 걸쳐 매우 두텁게 축적되어 온 18세기 영국 문헌학·지성사 연구의 성과에 힘입은 것이다.

《데이비드 흄》은 흄 자신의 저작을 둘러싼 여러 맥락만큼이나 다층적인 문제의식이 교차하는 야심작이다. 그러한 결을 하나씩 풀어내면서 흄의, 해리스의 글쓰기가 어떤 것인지, 또 그와 다른 방식의 지성사적 전기는 어떻게 쓰일 수 있을지 곱씹어보는 독서는 꼭 흄의 독자에게만 소중한 것은 아닐 터이다. +

이우창. 〈영어권 계몽주의 연구의 역사와 "잉글랜드 계몽주의"의 발견〉. 《코기토》 97호(2022): 227-260.

_____. 〈자신을 향해, 모두를 위해: 영어권 에세이 장르의 역사에 관한 짧은 에세이〉. 《Littor》 26호(2020. 10.): 30-34.

Arendt, Hannah. *The Human Condition*. University of Chicago Press, 1958.

Baron, Hans. *The Crisis of the Early Italian Renaissance: Civic Humanism and Republican Liberty in an Age of Classicism and Tyranny*. 2 vols., Princeton University Press, 1955.

_____. "Calvinist Republicanism and Its Historical Roots." *Church History* 8 no.1 (1939): 30-42.

Brett, Annabel, James Tully, and Holly Hamilton-Bleakley, eds. *Rethinking the Foundations of Modern Political Thought*. Cambridge University Press, 2006.

Collini, Stefan, Donald Winch, and John Burrow. *That Noble Science of Politics: A Study in Nineteenth-Century Intellectual History*. Cambridge University Press, 1984.

Dunn, John, ed. *The Economic Limits to Modern Politics*. Cambridge University Press, 1990.

Forbes, Duncan. "Hume and the Scottish Enlightenment." *Royal Institute of Philosophy Lectures* 12 (1978): 94-109.

_____. "Hume's Science of Politics." *David Hume: Bicentenary Papers*. edited by G. P. Morice. University of Texas Press, 1977: 39-50.

_____. *Hume's Philosophical Politics*. Cambridge University Press, 1975.

_____. "Introduction." David Hume. *The History of Great Britain: The Reigns of James I and Charles I*. Penguin, 1970.

_____. "Politics and History in David Hume." *The Historical Journal* 6 no. 2 (1963): 280-323.

_____. "'Scientific' Whiggism: Adam Smith and John Millar." *The Cambridge Journal* 7 no. 11 (1954): 643-670.

Friedrich, Carl Joachim, ed. *Politica Methodice Digesta of Johannes Althusius*. Harvard University Press, 1932.

Gilbert, Felix. "Political Thought of the Renaissance and Reformation: A Report on Recent Scholarship." *Huntington Library Quarterly* 4 no.1 (1940): 443-68.

Haakonssen, Knud. *The Science of A Legislator: The Natural Jurisprudence of David Hume and Adam Smith*. Cambridge University Press, 1981.

Harris, James A. "Phillipson's Hume in Phillipson's Scottish Enlightenment." *History of European Ideas* 48 no. 2 (2022): 145-159.

Hirschman, Albert O. *The Passions and the Interests: Political Arguments for Capitalism before Its Triumph*. Princeton University Press, 2013.

Hont, Istvan. "The Cambridge Moment: Virtue, History and Public Philosophy." unpublished lecture, Dec. 11-13, 2005, Chiba University [University of St Andrews Special Collections].

_____. "The Rhapsody of Public Debt: David Hume and Voluntary State Bankruptcy." *Political Discourse in Early Modern Britain*. edited by Nicholas Phillipson and Quentin Skinner. Cambridge University Press, 1993: 321-348.

_____. "Free Trade and the Economic Limits to National Politics: Neo-Machiavellian Political Economy Reconsidered." *The Economic Limits to Modern Politics*. edited by John Dunn.Cambridge University Press, 1990: 41-120.

_____. "The 'Rich Country—Poor Country' Debate in Scottish Classical Political Economy." *Wealth and Virtue: The Shaping of Political Economy in the Scottish Enlightenment*. edited by

Istvan Hont and Michael Ignatieff. Cambridge University Press, 1983: 271-315.

Hont, Istvan and Michael Ignatieff, eds. *Wealth and Virtue: The Shaping of Political Economy in the Scottish Enlightenment*. Cambridge University Press, 1983.

Kidd, Colin. "The Phillipsonian Enlightenment." *Modern Intellectual History* 11 no. 1 (2014): 175-190.

Mossner, E. C. *The Life of David Hume*, 2nd ed. Oxford University Press, 1954/1980.

Phillipson, Nicholas. *David Hume: The Philosopher as Historian*. Yale University Press, 2012.

_____. *Adam Smith: An Enlightened Life*. Yale University Press, 2010.

_____. "Politics, Politeness and the Anglicisation of early Eighteenth-Century Scottish Culture." *Scotland and England, 1286-1815*. edited by Roger A. Mason. John Donald Publisher, 1987: 226-246.

_____. "The Scottish Enlightenment," *The Enlightenment in National Context*. edited by Roy Porter and Mikuláš Teich. Cambridge University Press, 1981: 19-40.

_____. "Hume as Moralist: A Social Historian's Perspective." *Royal Institute of Philosophy Lectures* 12 (1978): 140-161.

_____. "Culture and Society in the Eighteenth-Century Province: The Case of Edinburgh and the Scottish Enlightenment." *The University in Society, Vol. II*. edited by Lawrence Stone. Princeton University Press, 1974: 407-448.

Pocock, J. G. A. *Barbarism and Religion, Volume 2: Narratives of Civil Government*. Cambridge University Press, 1999.

_____. "The Ideal of Citizenship Since Classical Times." *Theorizing Citizenship*. edited by Ronald Beiner. State University of New York Press, 1995: 29-52.

_____. "Hume and the American Revolution: The Dying Thoughts of a North Briton." *Virtue, Commerce, and History: Essays on Political Thought and History, Chiefly in the Eighteenth Century*. Cambridge University Press, 1985: 125-141.

_____. *The Ancient Constitution and the Feudal Law: A Study of English Historical Thought in the Seventeenth Century*. Cambridge University Press, 1957.

_____. *The Machiavellian Moment: Florentine Political Thought and the Atlantic Republican Tradition*. Princeton University Press, 2016. [존 그레빌 에이가드 포칵. 《마키아벨리언 모멘트: 피렌체 정치 사상과 대서양의 공화주의 전통》, 전2권. 곽차섭 옮김. 나남, 2011.]

Skinner, Quentin. *The Foundations of Modern Political Thought*. 2 vols., Cambridge University Press, 1978.

Tierney, Brian. "Medieval Canon Law and Western Constitutionalism." *Catholic Historical Review* 52 no.1 (1966): 1-17.

Tuck, Richard. *Natural Rights Theories: Their Origin and Development*. Cambridge University Press, 1979.

Tully, James. *A Discourse on Property: John Locke and his Adversaries*. Cambridge University Press, 1980.

Ullmann, Walter. *A History of Political Thought: The Middle Ages*. Penguin Books, 1965.

왓모어, 리처드. 《지성사란 무엇인가?: 역사가가 텍스트를 읽는 방법》. 이우창 옮김. 오월의봄, 2020.

Winch, Donlad. *Adam Smith's Politics: An Essay in Historiographic Revision*. Cambridge University Press, 1978.

문인의 글쓰기와 지성사적 전기

이우창

이우창
서울대학교 영어영문학과에서 〈새뮤얼 리처드슨과 초기 여성주의 도덕 언어〉로 박사 학위를 취득했다. 18세기 영국의 지성사와 문학을 공부하고 있으며, 1980년대 이후 한국 사회의 문화와 담론, 인문학 연구 방법론, 고등 교육 제도 개선에도 관심을 가지고 있다. 논문으로 〈헬조선 담론의 기원〉, 〈영어권 계몽주의 연구의 역사와 "잉글랜드 계몽주의"의 발견〉 등이 있고, 리처드 왓모어의 《지성사란 무엇인가?》를 번역했으며, 그 외 여러 매체에 기고했다. 블로그(begray.tistory.com)를 운영하고 있다.

강초롱

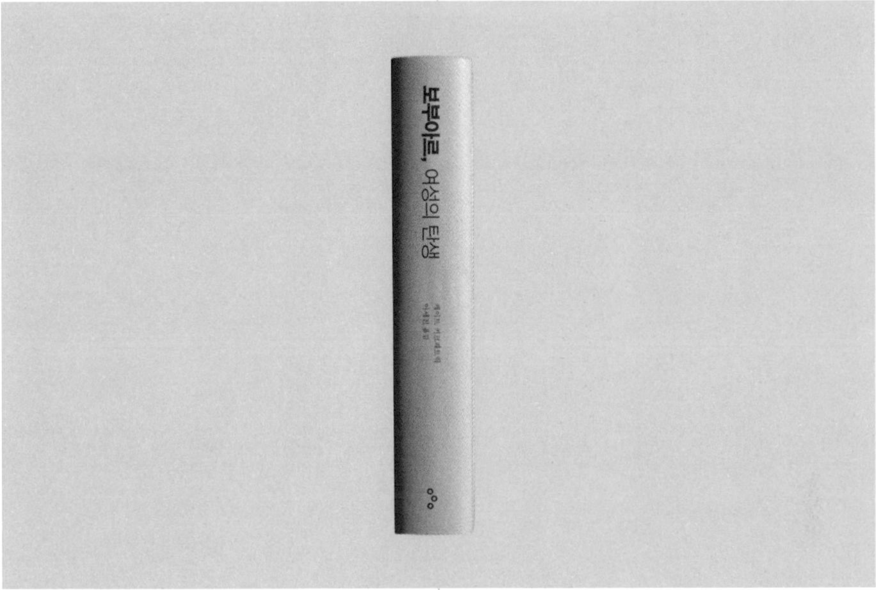

철학을 살아내고자 한 철학자, 보부아르

케이트 커크패트릭, 《보부아르, 여성의 탄생》,
이세진 옮김(교양인, 2021).
Kate Kirkpatrick, *Becoming Beauvoir: A Life*
(Bloomsbury Academic, 2019).

문제적 인간 15
보부아르, 여성의 탄생
BECOMING BEAUVOIR
케이트 커크패트릭
이세진 옮김
Simone de Beauvoir
보부아르,
여성의 탄생

"우리가 질문을 던져야 하는 대상은 보부아르의 작품이다. 이 여성을 이해할 수 있게 되는 것은 바로 그의 작품을 출발점으로 삼을 때이지 그 반대는 아니다."[1] 1990년대에 본격적으로 시작된 시몬 드 보부아르Simone de Beauvoir 연구의 새로운 흐름을 주도한 연구자인 프랑수아즈 레티프Françoise Rétif의 이 발언은, 오늘날 보부아르 연구자들이 연구를 진행할 때 가장 우선적인 전제로 삼는 바가 무엇인지를 함축적으로 드러낸다. 동시에 보부아르에 대한 기존의 접근 방식에서 이들이 문제로 삼는 것이 무엇인지 역시 잘 보여준다. 여자로서의 생에 대한 관심이 철학자 및 작가로서 이룬 업적에 대한 관심을 압도하는 현실. 오늘날 모든 보부아르 연구자들은 이것이야말로 기존의 접근 방식이 지닌 핵심적인 문제점에 해당한다고 공통적으로 지적한다.[2]

실제로 기존의 접근 방식은 보부아르라는 한 인물을 폄훼하는 수준을 넘어서, 철학자이자 작가로서 그가 차근차근 쌓아올린 지적 업적에 대한 몰이해를 야기해 왔다. 그의 철학이 사르트르Jean-Paul Sartre의 철학을 요약 혹은 반복한 결과물에 불과하다고 보는 시선이 오랫동안 주를 이룬 것은 이러한 몰이해를 보여주는 대표적인 사례라고 할 수 있다. 보부아르에게 사르트르가 지적인 차원에서 모든 것을 공유하는, 대체 불가능한 평생의 대화 상대였다는 점은 익히 알려진 사실이다. 이들은 끊임없이 대화를 나누면서 상호적으로 영향을 주고받았고 이를 디딤돌 삼아 자기만의 사상을 발전시켜 나간, 수평적 관계를 맺었던 지식인 커플이었다. 하지만 이 사실은 간과되기 일쑤였고, 세상은 성차별주의를 전제로 한 잣대를 들이대면서 남녀 간의 권력 관계 속에 두 사람을 계

1

Françoise Rétif, *Simone de Beauvoir: l'autre en miroir, Bibliothèque du féminisme* (L'Harmattan, 1998), 13.

2

보부아르 최초의 철학서인 《피로스와 키네아스*Pyrrhus et Cinéas*》(1944)는 《모든 사람은 혼자다: 결혼한 독신녀 보부아르의 장편 에세이》(박정자 옮김, 꾸리에북스, 2016)라는 제목으로 국내에 번역 출간된 바 있다. 원제목과는 전혀 상관없는 표제를 달아 놓은 것도 문제지만, "결혼한 독신녀 보부아르"라는, 아예 불필요해 보이는 문구를 부제로 집어넣었다는 점이 훨씬 더 심각한 문제로 보인다. 독자의 호기심을 자극해서 판매 부수를 올리려 한 출판사의 선택이었는지는 모르겠다. 하지만 이 문구를 삽입하기로 한 결정에서 우리는 적어도 아직도 세간의 관심이 보부아르의 작품보다는 생애에 집중되어 있다는 점을 재확인하게 된다.

속해서 가두려 했다. 그로 인해 결정적인 피해를 입은 쪽은 단연코 여자 보부아르였다. 사르트르의 제자라는 꼬리표가 계속해서 따라다니는 가운데, 자신의 지적 업적이 지닌 개별성과 독창성을 부정하는 세간의 시선을 끊임없이 감내해야 했던 사람은 사르트르가 아니라 보부아르였기 때문이다.

보부아르의 작품이 주로 작가가 실제로 영위한 사생활의 흔적을 파헤치거나 작가의 심리를 유추하기 위한 용도로 다루어진 것 역시 이와 관련한 또 다른 사례에 해당한다. 그간 보부아르의 자서전이 어떤 취급을 받아왔는가를 보면 이를 단적으로 알 수 있다. "자서전을 쓰는 것은 실제로 자신의 뒤편에 기억의 형태로 간직하고 있는 사건들을 새롭게 창조해 내는 것이다. 기억을 다시 꺼내어 새롭게 살려내야만 하는, 진정한 창조적 작업을 요구하는 행위인 것이다"라는 작가 본인의 항변에도 불구하고,[3] 오랫동안 많은 이들이 보부아르의 자서전을 그의 생애와 관련한 사실 관계를 파악할 수 있는 전기적 자료로만 간주해 온 것은 부정할 수 없는 사실이다. 그에 따라 보부아르의 자서전이 그의 작품 세계 속에서 중요한 위상을 차지한다는 사실을 비롯해, 그것이 지닌 문학 텍스트로서의 가치는 한동안 제대로 주목받지 못했다. 사르트르의 자서전인 《말*Les Mots*》이 출간된 지 얼마 지나지 않았을 때부터 문학 텍스트로서 학문적 관심과 호평을 받은 것과는 사뭇 다른 상황이 펼쳐진 것이다.

작가의 사후인 1990년대를 기점으로 보부아르가 살아생전 쓴 일기와 지인들과 주고받은 편지가 잇달아 출간되면서 보부아르의 자서전은 다시 한 번 전기적 자료의 차원에서 세간의 관심을 받게 된다. 자서전에서 보부아르가 누락한 사실이나 수정을 가한 일화가 담긴 글이라는 이유로 그의 일기와 편지는 출간과 동시에 대중의 엄청난 관심을 받았다. 그와 동시에 자서전 작가로서 보부아르의 진정성을 운운하는 말이 여기저기서 들려오기 시작했다. 자고로 자서전이란 실제로 벌어진 일을 기록한 결과물이어야 하거늘, 자신에게 불리한 사실을 숨기거나 왜곡한 보부아르는 진정성이 결여된 작가라 할 수 있다고 비판하는 목

3

Simone de Beauvoir, "Mon expérience d'écrivain," *Les écrits de Simone de Beauvoir: La vie - L'écriture,* éds. Claude Francis et Fernande Gontier (Gallimard, 1979), 451-452.

소리가 주를 이룬 발언들이었다. 물론 일기와 편지에 등장하는 보부아르의 면모와 자서전 속 보부아르의 면모 사이에 상당한 차이가 존재한다는 것은 부인할 수 없는 사실이다.[4] 다만 이런 입장은 자서전 역시 문학 텍스트에 해당한다는 점을 간과하며, 내용상의 사실 관계에 입각해서만 작가의 진정성 여부를 판단하려 하기에 동의할 수 없을 뿐이다.

작가에게 자서전을 쓴다는 것은 있는 그대로의 사실을 기술하는 것이 아니라, 자신의 경험이 지닌 의미를 '해석'하는 행위이자 삶의 진실을 '재구축'하는 행위를 의미한다. 그렇기 때문에 아무리 자서전이 기본적으로 한 개인이 실제로 경험한 바를 소재로 한 결과물이라고 할지라도, 자신의 경험을 한 편의 이야기로 만드는 과정, 즉 그것을 '재현'하는 과정에서 작가는 필연적으로 허구의 방법에 의존할 수밖에 없게 된다. 오늘날 거의 모든 자서전 연구가들이 이 문학 장르를 '사실'인 동시에 '허구'의 이야기로 규정하는 데 이견을 달지 않는 것은 바로 그 때문이다. 따라서 자서전에서 이야기되는 작가의 진실은 단순히 이야기와 실제 경험 사이의 '유사성' 차원에서 파악할 수 있는 것이 아니다. 자서전 작가가 이야기하고자 하는 진실을 파악하기 위해서는, 현재 글을 쓰고 있는 자의 행위, 즉 윤진의 표현을 빌려 말하자면 작가가 "과거의 기억을 선택하고 조합하는 방식"을 분석할 필요가 있다.[5] 같은 맥락에서 자서전이라는 문학 장르 연구의 초석을 닦은 것으로 잘 알려진 프랑스 학자 필립 르죈Philippe Lejeune 역시 자서전의 진실을 파악하는 것 "정체성을 구조화하기 위해 사용하는 전략의 문제"에 해당한다고 주장했다.[6] 이는 곧 자서전 작가의 진정성을 파악하기 위해서는 작가가 과거의 경

4
자서전 속 보부아르는 기본적으로 자신을 이성적이고 지적이며 이해심 많고 심지어 이타적이기까지 한 모습으로 재현한다. 이와는 달리, 일기와 편지에서 보부아르는 자기 앞에 펼쳐질 불투명한 미래에 대한 두려움이 야기한 불안과 번민으로 괴로워하는 나약한 사람이자, 타인에게 철저히 무관심하고 자신의 행복만을 생각하는 이기주의자, 나아가 사르트르의 사랑을 받는 여인들에게 강한 질투심을 느끼면서 그들에 대한 험담을 늘어놓길 주저치 않는 감정적이고 변덕스러운 성격의 소유자로서의 속내를 어느 정도 드러낸다.

5
윤진, 〈진실의 허구 혹은 허구의 진실: 자서전 글쓰기의 문제들〉, 《프랑스어문교육》 7집(1999): 272.

6
Philippe Lejeune, *Les brouillons de soi* (Seuil, 1998), 102.

험을 어떠한 맥락 속에 위치시키는지 이해해야만 한다는 사실을 의미한다고 할 수 있다. 따라서 보부아르의 작가로서의 진정성을 놓고 벌어진 논쟁은 우선 자서전이라는 문학 장르에 대한 무지가 낳은 결과라고 할 수 있을 것이다. 그런데 이러한 접근 방식의 문제점을 지적하는 목소리가 나날이 커지는 오늘날에도 여전히 보부아르의 자서전을 전기적 자료로만 보려는 경향이 계속되고 있다는 점을 고려한다면, 이 논쟁을 장르에 대한 무지 때문에 벌어진 사태로만 치부해서는 안 된다. 보부아르의 생애에 대한 지나친 관심이 그의 자서전이 문학 텍스트라는 사실을 의도적으로 외면하게 만든 탓에 벌어진 논쟁일 수 있다는 강력한 의심이 들기 때문이다.

성차별주의적 편견에 따른 작가로서의 평가 절하

보부아르의 생이 그의 작품을 압도하는 현실에 문제의식을 지닌 연구자라면 대부분, 보부아르의 새로운 전기가 출간될 때마다 반가운 마음과 더불어 경계심 역시 느낄 것이라 생각한다. 이들에게 보부아르의 전기는 연구를 진행하는 과정에서 참고해야 할 중요한 자료를 의미하는 동시에, 반드시 일정 정도의 거리를 유지해야만 하는 자료의 집합체이기도 하기 때문이다. 그 때문일까. 실존주의 연구자인 케이트 커크패트릭이 2019년도에 발표한 보부아르의 전기가 《보부아르, 여성의 탄생》이라는 제목을 달고 2021년도에 국내에 번역 출간되었다는 소식을 들었을 때, 나는 보부아르 연구자로서 의무감을 가지고 주저 없이 이 책을 구입하기는 했다. 하지만 읽고 싶다는 생각이 선뜻 들지 않았던 것도 사실이다. 우선은 이제껏 읽었던 숱한 보부아르 전기와 크게 차별화되는 내용을 담고 있지 않을 것이라는 편견 때문이었다. 하지만 보다 근본적으로는 이 책을 향한 평단의 우호적인 반응이, 여전히 '작가' 보부아르보다는 '인간' 혹은 '여자' 보부아르에 더 큰 관심을 보이는 오늘날의 현실을 반영한다는 생각이 들었기 때문이다. 더불어 저자 커크패트릭이 사르트르 연구자라는 사실 역시 이 책에 의심 어린 시선을 던지게 만들었다. 그동안 다수의 사르트르 연구자들이 보부아르의 업적을 부당하게 취급하는 모습을 숱하게 보아온 터였기 때문이다. 그러나 막상 책을 읽고 난 후에는 보부아르의 생애는 물론이거니와 작품 세계 전반을 제대로 이해하고 싶어 하는 대중에게뿐 아니라, 보부아르에 대해 어느 정도 잘 알고 있는 연구자에게도 읽을 만한 가치가 충분한 책이라는 확신이 들었다. 무엇보다도 보부아르의 삶을 재조명하는 작업에 착수하면서 저자가 출발점으로 삼은 기본적인 문제의식에 깊이 공감한 덕분이었다.

커크패트릭이 보부아르의 전기를 집필하기로 마음먹은 데에는 무엇보다도 그의 생애와 사르트르의 생애를 평가하는 방식이 지나치게 "비대칭적"이라는 문제의식이 자리 잡고 있다.(18쪽) 보부아르와 사르트르는 다양한 논란을 몰고 다녔던, 20세기를 대표하는 "지식 권력 커플"이었다.(12쪽)[7] 커크패트릭은 이들이 커플 내에서 각자 수행한 역할과 관련해서는 다음과 같은 평가가 주를 이루었다고 지적한다. 이 커플이 지식 권력을 획득하는 데 압도적인 기여를 한 것은 사르트르였으며, 보부아르는 단지 커플 관계를 유지하는 역할 정도에 그쳤다는 내용을 골자로 한 평가가 그것이다.

커크패트릭은 이들이 이렇게 사뭇 다른 평가를 받게 된 주요 요인으로 오늘날에 비해 훨씬 더 심각했을, 20세기 중후반의 젠더 간 불평등한 권력 관계를 꼽는다. 그리고 이 관계가 두 가지 차원에서 동시에 작동한 결과 20세기 전반에 걸쳐, 심지어 21세기에 들어선 오늘날까지도 보부아르는 독자적인 철학자로 간주되지 못하기에 이르렀다고 진단한다. 우선 쉽게 예측 가능하다시피, 젠더 간의 불평등한 권력 관계는 이 커플을 바라보는 외부 세계가 지닌 관점의 방향성을 결정지었다. 여성이 남성 못지않게 획기적인 지적 성과를 내는 것이 근본적으로 불가능하다는 편견을 잣대 삼아, 보부아르와 사르트르가 맺은 관계의 본질을 왜곡해서 보게 만든 것이다. 커크패트릭은 여기서 한 걸음 더 나아가, 젠더 간의 불평등한 권력 관계가 작동하는 두 번째 차원을 지적한다. 외부 세계의 편견에 의해 열등한 존재로 지목당한 자가 열등성을 자신의 본질적인 특징으로 내면화한 끝에 지니게 되는 심리 상태가 그것이다.[8]

7
21세기에 들어선 지 한참이 지난 오늘날에도 아직도 프랑스에서는 지식 권력 커플이라고 하면 이 두 사람을 먼저 떠올리는 모양이다. 2022년 3월에 발간된 프랑스 문학 잡지 《리르 마가진 리테레르*Lire magazine littéraire*》 505호에는 프랑스 문학계를 주도한 커플들을 소개하는 기사가 실렸다. 이 기사의 첫머리를 장식하는 보부아르와 사르트르의 대문짝만한 사진은 이 두 사람이 아직까지도 프랑스 지식 권력 커플의 상징적 존재로 각인되어 있음을 잘 보여준다. "Les couples en littérature: Jeux d'écho et jeux d'ego", *Lire magazine littéraire* no. 505 (23 fév. 2022): 38-39.

자신의 주체성을 스스로 부정하는 '자기 부정' 상태 혹은 이를 공공연하게 드러내기를 주저하는 '자기 검열' 상태는, 외부 세계가 표방하는 성차별적 가치관을 내재화한 여성이 흔히 보이곤 하는 대표적인 심리 상태이다. 커크패트릭은 보부아르에게서 특히나 빈번하게 발견되는 것은 후자, 즉 자기 검열 상태라고 지적한다.

그 유명한 '메디치 분수' 장면을 커크패트릭이 새로운 시각에서 읽어내는 대목은 저자의 이러한 입장을 잘 보여준다. 메디치 분수 장면은 보부아르의 첫 번째 자서전인 《견실한 젊은 여성의 회고*Mémoires d'une jeune fille rangée*》에[9] 등장하는 일화로, 1929년 파리 뤽상부르 공원의 메디치 분수 옆에서 사르트르와 존재, 실존, 필연성, 자유 등과 같은 주제를 놓고 철학적 대화를 나누면서 보부아르가 처한 심경을 담고 있다. 이 자리에서 보부아르는 사르트르에게 다원적 윤리에 대한 자신의 독자적인 생각을 털어놓는데, 사르트르는 그의 생각이 지닌 허점을 날카롭게 지적한다. 보부아르의 말을 그대로 빌리자면, 이 대화를 통해 그는 "난생처음으로 누군가에 의해 지적으로 압도되었다는 느낌"에 사로잡히고, 그에 따라 자신이 "특별한 사람도, 제일 뛰어난 사람도 아니라는 깨달음"을 얻고는 자신의 "진정한 지적 역량"에 대한 회의에 급작스레 사로잡히게 된다.[10] 훗날 보부아르가 한 다른 공적 발언들과 더불어,[11] 이 장

8

젠더 간의 불평등한 권력 관계가 작동하는 방식에 대한 커크패트릭의 이런 접근은 《제2의 성*Le deuxième sexe*》(1949)에서 여성이 사회적 타자의 자리에 고착되기까지의 과정을 여성이 처한 외적 현실과 내적 현실이라는 두 가지 차원에서 분석한 보부아르의 방법론을 떠올리게 한다.

9

이 글에 등장하는 보부아르의 저작을 비롯한 모든 책의 한국어 제목은 《보부아르, 여성의 탄생》의 옮긴이가 제시한 제목을 그대로 옮겨온 것임을 미리 밝힌다.

10

Simone de Beauvoir, *Mémoires d'une jeune fille rangée* (Gallimard, 1958), 342-343.

11

보부아르가 독립적인 철학자임을 스스로 부정하는 듯한 발언을 종종 내놓은 것은 사실이다. 일례를 들어 두 번째 자서전인 《생의 한창때》에서는 "창의성"이 부족한 자신을 철학자라고 볼 수는 없다고 발언했다. Simone de Beauvoir, *La force de l'âge* (Gallimard, 1960), 228. 심지어 언론인 알리체 슈바르처와의 인터뷰에서는 철학적 측면에서는 자신을 사르트르의 제자로 보아도 무방할 것이라는 발언을 하기도 했다. "Il ne suffit pas d'être femme", *Simone de Beauvoir aujourd'hui: Six entretiens: introduction, entretiens deux, cinq, six traduits de l'allemand par Léa Marcou,*

면은 보부아르가 독립적인 사상가가 아니라 사르트르의 제자이기를 자처했다고 주장하는 이들이 그 주장의 타당성을 증명하는 근거로 계속해서 활용되었다. 이러한 기존의 흐름과 달리 커크패트릭은 이 장면에서 성차별주의 논리를 은연중에 내재화한 한 여성의 자기 검열 심리를 읽어내고자 한다. 특히 《제2의 성》에서 보부아르가 그 어떤 여성도 관습과 편견에서 벗어난 삶을 살지 못한다고 주장했다는 점에 착안한 커크패트릭은 "보부아르도 물론 그런 삶을 살지 못했다"라고 말하면서, 보부아르 역시 여러모로 "관습과 편견"에 고통받았음을 보여주는 것으로 이 장면을 이해해야 한다는 입장을 내놓는다.(19쪽)

저자가 이러한 판단에 이르게 된 것은, 최근 10여 년에 걸쳐 세상에 모습을 드러낸 보부아르의 일기나 집필 노트, 또는 지인들과 주고받은 편지 등 새로운 전기적 자료를 꼼꼼히 들여다본 덕분이기도 했다.[12] 우선 사르트르와의 관계와 관련해서 커크패트릭은 이 자료들이, 사르트르와의 관계 초기부터 보부아르가 그의 생각에 무조건적으로 동의하기보다는 그 허점을 비판적으로 바라보았음을 보여준다는 점에 주목한다. 더불어 사르트르가 사상을 완성해 나가는 과정에서 보부아르로부터 어느 정도 영향을 받은 것이 사실임을 증명할 만한 보부아르의 발언이 이 자료들 곳곳에 담겨 있다는 점에도 주목한다. 그렇다면 왜 보부아르는 자서전에서는 이 점을 강조해서 보여주지 않고 남들에게 오해를 살 법한 발언을 했던 걸까?[13] 이러한 사실을 공개적으로 밝히는 것이 당대의 관습에 "도전"하는 행위가 될 수도 있으리라고 본 보부아르가 일종의 자기 검열 차원에서 이 사실을 "의도적으로 묻어"둔 까닭이라고 커크패트릭은 대답한다.(22쪽)[14]

éd. Alice Schwarzer (Mercure de France, 1984), 113.

12
저자 본인이 자평하듯, 이 책은 보부아르가 공개하지 않았던 이야기를 끌어내려 한 "최초의 전기"로서의 가치를 지닌다.(37쪽)

13
커크패트릭은 그렇다고 해서 보부아르가 자신의 독창성을 항상 부정한 것은 아니라고 말한다. 그는 보부아르가 자신이 사르트르보다 지적으로 열등하다고 "공언할 기회"를 놓치지 않았다고 말한 토릴 모이Toril Moi의 발언을 특별히 문제 삼으면서, 보부아르가 "공개적으로 자신의 독창성을 인정받고 옹호하기 위해 싸웠다"는 점을 결코 간과해서는 안 된다고 단언한다.(125-126쪽)

이렇게 젠더 간의 불평등한 권력 관계가 두 가지 차원에서 작동한 결과, "20세기 전반에 걸쳐, 심지어 21세기에 들어서도 보부아르는 독자적인 철학자로 기억되지 못했다"고 커크패트릭은 단언한다.(18쪽) 그리고 부당하게 외면받은, 보부아르의 독자적인 철학자로서의 면모를 드러내는 것이 이 전기의 집필 목적임을 천명한다. "그녀가 얼마나 여러모로 관습과 편견에 고통받았는지, 그리고 어떻게 맞서 싸웠는지를" 이야기함으로써 말이다.(19쪽)

상황 속에 놓인 자유에 대한 성찰

이 책의 저자가 직접 지적하듯, 어떤 전기 작가도 "인생을 굽어보는 전지적 신의 시점"에 도달할 수는 없으며, 그렇기에 그 어떤 전기도 한 인물의 전부를 보여줄 수는 없다.(35쪽) 그렇다면 이 책을 통해 커크패트릭이 우리에게 특별히 보여주고자 한 보부아르는 어떤 보부아르인가? 그것은 바로 "철학을 '살아내고자' 했던 철학자"로서의 보부아르라 할 수 있다.(125쪽) 다시 말하자면, 저자는 보부아르를 단순히 철학자로서만이 아니라 "철학적으로 살고 싶다"는 마음을 실천으로 옮기기 위해 노력했던 인물(125쪽), 즉 "그냥 살기만 하는 것도 아니고, 생각만 하는 것도 아니고, 사유하는 삶을 살고"자 애썼던 인물로 제시하고자 한다.(126쪽)[15] 그런데 이 작업은 보부아르가 '살아내기'와 '철학하기'를 하

14

동시에 커크패트릭은 이 장면을, 보부아르가 사르트르의 지적 능력의 우월성이 아니라 "프랑스의 문화 환경에서 고등사범학교라는 기관의 힘"을 인정하는 것으로 읽어야 한다고 주장한다. 즉, 이 장면을 통해 보부아르가 궁극적으로 보여주고자 한 것은 자신과 사르트르가 지닌 능력의 차이가 아니라, 서로 다른 성장 환경이 만들어낸 "자신감과 문화 자본의 격차"였다는 것이다.(126쪽)

15

바로 이러한 맥락에서 커크패트릭은 이 전기가 "삶과 작품을 구획하려는 접근과 작품을 삶으로 환원하려는 접근 사이의 위험지대를 두루 살펴보고 싶다는 욕망"을 원동력으로 삼고 있다고 말한다.(35쪽) 그에 따르면, 한 인물의 생애와 사상이 맺는 관계를 바라보는 입장은 크게 두 가지로 갈린다. "위대한 사상가들의 생각은 주저에서 다 찾을 수 있으므로 전기는 굳이 읽을 필요가 없다"고 생각하는 입장과 "생애에 대한 이해 없이는 작업을 이해할 수 없다"고 보는 입장이 그것이다.(33쪽) 전자는 어떤 경계를 사이에 두고 생애와 사상을 서로 다른 영역에 위치시키려 하는, 일종의 "구획 짓기" 경향이라 할 수 있다.(34쪽) 이는 개인의 형성 과정에 대한 이해를 전적으로 배제하려 한다는 점에서 "몰역사성"에 따른 오해를 불러일으킬 위험을 내포한다. 반대로 후자는 "인간을 외부 원인의 결과로 '환원'"해 버리는 "환원주의 전기물"을 생산할 위험을 내포한다.(34쪽) 이러한 접근 방식은 그 인물을 행위의 주체보다는—이 인물이 사상가일 경

나로 엮어내는 연결고리로 무엇을 상정하는지에 대한 이해를 필수적으로 전제한다고 볼 수 있다. 실존상에서 '자유la liberté'와 '상황la situation'이 맺고 있는 관계에 대한 끊임없는 성찰. 커크패트릭은 바로 이것이 그 연결고리에 해당한다고 본다. 따라서 이를 중심으로 커크패트릭이 보부아르의 삶과 철학을 어떻게 연결하는지 살펴보기에 앞서, 우선은 보부아르가 실존상에서 자유와 상황이 맺고 있는 관계를 어떻게 보았는지 이해할 필요가 있다.

보부아르에 따르면 기본적으로 실존은 자유와 상황이 지속적으로 충돌하는 과정이라고 할 수 있다. 그가 실존의 가장 본질적인 특징으로 "애매성l'ambiguïté"을 제시한 것은 바로 그 때문이다. 보부아르가 말하는 애매성이란 인간 실존이 개별적이고 자유로운 초월적 움직임으로 살아가는 동시에, 죽음이나 타인의 존재 등 외부에서 주어진 조건들로 이루어진 "상황"에 의해 자유의 한계를 경험할 수밖에 없기에 지니는, "결코 한 가지 의미를 지닌 것으로 고정될 수 없는" 비결정적 측면을 지칭하는 개념이다.[16] 그로 말미암아 인간은 절대적 자유가 아니라, '상황 속에 놓인 자유la liberté dans la situation'로 살아갈 수밖에 없게 된다. 개별적인 초월의 움직임을 통해 자신의 삶에 의미와 가치를 부여하기 위해 끊임없이 노력해야 하지만, 동시에 그 움직임에 한계를 가하는 외적 요인들 역시 고려하며 살아가야 하는 존재, 그것이 바로 인간이기 때문이다.

자유와 상황이 맺고 있는 관계와 관련하여 보부아르는 사르트르와 다른 입장을 취한다. 인간은 어떤 상황에서든 기본적으로 절대적 자유로서의 삶을 영위한다고 본 사르트르와 달리, 보부아르는 자유의 상대성을 주장했다. 그에 대한 근거로 보부아르는 가부장제 사회 속 여성이나 백인이 지배하는 사회 속 흑인 노예와 같이 자신을 자유로 온전히

우, 행위의 주체 대신 사상의 주체라는 표현을 써도 무방할 것이다—어린 시절 혹은 계급의 산물로 그려낼 위험이 크다고 볼 수 있다. 커크패트릭은 이 두 가지 입장 사이에서 균형을 잡는 것이 전기 작가에게 중요한 관건으로 주어진다고 말한다. 따라서 "삶과 작품을 구획하려는 접근과 작품을 삶으로 환원하려는 접근 사이의 위험지대를 두루 살펴보고 싶다는 욕망"을 원동력으로 삼았다는 저자의 발언은, 이 전기를 쓰는 과정에서 두 입장 사이에서 나름의 균형을 찾으려는 노력을 멈추지 않았음을 강조하려는 의도로 이해될 수 있다.

16
Simone de Beauvoir, "Pour une morale de l'ambiguïté"(1947), *Pour une morale de l'ambiguïté: suivi de Pyrrhus et Cinéas* (Gallimard, 2003), 160.

구현할 가능성 자체가 애초부터 차단된 상황에 놓인 이들을 든다. 그에 따르면, 아무리 자유를 원한다 할지라도 스스로를 자유로 구현할 수단을 전적으로 박탈당한 이들에게는 외부에서 주어진 가치에 맞추어 삶을 영위할 가능성만이 허락될 뿐이다. 보부아르는 이러한 관점에 입각해서 상황이라는 조건에 의해 영향을 받는 자유, 즉 '상황 속에 놓인 자유'로 인간을 규정한다.

문제는 자유와 상황이 서로 조화를 이루도록 실존을 영위하기란 결코 쉽지 않다는 데 있다. 아니, 보다 정확히 말하자면, 보부아르는 자유와 상황이 서로 조화를 이루는 가운데 실존을 영위하기란 불가능하다고 말한다. 왜냐하면 실존의 의미를 한 가지로 고정할 수 없기에, 자유와 상황이 서로 조화를 이룬 상태를 고정된 그림으로 제시하는 것 또한 가능하지 않기 때문이다. 이는 곧 자유와 상황이 서로 지속적으로 충돌하는 순간의 연속, 그것이 바로 실존에 해당한다는 사실을 시사한다. 따라서 실존의 주체로서 인간이 추구할 수 있는, 그리고 추구해야 할 최선은, 자유와 상황의 지속적인 충돌이 야기하는 실존의 온갖 딜레마를 죽을 때까지 감수하면서 자신의 실존에 개별적인 의미와 가치를 부여하기 위한 노력을 멈추지 않는 것이라 할 수 있다.[17] 보부아르에 따르면, 이러한 노력만으로 인간은 자신의 실존을 윤리적으로 영위할 수 있는 가능성, 즉 "자연 발생적spontanée" 자유의 상태에서 벗어나 스스로를 "윤리적morale" 상태의 자유로 구현할 수 있는 가능성을 획득하게 된다.[18]

여기서 우리는 보부아르가 자유를 두 가지 종류로 구분하고 있음을 발견한다. 자연 발생적 자유란 자신의 자유로운 선택에 의해 실존을 영위하는 개별적 주체로서의 인간을 지칭하는 것으로, 인간 존재는 인간으로 태어나는 순간부터 죽는 날까지 자연 발생적 자유로 살아가기 마련이다. 따라서 이때의 자유는 수동적으로 주어지는 것이라고 할 수 있다. 반면 윤리적 자유는 실존의 애매성을 명철하게 인식하면서 상황 속에 놓인 자유로 살아가려는 노력을 멈추지 않는, 보다 능동적인 모습을 갖춘 실존 상태를 지칭하는 개념이다. 보부아르는 후자의 자유야말

17

Simone de Beauvoir, *Pour une morale de l'ambiguïté*, 20-21.

18

Simone de Beauvoir, *Pour une morale de l'ambiguïté*, 31-35.

로 실존 주체로서 인간이 지향해야 할 "진정한 자유"의 모습에 해당한다고 주장하면서, 자연 발생적 자유를 윤리적 자유로 끌어올리기 위해 노력할 때에만 우리의 실존은 윤리적으로 보다 완성된 경지에 이를 수 있다고 단언한다.

철학을 살아내는 동시에 철학을 하다

자신이 상황 속에 놓인 자유에 해당한다는 것을 몸소 경험한 인물. 여러 문학 작품을 통해 상황 속에 놓인 자유로 인간이 마주하기 마련인 실존의 다양한 딜레마를 생생하게 그려내고자 했던 작가. 그러한 딜레마 한가운데에서 인간이 지향해야 할 올바른 실존의 모습에 대해 진지하게 성찰하고, 글을 통해 독자들과 성찰의 결과를 공유하고자 했던 윤리적 실존주의 철학자. 철학을 하는 것에서 그치지 않고 철학을 통해 현재의 자신을 넘어서기 위해 끊임없이 노력했던 실천가. 커크패트릭이 보여주고자 한, 철학을 살아내고자 했던 철학자 보부아르의 면모를 요약해 보자면 이와 같을 것이다.

이를 위해 커크패트릭은 우선 보부아르가 상당히 어린 시절부터 자유와 상황 사이의 충돌을 경험했으며, 인간의 보편적 실존 현실에 대한 이해를 토대로 자신의 경험을 객관적으로 들여다보려는 노력을 기울였음을 보여주고자 한다. 그렇다면 무엇이 보부아르로 하여금 자유와 상황 사이의 충돌을 일찍이 경험하게 한 것일까? 가부장제 사회에서 여성으로 태어나 마주하게 된 타자로서의 상황이야말로 주요 요인에 해당한다고 저자는 지적한다. 보부아르의 일생 중 유일하게 어느 정도 안정감을 느낄 수 있었던 시기라 할 수 있는 유년 시절마저도, 그에게는 개인적 바람이나 능력과는 관계없이 무조건 따라야만 하는 두 가지 지시 사항의 지배를 받던 시기로 기억된다. "부적절한 행동을 해서는 안 된다"와 "네게 적합하지 않은 책을 읽어서는 안 된다"가 그것이다.(50쪽) 이들은 모두 여성에게 특별히 엄격하게 적용된 지시로, 여성의 욕망 자체를 죄로 간주하는 가부장제의 성차별주의 논리를 기반으로 한 것이었다. 그에 따라 일찌감치 보부아르는, 남성이 자기 욕망에 따라 자행하는 무분별한 행동은 용인하면서도 여성이 욕망을 드러내는 순간 죄인으로 치부해 버리는 모순적인 사회적 관습에 강한 의구심을 품게 된다. 남성과 여성이 서로 불균형한 관계를 맺고 있는 사회 속에서 자신이 살아가고 있음을 인식한 셈이었다. 특히 어머니가 품고 있던 모순적인 욕망, 그리고 그로 인해 어머니가 겪어야 했던 내적 갈등을 지켜보면서 어린 보부아르는 남녀 관계를 포함하는 대타 관계 전반에 의문을 품기에 이른다. 그중에서도 특별히 그의 관심을 사로잡은 것은 "타인에게 헌신하는 삶을 살고 싶은 마음과 나를 위해 살고 싶은 마음, 이 상충하는 욕망을 어떻게 해결할 것인가"라는 질문이었다.(65쪽) 이는 철학자로서의 길을 걷기 한참 전부터 이미 보부아르가 상황과 자유가 맺고 있는 관계를 고민하기 시작했음을 보여준다. 타인에게 헌신하는 삶이 사회가 정해놓은 모범적인 삶을 따르는 것을 인생의 목표로 설정하고 자신의 자유를 희생하려는 태도, 즉 주어진 상황에 순응하려는 태도를 전제로 한다면, 나를 위해 살고 싶은 마음은 자신을 자유로 인식하고 자기 삶의 방향과 가치를 스스로 만들어나가려는 태도를 의미한다고 할 수 있기 때문이다. 보부아르는 이 고민에 대한 해결책을 철학 속에서 발견할 수 있으리라 기대하면서 철학도의 길을 걷기 시작한다.[19]

하지만 이때까지만 해도 여전히 보부아르는 자유에 절대적인 가치를 부여하는 개인주의자였다. 따라서 그는 "고독"이야말로 "가장 큰 고양의 상태"에 해당한다고 믿으면서(65쪽) 자신의 미래를 스스로 결정

19

1944년에 발표한 첫 번째 철학서 《피로스와 키네아스》에서부터 보부아르가 '헌신과 자유의 관계'를 핵심 주제로 삼았음을 떠올린다면, 그의 철학적 성찰이 이 문제에 대한 고민에서 시작되었다는 커크패트릭의 주장은 상당히 타당하다고 할 수 있다. 《피로스와 키네아스》에서 보부아르는 인간을 '개별적인 초월 주체'로 규정한다. 이러한 규정에 입각해서 보자면, 개별적인 초월 주체인 인간이 주어진 것을 "끊임없이 뛰어넘는" 행위인 초월을 멈추기란 절대로 불가능하다. 그렇기에 어떤 추상적인 절대적 가치를 개별적 초월이 도달해야 하는 끝 혹은 목표로 설정하는 것은 실존의 가장 기본적인 진실을 왜곡 혹은 부정하는 것과 다르지 않다. 신, 인류, 죽음 등에 절대적 가치를 부여하고 인간이 이를 목표로 삼을 때에만 비로소 삶의 의미를 찾을 수 있다고 말하는 모든 담론을 보부아르가 강하게 비판한 것은 바로 그 때문이다. 그에 따르면, 인간의 모든 행위가 신의 뜻에 따른 것임을 믿는다 할지라도, 신의 뜻을 세상 속에서 어떻게 드러낼 것인가를 결정하는 것은 결국 세상과 직접 관계를 맺고 있는 인간의 몫이다. 이는 곧 삶이란 결국 인간이 선택한 결과이며, 그에 대한 책임 역시 인간의 몫으로 남겨짐을 의미한다. 타인을 위해 헌신하는 삶이 지닌 문제점 역시 같은 맥락에서 이해될 수 있다. 보부아르에 따르면, 타인의 구체적인 현존으로 말미암아 인간은 타인의 존재가 나의 실존을 정당화할 수 있으리라는 기대감에 쉽게 휩싸이고는 한다. 그리고 이런 기대감은 타인이 필요로 하는 존재가 될 때 자신의 실존 역시 정당화될 수 있다는 환상을 불러일으켰다. 그 결과, 타인에게 헌신하는 삶은 최고의 긍정적인 가치를 지닌 이상적인 실존의 모습으로 간주되었다. 그러나 보부아르의 입장에서 보자면, 타인에게 헌신하는 삶은 올바른 실존의 모습이라 할 수 없다. 이는 기본적으로 자유를 스스로 포기한 것과 다르지 않기 때문이다. Simone de Beauvoir, "Pyrrhus et Cinéas"(1944), *Pour une morale de l'ambiguïté*, 214-252.

하며 살아갈 수 있는 여건을 마련하기 위해 고군분투한다. 그리고 학문적 탐구의 차원에서는 주로 자유의 철학과 관련된 분야에 주된 관심을 기울이며 학업을 이어나간다. 이는 곧 젊은 시절의 보부아르가 '자기기만la mauvaise foi'에 빠져 있었음을 보여주는 지점이기도 하다.[20] 상황과 자유가 서로 충돌하면서 만들어내는 실존의 다양한 딜레마를, 자유의 절대적 가치를 주장하면서 일시적으로 '봉합'하려 했다고 볼 수 있기 때문이다. 자신이 "토큰 여성Token Women"으로서[21] 특권을 누린 존재였다는 사실에 대해 당시의 보부아르가 어떠한 문제의식도 지니지 않았다는 사실이야말로 이를 잘 보여주는 지점이라고 할 수 있다.

20
기본적으로 실존주의 내에서 '자기기만'은 자신이 개별적인 초월의 주체로 존재한다는 사실을 부정하고 자기 자신을 지금의 모습 그대로 존재하는 사물과도 같은 존재, 즉 즉자존재로 간주하려는 인간의 기만적인 심리 상태를 지칭한다. 자기기만에 빠진 인간이 속이려 하는 대상은 바로 자기 자신으로 설정되는데, 이러한 맥락을 살리는 차원에서 국내에서는 이 용어를 가리키는 번역어로 '자기기만'을 보편적으로 사용한다. 사르트르가 《존재와 무*L'être et le néant*》(1943)에서 제시한 이 개념을 보부아르는 윤리적 실존주의의 틀 안에서 다시금 설명하려 시도했다. 앞서 설명했듯, 애매성을 본질적 특징으로 하는 실존 과정에서 인간이 자유와 상황이 서로 조화를 이룬 상태에 도달하기란 불가능하다고 할 수 있다. 그에 따라 자신의 개별적 자유를 무한히 확장하는 것을 방해하는 뛰어넘을 수 없는 외적 요인들과 맞닥뜨릴 때면 인간은 개별적으로 추구해야 할 가치를 포기하고 외적 가치와의 합일을 추구하거나, 또는 그 반대로 외부 세계에 대해 극단적인 무관심을 표명하면서 자기 안으로 침잠하는 길을 택하기 십상이다. 물론 이러한 선택을 한 자는 개별적 초월의 주체로서 느끼는 부담감, 또는 행위를 방해하는 요인들에 직면했을 때 느끼는 두려움에서 해방되었다는 감정을 맛볼 수 있기는 하다. 하지만 보부아르에 따르면 이러한 해방감은 일시적인 것에 불과할 뿐만 아니라, 이렇게 해서 맛보게 되는 자유는 "내용과 모든 진실을 상실한" "추상적인 개념"으로만 남은, 자연 발생적 자유에 불과하다. Simone de Beauvoir, "Pour une morale de l'ambiguïté", *Pour une morale de l'ambiguïté*, 38. 보부아르에 따르면 스스로를 윤리적 주체로 끌어올리기를 포기하는 것과 다르지 않다는 점에서 이는 곧 자기기만적 선택이라 할 수 있다. 이렇게 자유와 상황, 둘 중 하나만을 극단적으로 중시하며 실존을 영위함으로써 자연 발생적 자유를 윤리적 자유로 끌어올리기를 포기하려는 욕망 및 그러한 욕망에 입각한 모든 행위를 보부아르는 자기기만으로 규정한다. 그리고 자기기만 속에서 실존을 영위하는 자야말로 "세상 속에 스스로를 내던지고 존재를 드러내는 방식"을 통해서만 얻을 수 있는 인간적 "자질들"의 획득을 스스로 포기한 자, 즉 "하위인간le sous-homme"에 해당하는 자라고 단언한다. Simone de Beauvoir, "Pour une morale de l'ambiguïté", 58.

21
'토큰 여성'은 소수 집단에 대한 차별을 은폐하기 위한 수단으로 소수 집단 내 상징적인 인물을 조직에 포함시켜 평등하게 처우하는 관행을 가리키기 위해 미국 사회학자 로자베스 캔터Rosabeth Kanter가 제시한 개념인 토크니즘Tokenism에서 파생된 용어이다. 이는 성차별적 이념을 바탕으로 운영되는 남성 지배적 조직이 조직 내부의 성차별적 행태에 대한 외부의 비판을 무마하기 위해 의도적으로 고용한 소수의 여성이 그 조직 내에서 성공을 거둔 몇 안 되는 경우를 가리키는 말로 사용된다.(98쪽)

또한 커크패트릭이 정확히 지적하듯, 사르트르와의 관계 초반에도 자기기만적 인식이 빚어낸 보부아르의 착각을 목도할 수 있다. 당시의 보부아르는 사르트르와 자신이 "순수한 이성과 의지의 화신"으로서 "급진적으로 자유롭다"고 보았고, 그 점에서 커다란 자부심을 느꼈다. 하지만 이러한 감정은 자신들이 "얼마나 타인에게 의존해 있는지, 자기들이 어떤 식으로 적대적인 세상에서 보호받았는지"를 인식하지 못했기에 가능한 것이었다.(143쪽) 같은 맥락에서 커크패트릭은 계약 연애라는 틀에 입각해 사르트르와의 커플 관계를 올가를 비롯한 몇몇 젊은 여자를 포함하는 삼각관계로 변모시키는 과정에서, 사르트르는 물론이거니와 당시의 보부아르 역시 자신들의 사랑을 "영원한 갱신 속에서 부단히 창조"해 나가는 것에만 몰두했을 뿐 자신들의 실험이 "타인에게 미칠 수 있는 해악을 미처 다 헤아리지 못했다"라고 비판한다.(186쪽)

하지만 그 이후로도 한참 동안이나 상황의 무게에 대한 실명 상태에 빠져 있었던 사르트르와 달리, 보부아르는 얼마 지나지 않아 그 상태에서 서서히 빠져나오기 시작했다고 커크패트릭은 말한다. 여성으로서의 삶과 창조적 주체로서의 삶이 양립할 수 없다고 보았던 사회의 관습적 시선과 지속적으로 마주할 수밖에 없었던 현실 덕분이었다. 젊은 시절 보부아르가 사랑과 우정, 학업, 작가로서의 소명 의식 등과 관련해 수시로 표출하는 자기 회의적 감정에서 커크패트릭은 상황의 무게를 조금씩 깨달아가는 보부아르의 내면을 섬세하게 조명한다.

일례로, 두 사람 모두 교사로 재직하던 무렵 보부아르와 사르트르가 직업을 갖는 문제를 서로 다른 관점에서 바라보았음을 서술하는 대목을 보자. 자유로운 삶의 가능성을 훨씬 더 많이 소유한 '남성' 사르트르는 직업을 갖는 것을 사회가 정해 놓은 운명을 따르는 결과로 간주하고는, 자신이 직업을 가졌다는 사실로부터 엄청난 불쾌감을 느낀다. 반면, '여성' 보부아르는 직업을 가진 것을 아찔할 정도로 커다란 기쁨을 안겨주는 사건으로 간주한다. 여성에게 주어진 운명에 순응하는 길을 택하는 대신, 그 운명으로부터 스스로를 "해방"시키기 위해 꾸준히 노력한 끝에 쟁취한 소중한 결과로 받아들인 까닭이었다.(174쪽) 커크패트릭은 이런 식으로 '여성' 보부아르와 '남성' 사르트르의 경험이 어떻게 다를 수밖에 없었는지, 그리고 그 결과 삶을 대하는 자세 역시 어떻게 달라질 수밖에 없었는지 지속적으로 보여주고자 한다. 이를 통해 두 사람 모두 자유에 대한 확신을 지니고 있었다는 공통점에도 불구하고, 실존은 자유로운 결정과 상황의 상호 작용 속에서 영위된다는 점을 보부아르가 훨씬 일찍 깨달은 것은 가부장제 속 여성이라는 실존적 조건 때문임을 증명해 내고자 한다.[22]

보부아르가 상황의 힘을 전적으로 깨닫게 되는 가장 결정적인 계기는 2차 세계 대전의 발발이었다. 실제로 전쟁이 발발한 뒤 1941년에 쓴 일기에서 보부아르는 자신이 "유아론자"로 살아왔음을 반성적 어조로 인정하기도 했다.(231쪽) 그리고 간헐적으로 막연하게만 느껴왔던 상황의 무게에 대한 사유를, 자유와 상황의 관계에 대한 철학적 성찰을 통해 구체적으로 발전시켜 보고 싶다는 생각을 하기에 이른다. 실존주의적 윤리학으로 불리게 될, 그의 독창적 철학의 싹이 드디어 피어나기 시작한 순간이었다. 실제로 이때를 기점으로 보부아르의 철학적 성찰은 윤리학으로서의 성격을 본격적으로 띠기 시작한다. 보부아르는 특히 자신이 실존의 윤리에 대한 철학적 성찰에 매진한 1940년대를 가리켜 "윤리의 시기"라고 명명하기도 했다.[23] 이 기간 동안 보부아르가 매진한 실존의 윤리적 문제에 대한 고찰은 《피로스와 키네아스》와 《애매성의 윤리를 위하여*Pour une morale de l'ambiguïté*》, 그리고 《제2의 성》이라는[24] 철학 에세이 세 권, 《타인의 피*Le sang des autres*》(1945)와 《모든 사람은 죽는다*Tous les hommes sont mortels*》(1946)라는 소설 두 권, 마지막으로 《쓸모

22

보부아르보다 늦기는 했지만 사르트르 역시 1950년대를 기점으로 자유와 상황의 상호 관계에 보다 진지한 관심을 기울이기 시작한다. 하지만 커크패트릭은 '남성' 사르트르는 적어도 가부장제 사회라는 상황이 여성의 삶에 끼치는 절대적 영향력만큼은 말년에 이르러서도 끝내 제대로 이해하지 못했다고 지적한다. 그에 따르면 사르트르의 이러한 실명 상태를 폭로한 것은 보부아르였다. 1975년 《레 탕 모데른*Les temps modernes*》에 보부아르가 사르트르를 인터뷰한 기사가 실렸는데, 여기에서 보부아르는 사르트르가 노동자나 흑인, 또는 유대인의 삶이 문제시될 때는 피압제자의 편에서 그들의 목소리를 냈지만 여성 문제와 관련해서는 단 한 번도 그렇게 하지 않았음을 비판적으로 지적했던 것이다.(467쪽) 이렇게 보부아르의 비판을 받을 정도로 사르트르는 여성 문제에는 끝까지 무관심했거나, 혹은 그것을 제대로 이해하지 못했던 듯하다.

23

Simone de Beauvoir, *La force de l'âge*, 561.

24

커크패트릭은 상황 개념의 중요성에 대한 보부아르의 재인식이 어떻게 《제2의 성》 집필로 이어졌는지 상세하게 설명한다. 이는 《제2의 성》이 페미니즘 이론서이기 이전에 실존주의적 윤리학의 영역에 속한 철학서라는 점을 보여주고자 한 그의 의도를 반영한 것으로 보인다. 개인적으로는 커크패트릭의 이러한 관점에 전적으로 동의하는 바이다.

없는 입들*Les bouches inutiles*》(1945)이라는 희곡 한 권, 이렇게 총 여섯 권의 작품을 통해 그 결실을 맺게 된다.[25]

《보부아르, 여성의 탄생》 이전에 발표된 가장 유명한 보부아르 전기 중 하나인 《시몬 드 보부아르: 지식인 여성의 형성*Simone de Beauvoir: The Making of an intellectual Women*》의 저자 토릴 모이Toril Moi는 보부아르가 윤리의 시기를 거치면서 《제2의 성》을 완성한 것을 끝으로 마침내 "진정한 시몬 드 보부아르"가 되었다고 평가한 바 있다.[26] 모이는 그 근거로 보부아르가 1949년 이후 착수한 작업이 단순히 과거를 회고하는 행위에 그친다고 볼 수 있는 자서전 집필에 집중되었다는 점을 든다. 그러나 커크패트릭은 모이의 의견에 이의를 제기한다. 자유와 상황의 상호 관계가 지속되는 한, 개인적 삶의 차원에서나 철학적 성찰의 차원에서나 보부아르는 "아직도 되어야 할 것이 많았다"라고 보았기 때문이다.(344쪽) 이러한 관점에 입각해서 커크패트릭은 1950년대부터 보부아르의 행보를 지속적인 '자기 쇄신'의 여정으로 규정하고, 그러한 행보의 양상을 구체적으로 보여주고자 한다.

커크패트릭이 본 보부아르의 후기 행보의 근간에는 대중과 실존주의 철학을 공유할 수 있는 "더 좋은 방식"에 대한 고민이 자리 잡고 있었다.(379쪽) 이러한 맥락에서 커크패트릭은 모이가 단순한 회고 작업에 불과하다고 보았던 자서전 집필 행위의 의미를 다른 각도에서 조명한다. 인간이 인간으로 존재하는 까닭은 자유와 상황이 계속해서 충돌하는 가운데 매순간 무언가를 직접 선택해야 하는 주체이기 때문이라는 실존의 진실을, 자기 생애를 통해 보여주려는 시도. 커크패트릭은 이것이야말로 보부아르의 자서전 집필이 지닌 가장 중요한 의미라고 단언한다. 실존이란 "실존적 선택을 '산다는 것'"이라는 진실을 보여주는

25

9장 〈윤리적 실존주의의 탄생〉과 10장 〈문학과 철학의 경계에서〉, 그리고 11장 〈미국으로 간 파리지앵〉에서 커크패트릭은 이 저서들이 상황 개념에 보다 큰 중요성을 부여하면서 보부아르가 발전시킨 윤리적 실존주의의 핵심 내용을 어떻게 담아내는지 자세하게 설명한다. 개인적으로는 이 부분이야말로 이 전기의 백미에 해당한다는 평가를 내리고 싶다. 보부아르의 삶과 철학의 상호 관련성을 증명하겠다는 저자의 의도가 완벽하게 구현된 부분이라는 판단이 들었기 때문이다.

26

Toril Moi, *Simone de Beauvoir: The Making of an intellectual Women* (Oxford University Press, 2008), 28.

하나의 "본보기"로서 자기 과거를 재구성하고자 한 시도가 낳은 새로운 문학적 결실로 그의 자서전 집필 행위를 규정하는 것이다.(426쪽)[27]

그런데 커크패트릭에 따르면, 보부아르는 자신의 과거를 돌아보는 작업이 지닌 무게를 버겁게 느꼈다. 자신의 지난날들이 지금으로서는 돌이킬 수 없는 과거로 굳어진 상황에서, 자신이 저지른 과오 역시 어찌 할 도리가 없을 정도로 굳게 박제된 상태임을 깨달은 탓이었다. 하지만 동시에 과거가 지닌 버거운 무게에 대한 깨달음은 그가 타인에 대한 보다 더 큰 책임감을 지니게 하는 결과를 낳기도 했다. "세상에 대해 글을 쓰면서 그 세상을 더 낫게 만들기 위해 '행동하지' 않고는 떳떳할 수 없다"라는 깨달음에 입각한 책임감이었다.(426쪽) 그 결과, 보부아르는 자신의 상황이 지닌 "타인의 삶을 바꿀 힘"을 "최대한 활용"해야겠다는 결심을 하기에 이른다.(426쪽) 삶과 철학만으로 구성되었던 선순환 구조 속에 정치라는 새로운 요소를 추가한 보부아르가 마침내 진정한 참여 지식인으로 거듭나는 순간이었다.

여자로서 직접 겪은 경험과 《제2의 성》 집필을 준비하면서 들여다본 수많은 자료를 통해 목도한 수많은 여성의 현실, 그리고 이를 바탕으로 발전시킨 철학적 성찰을 자양분 삼아 보부아르가 특히나 관심을 기울인 대상은 '여성의 삶'이었다. 그에 따라 보부아르는 철학적 차원에서만이 아니라 이제 정치적 차원에서도 사르트르와는 다른, 자기만의 독자적인 노선을 걷기 시작한다. 페미니스트로서의 행보가 바로 그것이다.[28] 이 시기에 보부아르가 집필한 글의 상당수가 페미니즘에 기반한 정치적 성격을 띠게 된 것은 그 때문이다. 하지만 "정치적 논쟁에서 자칫 간과되기 쉬운 철학적 뉘앙스"를 담은 글을 썼다는 점으로 미루어 보아, 보부아르가 철학자로서의 정체성을 잊은 것은 결코 아니었

27

1990년대 후반에 들어서면서부터 자서전 작가로서 보부아르의 위상을 재평가하려는 연구가 활발히 진행되기 시작했다. 이 주제에 관심을 보이는 연구자들은 보부아르가 실존의 윤리에 대한 철학적 성찰을, 소설과는 다르다고 할 수 있는 자서전 고유의 문학적 글쓰기를 통해 어떻게 재현하는지에 커다란 관심을 보인다. 보부아르의 자서전에 대한 커크패트릭의 접근 방식은 이러한 최신 연구 경향을 반영한다고 볼 수 있다.

28

1968년 5월 혁명의 경험을 계기로 사르트르는 혁명적 정치 노선에 참여하고 싶다는 생각을 점점 더 강하게 품게 된다. 그에 따라 1960년대 후반을 기점으로 사르트르는 마오주의자로서의 정치 행보를 걷기 시작한다.(437쪽)

다.(463쪽) 또한 그는 젊은 페미니스트들과 교류하고 우정을 쌓아 나가면서 "토큰 여성"으로 살았던 지난날의 자신을 반성적으로 되돌아보려는 노력 역시 멈추지 않았다.

커크패트릭이 1950년대 이후부터 죽기 전까지 보부아르의 행보를 페미니스트로서의 정치 활동에 집중해 그리는 것은 분명한 사실이다. 그러나 그가 페미니스트로서의 보부아르를 다룬 기존 전기와는 다른 접근 방식을 취하는 것 또한 사실이라는 점을 지적하고 싶다. 보부아르의 후기 행보를 기술하는 대목에서도 커크패트릭은 자유와 상황이 맺는 관계에 대한 관심이 보부아르의 생애를 관통하는 근간에 해당한다는 입장을 여전히 일관성 있게 유지한다. 그 결과 인생의 후반부에 보부아르가 택한 페미니스트로서의 정치적 행보를 전과는 완전히 다른 새로운 정체성 선택의 결과로 그리거나, 진정한 보부아르의 면모를 페미니스트로서의 행보에서만 찾고자 했던 상당수의 기존 전기와는 차별화되는 결과물을 내놓기에 이른다. 그동안 시각의 차이에 따라 여러 개의 조각으로 나뉘어 파편적으로 회자되던 보부아르'들'이, 실은 "철학을 '살아내고자' 했던 철학자" 보부아르라는 하나의 그림을 이루는 여러 조각 중 하나였음을 성공적으로 증명해 낸 것이다.

여성의 탄생? 철학자의 탄생!

커크패트릭은 단언한다. 보부아르가 "펄떡거리는 현실"을 표현할 수 있는 철학을 하기를 원했고, 그러한 철학을 통해 "우리의 관습적 자아가 교묘하게 짜놓은 그물을 찢어발길 수 있기를" 원했다고.(506쪽) 또 자신의 자아가 짜놓은 그물 역시 계속해서 찢어발기고 새롭게 기우려는 노력을 멈추지 않았다고. 그리고 이러한 주장의 타당성을 설득력 있게 증명해 나가는 과정에서 커크패트릭은 이 책을 집필하기로 마음먹은 근본적인 동기 역시 훌륭하게 충족시킨다. 그간 사르트르와의 관계 속에서 부당하게 낮은 평가를 받은 보부아르를 사르트르의 그늘에서 해방시켜, 실존주의적 윤리라는 자기만의 철학 노선을 개척한 독자적인 철학자로 재조명하겠다는 동기 말이다. 자신의 펄떡거리는 현실을 이해하고 싶은 열망으로부터 시작된 보부아르의 철학은 애초부터 사르트르의 철학과 같은 것일 수 없었다. 그렇기에 보부아르가 사르트르의 철학에 무조건적으로 동의한 적은 단 한 번도 없었다. 철학도 시절부터 말년에 이르기까지 보부아르가 걸어 간 철학적 성찰의 여정을 저자가 이렇게나 정밀하게 추적한 이유는 바로 이 점을 증명하기 위함이다. 그간 공개되지 않은 자료들까지 꼼꼼히 들여다보면서 사르트르의 견해에 이의를 제기하는 보부아르의 숨겨진 목소리를 발견하고자 노력한 것 역시 같은 이유에서이다. 지난했을 긴 작업 끝에 "철학을 '살아내고자' 했던 철학자"로서 보부아르가 걸었던 생의 여정을 완성도 높게 그려낸 저자에게 경의를 표하고 싶다. 그렇기에 마지막으로, 한국어 번역서에 'Becoming Beauvoir'라는 원제목의 뉘앙스를 제대로 담아내지 못하는 '보부아르, 여성의 탄생'이라는 제목을 달아놓은 출판사의 선택에 아쉬움을 표하면서 글을 마치고자 한다. 보부아르를 철학자로 선보이고자 한 저자의 의도에 반해, 다시 한 번 보부아르를 여자라는 좁은 틀 속에 가두어 버린 제목이라는 생각이 들기 때문이다. +

참고 문헌

윤진. 〈진실의 허구 혹은 허구의 진실: 자서전 글쓰기의 문제들〉. 《프랑스어문교육》 7집(1999): 261-282.

Beauvoir, Simone de. *Cahiers de jeunesse 1926-1930*. texte établi et présenté par Sylvie Le Bon de Beauvoir. Gallimard, 2008.

_____. *Lettres à Nelson Algren: un amour transatlantique, 1947-1964*. texte établi, traduit de l'anglais et annoté par Sylvie Le Bon de Beauvoir. Gallimard, 1997.

_____. *Lettres à Sartre I: 1930-1939*. texte présenté, établi et annoté par Sylvie Le Bon de Beauvoir. Gallimard, 1990.

_____. *Lettres à Sartre II: 1940-1963*. texte présenté, établi et annoté par Sylvie Le Bon de Beauvoir. Gallimard, 1990.

_____. *La Cérémonie des Adieux, suivi d'Entretiens avec Jean-Paul Sartre août-septembre 1974*. Gallimard, 1981.

_____. "Mon expérience d'écrivain" (conférence donnée au Japon, le 11 octobre 1966). *Les écrits de Simone de Beauvoir: La vie - L'écriture*. édité par Claude Francis et Fernande Gontier. Gallimard, 1979: 439-457.

_____. *Tout compte fait*. Gallimard, 1972.

_____. *Une Mort très douce*. Gallimard, 1964.

_____. *La force des choses*. Gallimard, 1963.

_____. *La force de l'âge*. Gallimard, 1960.

_____. *Mémoires d'une jeune fille rangée*. Gallimard, 1958.

_____. *Le Deuxième sexe II: L'expérience vécue*. *Folio Essais* 38. Gallimard, 1994(1949).

_____. *Le Deuxième sexe I: Les faits et les mythes*. *Folio Essais* 37. Gallimard, 1993(1949).

_____. *Pour une morale de l'ambiguïté: suivi de Pyrrhus et Cinéas*. *Folio Essais* 415. Gallimard, 2003 [초판 *Pyrrhus et Cinéas*. l'éditions Gallimard, 1944; *Pour une morale de l'ambiguïté*. l'éditions Gallimard, 1947].

Lejeune, Philippe. *Les brouillons de soi*. Seuil, 1998.

Moi, Toril. *Simone de Beauvoir: The Making of an intellectual Women*. Oxford University Press, 2008.

Rétif, Françoise. *Simone de Beauvoir: l'autre en miroir*. «Bibliothèque du féminisme». L'Harmattan, 1998.

Schwarzer, Alice, éd. *Simone de Beauvoir aujourd'hui: Six entretiens, introduction, entretiens deux, cinq, six traduits de l'allemand par Léa Marcou*. Mercure de France, 1984.

"Les couples en littérature: Jeux d'écho et jeux d'ego." *Lire magazine littéraire* no. 505 (23 fév. 2022): 38-54.

철학을 살아내고자 한 철학자, 보부아르

강초롱

강초롱
서울대학교 불어불문학과와 동 대학원을 졸업했다. 2010년 파리 7대학교에서 〈시몬 드 보부아르의 자서전 담론〉으로 불문학 박사 학위를 받았고, 현재 서울대학교 불어불문학과 교수로 재직 중이다. 논문으로는 〈진실'들'을 드러내는 은밀한 목소리: 『초대받은 여자』의 주변인물 연구〉, 〈어머니를 위한 애도의 두 가지 전략: 보부아르의 『아주 편안한 죽음』과 에르노의 『한 여자』 비교〉, 〈자유와 상황의 충돌의 재현: 『레 망다랭』의 다성화 전략〉 등이 있다.

삶의

자연 발생

정성욱

20세기 유전학을 비추는 독특한 역사적 렌즈, 바바라 매클린톡

이블린 폭스 켈러, 《유기체와의 교감》, 김재희 옮김(서연비람, 2018)
Evelyn Fox Keller, *A Feeling for the Organism: The Life and Work of Barbara McClintock* (Freeman, 1983)

BARBARA McCLINTOCK

유기체와의 교감

이블린 폭스 켈러 저 | 김재희 역

서연비람

들어가며: 과거인, 역사가, 그리고 '과거'라는 낯선 나라

미국의 역사가이자 지리학자 데이비드 로웬덜David Lowenthal은 과거를 '낯선 나라foreign country'에 비유했다.[1] 역사에 대한 이보다 더 적절하고, 이보다 더 낭만적인 비유를 나는 알지 못한다. 역사가는 '과거'라는 낯선 나라를 여행하는 특별한 종류의 탐험가이다. 그는 과거인이 남긴 다양한 사료를 발굴하고 이를 지도와 나침반 삼아 미지의 나라, 즉 과거 탐험에 나선다. 이 특별한 여정에서 그는 중요한 족적을 남긴 과거인을 찾아내거나 그들과 우연히 조우하며, 그들의 눈과 귀를 통해 그들이 경험했던 혹은 경험하고 있는 다양한 사건을 간접적으로 목격하고 체험한다. 이러한 과거로의 여행은 역사가가 과거인과 개인적인 관계를 형성해 나가는 사귐의 여정이자, 이를 토대로 낯설었던 그들의 나라(그들의 시대)를 점차 알아가고 이해하게 되는 앎의 여정이다. 이런 관점에서 볼 때, 역사를 서술한다는 것은 일종의 여행기를 쓰는 것과 같다. 과거라는 낯선 나라를 여행한 탐험가가 그 여정을 자신의 언어로 기록한 아주 특별한 종류의 여행기 말이다.

낯선 장소를 방문한 여행자는 그곳에 관한 고유의 기록을 남긴다. 다시 말해, 여행기에는 이를 쓴 여행자만의 고유한 생각과 경험이 담기기 마련이다. 같은 지역을 여행한 이들이라도 그들 각각은 지역의 원주민들과 서로 다른 관계를 맺으며, 그곳의 풍경이나 그곳에서 벌어지는 사건을 각기 다른 위치에서 관찰하고 목격한다. 이런 경험의 차이는 그들이 각자 자신만의 여행기를 써 내려갈 수 있는 원천이 된다. 역사 서술도 마찬가지이다. 과거를 여행한 역사가들은 각자 다른 경험을 하게 되며, 이는 그들이 기술할 고유한 역사 서술의 토대가 된다. 그러나 역사가와 일반 여행자 사이에는 중요한 차이가 있다. 일반적인 여행과 달리, 과거로의 시간 여행에서는 직접적인 관찰, 목격, 체험이 불가능하기 때문이다. 그래서 역사가의 경험은 과거인에게 의존적일 수밖에 없다. 어떤 과거인을 만나고, 그에게 무엇을 묻고 어떤 이야기를 들으며, 그것을 어떻게 수용하고 해석하느냐가 역사가의 경험 형성에 결정적인 영향을 미친다는 얘기다. 이런 점에서 역사는 현재에 살고 있는 역사가가

1
데이비드 로웬덜, 《과거는 낯선 나라다》, 김종원 옮김(개마고원, 2006).

과거인과 만나 나눈 대화의 산물이라 할 수 있다.[2]

역사가가 (대개는 이미 죽은) 과거인과 만나 대화를 나눈다는 말이 이상하게 들릴지 모르겠다. 역사가의 역할은 발굴된 사료를 비판적, 합리적으로 분석해 객관적인 역사적 사실에 도달하는 것이고, 이 과정에서 과거인과의 상호 작용은 불필요하다고 여기는 이들도 있다. 그러나 역사가에게는 이보다 더 능동적인 역할이 요구된다. 사료가 가진 성격 때문이다. 어떤 사건이 발생했다고 가정해 보자. 그 사건은 그 자체로 존재하는 것이 아니라, 그것을 경험하거나 목격한 사람들의 증언 또는 묘사를 통해서만 존재한다. 즉, 한 사건에 대한 '사실'은 그것을 경험하거나 목격한 사람의 수만큼이나 다양하며, 모든 '사실'에는 개개인의 주관이 필연적으로 개입되어 있다. 이것이 의미하는 바는 분명하다. 과거인이 남긴 그 어떤 사실 기록도 완전히 객관적일 수 없으며, 때문에 역사가를 기다리는 절대적인 역사적 사실도 존재하지 않는다는 것이다. 실제로 역사적 사실은 '발견되는 것'이 아니라, 과거인과 역사가의 상호 작용에 의해 '만들어지는 것'이다. 비유하자면, 과거인은 과거의 사건을 선택적으로 투과시키는 1차 필터이고, 역사가는 여러 종류의 1차 필터를 통과한 다양한 '사실'들을 선별적으로 취합하고 이를 재투과시켜 '역사적 사실'을 뽑아내는 2차 필터이다. 이 두 필터가 어떻게 상호 작용하느냐에 따라 다양한 역사적 사실이 만들어진다. 역사가와 과거인의 대화는 바로 이런 상호 작용을 의미한다.[3]

2

이와 유사한 의미에서, 영국의 정치학자이자 역사가 에드워드 카Edward Carr는 역사를 "현재와 과거 사이의 끊임없는 대화"라고 정의했다. 에드워드 H. 카, 《역사란 무엇인가》, 김택현 옮김(까치, 2015), 46.

3

'역사적 사실은 만들어지는 것'이라는 명제에 대해 약간의 부연 설명이 필요할 것 같다. 이는 역사가가 역사적 사실을 자의적으로 혹은 허구로 지어낼 수 있다는 의미가 아니다. 역사적 사실은 반드시 사료에 근거해야 한다. 다만 사료를 다룰 때 역사가는 그것의 신뢰도, 의미, 중요도 등을 결정해야 하는데, 이런 가치 판단은 이들이 과거를 바라보는 관점 또는 과거인과 관계 맺는 방식에 따라 달라질 수밖에 없다. 따라서 역사가는 각자의 판단에 근거해 사료를 선별, 해석, 가공하여 역사적 사실을 만들고, 이들을 엮어 자신만의 역사적 서사를 구성하게 된다.

이 글에서 다룰 이블린 폭스 켈러의 《유기체와의 교감》은 옥수수 유전학자 바바라 매클린톡Barbara McClintock의 일대기를 담은 전기이지만, 동시에 과거인과 역사가의 능동적인 상호 작용이 어떻게 새로운 역사적 사실을 만들어내는지 보여주는 흥미로운 사례이기도 하다. 매클린톡과 켈러의 관계에서 '과거인과 역사가의 대화'는 비유가 아니라 실제였다. 켈러가 이 책을 준비하기 시작한 1970년대 후반 매클린톡은 아직 생존해 있었을 뿐 아니라, 80세에 가까운 고령에도 뉴욕주 롱아일랜드의 콜드스프링하버 연구소Cold Spring Harbor Laboratory에서 연구 활동을 지속하던 현직 유전학자였다. 그는 인터뷰를 위해 방문한 켈러에게 자신이 여성 과학자이자 옥수수 유전학자로서 겪어온 20세기 유전학계의 모습, 그가 일궈낸 주요 연구 성과들, 옥수수라는 생명체를 이해하는 자신만의 독특한 방식 등 그의 삶, 주변, 그리고 연구 방법에 관한 자세한 이야기를 들려주었다.[4] 켈러가 매클린톡의 이야기를 있는 그대로 받아들인 것은 아니었다. 그는 매클린톡의 이야기를 검증하고 보완하기 위해 기존의 역사적 문헌, 사료 및 매클린톡 주변인들의 증언을 다양하게 참고했다. 그럼에도 매클린톡과의 대화는 책을 구성하는 중심 뼈대가 되었으며, 나아가 20세기 유전학을 바라보는 켈러의 독특한 관점에 결정적인 영향을 미쳤다. 따라서 《유기체와의 교감》은 매클린톡의 전기 그 이상의 의미를 지닌다. 이 책에 담긴 매클린톡의 삶과 경험은 켈러와 독자에게 20세기 유전학계의 감춰진 이면을 드러내 보여주는 특수한 역사적 도구로 기능하기 때문이다.

이 서평에서 나는 《유기체와의 교감》을 단순히 매클린톡의 전기가 아닌, 20세기 유전학의 모습을 조명하는 하나의 역사적 렌즈로 읽어내고자 한다. 켈러는 〈매클린톡〉이라는 이 독특한 역사적 렌즈가 20세기 유전학의 남성적이고 환원주의적인 성격을 드러낸다고 주장했다. 켈러의 이런 급진적인 주장은 하나의 극적인 계기를 통해 학계와 대중의 주목을 받게 된다. 사실 《유기체와의 교감》이 출판된 직후만 하더라도 매클린톡은 대중에게는 물론 학계에서도 그리 유명 인사가 아니

4 켈러의 매클린톡 인터뷰는 1978년 9월 24일부터 1979년 2월 25일 사이 여러 차례에 걸쳐 진행되었다.(415쪽)

었다. DNA의 구조와 기능을 탐구하는 분자생물학이 유전학을 지배하던 당시, DNA 발견 이전에 전성기를 보낸 이 원로 학자를 기억하는 과학자는 많지 않았다. 그러나 때를 맞춘 듯한 노벨상 수상이 상황을 반전시켰다. 매클린톡은 유전자의 '자리바꿈transposition' 현상을 발견한 공로를 인정받아 1983년 노벨 생리의학상을 단독 수상했는데, 이를 계기로 불과 몇 달 앞서 출판된 그의 전기《유기체와의 교감》에 학계와 대중의 관심이 쏟아졌던 것이다. 켈러의 책은 독자가 여성 유전학자 매클린톡의 시선으로 20세기 유전학계를 바라보게 했다. 특히 이 책에는 매클린톡이 '자리바꿈' 현상의 중요성을 다른 유전학자들에게 설득하는 데 실패하고 그 후로 학계에서 고립된 과정이 생생히 묘사되어 있기 때문에, 당시 유전학계가 매클린톡의 선구적인 발견을 수용하지 못했던 이유와 원인에 많은 이가 주목하기 시작했다. 이후 이 문제를 젠더, 과학적 방법론 및 인식론의 관점에서 탐구한 켈러의 후속 연구들이 발표되면서,《유기체와의 교감》에 묘사된 매클린톡의 삶과 경험은 그동안 드러나지 않았던 20세기 유전학계 및 과학계 일반의 편향적 면모를 투사하는 중요한 역사적 렌즈로서 관심과 논쟁의 대상이 되었다.

이 글에서 우리는《유기체와의 교감》, 즉 〈매클린톡〉이라는 역사적 렌즈가 만들어지게 된 배경, 이 독특한 역사적 렌즈에 의해 투사된 20세기 유전학의 특징적인 모습들, 이에 대한 켈러의 분석, 그리고 〈매클린톡〉에 대한 여러 평가 등을 살펴볼 것이다. 본격적인 논의에 앞서 한 가지 강조하고 싶은 것은, 실제 역사적 인물인 매클린톡과 역사적 렌즈로서의 〈매클린톡〉을 명확히 구별해야 한다는 점이다(이 글에서는 홑화살괄호를 이용해 둘을 구별한다). 앞서 설명했듯 후자는 매클린톡과 켈러의 상호 작용이 만들어낸 특수한 산물로, 매클린톡에 대한 하나의 해석이자 매클린톡의 삶과 20세기 유전학의 역사를 연결 짓는 한 가지 방식이다. 바꿔 말하면, 매클린톡에 대한 해석 및 매클린톡의 삶과 유전학의 역사를 연결하는 방식은 다양할 수 있다. 〈매클린톡〉과는 다른 역사적 렌즈가 얼마든지 존재할 수 있다는 얘기다. 이에 관해서는 글의 후반부에서 논의할 것이다. 우선은 〈매클린톡〉의 탄생 배경부터 살펴보도록 하자.

〈매클린톡〉의 탄생 배경:
켈러는 왜 매클린톡에 관심을 갖게 되었나

왜 매클린톡이었을까? 켈러는 책의 서문에 이렇게 썼다. "내가 이 책을 기획할 당시에 그녀는 전혀 세상에 알려진 사람이 아니었다. 당신의 일대기를 써보겠노라는 얘기를 내가 처음 꺼냈을 때도, 그녀는 누가 세상에 드러나지 않은 사람에 대해 흥미를 갖겠느냐면서 극구 나를 말렸다."(18쪽) 당사자인 매클린톡조차 자신에 관한 전기를 쓰려는 켈러를 이해하지 못했던 듯하다. 아마 그 시기 대부분의 역사가들도 마찬가지였을 것이다. 유전학은 20세기 초에 등장한 비교적 신생 학문이었고, 이 분야에 대한 역사적 연구가 본격적으로 시작된 것은 20세기 후반에 들어서였다. 때문에 켈러가 매클린톡 전기를 기획하던 무렵, 유전학 및 유전학자들에 대한 역사적 연구는 걸음마 단계를 이제 막 벗어난 수준이었다. 전반적인 유전학의 역사를 기술한 통사通史로는 전문 역사가가 아닌 매클린톡의 동세대 유전학자들이 노년에 쓴 두 권의 책이 대표적이었고,[5] 유전학자 전기로는 노벨상을 수상한 최초의 유전학자인 "초파리 유전학의 아버지" 토마스 모건Thomas H. Morgan에 관한 전기가 한 권 출판되어 있을 뿐이었다.[6] "유전학genetics"이라는 용어를 처음 제안하고 이 신생 분야를 제도화하는 데 혁혁한 공을 세운 윌리엄 베이트슨William Bateson이나 "유전자gene"라는 용어를 만들고 근대적인 유전자 개념을 정립하는 데 핵심적인 역할을 한 빌헬름 요한센Wilhelm Johannsen의 전기조차 아직 나오지 않은 상황에서, 아직 살아 있는 매클린톡에 관한 전기를 쓰는 것은 다소 우선 순위가 바뀐 것처럼 보일 수 있었다. 따라서 켈러에게는 독자를 설득할 명분이 필요했다.

5

다음 두 권의 책이 당시에 가장 널리 읽힌 유전학 통사이다. L. C. Dunn, *A Short History of Genetics: The Development of Some of the Main Lines of Thought: 1864-1939* (McGraw-HiLL Book Company, 1965); Alfred H. Sturtevant, *A History of Genetics* (Cold Spring Harbor Laboratory Press, 1965).

6

Garland E. Allen, *Thomas Hunt Morgan: The Man and His Science* (Princeton University Press, 1978). 켈러가 매클린톡에 관한 전기를 집필하고 있던 1981년에 모건의 제자이자 초파리에 X선을 쬐어 인위적인 돌연변이를 일으킨 공로로 1946년에 노벨상을 수상한 허먼 멀러Hermann J. Muller에 관한 전기가 한 권 더 출판되었다. Elof A. Carlson, *Genes, Radiation, and Society: The Life and Work of H. J. Muller* (Cornell University Press, 1981).

켈러가 밝힌 바에 따르면, 그가 매클린톡을 선택한 이유는 매클린톡이 유전학계의 "이단자"이자 "예언자"였기 때문이다.(12쪽) 그는 매클린톡의 삶이 "학문에서 이단이 생겨나는 조건과 이단적 학문의 소중한 역할에 대해 많은 생각을 하게 만들 뿐 아니라, 학문의 목적과 가치가 얼마나 다양할 수 있는지에 대해" 성찰하도록 돕는다고 주장했다.(14쪽) 실제로 이 책은 매클린톡이 왜 유전학계의 이단자가 되었는지, 학계의 정설을 거스르는 그의 이단적인 연구가 어떤 중요성을 가지는지 규명하는 데 중점을 두고 있다.

그러나 나는 켈러가 밝힌 이유가 사후적인 정당화에 가깝다고 생각한다. 그가 애초에 매클린톡에 관심을 가지게 된 데에는 좀 더 개인적인 동기가 있을 것이라고 추정하기 때문이다. 매클린톡 전기를 기획하던 당시 켈러는 유전학사에 정통한 역사가도, 유전학 분야에 오래 몸 담은 유전학자도 아니었고, 그래서 20세기 유전학사에서 매클린톡이 차지하는 위치나 위상을 정확히 이해할 만한 지식을 갖추고 있지 않았다. 당시 그의 주 관심사는 유전학의 역사가 아닌 '여성 과학자의 삶'이었다. 사실 켈러는 1963년 하버드 대학교 물리학과에서 분자생물학과 관련된 주제로 박사 학위를 받은 이론물리학자이자 분자생물학자였다.[7] 대학에서 강의와 연구를 하며 과학자의 삶을 살아가던 그는, 1969년 안식년을 맞아 집에서 두 아이를 돌보면서 여성 과학자의 삶에 대해 진지하게 성찰하게 되었다고 훗날 회고했다. 과학 연구에 더욱 열정을 가지고 승승장구하던 남성 동료 과학자와 달리, 과학에 대한 자신의 열정은 오히려 점점 사그라드는 것을 느꼈기 때문이었다. 켈러는 자신의 상태를 이해하고자 도서관으로 달려가 이전의 여성 과학자들이 겪은 운명에 관한 역사적 자료를 수집했고, 1974년부터는 이를 토대로 '과학계에서의 여성Women in Science'이라는 주제의 학부 강의를 시작했다.[8] 이때부터 그

7

켈러는 〈박테리오파지-람다의 광불활성 및 유전 정보 발현Photoinactivation and the Expression of Genetic Information in Bacteriophage-Lambda〉이라는 논문으로 박사 학위를 받았다. 당시 분자생물학자들 중 상당수가 물리학 배경을 가지고 있었다. 분자생물학의 창시자이자 노벨 생리의학상 수상자인 막스 델브뤼크Max Delbrück가 대표적이다.

8

Evelyn Fox Keller, "From Working Scientist to Feminist Critic," *The Gender and Science Reader*, eds. Muriel Lederman and Ingrid Bartsch (Routledge, 2001), 59-62.

는 자신의 수업을 듣는, 특히 과학자를 꿈꾸는 어린 여학생들을 위한 살아 있는 롤 모델의 필요성을 강하게 느꼈던 것으로 보인다. 실제로 켈러는 매클린톡을 처음 대면한 자리에서 "당신의 삶이 의미가 있고 다른 여성들에게 중요한 메시지를 줄 수 있다"는 사실을 "끈질기게" 강조하며 인터뷰를 주저하던 매클린톡을 설득했다고 밝혔다.(51쪽)

켈러가 젊은 여성 과학도를 위한 살아 있는 롤 모델로 매클린톡을 떠올린 것은 필연에 가깝다. 당시 생존해 있던 여성 과학자 중 매클린톡보다 더 화려한 경력을 가진 이는 거의 없었기 때문이다. 매클린톡은 1940년대에 미국 유전학회Genetics Society of America 부회장과 회장을 역임하고, 40대 초반의 이른 나이에 권위 있는 미국국립과학원National Academy of Sciences 정회원으로 선출된 자타 공인 미국 최고의 과학자 중 하나였다. 게다가 켈러가 그의 전기 작업을 한창 진행하던 1981년과 1982년에 매클린톡은 노벨상에 버금가는 래스커상Lasker Award과 호르위츠상Louisa Gross Horwitz Prize을 연이어 수상했는데, 이는 켈러가 자신의 선택에 더욱 확신을 가지는 계기가 되었을 것이다.

매클린톡의 화려한 경력 외에도 켈러의 선택에 영향을 미쳤을 만한 좀 더 사적인 요인이 있다. 사실 켈러는 매클린톡을 인터뷰하기 20년 전쯤 이미 그를 만난 적이 있었다. 대학원생 시절 학위 논문에 필요한 분자생물학을 공부하기 위해 여름을 보냈던 콜드스프링하버 연구소에서였다. 매클린톡은 그 때에도 이 연구소에 재직하고 있었는데, 당시 이곳은 여름 방학 철마다 미국 전역과 세계 각지에서 분자생물학 연구자들이 몰려들어 각종 세미나를 여는 분자생물학의 메카와 같은 곳이었다. 젊고 야심 만만한 분자생물학자들 사이에 있었던 켈러의 눈에 매클린톡은 매우 이질적인 존재로 보였던 듯하다. 그 시절 매클린톡은 "늘 실험실이나 그 주변 어디쯤에 서 있거나, 아니면 해안이나 숲길을 따라 걷고 있었고", "항상 차분하고 대단히 초연해 보였으며, 그래서 조금은 이상하게 느껴지기도 했다"라고 켈러는 회상했다.(48쪽) 그는 당시 한 번도 매클린톡에게 말을 건 적이 없었는데, 이는 그의 관심사인 "분자생물학이 그녀의 작업과 전혀 다른 분야"이기도 했고, "남들이 그랬듯" 그 역시 "그 특이한 여성에 대해 아무런 관심이 없었기 때문"이었다.(48쪽) 그랬던 켈러가 새삼스레 매클린톡의 삶에 관심을 가지게 된 것은 여성 과학자로 산다는 것의 어려움을 그동안 스스로 경험한 덕분이었을 것이다. 1900년대 초에 태어나 반세기 이상을 여성 과학자로 살아온 매클린톡은, 그 오랜 세월 동안 과학계에 몸 담으며 어떤 편견과 어려움을 겪었을까. 그리고 그것을 어떻게 이겨내고 탁월한 업적을 쌓을 수 있었던 것일까. 켈러는 이런 궁금증을 마음 속에 품은 채 20년 만에 다시 콜드스프링하버를 찾았다.

〈매클린톡〉의 탄생: 매클린톡이 경험하고 켈러가 기록한 20세기 유전학의 풍경

켈러는 1978년 가을부터 약 5개월간 여러 차례 매클린톡을 방문해 그의 친절하고 열정적인 안내를 받으며 20세기 유전학의 세계를 여행했다. 그리고 약 4년 뒤, 매클린톡과의 여행 기록을 정리한 《유기체와의 교감》을 세상에 공개했다. 이 특별한 여행기에는 다음의 두 가지 특징이 두드러진다. 첫 번째 특징은 켈러가 20세기 유전학의 지형, 풍경, 분위기 등을 묘사할 때 주로 매클린톡이 제공한 정보에 의존한다는 점이다. 이는 두 가지 이유 때문일 텐데, 하나는 이 작업이 일차적으로 매클린톡의 일대기에 관한 것인 만큼 켈러가 매클린톡의 이야기에 수용적인 태도를 보였다는 것이고, 다른 하나는 유전학 및 유전학사에 대한 켈러의 지식이 그리 깊지 않았다는 것이다. 두 번째 특징은 켈러가 매클린톡의 삶과 유전학의 역사를 주로 젠더의 관점에서 연결 짓는다는 점이다. 그의 서술에는 '여성 유전학자' 매클린톡과 나머지 (남성) 유전학자들 간의 차이를 강조하고 양측 사이에 벌어진 갈등을 부각하려는 경향성이 강하게 나타난다. 이는 매클린톡을 여성 과학자의 롤 모델로 만들고자 한 켈러의 의도에서 비롯된 특징일 것이다. 결과적으로, 〈매클린톡〉은 켈러의 필터링을 거친 매클린톡 개인의 경험이 중심이 된 매우 주관적인 성격의 역사적 서사를 갖게 되었다. 주관이 강하게 개입된 서사는 사건을 객관적으로 바라보는 데 방해가 되기도 하지만, 동일한 사건을 완전히 새로운 관점에서 바라보게 만드는 원천이 되기도 한다. 〈매클린톡〉은 이러한 약점과 강점을 모두 가지고 있다.

총 12개의 장으로 구성된 《유기체와의 교감》은 대체로 시대순을 따라 매클린톡의 삶과 유전학의 역사를 병치하고 둘 사이의 관계 변화를 탐색한다. 켈러가 구성한 매클린톡의 삶은 크게 2막으로 구성되는데, 제1막은 그가 코넬 대학교에서 세포학과 유전학으로 박사 학위를 받은 뒤 옥수수 세포유전학의 토대를 세우는 1920년대와 1930년대이고, 제2막은 그가 제2의 고향인 콜드스프링하버 연구소에서 유전자의

'자리바꿈' 현상을 발견하고 이를 학계에 발표한 1940년대와 1950년대이다. 이 두 시기는 매클린톡의 경력을 기준으로 구분된 것이지만, 유전학에서 일어난 중요한 변화와도 맞물려 있다. 즉, 첫 번째 시기는 염색체와 유전자 사이의 관계를 탐구하는 세포유전학이 탄생하고 꽃을 피운 시기이고, 두 번째 시기는 유전자를 분자 수준에서 탐구하는 분자생물학이 등장한 시기이다. 켈러는 매클린톡과 함께 각 시기를 여행하며, 매클린톡이 어떤 학문적 성취를 이루었고 학계 내에서 어떤 갈등을 겪었는지 집중적으로 살피고 기록했다. 이 절에서 나는 그 기록의 결과물인 〈매클린톡〉을 충실히 재구성하고자 한다. 주관적인 설명이나 평가는 가급적 배제할 것이며, 사실 관계를 바로잡거나 명확히 할 필요가 있을 때는 각주를 통해 추가 설명을 제공할 것이다. 켈러가 매클린톡의 경험을 필터링하고 가공해 만든 〈매클린톡〉의 특징적 모습을 가능한 원형 그대로 보여주기 위함이다.[9]

켈러가 매클린톡의 인생 1막에 들어섰을 때 그의 눈길을 끈 것은 매클린톡이 과학계에 자리 잡기까지 거쳐야 했던 좁은 문, 그리고 그 뒤로 이어진 험난한 길이었다. 매클린톡은 1919년 17세의 나이로 코넬 대학교 농과대학에 입학한다. 자연과학을 공부하고 싶었던 그에게는 사실 선택지가 별로 없었다. 당시 미국의 남녀 공학 대학교 중 여성이 자연과학을 공부할 수 있도록 허용한 곳은 코넬과 시카고 대학교 단 두 곳뿐이었기 때문이다. 학부에서 생물학을 폭넓게 경험한 매클린톡은 세포학과 유전학에 매료되어 1923년 대학원 진학을 선택하게 된다. 그 시기 미국 대학원 중 유전학이 개별 전공으로 개설된 곳은 컬럼비아 대학교의 모건 연구실(일명 "초파리 방Fly Room"), 하버드 대학교의 부시 연구소Bussey Institution, 코넬 대학교의 식물육종학과 단 세 곳이었는데, 이 중 앞선 두 곳에서는 여성의 입학을 허용한 적이 없었기 때문에 매클린톡에게는 코넬이 유일한 선택지였다. 이곳에서 그는 5년간 석박사 과정을 보내며 세포학과 유전학을 공부했고, 마침내 1927년 박사 학위를 받았다.[10] 1920년대까지 미국에서 이 좁은 문을 통과해 유전학자가 된 여

9
매클린톡과 켈러의 상호 작용, 즉 켈러가 매클린톡의 본래 경험을 어떻게 필터링하고 가공했는지 구체적으로 분석하는 것은 이 서평의 관심사가 아니다. 이를 위해서는 켈러가 남긴 매클린톡 인터뷰 녹음 자료를 《유기체와의 교감》과 면밀히 비교 분석하는 별도의 작업이 필요하다.

성은 매클린톡 단 한 명이었다.

대학원생 시절부터 세포학과 유전학을 함께 공부한 덕분에, 매클린톡은 두 분야를 결합해 염색체와 유전자의 관계를 연구하는 세포유전학의 가능성에 일찌감치 눈을 떴다. 그는 박사 학위를 마친 후 약 9년간을 코넬에 더 머물며 옥수수 세포유전학 분야를 개척하는 데 앞장서게 된다. 매클린톡이 이 시기에 일궈낸 대표적인 성과는 두 가지로, 하나는 10쌍의 옥수수 염색체를 크기와 형태에 따라 명확히 분류해 각각에 1번부터 10번까지 이름을 붙임으로써 옥수수 세포유전학의 기틀을 마련한 것이고, 다른 하나는 옥수수의 유전자 표식을 이용해 유전자의 움직임과 염색체의 움직임 사이에 직접적인 연관이 있음을 보인 것이었다. 특히 후자는 유전자가 염색체 위에 놓인 물리적 인자라는 모건의 가설을 실험적으로 증명한 최초의 연구였기에, 매클린톡은 이 논문 발표 이후 단숨에 유전학계 스타로 떠오른다.

매클린톡은 이런 성과들을 바탕으로 옥수수 세포유전학 분야를 황금기로 이끌면서 유전학계의 핵심 일원으로 확고히 자리 잡았다. 그러나 그가 빠르고 높게 쌓아 올린 학문적 성과도 학계의 뿌리 깊은 제도적 성차별을 극복하는 데는 별 효력을 발휘하지 못했다. 매클린톡이 가장 원했던 것은 코넬 대학교에 전임 교수로 자리를 잡는 것이었다. 학문적 고향인 그곳에는 그의 소중한 실험실과 옥수수밭, 그리고 좋은 동료들이 있었기 때문이다. 하지만 여성에게 비교적 호의적이었던 코넬조차도 가정학과를 제외하고는 1947년까지 여성에게 전임 교수 자리를 준 적이 없었다. 다른 대학들도 사정은 마찬가지여서, 여러 선배 유전학자들이 매클린톡의 취업을 위해 열심히 노력했지만 당시 연구 기관의 "책임자들은 한결같이 여자를 쓰지 않으려 했다".(158쪽)[11] 때문에 매클린톡은 박사 학위를 받고도 거의 10년간 코넬에 남아 불안정한 계약직 연

10

매클린톡은 인터뷰에서 자신은 원래 식물육종학과 대학원에 진학해 유전학을 주전공으로 삼고 싶었으나, 여성이 진학한 전례가 없어 할 수 없이 차선책으로 식물학과에 등록해 세포학을 주전공으로, 유전학과 동물학을 부전공으로 선택했다고 말했다.(82-83쪽) 그러나 당시 코넬 대학교 학사 기록에 따르면, 매클린톡 이전에 이미 식물육종학과에 여성이 석사 과정 대학원생으로 입학한 적이 있었고, 매클린톡이 이 학과에 지원한 기록은 없었다. 즉 매클린톡은 자의적으로 세포학을 주전공으로, 유전학을 부전공으로 택했던 것으로 보인다. Lee B. Kass, "Records and Recollections: A New Look at Barbara McClintock, Nobel-Prize-Winning Geneticist," *Genetics* 164 no. 4 (2003): 1251.

구원 생활을 해야 했다. 그는 그 시절을 떠올리며 켈러에게 이렇게 털어놓는다. "30대 중반이 넘은 나이로 직장을 구하려니 참으로 막막하더라고요. 더구나 과학 분야는 여자를 더 기피하는 경향이 강했으니까. 그런데 한참 이런 생각을 하다 보니까 정말 비참해지는 거예요. 이런 막다른 골목에 들어오려고 그처럼 치열하게 달려왔나 싶어서."(154쪽) "막다른 골목"에 처한 매클린톡은, 다행히 대학원 선배 루이스 스태들러Lewis Stadler의 적극적인 도움으로 1936년 미주리 대학교에 조교수로 임용된다. 하지만 그는 그곳에서 "지독한 따돌림"에 시달렸다고 회고했다. 결국 매클린톡은 임용된 지 5년 만인 1941년 6월, 자신을 "교수 회의에 끼워주지" 않고 "승진할 가망"도 없어 보이는 미주리 대학교에 "사직서"를 제출했고, 이후 다시 돌아가지 않았다.(172-174쪽)[12]

이제 켈러는 매클린톡과 함께 그의 인생 2막이 펼쳐지는 분자생물학의 태동기로 들어선다. 그리고 그의 앞에 펼쳐진 풍경은 이전 시기와 전혀 달랐다. 앞선 시기에 켈러의 눈길을 끈 것이 여성에 대한 학계

11

매클린톡이 학위를 마친 후 코넬에 10년 가까이 더 머문 것이 그를 위한 일자리가 전혀 없었기 때문인지는 확실치 않다. 매클린톡의 코넬 대학교 후배이자 연구 파트너이기도 했던 해리엇 크레이턴Harriet B. Creighton은 졸업 직후 코네티컷 여자 대학에 강사로 임용되었고, 몇 년 후에는 웰즐리 대학으로 자리를 옮겨 부교수가 되었다. 켈러는 크레이턴이 "운이 좋았"으나 "생물학자로서의 연구 활동은 그것으로 끝나버렸다"고 썼지만(155쪽), 크레이턴은 여자 대학에 자리 잡은 후에도 연구 활동을 지속했다. 다만, 연구 주제는 옥수수 세포유전학에서 식물생리학으로 바꿔야 했다. Lee B. Kass, "Harriet Creighton: Proud Botanist," *Plant Science Bulletin* 51 no. 4 (2005): 118-125. 당시 미국 내에 옥수수 세포유전학 연구를 위한 기반 시설을 갖춘 곳이 많지 않았다는 사실을 고려할 때, 매클린톡이 계약직 연구원으로 코넬 대학교에 머물렀던 것은 원하는 연구를 중단하지 않기 위한 자구책이었을 가능성이 높다. 자신의 연구를 지속할 수 있는 곳에 자리가 날 때까지 코넬에 남기로 선택한 것이다.

12

켈러는 매클린톡이 미주리 대학교를 떠난 주된 원인을 그가 여성이라는 이유로 그곳에서 받은 차별과 무시에서 찾았다. 그러나 이후에 발굴된 사료에 따르면, 매클린톡이 당시 미주리 대학교를 떠나기로 결심한 가장 큰 이유는 그가 참여하던 미주리 대학교의 '유전학 연구 프로젝트'가 와해될 수 있다는 개인적 우려였던 것으로 보인다. 대학에서 정년을 보장받더라도 그 프로젝트가 없어지면 자신의 연구를 지속하기 어렵다는 불안감에 매클린톡은 "사직서"가 아닌 무급 휴직계를 제출했고, 휴직 기간 중 다른 일자리를 알아보았던 것이다.(174쪽) 또한 "나를 교수 회의에 끼워주지 않았"다고 분개한 매클린톡의 말은 오해의 소지가 있는데, 당시 대학 규정에 따르면 조교수는 교수 회의에 참석할 수 없었다. 이와 별개로, 당시 미주리 대학교의 교수 클럽Faculty Club은 남성 교수들에게만 열려 있던 사교 공간이었다고 한다. Lee B. Kass, "Missouri Compromise: Tenure or Freedom. New Evidence Clarifies Why Barbara McClintock Left Academe," *Maize Genetics Cooperation Newsletter* 79 (2005): 52-71.

의 제도적 차별이었다면, 두 번째 시기에 그의 관심을 사로잡은 것은 매클린톡이 겪은 학문적 고립이었다. 이 시기 매클린톡은 안정된 직장과 훌륭한 연구 환경이라는 두 마리 토끼를 잡는 데 성공한다. 콜드스프링하버 연구소에 연구원으로 채용되었기 때문이다. 미주리 대학교를 떠난 매클린톡은 그의 대학원 선배이자 당시 콜드스프링하버 연구소 연구원이었던 밀리슬라프 데메렉Milislav Demerec의 초청으로 그해 여름을 연구소에서 보냈다. 이 연구소는 당시 록펠러 재단과 함께 미국 과학 기술 발전에 가장 크게 기여한 카네기 재단이 유전학 연구를 위해 세운 곳으로, 자유로운 분위기와 충분한 재정적 지원 덕분에 유전학 실험 및 연구를 위한 훌륭한 환경을 갖추고 있었다. 여름 내내 그곳에 머물며 분위기를 익힌 매클린톡은 연구소 환경이 "참 좋았"다고 회상한다.(219쪽) 그해 겨울, 연구소 소장으로 승진한 데메렉은 매클린톡에게 1년짜리 초빙 연구원 자리를 제안했고, 매클린톡은 이를 수락했다. 그리고 1943년 1월, 매클린톡은 마침내 연구소의 정규직 연구원으로 채용된다.[13]

학생을 지도할 의무도, 잡다한 행정 업무나 회의에 참여할 필요도, 정기적으로 일정 수 이상의 논문을 발표할 의무도 없었던 콜드스프링하버 연구소는 자신의 리듬에 맞춰 자유롭게 연구할 수 있는 환경을 꿈꿔왔던 매클린톡에게 더없이 좋은 직장이었다. 게다가 이곳에는 그의 주 실험 재료인 옥수수를 심을 땅도 충분했다. 이 완벽한 환경에서 매클린톡은 훗날 그에게 노벨상을 안겨줄 연구에 본격적으로 착수한다. 매클린톡은 약 10년 전, 세포 분열 중 옥수수 염색체의 일부가 동그라미 모양으로 떨어져 나오고, 그것이 잡색무늬 돌연변이로 이어지는 특이한 현상을 발견했다. 이 발견을 시작으로 그는 세포 분열 중 염색체가 분절, 접합, 소실되는 다양한 행동 패턴을 관찰하면서, 그것이 어떤 돌연변이로 이어지는지 추적하는 작업에 매진했다. 이 작업은 그가 콜드

13

매클린톡이 콜드스프링하버 연구소의 초빙 연구원이 되고 몇 달 후, 미주리 대학교 측에서 매클린톡에게 정년이 보장되는 부교수로의 승진을 제안했다. 켈러는 대학 측의 이런 태도 변화가 "이제 곧 매클린톡이 미국 과학아카데미의 정식 회원으로 임명된다는 소문" 때문이었다고 서술했지만(180-181쪽), 사실 이것은 미주리 대학교와 콜드스프링하버 연구소가 매클린톡을 끌어 오기 위해 벌인 줄다리기로 보는 것이 더 합리적이다. 실제로 매클린톡이 승진 제안을 받은 직후 데메렉은 매클린톡을 정규직 연구원으로 채용하기 위해 발빠르게 행동했고, 결국 매클린톡은 1942년 5월말 미주리 대학교의 제안을 거절하고, 콜드스프링하버 연구소를 선택했다. Lee B. Kass, "Missouri Compromise: Tenure or Freedom," 52-71.

스프링하버로 자리를 옮긴 후 본격화되어, 1940년대 중반에는 '자리바꿈' 현상의 원인이 되는 염색체의 복잡한 행동 패턴을 추적할 기틀을 마련하게 된다. 매클린톡이 보기에 유전자의 '자리바꿈'은 염색체 조각이 우연히 떨어져 나와 불규칙하게 움직이는 비정상적이고 예외적인 현상이 아니라, 세포 분화와 발생을 통제하는 정교한 유전자 조절 시스템의 일부였다. 따라서 그는 이 움직이는 염색체 조각을 "조절 인자controlling elements"라고 명명한다.[14] 그리고 마침내 1950년, '조절 인자'가 어떻게 세포 분화 및 발생을 조절하는지 설명하는 '조절 이론'을 완성했다.

매클린톡은 자신이 발견한 '조절 인자'가 유전자에 대한 기존의 패러다임을 완전히 바꿀 것이라고 믿어 의심치 않았다. 자신의 연구는 유전자가 실에 꿴 구슬처럼 염색체 위에 고정된 존재가 아닌, 염색체 위를 이리저리 돌아다니며 스스로 조절하는 역동적인 존재임을 보여주며, 이는 아직 미지의 영역으로 남아 있는 세포 분화 및 발생 메커니즘을 이해하는 열쇠가 될 것이라고 확신했던 것이다. 매클린톡은 그간의 연구결과를 간략히 정리한 논문을 1950년 가을에 출판했고, 구체적인 내용은 이듬해 여름에 열리는 콜드스프링하버 연례 심포지엄에서 발표하기로 결정했다. 전 세계 일류 유전학자들이 한자리에 모이는 이 심포지엄을 자신의 혁신적인 연구를 선보일 무대로 선택한 것이다. 그러나 클라이맥스가 되었어야 할 심포지엄 발표는, 반대로 안티클라이맥스가 되고 말았다. 발표가 끝난 뒤 300명 가까운 청중들 사이에서는 긴 침묵이 이어졌고, 이후 "무슨 소린지 도무지 알 수가 없군. 저 여자, 도대체 뭐라는 거야?"라는 불평이 터져 나왔다.(281쪽) 당시 발표장의 분위기를 회상하며 매클린톡은 켈러에게 이렇게 말했다. "말이 통하지 않는다는 게 정말 기가 막혔어요. 그러다 어느 순간 내가 지금 조롱거리가 되고 있다는 걸 깨달았어요. 나더러 진짜 미쳤다고 수근거리는 소리도 들렸거든요."(283쪽) 매클린톡은 이후로도 몇 차례 같은 내용을 새로 정리해 발표했지만, 돌아오는 반응은 언제나 냉담했다. 결국 그는 소통 의지를 완전히 상실했고, 유전학계로부터 점차 고립되어 갔다.

14
'조절 인자'는 매클린톡만 사용했던 특별한 용어이고, 일반적으로는 '전이 인자transposable elements', '뛰는 유전자jumping genes', 또는 '트랜스포존transposon'으로 불린다. 이후 설명하겠지만, 이런 용어 차이는 이 움직이는 유전자의 기능에 관한 매클린톡과 다른 유전학자들 간의 견해 차이를 반영한다.

〈매클린톡〉이 던져준 과제: 새로운 역사적 사실, '매클린톡의 고립'을 어떻게 이해할 것인가

대체 무엇이 문제였을까? 매클린톡은 왜 다른 (남성) 유전학자들을 설득하는 데 실패한 것일까? 그들은 왜 매클린톡의 연구를 수용하지 못했을까? 무엇이 이들의 소통을 가로막은 것일까? 만약 매클린톡의 연구가 영원히 잊혔더라면 이런 질문을 던질 필요조차 없었을 테지만, 30년의 세월이 지나 매클린톡의 발견이 재조명되고 재평가되는 것을 목격한 켈러는 이 질문을 피할 수 없었다. '매클린톡의 고립'을 중요한 역사적 사건으로 다루기로 한 것이다. 그는 '고립'의 책임을 매클린톡에게 일방적으로 돌리는 것은 "옳지 않다"라고 단언한다. "그녀가 남들보다 너무 앞서갔다고 하는 말" 역시 "갈등의 전말을 설명하기엔 충분하지 않다"라고도 지적한다.(291쪽) 켈러가 보기에 매클린톡의 고립은 매클린톡 개인이 아닌 유전학계, 더 넓게는 과학계가 가진 근본적인 문제에서 비롯된 것이기 때문이다. 그것은 바로 다양한 과학적 방법론을 허용하지 않는 과학계의 편향성이다.

켈러가 관찰한 바에 따르면, 매클린톡이 생명체에 접근하는 방식은 과학자보다는 오히려 신비주의자를 닮았다. "주체와 객체의 확연한 분리" 및 이를 통한 "'절대적 객관성'을 강조"하는 대다수의 과학자와 달리, 매클린톡은 대상과 온전히 하나가 되는 경험을 통해 진리에 다가갔기 때문이다.(240쪽) 실제로 매클린톡은 켈러에게 이렇게 설명한다. "내가 정말로 거기에만 몰두했을 때, 나는 더 이상 염색체 바깥에 있지 않았어요. 그 안으로 들어간 거죠. 그들의 시스템 속에서 그들과 함께 움직인 거예요."(238쪽) 매클린톡이 '대상과 하나가 되는 경험'을 추구한 이유는 무엇일까? 켈러는 그 이유를 매클린톡이 가진 독특한 자연관에서 찾았다. 매클린톡은 자연의 질서가 인간의 상상력을 훨씬 초월하는 복잡성과 정교함을 가지고 있다고 인식했다. 따라서 자연을 이해하기 위해서는 인간이 생각해 낸 빈약한 이론이나 법칙에 들어맞는 현상만 찾아다닐 것이 아니라, 자연이 보여주는 것을 편견 없이 그대로 수용하는 자세를 가져야 한다고 믿었다. 즉, 기존의 이론에 맞지 않는 현상을 '예외적인 것' 또는 '사소한 것'으로 치부하는 대신, 특별한 관심을 가지고 그것의 존재 이유를 살펴보아야 더 큰 자연의 질서에 다가갈 수 있다는 것이다. 이를 위해 과학자(주체)는 자연(객체) 외부에 머물지 말고 과감히 그 속으로 들어가야 한다. 자신을 잊고 자연과 하나가 되는

체험을 통해서만 그 안에서 일어나는 미세한 차이와 변화를 감지할 수 있기 때문이다.[15] 이런 방식으로 생명체를 탐구한 매클린톡은 켈러에게 자신 있게 말했다. "나는 옥수수라는 식물의 모든 것을 완벽하게 이해했어요."(210쪽)

켈러는 매클린톡의 이런 독특한 연구 방식이 과학계에 수용되지 않은 것은 크게 두 가지 이유 때문이라고 분석한다. 첫 번째 이유는 과학이라는 학문 활동에 내재한 가부장성 혹은 남성성이다. 그는 관찰자와 자연을 주체와 객체로 엄격히 이분화하고, 전자를 능동적인 존재로, 후자를 수동적인 존재로 인식해 온 자연 탐구 활동의 오래된 전통에서 가부장적 위계를 읽어냈다. 이러한 가부장적 태도는 언어 습관에서도 드러나는데, 수동적인 자연을 여성에, 이를 도구화하고 착취하는 인간을 남성에 비유해 온 것이 대표적이다. 이런 맥락에서, 매클린톡이 '대상과 하나가 되는 경험'을 추구하며 주체와 객체의 이분법에 저항한 것은 과학에 내재한 가부장적 질서에 대한 도전으로 읽힐 수 있었다.[16] 실제로 켈러는 매클린톡이 추구한 과학 활동을 젠더 간의 위계를 허무는 '젠더 중립적인 과학gender-free science'으로 이해한다. 매클린톡은 젠더 중립적인 과학을 추구함으로써 과학이 남성의 전유물이 아닌, 인간의 활동임을 주장했다는 것이다. 그러나 아이러니하게도, 남성 중심 사회였던 과학계에서 매클린톡의 독특한 연구 방식에는 늘 '여성feminine'이라는 성정체성 딱지가 따라다녔다.[17] 대다수의 남성 과학자는 매클린톡의 연구 방식을 수용하지 않았고, 매클린톡이 생명체와의 교감을 통해 얻은 지식을 "도무지 알아들을 수 없는 소리"로 여겼다고 켈러는 주장한다.(291쪽)[18]

15
매클린톡의 연구 방식이 가진 특성은 켈러가 2년 뒤에 출판한 《과학과 젠더*Reflections on Gender and Science*》에서 좀 더 구체적으로 논의된다. Evelyn Fox Keller, "A World of Difference," *Reflections on Gender and Science* (10th Anniversary Edition) (Yale University Press, 1995), 158-176.

16
주체와 객체의 관계를 젠더의 관점에서 분석한 켈러의 논의는 다음의 에세이를 참조하라. Evelyn Fox Keller, "Part Two. The Inner World of Subjects and Objects," *Reflections on Gender and Science*, 67-126.

17
Evelyn Fox Keller, *Reflections on Gender and Science*, 172-176.

켈러가 제시한 두 번째 이유는 유전학에서의 급격한 연구 방법론 변화이다. 유전학이 처음 등장한 20세기 초, 이 신생 분야는 교배 실험을 통해 유전 형질이 다음 세대로 전달되는 과정을 관찰하고, 이를 통계적으로 분석해 유전 법칙을 정립하는 학문이었다. 이때 유전자는 물리적 실체가 아닌 유전 법칙을 표현하기 위한 이론적 도구로 취급되었다. 그러나 1910년대 중반, 컬럼비아 대학교의 초파리 유전학자들이 염색체 위에 개개 유전자의 위치를 표시하는 염색체 지도를 만들어내면서, 유전자가 염색체 위에 실에 꿴 구슬처럼 가지런히 놓인 물리적 실체일 가능성이 제기되었다. 그리고 1930년대, 물리학에서 생물학으로 넘어온 일군의 과학자들은 가장 단순한 생명체인 박테리아와 바이러스를 이용해 생명체의 기본 단위로 알려진 유전자의 물리 화학적 구조와 특성을 분석하기 시작했다. 분자생물학의 시대가 도래한 것이다. 요컨대, 유전학이 탄생해 30여 년의 세월이 흐르는 동안, 유전학은 교배 실험과 통계 분석을 하는 학문에서 유전자DNA의 물리 화학적 구조와 기능을 분석하는 학문으로 변화했고, 실험 재료도 초파리, 옥수수, 생쥐 등의 복잡한 유기체에서 박테리아와 바이러스 같은 단순한 유기체로 바뀌었다. 무엇보다 중요한 것은 유전을 발생, 진화와 같은 유기체 전체의 생명 현상과 연관해 통합적으로 이해하려는 전통이 점차 중심에서 밀려나고, 유전자를 유기체에서 분리해 따로 연구하는 새로운 흐름이 주류를 형성하기 시작했다는 점이다.

켈러에 따르면, 매클린톡은 인터뷰 당시까지도 유전학에서 일어난 이런 변화에 매우 비판적인 태도를 보였다. 유전자를 유기체와 따로 분리해 연구하는 방식으로는 세포 분화 및 발생 시 유전자의 발현이 조절되고 제어되는 과정을 추적하는 것이 불가능하다고 여겼기 때문이다.

18

매클린톡과 다른 유전학자들 간의 소통 문제에 관한 켈러의 주장은 매클린톡의 증언에 주로 기대고 있다. 예컨대, 매클린톡은 인터뷰에서 이렇게 말했다. "실험실에서 답을 알아낸 순간에는 사실 [종이와 연필을 들고 끼적거리는] 그런 짓은 하나도 안 했거든요. 그런데도 남들에게 설명하려니 그럭저럭 이야기가 꾸며지긴 하더라고요. 나는 좀 복잡하지만 그 답이 추론되는 과정을 단계별로 하나하나 그려내며 설명을 했죠. [...] 하지만 나는 원래 종이에다 그런 도식을 쓰면서 답을 끌어낸 게 아니거든요." "내가 왜 남들과 전혀 다른 방식으로 옥수수에 접근했는지, 단지 과학의 언어만 가지고는 그걸 설명할 수 없어요. [...] 다른 사람한테 설명할 수가 없는데도 내가 옳다고 믿는 까닭은 무엇일까요? 남들이 보기에는 내가 별로 자신이 없는 것처럼 느껴졌을 수도 있어요. 하지만 내 안에는 흔들림 없는 확신이 있었어요."(213-214, 400쪽)

실제로 분자생물학자들이 염색체에서 유전 물질을 분리하고 그 구조와 기능을 규명하는 연구를 진행하던 1940년대와 1950년대에, 매클린톡은 세포 분열 과정에서 염색체가 보이는 복잡한 행동을 관찰하고, 그 각각의 행동이 옥수수 식물에 어떤 형질 및 돌연변이로 이어지는지 세세하게 추적했다. 분자생물학자들의 관심이 유전 물질 자체에 집중된 것에 반해, 매클린톡의 관심은 세포 분화와 발생을 조절하는 전체 유전 조절 시스템으로 확장되고 있었던 것이다. 켈러에 따르면, 생명체의 기본 단위가 되는 물질을 분석함으로써 가장 근본적인 생명 원리를 찾고자 한 분자생물학자들에게, 옥수수에서 일어나는 아주 작은 변화까지 일일이 관찰하고 기록하여 유기체 전체의 복잡한 질서에 접근하는 매클린톡의 연구 방식은 따라갈 수도, 이해할 수도 없는 번잡하고 난해한 것이었다. 결국 분자생물학이 유전학의 주류를 형성하게 됨에 따라 매클린톡의 복잡하고 난해한 연구는 점차 유전학자들로부터 외면받게 되었다고 켈러는 설명한다.

그러나 30여 년이 지난 뒤인 1980년대 초, 켈러는 학계의 관심이 다시금 매클린톡에게 쏟아지는 장면을 목격한다. 그동안 무슨 변화가 일어난 것일까? 과학계에 내재한 가부장적 질서가 무너지고 객체와 주체의 관계가 재정립된 것일까? 아니면 분자생물학자들이 틀렸고 매클린톡이 옳았음이 밝혀진 것일까? 그렇지는 않다. 매클린톡의 연구가 주목받게 된 것은 옥수수에서만 일어나는 특수한 현상인 줄 알았던 '자리바꿈' 현상이 박테리아, 초파리 등의 생명체는 물론, 인간에게서도 흔히 발견되는 보편적인 현상임이 밝혀졌기 때문이다. 더불어 이 현상은 항체가 만들어지는 메커니즘이나 유전 형질의 발현이 조절되는 일부 메커니즘과도 관련이 있음이 알려졌다. 그렇지만 매클린톡이 주장한 '자리바꿈' 현상과 세포 분화 및 발생의 관계에 대해서는 여전히 대다수의 과학자들이 회의적인 입장을 보이고 있다. 그러니 '조절 인자'가 세포 분화와 발생을 이해하는 열쇠가 될 것이라는 매클린톡의 예언은 아직 이루어지지 않은 셈이다. 그럼에도 불구하고, 켈러는 그동안 헛소리로 취급되어 왔던 매클린톡의 주장이 점차 사실로 드러나고 있음을 강조한다. 즉, 유전 정보를 품고 염색체에 얌전히 자리한 줄 알았던 유전자가 알고 보니 유전 형질 발현에 훨씬 적극적으로 개입하는 역동적인 존재임이 점차 명백해지고 있다는 것이다.[19] 실제로 '자리바꿈' 현상을 연구한 분자생물학자 니나 페도로프Nina Fedoroff는 매클린톡이 사망한

1992년 그에게 헌정하는 논문집을 출판하며 그 제목을 《역동적인 유전체*The Dynamic Genome*》라고 지었다.[20] 매클린톡이 학계에 남긴 기여를 이렇게 요약한 것이다. 그래서 켈러는 이렇게 생각한다. 매클린톡의 예언은 실패했거나 아직 이루어지지 않은 것이 아니라, 이루어지고 있는 중이라고.

〈매클린톡〉에 대한 비판: '매클린톡의 고립'은 실재한 역사적 사건인가?

매클린톡과의 긴 여행에서 돌아온 켈러는 여행 중 작성한 기록을 살피며 "'비정상적이고 예외적인' 경우들에 주목해야 한다"는 매클린톡의 말을 계속해서 곱씹었다.(18쪽) 매클린톡의 철학을 요약하는 이 말은 한편으로는 이론에 맞지 않는 현상을 '비정상'이나 '예외'로 취급하는 과학 방법론에 대한 비판으로, 다른 한편으로는 자신들과는 다른 방법론과 언어를 사용한 매클린톡을 이단자로 취급한 과학계에 대한 비판으로 읽힐 수 있다. 켈러는 매클린톡의 삶, 특히 '매클린톡의 고립'이라는 역사적 사실에서 이 같은 교훈을 얻은 듯 보인다. 그는 책 서문 말미에 이렇게 썼다. "이 책 《유기체와의 교감》은 한 여성이 과학을 이해한 고유한 방식을 서술함으로써, 과학이 결코 하나가 아니라 사실상 여러 개로도 가능하다는 점을 밝히고 있다. 나 역시 [...] '정통'이라고 여기는 것과는 전혀 다른 시각들도 얼마든지 가능하다는 점을 깨우칠 수 있었다."(20쪽)

《유기체와의 교감》을 읽은 많은 이가 켈러의 말에 공감했지만, 모두가 그랬던 것은 아니다. 여러 학자가 켈러의 핵심 주장에 의문을 제기했다. 매클린톡이 다른 과학자들과 전혀 다른 방법으로 생명체를 탐구했다는 켈러의 주장은 사실일까? 매클린톡이 과학계에서 고립된 것이 정말로 그의 독특한 연구 방법 때문이었을까? 아니, '매클린톡의 고립'

19
켈러는 《유전자의 세기는 끝났다*The Century of the Gene*》에서 이 문제를 인간 게놈 프로젝트와 연관지어 구체적으로 논의한다. 이블린 폭스 켈러, 《유전자의 세기는 끝났다》, 이한음 옮김(지호, 2002).

20
Nina Fedoroff and David Bostein, eds., *The Dynamic Genome: Barbara McClintock's Ideas in the Century of Genetics* (Cold Spring Harbor Laboratory Press, 1992).

자체가 역사적 사실이긴 한 것일까? 나는 《유기체와의 교감》이 출판된 후 제기된 다양한 비판들 중 핵심적인 두 가지를 살펴보고자 한다. 하나는 매클린톡의 연구 방법론에 관한 것이고, 다른 하나는 매클린톡이 학계에서 고립된 원인에 관한 것이다.

앞서 살펴보았듯 켈러는 매클린톡의 연구 방법론이 유기체와 교감하고feeling, 전체를 통합적으로 보며holistic, 직관intuition을 따르는 특징을 보인다고 주장했다. 켈러는 이를 '젠더 중립적인 과학'으로, 다른 많은 여성주의 연구자는 '여성 과학feminine science'으로 규정하는 것을 선호했지만, 매클린톡의 연구 방법을 유기체와 분리되고detached, 전체를 부분들로 해체하며reductionist, 이성reason을 따르는 '남성 과학masculine science'과 선명하게 대비했다는 점에서는 양쪽 간에 큰 차이가 없었다. 이들의 주장에 다양한 비판이 제기되었지만, 가장 직접적이고 강력한 것은 매클린톡이 남성 과학자들과는 다른, 표준적이지 않은, 여성적인 또는 젠더 중립적인 방법을 사용하여 생명체를 더 깊게 그리고 더 잘 이해했다는 서사 자체가 "문학적 허구literary fiction"라는 주장이다.[21] 이러한 주장을 뒷받침하는 새로운 매클린톡 전기가 2001년에 발표되었다. 바로 과학사가 너새니얼 컴포트Nathaniel C. Comfort의 《매클린톡의 옥수수 밭*The Tangled Field*》이다. 이 책에서 컴포트는 매클린톡이 실제로 수행한 과학 활동을 자세히 재구성하여 보여주는데, 이때 묘사된 매클린톡의 연구 방식은 다른 세포유전학자들의 방식과 본질적으로 다르지 않았다. 컴포트에 따르면, 매클린톡은 복잡한 실험 설계 및 문제 해결을 위해 고도의 논리적 이성을 사용했고, 생명체에서 세포를 분리하여 이를 현미경 표본으로 만들 때는 대상을 능숙하게 분해하고 통제하는 조작자가 되었으며, 현미경을 통해 염색체의 행동을 추적할 때는 대상과 분리된 객관적 관찰자의 태도를 보였다.[22] 켈러 및 많은 여성주의 연구자가 '남성 과학'으로 규정한 특징들이 매클린톡의 연구 활동에서도 그대

21
Evelleen Richards and John Schuster, "The Feminine Methods as Myth and Accounting Resource: A Challenge to Gender Studies and Social Studies of Science," *Social Studies of Science* 19 no. 4 (1989): 714. 이 저널의 같은 호에는 켈러의 반박 논문도 함께 실렸다. Evelyn Fox Keller, "Just What is So Difficult about the Concept of Gender as a Social Category? (Response to Richards and Schuster)," *Social Studies of Science* 19 no. 4 (1989): 721-724.

로 나타났던 것이다. 만약 매클린톡의 연구 방식이 다른 (남성) 유전학자들과 본질적으로 다르지 않았다면, 생명체를 이해하는 그의 남다른 능력은 대체 어디서 온 것일까? 컴포트는 이를 현미경과 표본을 다루는 매클린톡의 탁월한 솜씨에서 찾았다. 숙련도가 높은 의사일수록 같은 엑스레이 사진에서 더 많은 정보를 더 빠르고 더 정확하게 읽어낼 수 있듯이, "현미경의 귀재Wizard of the Microscope"였던 매클린톡은 옥수수 염색체에서 일어나는 변화를 남들보다 더 빠르게, 더 정확히, 더 자세히 포착할 수 있었다는 것이다.[23] 컴포트가 묘사하는 이런 매클린톡의 모습은《유기체와의 교감》에 묘사된 매클린톡의 모습과 여러 지점에서 충돌한다. 그리고 이러한 충돌은 〈매클린톡〉이 가진 약점, 즉 켈러가 매클린톡의 과학 활동에 대한 구체적인 분석을 사실상 생략했다는 치명적인 문제를 뼈아프게 드러냈다. 실제로 켈러는 매클린톡의 연구에 대한 깊은 이해 없이, 매클린톡이 자신의 연구 방법과 능력을 묘사하는 데 사용한 극적인 수사와 비유적 표현을 액면 그대로 수용하고 이를 '젠더 중립적인 과학'으로 무리하게 정식화한 면이 있다.[24] 매클린톡을 여성 과학자의 롤 모델로 만들고자 한 켈러의 강한 열망이 빚어낸 결과였을 것이다.

만약 매클린톡의 연구 방법론이 다른 세포유전학자들과 다르지 않았다면, 도대체 매클린톡은 왜 학계에서 고립된 것일까? 혹시 그의 고립이 사실이 아니거나, 다른 이유가 있었던 것은 아닐까? 컴포트는 '매클린톡의 고립'을 매클린톡과 켈러가 만들어낸 일종의 '신화myth'로 규정한다. 매클린톡이 1951년의 심포지엄 발표 이후 학계에서 완전히 무시당하고 소외되었다는 켈러의 묘사는 지나치게 과장된 것이며, 그 원인

22

Nathaniel C. Comfort, *The Tangled Field: Barbara McClintock's Search for the Patterns of Genetic Control* (Harvard University Press, 2001).

23

Nathaniel C. Comfort, *The Tangled Field*, 49-56.

24

컴포트는 과학자가 실제로 수행한 연구에 대한 구체적인 분석 없이는 그 과학자를 둘러싼 사회적 맥락도 이해할 수 없음을 강조하며, 매클린톡의 과학 활동에 대한 정확한 이해 없이 이를 '젠더'라는 사회적 맥락에서 분석한 켈러 및 다른 여성주의 연구자들을 비판한다. Nathaniel C. Comfort, *The Tangled Field*, 6-7, 12.

에 대한 분석 역시 잘못되었다는 것이다. 컴포트가 새롭게 발굴한 사료에 따르면 당시 매클린톡의 발표를 들은 한 참석자는 '염색체 조직과 유전자 발현'에 관한 매클린톡의 발표가 특히 흥미를 불러일으켰다는 후기를 《사이언스*Science*》에 남겼고, 심포지엄 당시에 찍힌 사진들에는 매클린톡이 여러 과학자에 둘러싸여 토론하는 모습이 담겨 있다. 또한 컴포트가 인터뷰한 당시 심포지엄 참석자들은 매클린톡이 설명하는 '자리바꿈' 현상은 이해했지만, 그것이 세포 분화 및 발생 조절과 연관이 있다는 그의 '조절 이론'은 받아들일 수 없었다고 증언했다. 매클린톡이 이를 뒷받침할 실험적 증거를 제시하지 못했다는 것이 그 이유였다.[25] 흥미롭게도 켈러 역시 당시 학계에 수용되지 않은 것은 매클린톡의 '조절 이론'이지, '자리바꿈' 현상 자체가 아님을 어렴풋이 인지하고 있었다. 그러나 그는 당시 상황을 매클린톡의 입장에서 바라보았다. 매클린톡 외에도 '자리바꿈' 현상을 연구한 옥수수 유전학자들이 있었지만, "이들이 생각하는 방식과 차원은 [매클린톡과] 전혀 달랐"기 때문에 그들은 "서로 통할 수 없었"다는 것이다.(286쪽) 실제로 당시에 '자리바꿈' 현상을 연구한 옥수수 유전학자들 중 움직이는 유전자(염색체 조각)를 '조절 인자'라고 명명한 이는 매클린톡뿐이었고, 다른 이들은 이를 '전이 인자transposable elements'라고 부르며 매클린톡의 '조절 이론'과는 거리를 두었다. 왜 그랬을까? 매클린톡의 연구, 그가 동료들과 주고받은 서신, 심포지엄 참석자들의 증언 등을 면밀히 검토한 컴포트는 이렇게 결론 내렸다. 매클린톡의 '조절 이론'이 수용되지 않은 것은 그의 성별이나 독특한 연구 방식 때문이 아니라, 그가 이를 입증할 충분한 실험 증거를 제시하지 못했기 때문이다.[26]

컴포트의 주장은 켈러의 서사가 만들어낸 '매클린톡의 고립'이라는 역사적 사실, 그리고 그 원인을 분석하기 위해 켈러가 진행한 20세기

25

Nathaniel C. Comfort, ""The Real Point is Control": The Reception of Barbara McClintock's Controlling Elements," *Journal of the History of Biology* 32 no. 1 (1999): 133-162; *The Tangled Field*, 1-16, 157-186.

26

Nathaniel C. Comfort, *The Tangled Field*, 126-156. 앞 절에서 언급했듯 매클린톡이 발견한 '자리바꿈' 현상의 중요성은 널리 인정되었지만, 이 현상이 세포 분화 및 발생 조절과 관련 있다는 '조절 이론'은 현재까지도 학계에서 수용되지 않는다.

유전학에 대한 여러 비판적 연구를 무색하게 만드는 측면이 있다. 컴포트가 새롭게 구성한 매클린톡 서사에 따르면, '매클린톡의 고립'은 실제 벌어진 역사적 사건이라기보다는 매클린톡의 심리 상태를 묘사한 것에 가까우며, 그 주요 책임 역시 과학계가 아닌 자신이 만든 '조절 이론'을 실험적으로 입증하지 못한 매클린톡 자신에게 있기 때문이다.

'고립'의 새로운 역사적 의미: 분자생물학의 발흥과 옥수수 유전학의 쇠퇴, 그리고 매클린톡의 저항

컴포트의 주장은 설득력이 있다. 무엇보다 그가 제시하는 새로운 매클린톡 서사는 매클린톡과 켈러의 주관이 강하게 개입된 기존의 서사에 포함된 여러 가지 과장된 묘사와 오류를 바로 잡고, 매클린톡의 삶을 좀 더 객관적인 맥락에서 이해할 수 있게 만들어준다. 그럼에도 불구하고, 나는 '매클린톡의 고립'을 단순히 매클린톡 개인의 심리적 상태로 치부하는 것은 이 사건의 역사적 의미를 지나치게 축소하는 것이라고 생각한다. 매클린톡이 유전학계에서 실제로 고립되거나 주변부로 밀려난 적이 없다는 컴포트의 주장에는 절반의 진실만이 담겨 있기 때문이다.

켈러와 컴포트가 단일 집단으로 상정한 '유전학계'는 사실 서로 다른 실험 재료를 가지고 다른 종류의 연구를 수행했던 여러 이질적인 연구 집단으로 구성되어 있었다. 미국 유전학계의 경우 1930년대까지 크게 초파리 유전학, 옥수수 유전학, 생쥐 유전학 집단으로 나뉘어 있었고, 매클린톡은 이 중 옥수수 유전학 그룹에 속해 있었다.[27] 옥수수 집단 내에서만 보자면, 매클린톡은 고립된 적도 주변부로 밀려난 적도 없는 것이 사실이다. 그렇지만 시야를 유전학계 전체로 넓히면 이야기가 달

27
각각의 집단은 공식적인 모임을 가지고, 정기적으로 발간된 소식지를 통해 연구와 관련된 각종 정보를 공유했으며, 실험 재료를 서로 공유했다. 초파리 그룹에 대해서는 Robert E. Kohler, "Ch7. Fly People" and "Ch8. The *Drosophila* Exchange Network," *Lords of the Fly: Drosophila Genetics and the Experimental Life* (The University of Chicago Press, 1994)를, 생쥐 그룹에 대해서는 Karen A. Rader, ""The Mouse People": Murine Genetics Work at the Bussey Institution, 1909-1936," *Journal of the History of Biology* 31 no. 3 (1998): 327-384를, 옥수수 그룹에 대해서는 Edward H. Coe, "The Origin of Maize Genetics," *Nature Reviews Genetics* 2 no. 11 (2001): 898-905; Lee B. Kass, Christophe Bonneuil, and Edward H. Coe, Jr., "Cornfest, Cornfabs and Cooperation: The Origin and Beginnings of the Maize Genetics Cooperation News Letter," *Genetics* 169 no. 4 (2005): 1787-1797를 참조하라.

라진다. 세계가 패권을 둘러싼 국가간 경쟁을 통해 발전한 측면이 있듯, 미국 유전학계도 세부 집단이 서로 주도권 경쟁을 하며 발전한 면이 있다. 가장 먼저 패권을 장악한 집단은 1910년대와 1920년대에 고전 유전학의 발전을 이끈 초파리 유전학자들이다. 이들은 빠른 속도로 대량의 돌연변이를 생산하는 초파리의 특성을 이용해 염색체 위에 유전자의 상대적 위치를 표시하는 염색체 지도 작업을 주도했다. 1930년대에는 매클린톡이 속한 옥수수 집단이 패권을 넘겨받았다. 이들은 옥수수의 염색체 크기가 초파리 염색체에 비해 훨씬 크고 관찰이 용이하다는 장점을 이용해 염색체의 행동과 돌연변이 형성의 관계를 연구하는 세포유전학 발전을 이끌었다. 이때 탁월한 세포 표본 제작 능력을 바탕으로 옥수수 유전학을 유전학계 중심에 올려놓는 데 혁혁한 공을 세운 인물이 바로 매클린톡이다. 그러나 1930년대 중반 미생물을 실험 재료로 삼은 분자생물학이 새롭게 등장했고, 1940년대 이후에는 유전학의 패권이 이들에게 넘어가게 된다. 이때 조지 비들George Beadle이나 데메렉 같은 몇몇 옥수수 유전학자의 경우 실험 재료를 바꿈으로써 새로이 패권을 잡은 집단으로 이주했으나, 매클린톡을 비롯한 많은 옥수수 유전학자는 계속해서 옥수수 집단에 남아 있었고, 따라서 자연스럽게 유전학계 주변부로 밀려나게 되었다.

패권을 잃었다는 것은 영향력의 축소를 의미한다. 옥수수 유전학자들은 자신들의 연구에 쏟아졌던 관심이 점차 줄어들고, 그들이 진행하는 프로젝트와 전혀 동떨어진 종류의 유전학 연구가 유전학계의 새로운 트렌드로 자리 잡는 것을 목격해야 했다. 옥수수 집단 내에서 이런 변화를 가장 민감하게 받아들일 위치에 있었던 것이 바로 매클린톡이다. 1930년대에 그는 언제나 최전방에서 옥수수 세포유전학의 발전을 이끌었고, 그의 연구에는 유전학계의 관심이 쏟아졌다. 그가 1940년대 중반에 미국유전학회 부회장과 회장을 역임하고, 미국국립과학원 회원으로 선출된 것도 이때 일궈낸 연구 성과 덕분이었다. 그러나 그의 경력이 절정에 달했을 때, 역설적이게도 옥수수 유전학은 패권을 잃었다. 패권의 최중심부에 있었던 만큼 이 변화가 매클린톡에게 준 상실감은 매우 컸을 것이다. 더욱이 매클린톡의 직장인 콜드스프링하버 연구소는 매해 여름 전 세계에서 몰려든 분자생물학자들(켈러도 과거에는 이들 중 하나였다!)로 북적이는 분자생물학의 메카였으니, 그는 연구소를 가득 메운 분자생물학자들을 볼 때마다 적진에 홀로 남아 외로이 투쟁하는 기분을 느꼈을 법도 하다. 나는 이 모든 상황이 '매클린톡의 고립'을 만들어냈다고 생각한다. 즉, '고립'은 1940년대, 그리고 1950년대에 (미국) 유전학계에서 벌어진 주도권 경쟁이 야기한 상징적 사건이다. 그리고 이 역사적 맥락에서 두드러지는 매클린톡의 정체성은 '여성 과학자'가 아닌 '옥수수 세포유전학자'이다.

사실 켈러의 책에는 이러한 역사적 맥락을 감지할 수 있는 내용이 여럿 포함되어 있다. 예컨대 켈러는 옥수수 세포유전학의 전성기가 1930년대였다고 언급하며, 매클린톡이 고립된 주요 원인 중 하나를 분자생물학과의 방법론적 차이에서 찾았다. 그럼에도 불구하고, 그는 매클린톡과 나머지 (남성) 유전학자들을 선명하게 구별하는 데 집중한 나머지 더 넓은 맥락을 보려는 시도를 하지 않았다. 실제로 켈러는 매클린톡이 가진 "독특한 지적 소양"이 "외적인 영향보다는 그녀 내부에서 일어나는 힘에 의해" 형성된 것으로 보인다고 주장하며, 그를 어느 집단에도 속하지 않은 독립적인 존재로 묘사한다.(207쪽) 매클린톡을 이렇게 볼 경우 '옥수수 세포유전학자'로서의 정체성은 약해질 수밖에 없고, 매클린톡이 옥수수 세포유전학자로 훈련받으며 획득한 연구 방법론이나 지적 소양은 그가 독자적으로 개발한 것으로 오해되기 쉽다. 나는 이런 문제로 인해 켈러가 옥수수 세포유전학과 분자생물학 간의 방법론 차이를 매클린톡과 나머지 (남성) 유전학자들 간의 방법론 차이로 오해한 측면이 있다고 생각한다.[28] 이는 두 가지 이유 때문이었을 것이다. 하나는 당시에는 유전학사 연구가 지금처럼 많이 축적되어 있지 않아 20세기 초중반의 미국 유전학계 지형도를 파악하기가 쉽지 않았다는 것이고, 다른 하나는 켈러의 주된 관심이 (아마도 여성 과학자를 위한 롤 모델로서의 특징을 찾기 위해) 매클린톡 개인의 고유한 특성을 규명하는 데 있었다는 것이다.

해결되지 않은 의문이 아직 한 가지 남았다. 매클린톡은 왜 충분한 실험 증거도 없이 유전자의 '자리바꿈' 현상을 세포 분화 및 발생 조절과 연결시켰던 것일까? 매클린톡이 1950년대 이후에 보인 이런 태도는

28
정성욱, 〈잊혀진 전통과 신화화된 '고립': 미국의 옥수수 유전학 전통과 바바라 매클린톡의 연구 활동〉, 《한국과학사학회지》 32권 1호(2010): 93-126. 이 논문은 매클린톡의 연구 활동이 가지는 특징을 옥수수 유전학 전통의 맥락에서 분석하고 있지만, '매클린톡의 고립'을 좀 더 넓은 맥락, 즉 유전학계 내 여러 세부 집단 간 경쟁의 맥락에서 다루지는 않는다.

정교한 가설을 세우고 빈틈없는 실험을 통해 이를 입증했던 이전까지의 태도와 너무나도 달랐다. 컴포트는 이렇게 표현한다. "매클린톡은 분석가이자 관찰자로 명성을 쌓아왔다. 미세한 차이도 놓치지 않는 그의 눈은 누구보다 예리했고, 독특한 유전 현상을 파헤치는 실험을 고안하는 데는 그를 따라올 이가 없었다. 그러나 그는 점차 생명체 혹은 현상들 사이의 연관성을 보려는 통합론자가 되어갔다."[29] 나는 매클린톡의 이런 태도 변화가 옥수수 세포유전학과는 정반대의 지향을 가진, 그리고 그의 자리를 앗아간 분자생물학에 대한 저항감 또는 반발심과 연관이 있을 것이라고 생각한다. 그는 분자생물학자들이 유기체를 해체할수록 더욱더 '통합'의 중요성을 강조하고, 분자생물학자들이 유기체를 물리 화학적인 분석 대상으로 취급할수록 '유기체와의 교감'을 더욱더 강조하는 방식으로 분자생물학에 대한 저항감을 표출했다. 또한, 매클린톡이 자신의 '조절 이론'을 끝까지 관철한 이면에는 복잡한 생명 현상을 탐구하는 데 자신(세포유전학)의 방법론이 분자생물학의 방법론보다 더 적합하고 뛰어나다는 것을 입증하려는 절박한 동기가 있었을 것이다.

사실 과학자들이 학계의 새로운 트렌드에 저항하는 것은 드문 일이 아니다. 특히 한 분야의 정점에 섰던 인물일수록 그와 반대되는 새로운 흐름에 큰 저항감을 가지기 마련이다. 이와 관련해 한 가지 재미있는 일화가 있다. 미국의 26대 대통령인 시어도어 루스벨트Theodore Roosevelt는 자신의 꿈은 원래 생물학자였다고 자서전에 썼다. 실제로 그는 하버드 대학교에서 박물학을 공부했고, 조류학에 관한 책을 출판하기도 했다. 하지만 그는 생물학자의 꿈을 포기해야 했는데, 하버드 대학교가 더 이상 박물학자와 자연 관찰 및 탐사 전문가를 양성하지 않았기 때문이다. 그는 대학이 "생물학을 그저 실험실과 현미경에 관한 학문으로 만들고 있다"라고 불평했다.[30] 박물학자로 훈련받았던 그에게 실험실에서

29
컴포트는 매클린톡이 통합론자가 된 이유를 매클린톡의 자연적인 성향 및 그가 학부에서 공부한 박물학과 발생학에서 찾는데, 이런 식의 접근은 매클린톡의 이런 면모가 왜 1950년대 이후에야 나타났는지를 설명하지 못한다. Nathaniel C. Comfort, *The Tangled Field*, 124.

30
Mary P. Winsor, *Reading the Shape of Nature: Comparative Zoology at the Agassiz Museum* (The University of Chicago Press, 1991), 176.

현미경으로 세포를 들여다보는 것 따위는 '진정한 생물학'이 아니었던 것이다. 분자생물학을 바라보는 매클린톡의 심정도 이와 유사했으리라고 유추해 볼 수 있다. 세포유전학자로 오랜 경력을 쌓아온 그의 눈에 유전자를 세포 및 전체 생명체와 분리해서 연구하는 분자생물학의 방법론은 결코 바람직해 보이지 않았을 것이다.

나가며: 역사가와 매클린톡의 관계 맺기, 그리고 20세기 유전학의 다양한 풍경

《유기체와의 교감》이 출판된 지 40년이 지났다. 그동안 켈러를 비롯해 여러 역사가들이 매클린톡을 방문해 그와 함께 20세기 유전학의 세계를 여행했다. 이들이 매클린톡을 방문한 목적은 모두 달랐다. 켈러는 남성 중심의 과학자 사회에서 드물게 성공을 거둔 매클린톡의 삶을 배우고자 했고, 컴포트는 매클린톡의 성공이 정말로 그의 '젠더 중립적인' 혹은 '여성적인' 연구 방식 때문이었는지 확인하고 싶어 했으며, 나의 경우에는 매클린톡의 삶과 경험에서 20세기 유전학계의 지형 변화를 읽어내고 싶었다. 이런 기대에 부응해(?) 매클린톡은 이들에게 각기 다른 모습으로 나타났다. 켈러가 만난 매클린톡은 남성 유전학자들 사이에서 자신의 자리를 찾기 위해 홀로 고군분투한 '여성 유전학자'이자, 자신만의 방법을 가지고 주류 과학에 도전한 과학계의 '이단자'였다. 컴포트에게 나타난 매클린톡의 모습은 이와 크게 달랐다. "현미경의 귀재"였던 그는 세포 표본을 다루는 뛰어난 솜씨와 탁월한 실험 설계 능력을 바탕으로 (세포)유전학의 발전을 이끌었던 주류 유전학계의 핵심 인사였다. 내가 만난 매클린톡은 위의 두 모습과도 사뭇 달랐는데, 그는 세포유전학의 전성기를 이끈 옥수수 유전학계의 리더이자, 유전학계에 불어온 분자생물학이라는 강력한 흐름에 끝까지 저항했던 분자생물학 비판자였다. 매클린톡의 정체성이 이처럼 다양했다는 것은, 그가 20세기 유전학을 그만큼 다양한 위치와 맥락에서 경험했음을 의미한다.

이 중 어떤 매클린톡의 모습이, 어떤 유전학계의 모습이 '진짜'에 가까운지를 따지는 것은 중요한 문제가 아니다. 모든 역사적 인물이 그렇듯 매클린톡은 다채로운 면모를 가지고 있으며, 켈러와 컴포트, 서평자 등이 만난 매클린톡의 모습은 그중 일부에 불과하다. 중요한 것은 매클린톡과 20세기 유전학이 서로를 비추는 거울 역할을 한다는 사실이다. 새롭게 밝혀진 매클린톡의 모습은 20세기 유전학의 새로운 면모를 드러내며, 새롭게 드러난 20세기 유전학의 모습은 매클린톡을 새로운 역사적 맥락에서 조명할 수 있도록 돕는다. 매클린톡을 통해 20세기 유전학사를 재조명하고, 20세기 유전학사를 통해 매클린톡을 재조명하는 이러한 작업은 바로 켈러에 의해 시작되었다. 축적된 유전학사 연구가 빈약했던 시기, 켈러는 변변한 지도도 없이 매클린톡의 안내에 몸을 맡긴 채 매클린톡이 지나온 자취를 따라 걸으며 낯선 20세기 유전학의 세계를 탐사했다. 그리고 그 결과물인 〈매클린톡〉은 매클린톡과 20세기 유전학에 대한 역사적 연구를 촉발했다. 특히 '매클린톡의 고립'이라는 역사적 사건이 알려지지 않았다면, 컴포트와 필자의 연구는 존재할 수 없었을 것이다. 그러니 〈매클린톡〉을 비판적으로 재검토한 컴포트나 '매클린톡의 고립'을 새로운 역사적 맥락에서 이해하고자 한 서평자 모두 켈러에게 큰 빚을 지고 있는 셈이다.

젊은 여성 과학도를 위한 롤 모델을 만들어보자는 비교적 가벼운 마음으로 매클린톡을 방문했던 40여 년 전, 켈러는 매클린톡과의 여정이 자신의 연구 인생뿐 아니라 학계에 이처럼 중요한 영향을 미칠 것이라고는 예상치 못했을 것이다. 《유기체와의 교감》이 출판된 이후, 매클린톡, 20세기 유전학, 그리고 '과학과 젠더' 등에 관한 다양한 논쟁이 학계에서 오갔다. 그 결과 이 책에 묘사된 매클린톡과 20세기 유전학의 모습에는 여러 수정이 가해졌으며, 〈매클린톡〉이 처음 등장했을 때 학계와 대중에게 주었던 충격과 신선함도 이제는 다소 희석되었다. 그럼에도 불구하고, 나는 이 책에서 여전히 원석의 아름다움을 발견한다. 책 여기저기에 붙어 있는 오류들과 켈러의 낡은 주장들을 걷어내고 나면, 그 안에는 여전히 더 캐보고 싶은 반짝이는 부분들이 많이 남아 있기 때문이다. 매클린톡을 통해 20세기 유전학을 재조명하고, 반대로 20세기 유전학을 통해 매클린톡을 재조명하는 작업은 아직 끝나지 않았다. 그 여정에서 우리는 또다른 매클린톡을, 그리고 또다른 20세기 유전학의 모습을 만나게 될 것이다. +

참고 문헌

정성욱. 〈잊혀진 전통과 신화화된 '고립': 미국의 옥수수 유전학 전통과 바바라 매클린톡의 연구 활동〉. 《한국과학사학회지》 32권 1호(2010): 93-126.

Allen, Garland E. *Thomas Hunt Morgan: The Man and His Science*. Princeton University Press, 1978.

Carlson, Elof A. *Genes, Radiation, and Society: The Life and Work of H. J. Muller*. Cornell University Press, 1981.

카, 에드워드 H. 《역사란 무엇인가》. 김택현 옮김. 까치, 2015.

Coe, Edward H. "The Origin of Maize Genetics." *Nature Reviews Genetics* 2 no. 11 (2001): 898-905.

Comfort, Nathaniel C. *The Tangled Field: Barbara McClintock's Search for the Patterns of Genetic Control*. Harvard University Press, 2001.

_____. ""The Real Point is Control": The Reception of Barbara McClintock's Controlling Elements." *Journal of the History of Biology* 32 no. 1 (1999): 133-162.

Dunn, Leslie Clarence. *A Short History of Genetics: The Development of Some of the Main Lines of Thought: 1864-1939*. McGraw-Hill Book Company, 1965.

Fedoroff, Nina and David Bostein, eds. *The Dynamic Genome: Barbara McClintock's Ideas in the Century of Genetics*. Cold Spring Harbor Laboratory Press, 1992.

Kass, Lee B. "Harriet Creighton: Proud Botanist." *Plant Science Bulletin* 51 no. 4 (2005): 118-125.

_____. "Missouri Compromise: Tenure or Freedom. New Evidence Clarifies Why Barbara McClintock Left Academe." *Maize Genetics Cooperation Newsletter* 79 (2005): 52-71.

_____. "Records and Recollections: A New Look at Barbara McClintock, Nobel-Prize-Winning Geneticist." *Genetics* 164 no. 4 (2003): 1251-1260.

Kass, Lee B., Christophe Bonneuil, and Edward H. Coe, Jr. "Cornfest, Cornfabs and Cooperation: The Origin and Beginnings of the Maize Genetics Cooperation News Letter." *Genetics* 169 no. 4 (2005): 1787-1797.

켈러, 이블린 폭스. 《유전자의 세기는 끝났다》. 이한음 옮김. 지호, 2002.

_____. "From Working Scientist to Feminist Critic." *The Gender and Science Reader*, edited by Muriel Lederman and Ingrid Bartsch. Routledge, 2001: 59-62.

_____. *Reflections on Gender and Science* (10th Anniversary Edition). Yale University Press, 1995.

_____. "Just What is So Difficult about the Concept of Gender as a Social Category? (Response to Richards and Schuster)." *Social Studies of Science* 19 no. 4 (1989): 721-724.

Kohler, Robert E. *Lords of the Fly: Drosophila Genetics and the Experimental Life*. The University of Chicago Press, 1994.

로웬덜, 데이비드. 《과거는 낯선 나라다》. 김종원 옮김. 개마고원, 2006.

Rader, Karen A. ""The Mouse People": Murine Genetics Work at the Bussey Institution, 1909-1936." *Journal of the History of Biology* 31 no. 3 (1998): 327-384.

Richards, Evelleen and John Schuster. "The Feminine Methods as Myth and Accounting Resource: A Challenge to Gender Studies and Social Studies of Science." *Social Studies of Science* 19 no. 4 (1989): 697-720.

Sturtevant, Alfred Henry. *A History of Genetics*. Cold Spring Harbor Laboratory Press, 1965.

Winsor, Mary P. *Reading the Shape of Nature: Comparative Zoology at the Agassiz Museum*. The University of Chicago Press, 1991.

20세기 유전학을 비추는 독특한 역사적 렌즈, 바바라 매클린톡

정성욱

정성욱
캐나다 토론토 대학교 과학기술사 및 철학과에서 박사 과정을 수료했다. 하버드 부시연구소Bussey Institution를 중심으로 20세기 미국 유전학의 역사를 재조명하는 학위 논문을 쓰고 있다.

현재환

비판적 과학자 전기의 가능성과 어려움을 묻다

제럴드 기슨Gerald Geison, 《루이 파스퇴르의 사적 과학 *The Private Science of Louis Pasteur*》(Princeton University Press, 1995)

509.2
P268g
서울대학교 중앙도서관
서양서 102 0463682

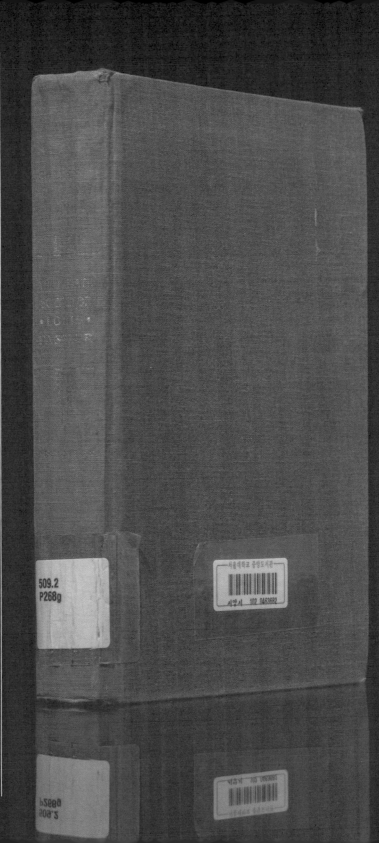

들어가며

2015년 유네스코UNESCO는 프랑스 국립 도서관의 필사본 문고와 프랑스 과학 아카데미Académie des sciences가 소장한 루이 파스퇴르Louis Pasteur, 1822-1895의 기록물을 세계 기록 유산으로 지정했다. 유네스코의 소개를 그대로 옮기자면, "화학자 겸 물리학자로서 초기 경력부터 의학적 발견과 미생물학과 근대 면역학의 토대를 놓은 생물학의 실험을 거치는 동안 파스퇴르는 몽매주의蒙昧主義, obscurantism의 그림자를 물리치고, 과학적 연구 및 실험이라는 힘을 통해서 지식의 경계를 확장하고, 사회적 진보를 위해서 궁극적으로는 전체 인간을 위한 발전을 위해서 봉사하고, 동시대인을 위한 새로운 지식을 자리 잡게 함으로써 19세기의 이상적 과학자의 모습을 실현한 인물"이었다.[1] 유네스코는 "과학 및 기술 분야의 역사가들"이 국립 도서관 필사본 문고에 소장된 "파스퇴르 컬렉션의 중요성"을 드러냈다고 강조했는데, 이 글에서 소개할 《루이 파스퇴르의 사적 과학》(이하 《사적 과학》)의 저자 제럴드 기슨은 파스퇴르 컬렉션의 중요성을 가장 열심히 역설한 과학사학자 가운데 한 명이다.

아이러니한 점은 파스퇴르 컬렉션에 관한 유네스코의 설명이 해당 자료들을 활용한 면밀한 분석을 통해 기슨이 해체하려던 "파스퇴르 신화"를 반복하고 있다는 사실이다. 기슨은 《사적 과학》에서 파스퇴르를 "겸손하고, 사심 없으며, 윤리적으로 행동하면서 정치적, 종교적 중립성을 유지"하는 등 도덕적으로 훌륭했을 뿐만 아니라 "과학적 방법scientific method을 엄격히 좇아" 인류 전체의 복지에 기여하는 과학적 발견들을 이루어낸 "인간 사회의 공헌자"로 그려내는 영웅 서사는 파스퇴르 자신과 그의 가족, 그리고 파스퇴르 학파가 공들여 만들어낸 이미지로 그의 실제 모습을 반영하지 않는다고 주장한다.(9-10쪽) 기슨은 파스퇴르 컬렉션 가운데 가장 개인적인 자료인 실험실 연구 노트 102개를 활용해 공적 시연, 학술회의, 세미나 등 공공 공간과 연구 논문 등 공적 출판물이 만들어낸 공적 기억에서는 지워진 "막후에서behind the scenes"의 비공식적인 과학 연구 활동과 기법, 실천, 그리고 사고의 집합으로서 파스퇴르의 "사적 과학"을 복원해 낸다.(7쪽)[2] 이를 통해 그가 다시 그려낸 파

1
"루이 파스퇴르의 기록물", 유네스코와 유산, 2022년 8월 15일 접속, https://heritage.unesco.or.kr/루이-파스퇴르의-기록물/.

스퇴르는 노련한 수사가rhetorician이자 논쟁에서의 승리 같은 목적을 위해서는 종종 비도덕적인 선택도 불사하는 인물이다.

1990년대 중반에 출판된 기슨의 저작은 양면적인 평가를 받았으며, 지금도 그렇다. 기슨의 파스퇴르 전기는 후술할 바와 같이 그의 주장에 동의하지 않는 과학사 분야 바깥의 학자들, 특히 과학자들에게 신랄한 비판을 받으며 과학자와 인문사회학자 사이의 치열한 지적 논쟁에 연루되기도 했다. 여기에 더해 기슨이 2001년에 58세라는 젊은 나이로 타계하면서, 이런 비판에 대응한 개정판이 출간되거나 후속 연구가 이어지지도 못했다. 그럼에도 《사적 과학》은 출판 이래 지금까지도 과학사학자들에게는 (아래에서 소개할 불만에도 불구하고) 학술적으로 가장 믿을 만한 파스퇴르 전기로 남아 있다. 이는 기슨이 1970년대부터 파스퇴르를 연구하고, 미국 과학사학계의 가장 큰 성취 가운데 하나인 《과학 인명 사전*Dictionary of Scientific Biography*》(1970-1980)에 파스퇴르에 관한 전기를 쓸 만큼 널리 인정받는 파스퇴르 연구자였다는 점에 기인할 것이다.

이 글은 《사적 과학》이 과학사라는 전문 학문 분야에서의 비판적 과학자 전기scientific biography 서술 노력이 대중과 과학자 일반이 과학자 '평전'에서 기대하는 바와 충돌하는 양상을 잘 보여주는 사례라고 제안한다.[3] 이를 드러내기 위해 이 글은 《사적 과학》을 1990년대 초중반 전문 과학사학자가 저술한 과학자 전기로 이해하고, 과학사에서 과학자 전기의 역사 가운데 이 책을 위치시키며, 출간 당시의 지적 지형도 속에서 책이 어떻게 독해되고 어떤 논쟁을 불러일으켰는지 확인하는 데 중점을 둔다. 이처럼 《사적 과학》이라는 과학자 전기의 출간과 수용을 맥락화하여 살펴보면 우리는 기슨의 책을 둘러싼 논란들이 단순히 1990년대의 좁은 학문 서클 내에서만 벌어진 일이 아니며, 과학자의 과

2
기슨은 파스퇴르의 연구 노트 총 144개 가운데 42개는 신문 클립이나 출판되지 않은 도서 초고, 강의 개요, 독서 노트나 강의안을 포함하여 이를 제한 102개의 실험실 연구 노트를 주요 사료로 다룬다고 밝히고 있다.

3
보통 평전critical biography은 전기biography의 하위 장르로 분류된다. 또 후술할 것처럼 과학사 분야에서는 1990년대 초반에 등장한 일련의 "비판적critical" 전기들 또한 과학자 전기로 통칭하므로, 이 글에서는 평전 대신 전기라는 용어를 사용함을 밝혀둔다.

학적 성취뿐만 아니라 인간적 측면을 오롯이 담아내려는 시도가 매우 도전적인 일임을 알게 된다.

학문으로서의 과학사와 과학자 전기

학문 분야로서의 과학사는 늘 과학자 전기와 복잡한 관계를 맺어왔다. 역사가들이 과학자와 과학에 대한 글을 쓰기 시작하고, 2차 세계 대전 전후를 거쳐 과학사가 제도화되는 과정에서 과학자들이 만들어낸 과학 '성인전hagiography' 서사들이 점차 "비전문적"으로 여겨졌기 때문이다. 1913년 최초의 전문 과학사 학술지 《아이시스*Isis*》를 창간한 조지 사튼George Sarton은 과학자 전기가 과학자들의 인간적인 측면을 드러낸다며 비교적 호의적인 태도를 보였지만, 전후 세대의 과학사학자들은 이 장르에 매우 비판적이었다. 영국 과학사학회의 저널 창간호에서 역사가 허버트 버터필드Herbert Butterfield는 과학자 전기를 "결점투성이의 호고주의antiquarianism"로 폄하하며 학문적인 과학사 연구는 과학자들의 "일화"가 아니라 과학적 사고의 역사적 변화에 대한 종합적인 연구를 추구해야 한다고 주장하여 전기류 비판의 포문을 처음으로 열었다.[4]

1950-1960년대에 과학사를 독자적인 전문 분야로 수립하려 애썼던 과학도 출신 과학사가들은 본인들의 전문성을 확보하기 위한 수단으로 과학자 개인에 대한 서사 대신 과학자들이 발전시킨 과학적 개념과 이와 관련된 과학철학적 주제에 천착하는 지성사적 접근을 취했다.[5] 이런 까닭에 10여 년이 넘는 노력 끝에 1980년에 16권으로 완간된 《과학 인명 사전》은 "위대한 과학자들"을 다루기는 했으되 전통적 전기와

4
Herbert Butterfield, "The Historian and the History of Science," *Bulletin of the British Society for the History of Science* 1 (1950): 49-58; Oren Harman, "Scientific Biography," *Handbook of the Historiography of Biology*, eds. Michael R. Dietrich, Mark E. Borrello and Oren Harman (Springer, 2021), 297에서 재인용.

5
이들은 16-17세기의 과학 혁명을 경험적 발견이나 실험적 방법의 등장보다는 자연에 대한 이론적 관점 전환의 산물로 보았던 알렉상드르 코이레Alexandre Koyré의 영향을 받았으며, 코언Bernard Cohen, 크롬비Alistair Crombie, 클래깃Marshall Clagget, 루퍼트 홀Alfred Rupert Hall, 길리스피Charles Gillispie와 쿤Thomas Kuhn 등이 여기에 해당된다. Thomas Söderqvist, "'No Genre of History Fell Under More Odium than that of Biography': The Delicate Relations between Scientific Biography and the Historiography of Science," *The History and Poetics of Scientific Biography*, ed. Thomas Söderqvist (Ashgate, 2007), 254-256.

달리 과학자들의 삶이나 개인적인 측면은 최대한 배제하고 그들의 과학적 관념과 사고, 발견에 초점을 맞추었다.[6] 당시의 전통적인 과학자 전기에 대한 반감은 1974년 과학사학자 헨리 겔락Henry Guerlac이 출판한 과학사 서술에 관한 종설에 단 한 편의 과학자 전기도 포함되지 않았다는 데서 잘 드러난다.[7]

과학사학자들이 과학자 전기의 가치를 새로이 주목하게 된 것은 1980년대에 과학의 사회사적, 문화사적 접근이 이전 시기의 지성사적 접근을 대체하면서이다. 1980년대를 전후로 토머스 쿤의 《과학 혁명의 구조》에서 과학 활동의 '집합적 성격'을 읽어낸, 다시 말해 과학자 개인 대신 더 넓은 사회 속에서 과학자 공동체를 주목하는 소위 쿤 이후post-Kuhnian의 과학사학자들이 등장했다. 이 젊은 세대의 과학사학자들은 과학지식사회학Sociology of Scientific Knowledge의 사회 구성주의social constructionism 논의에 호응하고, 때로는 이런 논의를 이끌며 사회적, 정치적, 문화적 맥락 속에서 과학 지식의 생산과 과학자들의 활동을 보아야 한다는 이해를 주류화하기 시작했다. 이들은 특정한 과학자들의 과학 지식 생산과 과학적 발견이 그들이 살던 시대의 여타 지적, 종교적 조류나 다른 사회 문화적 활동과 어떠한 형태로, 얼마나 단단하게 묶여 있었는지를 드러내기 위한 수단으로 전기적 서술을 채택했다.

전기에 대한 과학사 분야의 새로운 시각을 보여주는 단초가 1979년 토머스 행킨스Thomas Hankins의 글에서 발견된다. 〈전기를 변호하며In Defence of Biography〉라는 논문에서 행킨스는 "과학은 [과학자] 개인들에 의해 만들어지는 것이지만, 이런 과정 가운데 상당 부분은 외부의 힘이 추동하는 것이며, 이런 힘은 과학자들을 거쳐 작용하게 된다. 과학자 전기는 이런 [과학의] 창조 과정을 우리가 가장 잘 살펴볼 수 있게 하는 문학적 렌즈"라고 결론지으며 전기적 접근을 무시하는 지성사 중심 과학사 연구에 맞서 과학자 전기를 변호했다.[8] 과학사학자 토마스

6

Thomas Söderqvist, "'No Genre of History Fell Under More Odium Than That of Biography'," 254-256.

7

Thomas L. Hankins, "In Defence of Biography: The Use of Biography in the History of Science," *History of Science* 17 (1979): 3.

쇠데르크비스트Thomas Söderqvist는 이처럼 과학자 전기의 "사회문화사적 쓸모"를 발견하고 채용하는 과정을 유명한 토마스 아퀴나스Thomas Aquinas의 "[자연]철학이 신학의 시녀Philosophia ancilla theologiae"라는 어구를 전유해 전기가 "[과학의] 역사의 시녀ancilla historiae"가 되었다고 지적했다.[9] 최근 행킨스는 오늘날 사회 구성주의적 과학사 연구의 고전으로 여겨지는 스티븐 셰이핀Steven Shapin과 사이먼 섀퍼Simon Schaffer의 《리바이어던과 진공펌프: 홉스, 보일 그리고 실험적 삶*Leviathan and Air Pump: Hobbes, Boyle, and the Experimental Life*》(1985)가 전기적 접근을 과학적 발견과 지식 생산을 사회 문화적 맥락에 위치시켜 보여줄 수단으로 삼았을 뿐만 아니라, 과학사 분야에서 과학자 전기가 유행하는 시기와 맞물려 고전으로 자리하게 되었다고 논평했는데, 그다지 틀린 지적으로 보이지 않는다.[10]

사실 과학이 국소적 장소에 얽힌 특정한 사회 문화적 맥락 속에서 만들어진다는 사회 구성주의 논변을 따른다면, 이런 국소적인 지식이 어떻게 보편적 지식이 될 수 있느냐는 질문이 자연스레 제기된다.[11] 과학자 전기는 과학자 개인의 사적인 맥락에서 만들어진 사적 경험이나 연구 결과가 어떻게 공적 지식이 되는지, 그리고 그 과정에서 요구되는 사회 문화적 정당화 작업이나 활동이 무엇인지를 드러내기에 매우 설득력 있는 도구이다.[12] 셰이핀과 섀퍼가 로버트 보일Robert Boyle, 1627-

---

8

Thomas L. Hankins, "In Defence of Biography," 13-14.

9

Thomas Söderqvist, "'No Genre of History Fell Under More Odium than that of Biography'," 254-256.

10

Thomas L. Hankins, "Comment: Reviewing a Review," *Isis* 108 (2017): 117-118. 참고로 셰이핀과 섀퍼의 저서와 관련해 서양과학사학자 김봉국과 서민우가 번역한 한국어 번역본이 곧 출간될 예정이다.

11

Jan Golinski, *Making Natural Knowledge: Constructivism and the History of Science* (University of Chicago Press, 1998).

12

Mott T. Greene, "Writing Scientific Biography," *Journal of the History of Biology* 40 (2007): 744-745.

1691을 비롯한 영국 왕립 학회 회원들의 초기 실험 활동이 정당한 공적 지식 생산으로 인정받는 과정에서 왕정복고기 영국 신사 문화gentleman culture가 동원되었다는 점을 보였다면, 1990년대 초에 등장한 갈릴레오 갈릴레이Galileo Galilei, 1564-1642 전기는 근대 초기 궁정 문화 내의 후원 관계가 갈릴레오의 경력과 자연철학적, 수학적 연구 활동에 결정적임을 드러냈다. 조금 앞서 출간된 찰스 다윈Charles Darwin, 1809-1882의 전기는 다윈이 자연 선택에 대한 논의를 발전시키고 이를 뒤늦게 발표한 까닭 등을 19세기 영국의 급진주의 정치라는 당대의 사회 문화적 조건 내에 위치시키고 살펴야 이해할 수 있음을 밝혔다.[13] 이외에도 페미니스트 과학사학자들은 "백인 남성 과학 영웅" 서사를 해체하거나 과학 공동체와 더 넓은 사회의 젠더 차별적인 맥락 속에서 이루어진 여성 과학자들의 활동과 도전, 성취를 드러내기 위해 전기적 서술을 활용했다.[14]

이후 과학자 전기는 과학의 문화사와 미시사를 수행하기 위한 수단으로 활용되는 것을 넘어 전기의 범위와 대상을 확대하면서 과학사의 중요한 접근법으로 자리매김 중이다. 예를 들어 단순히 과학자 개인뿐 아니라 해당 과학자가 활동하던 연구 공동체, 실험실 혹은 협력 연구를 진행하던 연구 네트워크 전체에 초점을 맞춘다거나 과학자 세대 전체에 주목하는 집단 전기prosopography를 주요 방법론으로 채택한 연구들이 늘어나고 있다.[15] 또 1990년대부터 시작된 물질주의적 전환materialist turn 가운데 과학자 개인 대신 비인간, 예를 들어 과학적 객체scientific objects, 생물organisms, 분자 등이 전기적 서술의 대상으로 부상 중이다.[16]

이 가운데 《사적 과학》은 "역사의 시녀"로서 전기를 활용하는 경

13

Mario Biagioli, *Galileo, Courtier: The Practice of Science in the Culture of Absolutism* (University of Chicago Press, 1993); Adrian Desmond and James R. Moore, *Darwin* (Penguin UK, 1992).

14

Evelyn Fox Keller, *A Feeling for the Organism: The Life and Work of Barbara McClintock* (Macmillan, 1984).

15

Mary Jo Nye, "Scientific Families: Biographies and 'Labographies' in the History of Science," *Historical Studies in the Natural Sciences* 39 no. 1 (2009): 104-114. 집단 전기의 경우 1970년대부터 과학사 분야에 본격적으로 도입되기 시작했다 최근에 다시 주목받고 있다. 동아시아 과학사 분야에서 집단 전기의 접근을 취한 근래의 저술로는 다음을 참고하라. Miriam L. Kingsberg Kadia, *Into the Field: Human Scientists of Transwar Japan* (Stanford University Press, 2019).

우에 속한다. 사실 기슨의 출세작이라 할 수 있는 파스퇴르와 푸셰Felix Pouchet, 1800-1872의 자연 발생설을 둘러싼 논쟁에 관한 1974년도 출판 논문(존 팔리John Farley와 공저)은 파스퇴르가 자연 발생설을 패퇴시키는 결정적 실험experimentum crucis을 수행했다기보다는 당시의 프랑스 학계의 보수적인 정치적, 이데올로기적 상황 및 논쟁을 판별하는 프랑스 과학 아카데미의 판정 위원회가 파스퇴르에게 유리하게 구성되어 있었던 것과 같은 "외적 요인"에 기인했음을 보였다. 과학 논쟁의 종결에 외적 요인을 강조한 이 글은 과학사의 사회사적 전환과 과학지식사회학의 사회 구성주의 논의에 커다란 영향을 끼쳤다. 기슨은 이 같은 초기 연구의 연속선상에서 《사적 과학》에서도 파스퇴르가 경쟁적인 프랑스 학계 내에서 탁월한 수사 능력을 유감없이 발휘하여 경쟁자들을 물리치고 "위대한 과학자"로 자리 잡을 수 있었으며, 이것이 실험가로서의 역량 못지않게 중요했다고 강조한다.[17] 다만 기슨 스스로가 인정하듯 파스퇴르의 이런 전략가적 기질과 역량은 기존 파스퇴르 전기에서도 몇 차례 지적되었다.[18]

이전 전기들보다 기슨의 책이 급진적으로 나아간 부분은 파스퇴르 과학 연구의 비도덕적 측면들을 드러내고 (여러 조건과 단서를 달면서도 지속적으로) 윤리적 문제를 제기한 것이다. 이처럼 과학자 일반에 대한 상을 재고하는 일을 넘어 전기 서술의 대상이 되는 과학자가 연구를 추진하게 된 숨겨진 동기나 알리고 싶지 않은 비밀들, 혹은 실수들을 찾아내 밝히는 폭로적debunking, 혹은 비판적 전기 서술은 전문 과학사 저작 가운데에서는 상당히 드문 편이다.[19] 그리고 이런 비판적 전기 서

16
Oren Harman, "Scientific Biography," 309. 구체적인 예시로는 Lorraine Daston, ed., *Biographies of Scientific Objects* (University of Chicago Press, 2000).

17
Beth Linker, "Resuscitating the 'Great Doctor': The Career of Biography in Medical History," *The History and Poetics of Scientific Biography*, ed. Thomas Söderqvist (Ashgate, 2007), 229-230.

18
대표적으로 Bruno Latour, *Les Microbes: Guerre et paix, suivi de Irréductions* (A. M. Métailié, 1984).

19
과학자가 아닌 과학철학자의 사례이지만 굳이 예를 들자면 Steve Fuller, *Thomas Kuhn: A*

술 때문에 기슨의 《사적 과학》은 책 곳곳에서 조심성을 엿볼 수 있음에도 1990년대 초중반 당시 미국 학계에서 일어나고 있던 과학자들과 인문사회학자들 사이의 논쟁에 휘말리게 되었다. 파스퇴르에 대한 어떤 폭로가 문제가 되었을까? 그리고 논쟁 중에 제기된 기슨의 분석에 대한 비판이 모두 정당했을까? 이런 질문들에 답하기 위해서는 《사적 과학》의 내용과 얼개를 간략하게나마 살펴보아야만 한다.

《사적 과학》: 과학 영웅 신화를 해체하고 비판하기

기슨의 《사적 과학》은 총 4부로 이루어져 있다. 이 가운데 1부는 연구 노트를 통해 파스퇴르의 과학 활동을 살펴보는 작업의 의미와 가치, 그리고 접근 방법을 소개하고 파스퇴르의 삶과 그의 과학적, 사회적 성취를 19세기 중반 프랑스의 사회정치적 문맥 속에서 개괄한다. 파스퇴르의 삶을 조망한 2장은 기슨이 《과학 인명 사전》에 집필했던 파스퇴르 전기를 토대로 하고 있기 때문에, 그 자체로 독립적인 짧은 과학자 전기라고 할 수 있다. 2부와 3부는 파스퇴르의 연구 활동을 연대기적으로 검토한다. 구체적으로 2부는 파스퇴르의 초기 경력 가운데 결정학 연구에서 미생물과 발효 연구로 옮겨가는 과정과 그가 푸셰와 벌인 자연 발생설 논쟁을 다루고, 3부는 파스퇴르가 생의학 분야에 뛰어든 후기 경력 중에서도 1881년 푸이르포르 농장에서 공개적으로 탄저병 백신을 가축에게 접종하고 효과를 확인한 사례와 광견병 백신을 인체에 주입한 사례에 집중한다. 구체적인 사례 연구들에서 기슨이 취하는 접근은 대중적으로 알려진 파스퇴르의 영웅주의적 활동들을 먼저 소개하고, 그런 공적인 서사가 파스퇴르 연구 노트와 어떻게 배치되는지를 보여주는 것이다. 이 가운데 2부의 주석산 결정 구조 연구를 통한 광학 이성질체의 발견 과정과 파스퇴르가 푸셰와 벌인 자연 발생설 논쟁에 대한 연구 노트를 활용한 재고(3장과 5장)는 기슨이 이미 동료 과학사학자들과 독립된 공저 논문으로 출판해 이미 널리 알려져 있던 내용들이다. 2부보다는 네 개의 장에 걸쳐 상세하게 다루어지는 파스퇴르의 백신 연구와 관련된 3부가 연구 노트 분석으로 도출된 새롭고 독창적인, 그리고 이 책을 논쟁에 휘말리게 만든 핵심이라고 할 수 있다. 4부는 사실상 결

Philosophical History for Our Times (University of Chicago Press, 2000).

론에 해당한다. 4부 마지막 장에서 기슨은 파스퇴르 영웅 신화가 파스퇴르 자신과 그의 유족, 그리고 학파 제자들에 의해 어떻게 만들어지고 유지되었는지를 간략히 검토하고 이런 신화를 해체하는 그의 분석이 함의하고 전망하는 바를 논한다.

파스퇴르의 연구 노트 기반 분석에 대한 개괄과 서론의 역할을 맡는 1장의 내용은 기슨의 전기적 서술의 목표와 방향성을 파악하는 데 유용하기에 간단하게라도 소개해야 한다. 여기서 기슨은 연구 노트를 통해 파스퇴르에 대한 그간의 대중적 전기 서술과 그의 "사적 과학" 활동 사이의 불일치를 살피는 작업이 의미하는 바를 설명한다. 기슨이 이렇게 불일치를 강조하는 것은 이를 "폭로"하여 파스퇴르가 과학적으로 날조를 저질렀다고 비난하려는 것이 아니라, 과학자로서의 파스퇴르가 경험적 증거의 제약과 본인의 개인적, 혹은 사회적 이해관계 사이를 절충할 수 있는 방안을 어떻게 모색했고, 이를 위해 동원한 수사적 활동이 파스퇴르의 연구 결과를 정당한 과학 지식으로 구성하는 데 어떤 역할을 맡았는지 살펴보기 위해서이다. 기슨은 파스퇴르가 "사적 과학"과 불일치하는 공적 설명을 내세우게 되었던 개인적인 동기와 사회 문화적 배경, 그리고 맥락은 무엇이었는지 설명하는 것을 목표로 한다. 또 그는 사회사 연구자답게 맥락화를 강조한다. 비록 파스퇴르가 광견병 백신 실험과 관련해서는 분명 "사기deceit"에 가깝게 행동했다고 비판하면서도, 기슨은 그의 행위가 도덕적인지는 동시대인들과 파스퇴르 스스로가 인지하던 기준을 적용하여 평가해야 한다고 본다.(16, 18쪽)

이같이 역사적으로 파스퇴르의 "실제" 상과 "만들어진" 상을 구별하는 작업은 연구 노트가 확실한 불일치를 판별하는 준거점이 되어야만 가능하다. 이 때문에 기슨은 파스퇴르의 연구 노트를 "과학자의 '실제' 활동에 직접 접근할 수 있게 하는 내밀한 자료"로 간주하는 것은 위험하지만, 적어도 "다른 어떤 출판물들보다도 과학자의 창조 활동에 시공간적으로 근접한" 자료라고 본다. 그는 "파스퇴르의 삶과 연구, 사회적 상황 가운데 연구 노트의 내용들을 놓고 분석함으로써 매우 창조적인 과학자가 과학 지식을 구성하는 활동을 매우 구체적인 수준에서 탐구할 수" 있다고 주장한다. 특히 연구 노트는 파스퇴르가 지닌 개인적 야망이나 정치적, 종교적 관심이 그의 연구 방향이나 출판물에서 나타난 연구에 대한 설명을 온전히 결정하지 않았고, 이런 사회적 요인들의 개입에도 불구하고 파스퇴르가 원하는 연구 성과를 실험으로부터 얻지 못한 경우도 있었음을 보여준다. 이런 지점을 뚜렷이 드러내면서 기슨은 자신이 과학적 사실은 "사회적으로 결정"된다는 극단적인 사회 구성주의와는 거리를 두고 있음을 분명히 한다.(15-16쪽)

이제 기슨이 책에서 답하고자 하는 질문, 파스퇴르가 자신의 사적 과학을 숨기거나 은폐하게 된 동인이 무엇이었는지 살펴보자. 2장에서 기슨은 파스퇴르가 연구 주제를 선택하고 추구한 과정이 연구 내적인 논리 외에도 명성에 대한 그의 개인적인 욕구와 당시 프랑스 제국주의를 지지하는 정치적 성향, 인류 혹은 적어도 조국에 봉사하려는 동정심, 재정적 지원과 직업 안정성에 대한 우려 등 다양한 동기가 작용한 결과라고 설명한다. 그랑제콜grandes écoles을 중심으로 한 극도로 경쟁적인 19세기 중반 프랑스 학계에서 파스퇴르는 야심가로서 탁월한 자기 홍보 능력을 발휘해 경쟁자들을 물리쳤다. 푸이르포르 농장에서 파스퇴르는 대중 앞에서 탄저병 백신 접종을 시연했고, 프랑스 과학 아카데미에 자연 발생설이나 백신 "판정" 위원회를 열었다. 파스퇴르는 이렇게 열린 무대에서 경쟁 이론을 패퇴시켜 견해를 공적으로 인정받는 공연자performer 역할을 성공적으로 해냈다.(38-39쪽)

"사적 과학"과 공적 기록의 불일치가 발생하는 시점은 파스퇴르의 이런 활동에 위기가 찾아오거나 은폐할 사항이 그의 경력에 부정적인 영향을 미칠 수 있을 때였다. 예를 들어 파스퇴르의 주석산 결정 연구에는 오귀스트 로랑Auguste Laurent, 1807-1853의 영향이 컸다. 하지만 젊고 야심만만하던 파스퇴르는 당시에 논쟁적이고 학계에서 영향력을 잃어가던 로랑 대신 라이벌이지만 학계 내에서 큰 영향력을 행사하던 장바티스트 뒤마Jean-Baptiste Dumas, 1800-1884의 후원을 기대하며 뒤마에게 접근하면서, 로랑의 이름을 자신의 발견 과정에 대한 논문이나 회고에서 지워버렸다.(3장) 불일치는 투생Jean Joseph Touissant, 1847-1890과의 탄저병 백신 경쟁 중에도 일어났다. 파스퇴르는 푸이르포르 농장 공개 시연에서 자신의 백신 접종을 받은 양들은 탄저병에 걸리지 않고 모두 살아남은 반면 접종하지 않은 양들 대부분이 탄저병으로 사망하거나 병든 것을 보여줌으로써 경쟁자 투생을 완전히 물리쳤다. 공적 무대에서 이렇게 승리를 거둔 이후 마련된 프랑스 과학 아카데미 강연에서 파스퇴르는 공개 시연을 위해 공기에 노출해 병균을 약화시키는 자신의 방법으로 백신을 제조했다고 설명했다. 그러나 그의 연구 노트는 파스퇴르가 페놀과 같은 화학 약품으로 처리한 투생의 백신과 유사한 방법을 채용한, 조수 샤를 샹베를랑Charles Chamberland, 1851-1908의 다이크로뮴산 포타슘 처리를 한 백신을 사용했음을 보여준다.(6장)

다음으로 기슨이 진정 "사기"라고 부를 만하다고 평한 광견병 백신의 사례를 살펴보자. 기슨은 연구 노트 분석을 통해, 광견병 백신의 최초 접종자로 보통 소년 조제프 메스테르Joseph Meister와 장 바티스트 쥐필Jean Baptiste Jupille이 이야기되지만 사실 그 이전에도 개에게 물린 두 명의 환자가 파스퇴르에게 백신 치료를 받았음을 발견했다. 또 이들에게 접종시킨 백신을 과거 어떤 동물에게도 주입한 적 없었다는 사실 또한 알게 되었다. 더 놀라운 것은 이 사적인 "인체 실험"의 결과를 바탕으로 파스퇴르가 효과적인 백신 제조 방법으로 연구 방향을 틀게 되었을지도 모른다는 점이다.(7장) 기슨은 또 메스테르와 쥐필에게 투여한 광견병 백신은 적어도 메스테르에게 투여할 시점에는 충분히 실험하지 않았고, 이들을 물은 개들이 광견병에 걸린 증거도 분명치 않던 상황이었음에도 백신 접종을 강행했음을 보여준다.(8장)

오늘날의 관점에서 파스퇴르르의 "인체 실험"은 확실히 생명윤리 내지 의료윤리의 이름으로 지탄받을 만하다. 그렇다면 당대의 윤리적 기준에서도 그의 태도는 잘못된 것이었을까? 기슨은 파스퇴르가 공적 강연에서 광견병 백신을 "인간에게 예방 용도로 사용하기 전에 여러 동물 종을 대상으로 수많은 시험을 수행하여 증거"를 튼실하게 확보하는 일이 필요했다고 언급했음을 강조하면서, 파스퇴르 스스로도 윤리적 문제가 생길 수 있음을 인지했을 가능성을 암시한다.(234쪽) 또 기슨의 분석에 따르면 의사 출신 조수 에밀 루Émile Roux, 1853-1933가 윤리적인 견지에서 파스퇴르에게 광견병 백신을 동물에게 더 많이 실험해야 한다고 주장했고, 이를 파스퇴르가 받아들이지 않은 데 불만을 품고 메스테르에게 백신을 접종하길 거부하고 현장에 불참했을 가능성도 있다. 실제로 파스퇴르 광견병 백신의 효용성에 대해 고집스레 문제를 제기한 극소수의 학자들 또한 루와 마찬가지로 의사였다. 기슨은 이들이 백신의 효용성을 뒷받침할 만한 이론적 기반이 부족하다거나 실험의 세부 사항을 공개하지 않는다고 지적했을 뿐만 아니라 백신이 인체에 가져올 위해에 대한 불확실성을 우려했다는 점에서 임상가의 견지에서 백신 접종을 윤리적으로 문제적인 행위로 인식했다고 추론한다. 바꿔 말하자면, 당대 의사들의 기준에서도 파스퇴르의 광견병 백신 실험은 비윤리적으로 여겨졌을 수 있다는 것이다.

기슨의 분석이 출판 당시인 1990년대 중반에는 어떻게 받아들여졌을까? 최초의 서평자 가운데 한 명은 노벨상 수상으로 이름을 날린 분자생물학자인 맥스 퍼루츠Max Perutz다. 《사적 과학》이 출판된 해 겨울에 퍼루츠는 장문의 서평을 《뉴욕 리뷰 오브 북스*The New York Review of Books*》에 실었다. 글의 서두에서 퍼루츠는 미생물학자 르네 뒤보René Dubos가 쓴 최근까지도 가장 널리 읽히는 파스퇴르 평전(1950)[20]의 내용을 간략하게 요약한 뒤, 기슨의 파스퇴르에 대한 해체주의적 독해를 "해체하고 종래의 올바른 [파스퇴르에 대한] 상"을 복원하는 것이 자신의 목표라고 밝혔다. 퍼루츠는 기슨이 과학자들은 "그들의 정치적, 종교적 믿음과 사회 문화적 압력의 영향 가운데 경험적 사실을 해석하므로 과학 지식이 상대적이고 주관적이며, 과학자들이 과학적 발견을 자신들의 권위를 확립하기 위해 절대적인 사실이라 주장하며 실상을 오도한다고 단언"하는 "특정한 부류의 사회 이론가들의 노선"을 따르고 있다고 보았다. 바꿔 말해, 그는 기슨을 과학을 상대주의적 관점에서 해체하려는 "과학사회학 학파"의 일원으로 분류하고 그의 파스퇴르에 대한 연구를 대부분 "과학적 무지의 소산"이나 "상식에 어긋나는" 지나친 비판으로 낮게 평가했다. 예를 들어 그는 광학 이성질체 발견 과정에 대한 기슨의 분석을 두고 "화학 실험실에 가서 직접 실험을 해보라"고 냉소했고, 탄저균 백신 접종 공개 시연 때 본인의 공기 노출법이 아닌 화학 약품으로 처리해 만든 백신을 사용했다는 분석도 결국 본인의 방법을 활용한 탄저균 백신을 발전시켜 상용화했으므로 "속임수"로 몰아붙이는 과장된 해석이라고 비판했다. 또 퍼루츠는 동물 실험 결과가 축적되지 않은 상황에서 사람에게 광견병 백신을 접종한 것도 사후적으로 그 효용성과 안전성이 증명되었기 때문에 사소한 문제로 치부했다.[21]

사후적으로 볼 때 이런 퍼루츠의 비난에도 불구하고 기슨의 작업 중에서 어느 부분이 과학적으로 무지해 내린 결론인지는 분명해 보이

20
이 책은 국내에 유일하게 번역된 파스퇴르 전기이기도 하다. 르네 뒤보, 《과학을 향한 끝없는 열정: 파스퇴르》, 이재열·김사열 옮김(사이언스북스, 2006).

21
Max F. Perutz, "The Pioneer Defended," *The New York Review of Books* 21 (1995): 54-58.

지 않는다. 또 앞 절에서 보았듯이 기슨은 극단적인 사회 구성주의에 대해서도 분명하게 거리를 두었기 때문에 그를 상대주의자로 매도하는 것 또한 적절하지 않다. 그럼에도 퍼루츠는 그를 과학에 무지몽매한 역사가로 단정 짓고, 기슨이 "백신의 존재를 부정하며 이데올로기 중심으로 접근하기 때문에 백신의 효용이나 다른 자연 현상에 대한 올바른 설명 없이" 과학을 "오직 수사적 언변에 기댄 문화 활동에 불과한 것"으로 만들어버린다고 분노했다. 연로한 노벨상 수상자가 보기에 파스퇴르는 "용감하고, 동정심 강하고, 정직"할 뿐만 아니라 "그의 과학적 성취는 인류의 고통을 줄이는 데 기여해 왔으며, 그 결과 그는 인류의 가장 큰 공헌자benefactors가 될 수 있었다".[22] 퍼루츠에게는 이런 파스퇴르를 끌어내리고 폄하하는 기슨이야말로 "비윤리적, 비도덕적으로 연구를 수행했다고 지탄받아야" 하는 인물이었다. 이듬해 초 기슨이 퍼루츠의 비판에 대한 반박 논평을 제출하고, 1997년에는 분자생물학자이자 의학사학자인 윌리엄 서머스William Summers가 퍼루츠의 서평이 불공정하고 부정확하다며 《사적 과학》을 옹호하는 논평을 냈음에도, 퍼루츠는 이 같은 평가를 철회하지 않았다.[23]

퍼루츠와 같이 《사적 과학》을 (학술적 명칭이라기보다는 경멸의 의미로) 상대주의적 과학사회학의 산물로 보는 시각은 당시 소위 과학 전쟁Science Wars에 참여하던 과학자들 사이에서 널리 공유되었다. 1990년대 과학 전쟁은 과학의 본성을 두고 과학자들로 이루어진 과학 실재론자들과 포스트모던 비평가들 사이에서 벌어진 논쟁으로, 많은 과학자는 과학사의 사회사적, 문화사적 접근과 과학지식사회학의 사회 구성주의 논의를 과학에 무지하거나 오해한 가운데 과학에 대한 왜곡된 상을 그려내는 반과학주의anti-scientism이자 반지성주의로 치부하고 공격했다. 특히 《사적 과학》이 출간되고 이에 관해 퍼루츠와 기슨, 서머스 사이의 논평과 반박 논평이 오가던 시기는 《고등 미신*Higher Supersti-*

22
Max F. Perutz, "The Pioneer Defended," 57-58.

23
Gerald L. Geison, "Pasteur and the Culture Wars: An Exchange: Reply by M.F. Perutz," *The New York Review of Books* 6 (1996); William C. Summers, "Pasteur's 'Private Science'; William C. Summers, Reply by MF Perutz," *The New York Review of Books* 6 (1997).

tion》을 출판한 해양학자 폴 그로스Paul Gross와 수학자 노먼 레빗Norman Levitt이 뉴욕 과학 아카데미 후원으로 사회 구성주의를 반과학으로 비판하는 대형 학회를 개최(1995년 여름)하고, 수리물리학자 앨런 소칼Alan Sokal이 자신이 과학 내용을 엉터리로 날조해 투고한 논문이 저명한 인문사회 잡지 《소셜 텍스트*Social Text*》에 게재되었음을 폭로(1996년 봄)하면서 논쟁이 한층 가열되던 상황이었다. 또 퍼루츠의 서평이 실린 《뉴욕 리뷰 오브 북스》는 소칼의 날조를 둘러싸고 물리학자 와인버그Steven Weinberg와 과학사학자 와이즈Norton Wise가 논쟁을 벌이던 과학 전쟁의 주요 전장 가운데 하나였다.[24] 기슨이 반박 논평에서 분명하게 진술했듯이 《사적 과학》은 이 사이에서 과학 전쟁에 의도치 않게 휩쓸렸다고 할 수 있다. 실제로 그로스와 레빗은 1996년 논문에서 과학자들이 강단의 반과학자들에게 '한 방 먹인' 사례로 소칼의 날조와 함께 퍼루츠의 《사적 과학》 서평을 인용하기도 했다.[25]

아이러니한 점은 기슨은 이런 비판과 논쟁을 피하기 위해 당시의 어떤 역사가나 사회학자보다도 매우 신중하게 파스퇴르에 대한 비판과 평가를 서술했다는 사실이다. 《사적 과학》에서 기슨은 자신의 연구 목표가 과학적 사실의 사회적 구성 등과 같은 "인식론적인 문제와는 무관"하며, 이보다는 "파스퇴르가 스스로를 어떻게 공적으로 재현했는지"와 이와 관련된 "파스퇴르를 둘러싼 역사적 신화가 정당한지"에 대한 것이라고 강조했다.(277쪽) 또 푸셰와의 논쟁에서 파스퇴르의 승리를 이끈 "외부적 요인"들을 거침없이 찾아내고 그에 대한 반감을 유감없이 드러내던 젊은 시절과 달리, 《사적 과학》에서는 더 "부드러워지고, 정치인처럼 노회하고 신중"하게 파스퇴르의 공적 재현과 사적 연구 활동의 불일치를 서술했다.[26] 예를 들어 자연 발생설 논쟁과 관련해 《사적

24
과학 전쟁에 관한 개괄로는 다음을 참고하라. 홍성욱, 〈종설: "누가 과학을 두려워하는가"-최근 "과학 전쟁"(Science Wars)의 배경과 그 논쟁점에 대한 비판적 고찰-〉, 《한국과학사학회지》 19권(1997): 151-179.

25
Norman Levitt and Paul R. Gross, "Academic Anti-Science Author(s): Norman Levitt," *Academe* 82 (1996): 42.

26
Steven Shapin, "Reviewed Work(s): The Private Science of Louis Pasteur by Gerald L.

과학》의 기슨은 자신의 1974년 분석이 지나치게 푸셰의 입장에서 "외재주의적" 설명을 했으며, 푸셰가 파스퇴르만큼 뛰어난 실험가가 아니었다는 점을 간과했다고 인정했다. 비록 여전히 "파스퇴르의 종교적, 정치적 헌신"이 논쟁에서 중요하게 작용하고, 사회 문화적 맥락이 중요했다고 보지만,(321-322쪽) 기슨은 "파스퇴르가 푸셰보다 자신의 주장을 보다 설득력 있게 관철시킬 능력을 지닌 능수능란한 수사가였을 뿐만 아니라 훨씬 독창적이고 능력 있는 실험가였다는 사실"을 반복해서 강조했다.(132쪽) 기슨은 또 파스퇴르의 과학 연구가 "매우 중요하고 큰 결실을 맺었으며, 그가 발견한 법칙들 가운데 일부는 여전히 우리에게 유효"할 뿐만 아니라 파스퇴르의 연구 프로그램이 일종의 "혁명을 가져왔음을 부정할 수 없다"라고 높이 평가했다.(277쪽)

지금은 철학자 혹은 사상가로 더 유명하지만 당시 과학사학계에서는 파스퇴르 연구의 권위자로 여겨졌던 브뤼노 라투르Bruno Latour는, 기슨의 이런 서술 방식은 본인이 해체하려는 파스퇴르의 우상화된 측면을 존속시킨다고 비판하기도 했다.[27] 물론 역사 전공자가 아닌 이들이 이런 미묘한 서술을 파악하기는 힘들었을 것이다. 실제로 《뉴욕 타임스 *The New York Times*》의 1995년 5월 자 기사는 《사적 과학》을 소개하면서, "수정주의적 역사는 파스퇴르를 라이벌의 아이디어를 훔친 거짓말쟁이라고 말한다"라는 선정적인 제목에 기슨이 "폭로한 바에 따르면 과학이 으레 묘사되는 것처럼 객관적이고, 말끔하고, 양심적으로 정직하지 않다"라는 내용을 싣고 있었다.[28]

다른 한편으로 동료 과학사학자들, 특히 사회사와 문화사를 추구하는 연구자들의 반응도 호의적이지만은 않았다. 이들은 기슨의 상세하고 깊이 있는 분석에 경의를 표하고, 그의 연구가 파스퇴르에 대한 가장 철저한 분석이라는 데 동의했다. 다만 그가 실험 연구 노트를 주요

Geison," *Philosophy of Science* 63 (1996): 482-483.

27

Bruno Latour, "A propos de 'La science privee de Louis Pasteur': Les six 'revelations' du livre de Geison," *La Recherche* 281 (1995): 35-36; Christiane Sinding, "Claude Bernard and Louis Pasteur: Contrasting Images through Public Commemorations," *Osiris* 14 (1991): 81에서 재인용.

28

Lawrence K. Altman, "Revisionist History Sees Pasteur As Liar Who Stole Rival's Ideas," *The New York Times*, May 16, 1995.

분석 대상이자 공적으로 재현된 파스퇴르와 실제 파스퇴르 간 불일치를 파악할 준거점으로 활용하는 데에는 불만을 표했다. 이들이 보기에 《사적 과학》에서 실험실 연구 노트는 "파스퇴르의 실제 연구 활동을 바라보는 매개 없는 투명한 창"을 제공하는 것처럼 잘못 사용되었다.[29] 대표적인 과학 문화사 연구자인 로버트 콜러Robert Kohler는 실험실 연구 노트를 주요 사료로 사용하는 전략이 파스퇴르의 다양한 실험 활동을 단일 주제로 묶는 데 기여하기는 했지만, 동시에 "사회사적 초점"을 통해 파스퇴르를 당대의 과학 공동체와 과학 문화를 예증하는 사례로 살피는 일을 어렵게 하는 "덫"이기도 했다고 비판했다. 콜러가 보기에 파스퇴르는 극적인 공개 시연과 애국적 호소 등을 활용해 19세기 프랑스의 공공 생활에 과학이 중요한 위치를 차지하게 한 "국가 과학자" 내지 "공적 과학자"의 상을 창조한 인물이었다. 콜러는 이렇게 파스퇴르가 공적 과학자가 되는 과정을 이해하기 위해서는 기슨이 "사적 과학"을 발굴하는 데 활용한 연구 노트에만 매달리는 일에서 벗어나야 한다고 주장했다.[30] 라투르 역시 유사한 관점에서 파스퇴르의 연구 노트에만 집중한 결과 그의 연구가 수행된 맥락들, "국제 연구 네트워크, 당시의 위생 문제, 의학 전문직의 혁명, 파스퇴르 연구의 수용, 프랑스의 역사적 진화"와 같은 다른 요인들을 놓쳤다며 《사적 과학》의 한계를 지적했다.[31]

기슨의 연구 노트 중심 분석이 가진 또 다른 문제는 '실제 과학 활동'과 '공적으로 재현된 과학'이 완전히 분리된 영역인 것처럼 다루어진다는 점이었다. 스티븐 셰이핀은 그의 서평에서 기슨이 두 영역의 "불일치"를 강조함으로써 과학적 신뢰scientific credibility가 자연 법칙의 발견으로 자동적으로 주어지는 것이 아니라 늘 사회적으로 성취되는 것이고, "막후"에서 수행한 실험뿐만 아니라 공적인 영역에서 벌인 설득과 협상

29

Paolo Palladino, "Reviewed Work(s): The Private Science of Louis Pasteur by Gerald L. Geison Review," *The British Journal for the History of Science* 29 (1996): 239.

30

Robert Kohler, "The Private Science of Louis Pasteur," *Isis* 87 (1996): 331-334.

31

Bruno Latour, "A propos de 'La science privee de Louis Pasteur': Les six 'revelations' du livre de Geison," 35-36; Christiane Sinding, "Claude Bernard and Louis Pasteur: Contrasting Images through Public Commemorations," 81에서 재인용.

활동이 성공한 결과임을 간과하게 만드는 것 같다고 지적했다. 그리고 셰이핀은 기슨이 이렇게 충분히 사회사적이지 못한 이분법적 태도를 취한 이유는 윤리적, 과학적 기준이 맥락적이라는 점을 강조한다면 파스퇴르의 사적 과학이 비도덕적이라고 비판하기 어려웠기 때문이라고 이해했다.[32]

마지막으로 과학사학자들이 퍼루츠와 동일하게 비판했던 지점은 파스퇴르의 광견병 백신 접종에 기슨이 내린 도덕주의적 평가였다. 의료윤리 등이 체계화되지 않은 당시의 상황에서 우리 시대의 윤리적 잣대와 기준을 파스퇴르에게 적용할 수 있는지, 이와 관련해 기슨이 제시한 파스퇴르 및 동시대 의료인들인 조수 루와 소수 반대자들의 사례를 충분한 증거로 여길 수 있는지에 대한 문제가 제기되었다.[33] 과학사학자들이 보기에는 이 또한 기슨이 연구 노트 분석에만 천착한 나머지 다른 사료들을 충분히 고려하지 않아 발생한 문제였다. 정리하자면, 퍼루츠 같은 과학자가 보기에 기슨의 책은 (상대주의, 반과학주의, 반지성주의라는 경멸적인 의미에서) 과학사회학의 전형이었던 반면, 동료 사회사, 문화사 연구자에게 그의 전기는 (파스퇴르의 삶이 충분히 맥락화되지 않았다는 의미에서) 충분히 과학사회학적이지 않았다.

나가며: 비판적 과학자 전기는 대중적으로 수용될 수 있는가

과학사학자들은 기슨이 충분히 과학사회학적이지 않고 지나치게 조심스럽다고 비판하면서도, 여전히 《사적 과학》을 가장 믿을 만한 파스퇴르 전기로 꼽는다. 또 파스퇴르가 과학적, 사회적 성공을 위해 무대 뒤에서 부단히 노력하고 프랑스 사회가 원하는 과학자의 상을 훌륭하게 연출해 내는 공연자이자 수사가였다는 기슨의 결론에는 누구도 반대하지 않는다. 이처럼 전문 과학사학자들의 지지는 확고한 한편, 기슨의 서

32 Steven Shapin, "Reviewed Work(s): The Private Science of Louis Pasteur by Gerald L. Geison," 483.

33 Max F. Perutz, "The Pioneer Defended," 54-58; Steven Shapin, "Reviewed Work(s): The Private Science of Louis Pasteur by Gerald L. Geison," 483; Harmke Kamminga, "Book Reviews: Gerald L. Geison, The Private Science of Louis Pasteur, Princeton, NJ: Princeton University Press, 1995. Pp. xii + 378. £24.95. ISBN 0-691-03442-7," *Social History of Medicine* 9 (1996): 136-137.

술이 문제적이고, 과학적 몰이해로 결함투성이라는 과학자들의 비판이 최근까지도 이어지고 있다.[34] 왜 이런 평행선을 그리는 양면적 평가가 이어질까?

퍼루츠나 과학 전쟁에 참여한 과학자들이 기슨의 분석에 분노한 대목은, 파스퇴르라는 탁월한 과학적 성취를 이룬 인물이 도덕적 결함이 있는 것처럼 서술한 부분이었다. 1995년 《뉴욕 타임스》 기사에서 보이는 것처럼, 퍼루츠처럼 분노하지 않았던 이들조차도 기슨 책의 가장 충격적인 내용으로 파스퇴르가 부도덕한 인물임을 밝혀낸 점을 들었다.

기슨은 과학 활동의 객관성과 과학자의 도덕성은 무관하다는 점을 강조하기 위해 도덕적으로 완전무결하지는 않은 인간적인 파스퇴르를 그렸고, 과학사학자들은 이 새로운 파스퇴르 상을 수긍했다. 그러나 기슨의 새로운 파스퇴르는 과학자를 포함한 과학사 분야 바깥의 일반 대중이 지닌 과학자 상과 충돌한다. 셰이핀에 따르면, 17세기 실험 과학이 정립되는 과정에서 자연철학자들은 실험 활동과 그 연구 결과가 신뢰할 만한 것이자 믿을 만한 지식을 산출한다고 설득하기 위해 자신들을 영리적 이득과는 무관한 아마추어로 그려냈으며, 이 가운데 과학자는 신성하고 도덕적인 존재라는 이미지가 형성되기 시작했다. 이처럼 보수나 금전적 이득보다는 자연에 대한 이해 자체에 더 큰 관심을 가지고 그 어떤 직업들보다도 도덕적인 과학자라는 상은 과학이 전문 직업화되고 보수를 받는 활동이 되는 19세기 말이나, 심지어 과학자들이 기업가entrepreneur로 불릴 만한 활동을 하는 오늘날에도 여전히 강력하게 작동하고 있다. 셰이핀은 이같이 "소명으로서 과학science as vocation"을 추구하는 과학자 상이 시대마다 요구되는 맥락이 상이하기는 하지만, 근본적으로 과학의 문화적 권위를 유지하고, 과학과 과학 지식을 생산하는 과학자를 신뢰할 만한 존재로 만들기 위해 면면히 유지된다고 본다.[35]

34

Joseph Gal, "In Defense of Louis Pasteur: Critique of Gerald Geison's Deconstruction of Pasteur's Discovery of Molecular Chirality," *Chirality* 31 (2019): 261-282.

35

Steven Shapin, *The Scientific Life: A Moral History of a Late Modern Vocation* (University of Chicago Press, 2008).

2015년에 쓰인 유네스코의 파스퇴르 기록물 소개는 이 같은 소명으로서의 과학자 상이 파스퇴르라는 과학자에 투영되고 있음을 잘 보여주는 사례이다. 《사적 과학》의 파스퇴르 서술은 예나 지금이나 널리 퍼져 있는 과학자 상의 중핵인 도덕적이고 덕성을 지닌 존재로서의 과학자라는 이미지를 문제화하지만, 이는 과학자 전기라는 장르를 통해 대중이 듣고 싶은 이야기가 아니다. 이처럼 대중적으로 널리 통용되고 기대되는 과학자 상과 전문 과학사학계가 과학자 전기를 통해 새로이 정립하려고 하는 과학자 상 사이에서 발생하는 충돌은 동시대의 다른 과학자 전기에서도 발견된다. 기슨의 책과 같은 해에 출판된 저널리스트 데이바 소벨Dava Sobel의 《경도: 당대의 가장 중요한 과학적 문제를 해결한 외로운 천재에 관한 진실*Longitude: The True Story of a Lone Genius Who Solved the Greatest Scientific Problem of His Time*》이 선풍적인 인기를 끌었던 이유 중 하나는 그가 그린 존 해리슨John Harrison, 1693-1776의 모습이 정확하게 소명으로서의 과학을 추구하는 과학자 상이었던 데 있었다.[36] 예측할 수 있겠지만, 이런 대중적 인기와는 반대로 소벨의 저술은 《사적 과학》에 비해 과학사학자들 사이에서 폄하되었다. 전문 과학사학자에게 소벨의 책은 해리슨이 살던 사회적, 문화적 맥락을 모두 간과하고 과학 활동을 개인의 재능과 노력으로만 환원해 실제 역사적 사실을 왜곡하는 저작이었다.[37] 과학사학자 존 개스코인John Gascoigne은 소벨의 《경도》를 둘러싼 대조적인 반응, 대중적인 상찬과 과학사학자들의 매몰찬 평가가 대중 저술가와 과학사학자가 다른 독자를 대상으로 다른 스타일로 글을 쓰며 사료를 사용하는 방식이 다르고, 서로 다른 주제에 초점을 두는 데서 비롯한다고 지적한다.[38] 개스코인이 옳다면, 유네스코 기록물의 소개가 기슨이 그려내는 새로운 파스퇴르를 받아들일 일은 없을 것 같다. 나아가 과학자의 인간적인 모습을 드러내고 역사적 맥락 속에서

36
한국어 번역본은 데이바 소벨, 《경도 이야기: 인류 최초로 바다의 시공간을 밝혀낸 도전의 역사》, 김진준 옮김(웅진지식하우스, 2012).

37
여기서 소개한 소벨에 관한 과학사학계의 논쟁 분석은 모두 다음의 논문을 참고했다. 박민아, 〈과학사의 응용: 차이를 이해하기〉, 《한국과학사학회지》 35권(2013): 465-480.

38
John Gascoigne, "“Getting a Fix”: The Longitude Phenomenon," *Isis* 98 (2007): 769-778.

과학자를 보려는 비판적 과학자 전기라는 장르가 전문 과학사 분야 바깥에서 쉬이 받아들여지는 일은 앞으로도 요원해 보인다. +

박민아. 〈과학사의 응용: 차이를 이해하기〉. 《한국과학사학회지》 35권(2013): 465-480.

홍성욱. 〈종설: "누가 과학을 두려워하는가"-최근 "과학 전쟁"(Science Wars)의 배경과 그 논쟁점에 대한 비판적 고찰-〉. 《한국과학사학회지》 19권(1997): 151-179.

"루이 파스퇴르의 기록물". 유네스코와 유산. 2022년 8월 15일 접속, https://heritage.unesco.or.kr/루이-파스퇴르의-기록물/.

Altman, Lawrence K. "Revisionist History Sees Pasteur As Liar Who Stole Rival's Ideas." *The New York Times*. May 16, 1995.

Biagioli, Mario. *Galileo, Courtier: The Practice of Science in the Culture of Absolutism*. University of Chicago Press, 1993.

Butterfield, Herbert. "The Historian and the History of Science." *Bulletin of the British Society for the History of Science* 1 (1950): 49-58.

Daston, Lorraine, ed. *Biographies of Scientific Objects*. University of Chicago Press, 2000.

Desmond, Adrian and James R. Moore. *Darwin*. Penguin UK, 1992.

뒤보, 르네. 《과학을 향한 끊임없는 열정: 파스퇴르》. 이재열·김사열 옮김. 사이언스북스, 2006.

Fuller, Steve. *Thomas Kuhn: A Philosophical History for Our Times*. University of Chicago Press, 2000.

Gal, Joseph. "In Defense of Louis Pasteur: Critique of Gerald Geison's Deconstruction of Pasteur's Discovery of Molecular Chirality." *Chirality* 31 (2019): 261-282.

Gascoigne, John. ""Getting a Fix": The Longitude Phenomenon." *Isis* 98 (2007): 769-778.

Geison, Gerald L. "Pasteur and the Culture Wars: An Exchange: Reply by M.F. Perutz." *The New York Review of Books* 6 (1996).

Golinski, Jan. *Making Natural Knowledge: Constructivism and the History of Science*. University of Chicago Press, 1998.

Greene, Mott T. "Writing Scientific Biography." *Journal of the History of Biology* 40 (2007): 727-759.

Hankins, Thomas L. "In Defence of Biography: The Use of Biography in the History of Science." *History of Science* 17 (1979): 1-16.

_____. "Comment: Reviewing a Review." *Isis* 108 (2017): 117-118.

Harman, Oren. "Scientific Biography." *Handbook of the Historiography of Biology*, edited by Michael R. Dietrich, Mark E. Borrello and Oren Harman. Springer, 2021.

Kadia, Miriam L. Kingsberg. *Into the Field: Human Scientists of Transwar Japan*. Stanford University Press, 2019.

Kamminga, Harmke. "Book Reviews: Gerald L. Geison, The Private Science of Louis Pasteur, Princeton, NJ: Princeton University Press, 1995. Pp. xii + 378. £24.95. ISBN 0-691-03442-7." *Social History of Medicine* 9 (1996): 136-137.

Keller, Evelyn Fox. *A Feeling for the Organism: The Life and Work of Barbara McClintock*. Macmillan, 1984.

Kohler, Robert. "The Private Science of Louis Pasteur." *Isis* 87 (1996): 331-334.

Latour, Bruno. *Les Microbes: Guerre et paix, suivi de Irréductions*. A. M. Métailié, 1984.

_____. "A propos de 'La science privee de Louis Pasteur': Les six 'revelations' du livre de Geison." *La Recherche* 281 (1995): 35-36.

Levitt, Norman and Paul R. Gross. "Academic Anti-Science Author(s): Norman Levitt." *Academe* 82 (1996): 38-42.

Linker, Beth. "Resuscitating the 'Great Doctor': The Career of Biography in Medical History." *The History and Poetics of Scientific Biography*. Thomas Söderqvist, ed. Ashgate, 2007.

Nye, Mary Jo. "Scientific Families: Biographies and 'Labographies' in the History of Science." *Historical Studies in the Natural Sciences* 39 no. 1 (2009): 104-114.

Palladino, Paolo. "Reviewed Work(s): The Private Science of Louis Pasteur by Gerald L. Geison Review." *The British Journal for the History of Science* 29 (1996): 239-240.

Perutz, Max F. "The Pioneer Defended." *The New York Review of Books* 21 (1995): 54-58.

Sinding, Christiane. "Claude Bernard and Louis Pasteur: Contrasting Images through Public Commemorations." *Osiris* 14 (1991): 61-85.

Söderqvist, Thomas. "'No Genre of History Fell Under More Odium than that of Biography': The Delicate Relations between Scientific Biography and the Historiography of Science." *The History and Poetics of Scientific Biography*, Thomas Söderqvist, ed. Ashgate, 2007.

Shapin, Steven. "Reviewed Work(s): The Private Science of Louis Pasteur by Gerald L. Geison." *Philosophy of Science* 63 (1996): 482-483.

_____. *The Scientific Life: A Moral History of a Late Modern Vocation*. University of Chicago Press, 2008.

소벨, 데이바. 《경도 이야기: 인류 최초로 바다의 시공간을 밝혀낸 도전의 역사》. 김진준 옮김. 웅진지식하우스, 2012.

Summers, William C. "Pasteur's 'Private Science'; William C. Summers, Reply by MF Perutz." *The New York Review of Books* 6 (1997).

현재환

한양대학교에서 역사와 철학, 과학기술학을 공부하고 서울대학교 과학사 및 과학철학 협동과정에서 석·박사 학위를 받았다. 미국 UCLA 사회와 유전학 연구소 방문연구생, 도쿄 이과대학교 공학부 일한문화교류기금 박사후연구원, 독일 막스플랑크 과학사연구소 박사후연구원을 거쳐 현재 부산대학교 교양교육원 교수로 재직 중이다. 과학의 초국적 성격이 20세기 이후 한국과 일본의 인간 생물학 및 환경 과학과 관련된 실천 및 제도 수립에 끼친 역할을 연구하고 있다. 지은 책으로 《마스크 파노라마》(공저) 등이, 옮긴 책으로 《유전의 문화사》가 있다.

삶

Bibliothèque de PHILOSOPHIE
L'Idiot de la famille
Gustave Flaubert
par JEAN-PAUL SARTRE
nrf
Éditions Gallimard
L'Idiot de la famille
JEAN-PAUL SARTRE
Gallimard
18320
Die Jahre der Erkenntnis
833.912
K119s
2011
16187
Die Jahre der Entscheidungen
833.912
K119s
2014

이라는
예술

ANTONIN
ARTAUD
ŒUVRES
COMPLÈTES
XIII
nrf
GALLIMARD
Antonin Artaud
VAN GOGH LE SUICIDÉ DE LA SOCIÉTÉ
L'IMAGINAIRE
GALLIMARD
432
FRANZ
SCHUBERT
JOHANNES
BRAHMS
ROBERT
SCHUMANN

이진이

'진정한 광인' 아르토의 반 고흐론, 혹은 잔혹의 시

앙토냉 아르토Antonin Artaud, 〈사회가 자살시킨 자 반 고흐 *Van Gogh le suicidé de la société*〉(1947), 《전집*Œuvres complètes*》, tome XIII (Gallimard, 1974), 9-64.

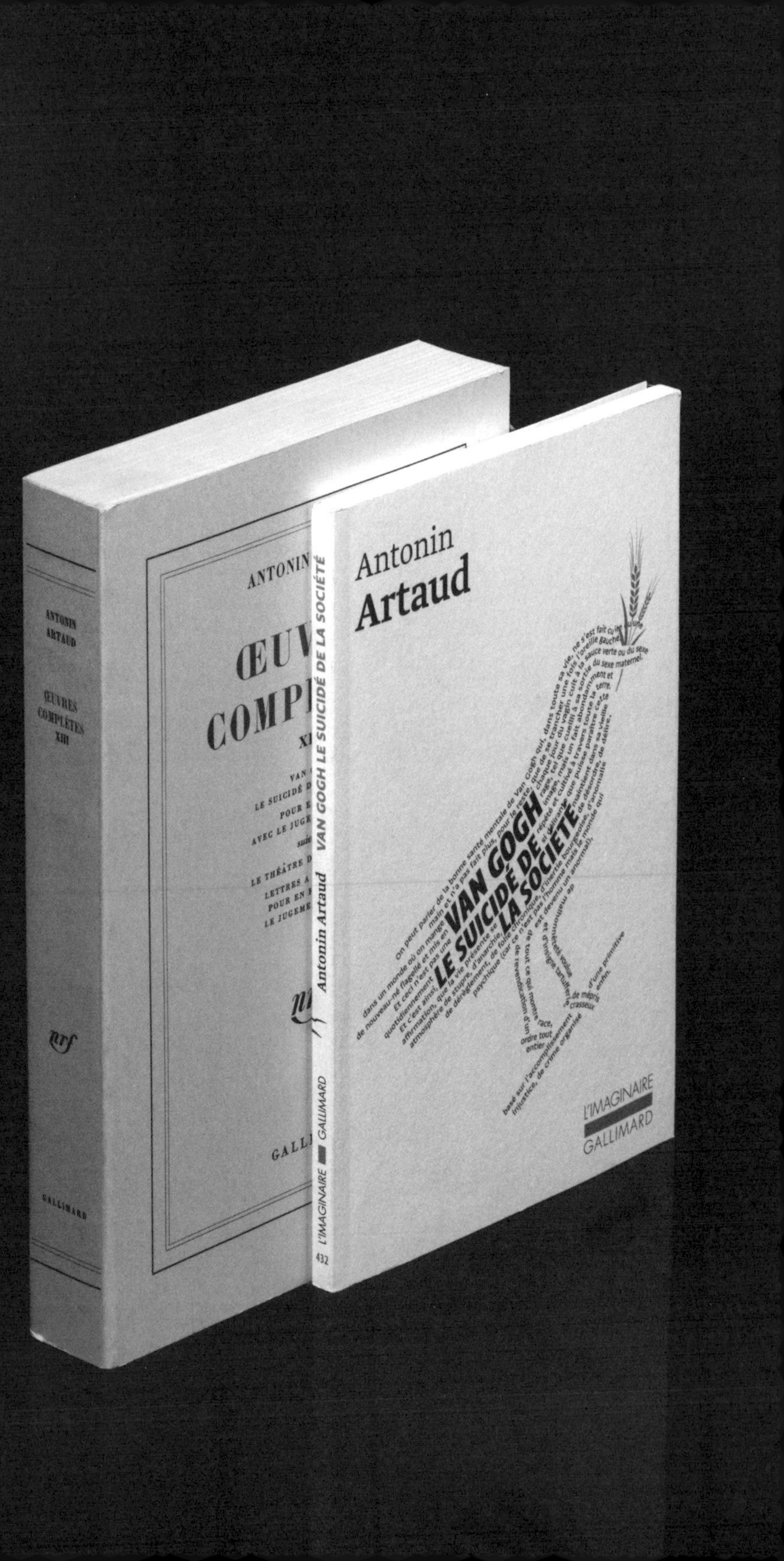
ANTONIN ARTAUD
ŒUVRES COMPLÈTES XIII
nrf
GALLIMARD
Antonin Artaud
VAN GOGH LE SUICIDÉ DE LA SOCIÉTÉ
L'IMAGINAIRE
GALLIMARD
432
Antonin
Artaud
VAN GOGH
LE SUICIDÉ DE
LA SOCIÉTÉ
L'IMAGINAIRE
GALLIMARD

"반 고흐가 미쳤다고?"

1947년 1월 말부터 3월, 파리의 오랑주리 미술관에서 빈센트 반 고흐Vincent van Gogh의 회화전이 열렸다. 이 전시를 홍보하기 위해 한 예술 주간지[1]는 지면의 한 면을 통째로 할애해 화가와 그의 작품을 소개했다. 갤러리스트 피에르 뢰브Pierre Loeb는 앙토냉 아르토에게 반 고흐에 대한 글을 써볼 것을 제안하면서 이 주간지의 해당 지면을 편지와 함께 보냈는데, 여기에 실린 글 하나가 아르토를 격분시켜 단 몇 주 만에 《사회가 자살시킨 자 반 고흐》(이하 《반 고흐》)를 쓰게 한 발단이 되었다고 알려져 있다.

주간지에 〈그의 광기?〉라는 제목으로 실린 이 글은 정신과 의사 프랑수아조아킴 비어François-Joachim Beer가 쓴 책 《반 고흐의 악마에 관하여》의 약 두 쪽 분량을 그대로 가져온 발췌문이다.[2] 이 글에 따르면 모계 쪽의 뇌전증과 부계 쪽의 뇌졸중 가족력을 지닌 반 고흐는 사춘기 때부터 두통과 복통 같은 "다양한 신경병증성 문제"를 내보였고, 16세에 독립한 이후 37세에 사망할 때까지 14개의 도시를 전전한 이력은 "불안정과 방랑벽" 때문이며, 청년기의 실패한 애정사는 "엇나간 감수성"으로, 그가 빈곤과 천대에 내몰린 사람들에게 품었던 측은지심은 "상식에서 벗어난 병적인 희생"으로 일축된다. 때때로 그림에 대한 견해차 때문에 격렬해지곤 했던 고갱과의 논쟁, 물감을 먹거나 밀짚모자에 초 여러 개를 꽂고 나가 그 불빛으로 야경을 그리곤 했던 일화, 급기야 자기 손으로 직접 제 왼쪽 귓불을 자른 사건 등 화가의 일생에서 돌출된 몇몇 장면은 임상이 아닌 학설에 기댄 정신과 의사의 진단 하에서 반 고흐를, 그러니까 발랑탱 마냥Valentin Magnan의 이론을 적용하면 신경 정신적 퇴화로 인한 정신 이상자로, 에밀 크레펠린Emil Kraepelin과 오이겐 블로일러Eugen Bleuler의 이론에 끼워 맞추면 조현병 환자로, 그리고 이 글을 쓴 비어의 진단명을 빌리면 "편집증적 폭력 충동이 있는 정신 이상자"로 규정짓는 근거가 된다.

이 글은 반 고흐를 "천재성 없는 정신 이상자들"과 구별하면서 그

1

Arts: beaux-arts, littérature, spectacle, no. 104, le 31 janvier 1947.

2

François-Joachim Beer, *Du démon de Van Gogh* (Cartier, 1945), 53-55.

의 생애와 작품을 의학적 진단을 위한 발병 원인과 증상의 차원으로 재구성하는 과정을 거쳐 “광기가 천재성을 낳았다고 주장할 수밖에 없다”, “그의 예술 활동이 정신적 문제들에 기인한다고 말할 수밖에 없다”라는 단정적 판단으로 갈무리된다. 이 글이 포함된 70쪽가량의 책 《반 고흐의 악마에 관하여》도 이러한 입장의 연장선에 있다. 책 전체는 말하자면 한 정신과 의사의 직업적 관점에 따라 편집되고 해석된 ‘광인’이자 ‘천재’로서의 반 고흐에 관한 정신의학적 전기다. 아르토가 《반 고흐》에서 네 차례나 되돌아가서 들여다보는 반 고흐의 마지막 작품 〈까마귀가 있는 밀밭〉도 이 정신의학의 시선과 담론 안에서는 “정신적 균열”, “정신력의 파열, 그 치명적인 붕괴”를 증명하는 “잘린 선들, 구불구불하고 기이하며 불안을 야기하는 굽이들”[3]의 집합으로 여겨질 뿐이다. 이 글을 읽은 아르토는 ‘역겨운 잘난 척’이라고 평하며 분노했고, 이 감정적 격발의 적극적인 반응으로서 《반 고흐》를 썼다.

아르토의 이 작품은 작가가 글쓰기의 대상이 되는 인물로부터 객관적인 거리를 유지하며 그 인물의 생애를 재구성함으로써 해당 인물에 대한 안정적이고 공신력 있는 이해를 도모하는 평전의 일반적 양식에서 번번이, 동시에 멀찍이 빗나간다. 비어가 반 고흐 개인의 역사를 정신 질환의 병리적 계기들을 중심으로 재구성했다면, 아르토는 이 화가에 대한 정신의학적 판단과 규정, 나아가 정신의학의 권위와 사회 구조 자체를 근본부터 재론한다. 비어라는 의사와 반 고흐라는 환자 사이의 좁힐 수 없는 수평적, 수직적 간극도 아르토와 반 고흐라는 두 광기의 예술가 사이에서는 가뿐히 무시된다. 아르토 선집의 책임 편집자 에블린 그로스만Évelyne Grossman은 《반 고흐》에서 “아르토는 스스로를 반 고흐로 ‘여기지’ 않는다. 그는 ‘미치광이 반 고흐’이다”[4]라고 말함으로써, 이 글쓰기를 견인하는 아르토의 동력이 반 고흐를 대상화하는 태도가 아님은 말할 필요도 없거니와 반 고흐와의 동일시를 넘어선 동화에 있음을 강조한다. 그런데 아르토가 반 고흐에게 최대치로 가까이 다가가

3
François-Joachim Beer, *Du démon de Van Gogh*, 64, 65.

4
Évelyne Grossman, “Les virgules de Van Gogh,” *Artaud, «l'aliéné authentique»* (Éditions Farrago, 2003), 133.

동화되는 듯 보이는 순간에도 반 고흐는 아르토와 꽤나 닮았지만 그럼에도 절대적으로 타자인 채 분신double처럼 그의 주위에 출몰한다. "이제는 일을 손에서 놓은 초연한 고대 백정 같은 [반 고흐의] 어슴푸레한 얼굴이 나를 쫓고 있다."(33쪽) "내가 이 몇 줄의 글을 쓰고 있는 순간에도 반 고흐의 핏빛 붉은 얼굴이 내게로 다가오는 것이 보인다."(46쪽) 바꿔 말해, 다가가면 멀어지기에 한 번 더 다가가고, 동화되었다 싶으면 절대적인 타자로 낯설어지기에 또 한 번 동화를 시도한다는 점에서, 아르토는 반 고흐에게 동화되었다기보다는 동화에 실패하는 까닭에 더더욱 그에게 단단히 사로잡혀 있다.

애당초 아르토는 반 고흐의 일생을 연대기적으로 제시하는 데에도, 이 화가로부터 일정하고도 객관적인 거리를 유지하는 데에도 관심이 없다. 그럼에도 불구하고 《반 고흐》의 장르를 평전으로 분류해야만 한다면, 이 글은 우선 아르토가 일반적인 서양 연극에 맞서 '잔혹의 연극théâtre de la cruauté'을 제안한 것과 같은 차원에서 보편적 평전 양식에 대조되는 '잔혹의 평전'으로 볼 수 있을지 모른다. 평전은 '삶의 진정한 스펙터클'로서의 연극처럼 인간의 삶을 다룬다. 《반 고흐》에서 아르토가 포착하려는 반 고흐의 삶은 그가 잔혹극의 무대에 올려야 한다고 생각한 삶과 다르지 않다. 이 삶이란 요람에서 무덤까지 한 인간의 여정으로서의 '삶'이 아니라 살아 있는 존재의 심장 박동, 그 생명의 헐떡거림과 경련으로서의 '생生'이다. "우리가 삶vie이라는 단어를 발음할 때는 사실들의 겉모습으로 인지된 삶을 언급하는 것이 아니라, 형상들이 건드리지 않은 허약하고 요동치는 중심을 가리키는 것으로 이해해야 한다."[5] 아르토의 '잔혹' 개념을 이해하는 데 이러한 '생'의 물리적인 경련convulsion을 떼어 놓을 수는 없다. 종종 잔혹이 신체가 난도질되고 피가 튀는 잔인함으로 오인되곤 하는 것도 이 경련이 직접적으로 살과 신경을 관통하기 때문일 것이다.

아르토가 《연극과 그 이중》에서 서양 연극을 비판하고 잔혹극을 주창한 것도 기존 연극이 무대와 관객으로부터 그 어떤 경련도 자아내지 못했다는 사실과 무관하지 않다. 아르토가 보기에 당시 서양 연극은 단순히 심리적이고 현실적인 질서를 재현하고 그 속에서 발생한 갈등

5
앙토냉 아르토, 《연극과 그 이중》, 이선형 옮김(지만지드라마, 2021), 20.

을 관습적으로 해결할 뿐, 이러한 도덕적, 사회적 체계에 의문을 제기하는 데까지는 전혀 이르지 못했다. 또한 유럽 연극이 저녁 시간의 무용하고 인위적인 놀이로 전락함으로써 관중을 단순히 엿보는 자로 만들어 버렸다는 점도 지적된다. 이런 부분적 이유만으로도 새로운 연극이 요청된다면, 그 연극은 부당한 현 사회 상태를 전복할 만큼 더 많은 "사격을 가하고", 결코 의자 등받이에 안락하게 기대 앉아 있을 수 없을 정도로 관객의 "신경과 심장을 깨우는" 연극이어야 할 것이다. 이 새로운 연극은 신경의 경련과 정신적 충격이 즉각적으로 호환되며 무대와 객석 사이의 구분을 무화시킬 만큼 배우의 몸과 공간의 공기, 관객의 몸을 동시에 상호 진동케 하는 스펙터클이다. 이 연극의 주제와 목적은, '삶'에서 심리성, 종교성, 서사성을 제거한 '생' 그 자체의 물리적 경련을 이 스펙터클에 참여한 모든 존재가 있는 그대로 감각하게 하는 것이다. "모든 우연한 사건들이 아무리 가차없이 일어날지라도, 생은 작동한다. 그렇지 않다면 생이 아닐 것이다. 이 가차없음, 빠져나올 수 없는 답보 상태와 고통 속에서도 돌파하여 작동하는 이 생, 순수하고 냉혹한 이 감정, 이것이 바로 잔혹이다."[6]

《반 고흐》를 정신과 의사가 쓴 정신의학적 전기에 대항하는 아르토의 '잔혹의 평전'으로 볼 수 있다면, 그것은 무엇보다 이 글이 병리학적 진단 앞에서 대상화되고 치료적 개입을 통해 제압된 반 고흐의 '생'을 의학의 폭력으로부터 구출하여 그것이 지닌 날것의 경련을 붙잡고자 하기 때문이다. 여기서 반 고흐와 그의 작품의 '생'은 정확하고 논리적인 언어로 매끈하게 정리되어 투명하게 이해되는 대신, 이 경련의 진동을 통해 아르토의 '생'과 직접적으로 교차되며 끝끝내 이해와 해석으로부터 불투명해질 것이다.

"아니다, 반 고흐는 미치지 않았다."

정신의학은 반 고흐의 '생'이 지닌 여러 곡절과 층위를 몽땅 '광기'라는 진단명으로 환원해버렸다. 비어가 확진한 '그의 광기'에 맞서 아르토는 말한다. "아니다, 반 고흐는 미치지 않았다"라고.(14쪽) 의학의 폭력

6 Antonin Artaud, "Théâtre et son double," *Œuvres*, éd. Évelyne Grossman (Gallimard, coll. Quatro, 2004), 574.

적 선언에 맞서 아르토는 '그의 광기'를 '그를 미쳤다고 하는 그들의 광기'로 뒤집는다. 정신과 의사는 반 고흐가 미쳤다고 판단했지만, 아르토가 보기에 미친 것은 오히려 "멀쩡히 작동중인 의식을 역겨운 섹슈얼리티로 짓누르면서 그 의식을 미쳤다고 선포하는"(16쪽) 정신의학과 이러한 "정신의학을 발명한 하자 있는 사회"이다.(14쪽) "두말할 나위 없이 사회의 차원에서 제도는 붕괴되고 있고, 쓸모없고 내장이 드러난 시체처럼 보이는 의학은 반 고흐를 광인이라 선언한다."(15쪽) 사회는 거짓과 위선, 부르주아 관성과 모든 타자적인 것에 대한 멸시 등으로 병들 만큼 병들어 있다. 아무리 반 고흐가 청혼을 거절한 사촌 누나를 만나게 해달라며 그녀의 아버지 앞에서 손가락을 등잔불에 집어넣고, 동생의 약혼 소식을 전하는 편지를 받고는 자신에 대한 재정적, 정서적 지원이 끊기지 않을까 전전긍긍하던 차에 고갱과 심하게 다투어 프랑스 남부 도시 아를의 노란 집에서 예술가들끼리 공동 생활을 하리라는 꿈마저 불투명해진 날 면도칼로 자신의 왼쪽 귓불을 잘랐다 한들, "암컷 동물의 생식기를 구워 녹색 소스에 곁들여 먹거나, 어미의 성기에서 나오자마자 떼어낸 그 모습 그대로, 채찍질해서 벌겋게 달아오른 갓난 새끼 동물의 성기를 매일같이 먹는 세상에서라면 누군가는 반 고흐의 정신적 건강함에 대해 말할 수 있다".(13쪽) 세상의 '미친 짓'에 비한다면 반 고흐의 '미친 짓'은 '미친 짓' 축에도 못 드는 것이다.

그렇다고 사회의 광기와 비교해 상대적으로 그 정도가 덜하다는 이유만으로 반 고흐에게서 광인이라는 이름표가 떨어지는 것은 아니다. 아르토에게는 '반 고흐가 광인이냐 아니냐'보다 더 근본적이고 긴요한 문제가 있다. '누가 그를 광인으로 규정하느냐'라는, 규정의 주체와 대상 사이의 권력 문제가 그것이다. 사회에서 건강과 관련한 규범과 정상성의 기준을 쥐고 통제하는 권력은 누구에게 있는가? 그리고 그것이 정신의 건강과 관련될 때, 개인에게 고유한 정신의 영역을 함부로 탐문하고 측정하여 개입을 통해 평준화할 권리가 타인에게 있을 수 있는가? 그 권리가 타인에게 부여되어 있다면, 누가 왜 부여하는가? 이 같은 질문에 대한 답을 위해 아르토는 사회와 의학, 특히 사회와 정신의학의 공모 관계에 대해 통찰한다. 병든 사회는 현상태에서 벗어나려는 의지가 없다. 도리어 "이 병든 의식은 지금 병에서 회복되지 않는 것이 더 큰 이득이다".(14쪽) 사회는 병든 상태를 지속하기 위해 의학을, 그리고 정신의학을 발명해 호위병으로 삼는다. 반 고흐가 '광인'이 되는 것은 기본적으로 정신 건강의 손실과 소실로서의 광증을 재단하고 제정신과 실성의 경계를 구획하며 광기를 진단하여 구속할 권력을 쥔 정신의학과, 현상 유지를 위해 정신의학에 이러한 배타적 패권을 쥐어준 보수적인 사회의 구조적 역학 속에서다. 애초에 〈그의 광기?〉에서 아르토가 격노한 요인도 글의 세세한 내용보다는 그러한 담론을 버젓이 생산하고 유포하는 정신의학 권력 그 자체에 있었다.

그런데 과연 의학과 정신의학은 이러한 권력을 휘두를 자격이 있나? 아르토에게 의학은 그 자체로는 아무런 존재 의의가 없다. 개인의 고통과 질병에 개입해 건강을 회복시키는 임무를 존재의 이유이자 목적으로 삼는다고 자부하는 의학은 반대로 "스스로에게 존재 이유를 부여하기 위해 전적으로 병을 유발하고 만들어낸 것"인지도 모른다.(31-32쪽) 정신의학은 어떤가? "작동하는 반 고흐의 명석함 앞에서, 정신의학은 그저 강박적이고 구박받는 고릴라들의 소굴일 따름이다. 이 고릴라들은 인간의 고통과 숨막힘이라는 가장 끔찍한 상태에 대처하는 데에 그들의 흠결 있는 뇌에서 나온 산물에나 어울리는 우스꽝스러운 전문 용어 밖에는 가진 게 없다."(15쪽) 아르토는 근본적으로 개인의 정신을 측정할 권리가 정신의학에 있을 수 있다는 생각에 반대한다. 그가 1925년에 쓴 글 〈정신병원 병원장들에게 보내는 편지〉에 이미 이런 생각이 잘 드러나 있다. "정신병원 원장 선생님들, 법과 관례가 선생들께 정신을 측정할 권리를 넘겨주었다지요. 선생들은 당신네들의 지적 능력을 가지고 이 지고의 가공할 권한을 행사하고 계시는데요. 웃기지 마십시오. 좀 깨우쳤다는 사람들과 지식인들, 위정자들의 순진함이 대체 무슨 초자연적인 빛을 정신의학에 부여했는지 모르겠군요. [...] 우리는 아둔한 의사에게든 아닌 의사에게든 종신 감금을 통해 정신의 영역을 탐구하도록 승인하는 권리가 주어진다는 것에 반대합니다. [...] 우리는 여타 모든 인간적 사유와 행위의 연쇄와 마찬가지로 정당하고도 당연한 광기의 자유로운 전개를 누군가가 방해한다는 사실을 받아들일 수 없습니다."[7]

정신의학이 광기를 규정하는 기준도 아르토에게는 우습고 동의 못할 것임은 마찬가지다. 예외 없이 섹스에 환장한érotomane 정신과 의사

7
Antonin Artaud, "Lettre aux médecins-chefs des asiles de fous," *Œuvres*, 154.

들은 성性과 관련한 죄를 줄줄이 만들어내는 "거대 기계"를 작동시켜 무고한 사람들을 죄인으로 매도한다. 즉, 정신의학이 섹슈얼리티의 이름으로 좁디 좁은 정상성의 영역을 만들어놓았기 때문에, 그 바깥 지대에 있을 수밖에 없는 무수히 다양한 존재 양식과 성의 실천 혹은 비실천의 양상들이 비정상, 증상, 병의 개념을 거쳐 광기로 일괄 처리된다. 그렇다면 정신의학이 규정하는 광기는 '정상적' 섹슈얼리티를 위반한 죄와 무관하지 않다. 백 번 양보해 이 기준을 받아들인다고 해도, 반 고흐는 광인이 아니라 성적 기준으로부터 "순결한 자chaste"이거나, 차라리 "진정한 광인aliéné authentique"이다. 왜냐하면 "도색적 죄악crime érotique"이야말로 "이 땅의 모든 천재들, 정신병원의 진정한 광인들이 경계하는 것이고, 그렇지 않다면 그들은 (진정한 의미에서) 광인이 아니기 때문이다".(17쪽) '진정한' 광인은 정신의학이 고안한 성적인 '죄의 기계'에 말려들어 죄인으로 판명되었기 때문에 광인이 된 사람이 아니다. 정신의학이 정한 섹슈얼리티의 기준에 따라 광인으로 규정된 피동의 객체가 아니라, 이 기준 및 기준의 독재자와 무관하게 몸소 광인이 된 능동의 주체여야 한다. 그리하여 아르토는 정신의학의 기준을 전면 부정하고 자신의 기준으로 직접 광인을 재정의해 "진정한 광인"이라 칭한다. 아르토가 말하는 진정한 광인이란 "인간의 영예라는 지고의 개념을 더럽힐 바에야 기꺼이 사회적으로 통용되는 의미에서 미치광이가 되는 편을 택한 사람", "어떤 엄청난 더러움에 관해 사회와 공범이 되기를 거부했다는 이유로, 사회가 떼어내고 방어하기 위해 정신병원 안에서 목을 졸랐던 모든 이들", "사회가 어떤 말도 들어주려 하지 않았던 사람, 견딜 수 없는 진실을 발설하지 못하게 사회가 입을 틀어막고자 했던 사람"이다.(17쪽)

사회 내부에 조신하게 통합되는 대신 사회가 관성적 안정을 위해 마련한 갖가지 경계선을 교란하고 겉치레 아래 본색을 꿰뚫어보는 위험 분자들이 있다. 부르주아적 질서를 흐트러뜨리고 제도 그 자체를 뒤흔드는 의식, 사회를 향한 탐문 조사를 시도하는 우월하고 총명하며 통찰력 있는 의식, 어떤 틀에도 맞춰지지 않고 불거져 나오는 그 광포한 의식을 사회는 정신의학을 내세워 말도 안 되는 섹슈얼리티의 기준을 빌미 삼아 광인으로 명명하고 수감하여 치료를 빙자해 제압한다. "모든 광인에게는 이해받지 못한 천재성이 있다. 그의 머릿속에서 번뜩이는 생각은 사람들을 겁먹게 만들고, 숨막히는 삶으로부터의 탈출구는 오직 광기에서만 찾을 수 있을 뿐이다."(32쪽) 아르토는 사회의 억압으로 인해 광기로밖에는 표출될 수 없는 광인들의 천재성이 "반항적 자기 주장의 약동"을 기반으로 하고 있다고 생각한다. 광인으로 규정당하는 의식의 주체, 진정한 광인으로 사는 주체는 사회의 갖가지 틀이 개인성의 자연스럽고 자유로운 발휘를 좌절시키는 덫임을 매 순간 온몸으로 느끼기에, 또한 매 순간 온몸으로 사회와 불화하는 존재다. 앞서 끌어온 〈정신병원 병원장들에게 보내는 편지〉에서 아르토는 "개인의 모든 행위는 반사회적이다. 광인은 사회적 독재의 가장 대표적인 개인적 희생자다"[8]라는 인식을 표명했는데, 이 기본 입장은 20여 년이 지난 뒤에 쓴 《반 고흐》에서도 변함없이 고수되고 있다.

여기서 한 가지 명확히 짚어야 할 것은, 아르토의 "진정한 광인"이 광인들을 진정한(우월한) 광인과 진정하지 않은(열등한) 광인으로 구별 지어 위계화하는 개념이 아니라는 점이다. 아르토는 광인 집단 내부에서 광인들을 구분 짓지 않을 뿐 아니라("모든 광인에게는 이해받지 못한 천재성이 있다"), 광인과 비광인인 개개인을 대립시키지도 않는다("개인의 모든 행위는 반사회적이다"). 광인과 대결 구도에 놓인 반대편에는 그를 광인으로 규정하도록 명하는 사회가, 그리고 그 선봉에서 사회의 의지에 순종해 그를 광인으로 규정하는 정신과 의사가 있을 뿐이다. 이런 맥락에서 아르토의 "진정한 광인"은 사회적, 정신의학적 규정 대상이었던 광인에게 주체성을 돌려주기 위한 이름이지, 광인 집단 내부를 편가르기하여 광인을 또 한 번 대상화하는 기준이 아니다.

하지만 그럼에도 불구하고 존재 자체로 전쟁이나 혁명, 사회적 동요와 맞먹는 전복의 계기가 되기에 역사가 기억할 수밖에 없는 "어떤 쩌렁쩌렁한 개인들의 경우"가 있다고 아르토는 말한다. 한 목소리로 단결된 사회의 의식은 전쟁이나 혁명과 같은 격동의 시기마다 기존 체계에 의문을 제기하고 스스로를 의문에 붙인다. 그리하여 결단의 순간이 오면 전면적인 변화가 일어나는 것이다. 그런데 이런 거대한 변동이 한낱 개인에 의해 치러지려 하면, 사회는 똘똘 뭉쳐 이 자에 대한 "대대적인 저주의 굿판"을 벌인다. 그를 광인으로 몰아세워 사회에서 몰아내는 것이다. 반 고흐는 "불붙은 그리스식 화약, 원자 폭탄"과도 같은 그의 그

8
Antonin Artaud, "Lettre aux médecins-chefs des asiles de fous," 154.

림들이 단순히 "관습에 대한 순응주의가 아닌 체제 그 자체에 대한 순응주의를 공격하기"(14쪽) 때문에, 그가 "눈앞의 그럴싸한 사실들로 이루어진 현실보다 더 멀리, 위험할 만큼 무한하게 더 멀리 보기"(34쪽)를 원했기 때문에, 사회가 그에게 금지한 무한infini을 위해 살고자, "오직 무한에만 만족하고자"(60쪽) 했기 때문에 "좌표화되고 목록화된 광인"(62쪽)으로 간주된 것이다. 하지만 그는 사회에 의해 광인으로 치부될 수밖에 없었던 바로 그 이유로 인해 또한 "진정한 광인"이며, 반사회적 개인 혹은 일종의 내부 고발자를 넘어 "과연 역사상 하나의 사건"이다.(25쪽) 아르토는 이런 "쩌렁쩌렁한 개인들"이자 "진정한 광인"으로 반 고흐 이외에도 제라르 드 네르발Gérard de Nerval, 샤를 보들레르Charles Baudelaire, 에드거 앨런 포Edgar Allan Poe, 프리드리히 니체, 쇠렌 키르케고르Søren Kierkegaard, 프리드리히 횔덜린Friedrich Hölderlin, 새뮤얼 테일러 콜리지Samuel Taylor Coleridge의 이름을 호명한다. 그리고 우리는 여기에 앙토냉 아르토의 이름을 덧붙여야 할 것이다.

"나 또한 정신병원에서 9년을 보냈다…"

> 나 또한 정신병원에서 9년을 보냈다. 나는 한 번도 반 고흐처럼 자살에 집착해본 적은 없지만, 매일 아침 회진 시간에 정신과 의사와 이야기를 나눌 때면 그의 목을 조를 수는 없어 내 목을 매달고 싶은 기분이 든다는 것은 알고 있다.(37-38쪽)

아르토는 1937년 9월 23일부터 1946년 5월 25일까지 약 8년 8개월을 구속 상태로 보냈다. 1937년 8월 14일 켈트 전통의 '살아 있는 원천'을 찾겠다며 아일랜드로 떠난 지 한 달여가 지났을 때부터다. 여행 중 잘 곳을 찾는 과정에서 더블린 예수회 수도사들과 오해와 갈등이 생기자 아르토가 소란을 일으켰고, 신고를 받고 출동한 아일랜드 경찰은 그를 6일간 감옥에 구금했다가 1937년 9월 29일 미국 여객선에 태워 프랑스 르아브르로 추방했다. 아르토는 이 배 안에서도 난동을 부렸다고 전해진다.[9] 르아브르 경찰은 정신 착란 상태가 공공의 질서나 타인의 안전을

9
Laurent Danchin, André Roumieux, *Artaud et l'asile* (Séguier, 2015), 91-94.

위태롭게 할 경우 당사자의 동의 없이 정신병원 입원을 강제 집행하는 행정 입원을 명령했다. 아르토는 그렇게 경찰 권력과 의학 권력에 의해 자유를 박탈당한 채 1937년 10월 16일 루앙의 카트르마르 정신병원으로, 1938년 4월 1일 파리의 생탄 정신병원으로, 1939년 2월 27일 뇌이쉬르마른의 빌에브라르 정신병원으로 거듭 이송, 수용되었다. 아르토를 반 고흐에게 끌어당긴 인력 중 일부가 여기에 있을 것이다. 자유분방한 '생'의 박동이 의학과 사회에 의해 '광기'로 축소 해석되고 심지어 강제 감금으로 무력화되는 의학의 폭력을 아르토 또한 경험한 것이다.

빌에브라르에서 약 4년을 보내는 동안, 아르토는 정신병원 강제 입원 환자로서뿐만 아니라 그저 제 목숨을 부지하는 한 사람으로서도 집단 수용의 무참하고 폭력적인 현실을 경험해야 했다. 2차 세계 대전의 발발로 먹거리, 의류, 난방, 약품 부족이 이어졌고, 그 여파로 빌에브라르 병원에서는 1939년 161명이던 사망자 수가 1941년 406명으로 증가했으며, 입원 당시 65.5kg이었던 아르토의 몸무게는 1940년 12월 55kg으로 급감했다.[10] 1940년 7월 1일 아르토가 지인에게 보낸 한 편지는 당시의 위태롭고 비참했던 상황을 짐작하게 해준다. "배가 고파요, 당신 날 알잖아요, 지금보다 더 잘 먹지 않으면 위험한 상황이에요."[11] 결국 보다 못한 아르토의 어머니는 아들을 빌에브라르에서 꺼내 오기로 결심하고는, 아르토와 함께 초현실주의자 그룹에서 활동하다 그처럼 축출당한 시인 로베르 데스노스Robert Desnos를 찾아가 도움을 구했다. 데스노스는 초현실주의 시인들과 교우하던 정신과 의사 가스통 페르디에Gaston Ferdière를 떠올렸다. 페르디에는 당시 프랑스 남부 로데즈의 정신병원 원장직을 맡고 있었고, 데스노스가 그에게 아르토를 맡아달라고 부탁한 덕에 아르토는 1943년 2월 10일 독일군 점령지 바깥에 위치해 여러 면에서 사정이 나았던 로데즈로 옮겨졌다.

아르토의 정신과 의사 페르디에는 예술을 애호하고 예술가들과 친분이 두터우며 직접 창작을 하기도 했다는 점에서, 또 예술 치료의 일환으로 환자의 창작 활동을 적극 권장했다는 점에서 반 고흐의 마지막 정

10
Laurent Danchin, André Roumieux, *Artaud et l'asile*, 121-122, 125, 128, 182.

11
Laurent Danchin, André Roumieux, *Artaud et l'asile*, 125.

신과 의사 폴 가셰Paul Gachet와 유사하다. 가셰와 마찬가지로, 페르디에에 대한 당대와 후대의 평가는 양가적이다. 우선은 그의 관할 하에서 아르토가 다시 그림을 그리고 루이스 캐럴Lewis Carroll의 소설 일부를 번역하여 다시 쓰면서 "점차 삶과 문학으로 되돌아오게 된 점"을 들어, "페르디에가 아니었다면 아마도 아르토는 정신병원 장기 입원 환자들 다수를 노리는 운명처럼 완전히 '만성화'된 정신병원 환자들 중 하나가 되었을 것"이라 보는 입장이 있다.[12] 반면 아르토는 9년의 구금 기간 내내 저주문이나 편지 등 쪽글이라도 쓰며 줄곧 글을 붙들고 있었기에 페르디에의 역할을 과대평가할 필요는 없으며, 아르토가 로데즈에 입원한 3년여 동안 총 58번의 전기 충격 치료를 받았다는 점, 또 이 과정에서 아르토가 페르디에와 지인들에게 전기 충격 치료를 면하게 해달라고 간청하는 편지를 수차례 보낸 사실을 바탕으로 페르디에와 로데즈 정신병원의 무리한 치료적 개입을 문제 삼는 입장도 있다.

연구자 플로랑스 드 메르디유Florence de Mèredieu는 전기 충격 치료 관련 논문들이 1인당 적게는 6회에서 많게는 40회까지면 효과를 보기에 충분하다고 명시한 점을 근거로, 아르토에게 처치된 전기 충격 치료의 수적 과잉을 지적하고 남용을 의심한다. 또 근본적으로 환자의 의사에 반해 강제로 이루어지는 정신병원의 치료적 조처가 사실상 폭력이라며 비판한다. 의사는 환자에 대한 전권을 쥐고 있으며, 정신과 의사와 환자 사이에서는 더 그렇다. 아무리 치료에 실효성이 있다 해도 환자가 치료를 무조건 받도록 강제하는 것은 다른 어떤 의학 분과에서도 가능하지 않지만, 정신의학에서는 문제 없이 허용된다. "게다가 환자의 치료 거부와 방해는 광기의 징후이자 발현으로 여겨지므로 더더욱 그 치료가 필요해진다! 그리하여 환자들은 '자신의 의사에 반해' 치료를 받게 된다. 이것이 바로 그 모든 간청과 편지와 절망의 표현에도 불구하고 전기 충격 치료를 받아야 했던 아르토의 경우에 해당한다."[13]

아르토가 로데즈 시절 페르디에에게 쓴 다수의 편지들에는 극히

12

Évelyne Grossman, *Antonin Artaud: Un insurgé du corps* (Gallimard, coll. Découvertes Gallimard, 2006), 65.

13

Florence de Mèredieu, *Sur l'électrochoc: Le cas Antonin Artaud* (Blusson, 1996), 112.

간절한 어조가 배어 있다.[14] 초기의 글에서부터 한결같이 의학, 계급, 권력, 제도, 사회를 신랄하게 비판하던 반항적 태도는 페르디에 앞에서 굴종한다. 자유를 되찾기 위해, 아니 그보다 우선 살기 위해 아르토는 몸을 낮출 수밖에 없었던 것으로 보인다. 행정 입원 상태에서 벗어나려면 정신과 의사의 승인이 필수적이었고, "심장과 의식 정중앙에 꽂힌 칼"처럼 고통스러운 전기 충격 치료를 계속하느냐 종결짓느냐를 결정하는 것도 전적으로 페르디에의 손에 달려 있었기 때문이다. 그만큼 그는 이 광기의 수용소의 지옥문을 지키는 개, "진물 나고 곪아 썩은 케르베로스"이면서 또한 아르토의 자유와 생명에 대한 전적인 결정권을 쥔 절대자였다.(36쪽) 이런 맥락에서, 3회차 전기 충격 치료 당시 강한 진동 때문에 온몸이 들어올려졌다 내려앉으면서 발생한 충격으로 척추에 골절상을 입은 직후 아르토가 편지를 통해 페르디에에게 "내게 들러붙어 있던 악마들이 모두 사라졌다"라고 말한 것이나, 13회차 전기 충격 치료 이후의 편지에서 "끔찍하지만 이로운 전기 충격의 요동이 지나간 뒤 나

14
다음 세 통의 편지를 보라. "나의 매우 친애하는 벗 페르디에 선생님, 선생님께 큰 부탁과 자비를 요청 드립니다. 전기 충격 치료를 중단해 주십시오. 명백히 제 몸이 전기 충격을 견디지 못하고 있습니다. 또 지금 제 척추가 삐끗한 것도 분명 전기 충격 치료 때문인 것 같습니다. 아침에 말씀드렸다시피 제게 들러붙어 있던 악마들이 모두 사라졌습니다, 다시 올 것 같지도 않습니다. 그런데 지금 제 허리에 금이 가서 견딜 수 없는 통증을 느낍니다. 가혹한 전기 충격 치료가 이 통증의 원인인 것 같습니다. 이 치료에 부정할 수 없는 효과가 있었다 해도 더 위험한 사고가 일어나지 않도록 더는 오래 지속하지 않는 편이 좋을 것 같습니다!"(1943년 6월 25일) "페르디에 선생님, 시인의 신비주의적인 상태는 광기에서 비롯되는 것이 아닙니다. 그것은 시의 근간입니다. 저를 미친 사람으로 대하시는 것은 현실적인 삶의 존재는 결코 이해할 수 없는 정신 세계의 경이로움 앞에서 15살 때부터 제 안에서 끓어올랐던 고통의 시적 가치를 무시하시는 것입니다. [...] 선생님은 무슨 일이 있어도 제 편을 들어 주시겠다고 파리에서 약속하셨지요. 저의 비이성적인 상태는 허약한 광기에서 오는 것이 아니라 진리에서 오는 것이라고, 그것을 질병으로 취급하는 것이 언젠가는 범죄이자 무지이자 미친 짓이 될 거라고 선생님이 제게 말씀하셨잖아요. 부디 간청하건대 선생님의 진심을 떠올리시어 전기 충격 치료가 한 회차 더 진행된다면 그것이 저를 끝장내 버릴 수도 있다는 점을 헤아려 주시기 바랍니다."(1944년 5월 20일경) "저는 결코 제 총기를 이루는 원자의 단 한 톨도 잃어버리지 않았습니다. 제가 수용된 9년 동안, 그리고 심지어 르아브르와 루앙과 생탄의 정신병원에서 이유도 없이 얻어맞은 후조차도 저는 그 어떤 행동도 무의식적으로 행한 적이 없습니다. 제가 유일하게 의식을 상실한 때는 전기 충격 치료로 혼수 상태에 빠졌을 때였습니다. 두 달 동안 이 치료를 받고 나서는 매번 제가 뭘 했는지 알 수가 없었습니다. 바로 이런 이유로 저는 페르디에 선생님 당신과 라트레몰리에르Latrémolière 선생님, 그리고 데크케르Dequeker 선생님께 다시는 이 치료를 재개하지 말아 주십사 그토록 읍소드렸던 것입니다."(1946년 2월 말) Antonin Artaud, *Nouveaux écrits de Rodez* (Gallimard, coll. L'Imaginaire, 2007), 40, 96-97, 113.

자신에 대한 통제력을 되찾았다. 내 기억이 한동안 훼손되어 있었다면, 지금 내 기억은 이전보다 더 또렷하게 돌아왔다. 자아의 깊숙한 데를 틀어막고 있던 두터운 먼지와 찌꺼기가 의식에서 빠져나갔기 때문이다"[15] 라고 말한 것은, 전기 충격의 치료 효과를 입증하는 회복된 환자의 믿음직한 진술인가, 끔찍한 시술을 막기 위해 자기 정신 세계의 진실을 스스로 틀어막으면서까지 '제정신'을 증명하려는 (진정한) 광인의 눈물겨운 절규인가.

그 어느 쪽이라 한들 페르디에는 아르토를 빠르게 '치료'하기 위해, '병'에서 '건강'으로 신속하게 상태를 전환하기 위해 이후에도 45회의 전기 충격 치료를 강행한다. 이 치료 기법에서 드 메르디유는 투명성의 폭력을 읽어낸다. 서양 의학이 인간 신체를 기관들의 결합이자 해부학적 구조로 파악한 것은 신체를 보이지 않는 곳까지 낱낱이 보기 위해서였다. 이렇게 투명해진 신체는 앎과 통제의 대상이 된다. 이를 바탕으로 의학과 사회는 개인의 신체를 손쉽게 점령한다. 전기 충격술은 신체에 행해진 이러한 전술을 정신 영역에 그대로 적용한다는 발상에서 기인한다. 결국 의학은 정신을 포함한 인간의 내·외부 전체에 대한 절대적인 투명성을 확보한다. 이를 통해 의학과 사회는 개개인의 정신의 영역마저 무단 침입으로 정복한다. 이런 의미에서 전기 충격술은 "정신의학이 정신의 이상이나 탈선을 상대로 작동시키는 전쟁 기계"[16]다. 하지만 이 '전쟁'은 아르토가 염원하는 전쟁, 재난, 페스트에 비하면 얼마나 평화롭고 기만적인가. 아르토의 어휘장에서 전쟁이란 경찰, 군대, 병원, 시청을 붕괴시키고 모든 규칙을 무너뜨리며 유기체를 완전히 해체해 자연의 모든 힘을 발산시키고 억압되어 있던 무의식을 해방시키며 병과 악을 범람케 하는 절대적 파괴인 반면, 정신의학이 전기 충격술을 통해 개인의 정신을 침탈하는 목적은 "이상적으로 정상인, 너무 정상적이라 당황스럽고troublant 막연할abstrait 만큼, 기계적이고 완벽하게 정상인 사람을 재구축하기 위해 개인의 정신 영역을 보고 펼쳐 놓고 해체한 다음, 아는 것, 통제 가능한 것, 정상적인 것을 기준으로 다시 감아서 재건하

15
Antonin Artaud, *Nouveaux écrits de Rodez*, 59.

16
Florence de Mèredieu, *Sur l'électrochoc: Le cas Antonin Artaud*, 233.

는 것"[17]이기 때문이다.

우리는 아르토가 신체 기관들의 유기적 연결 관계를 해체하여 '기관 없는 신체corps sans organes'에 이르기를 얼마나 바랐는지, 그리하여 해부학과 해부학적 사유를 소탕하기를 얼마나 꿈꿨는지 잘 알고 있다. 해부학 자체를 불가능하게 만드는 '기관 없는 신체'는 의학이 확보한 신체의 투명성에 대항하는 방어책이 될 수 있을까? "이제 결단을 내려 무력화시켜야 하는 것은 인간이다. 어떻게? [...] 인간을 마지막으로 한 번 더 부검용 테이블 위에 눕혀 또 다시 해부함으로써. [...] 기관보다 더 쓸모없는 것은 없다. 당신이 인간에게 기관 없는 신체를 만들어주었다면, 당신은 인간을 그 모든 자동 기계와 같은 움직임으로부터 해방시키고 그에게 진정한 자유를 돌려주었을 것이다." "해부학적 인체를 춤추게 하라, 위에서 아래로, 아래에서 위로, 뒤에서 앞으로, 앞에서 뒤로, 그런데 뒤에서 앞으로보다는 뒤에서 뒤로 훨씬 더 많이."[18] 고정된 유기적 연결망 속에 뿌리 박힌 기관들이 없는 신체라면, 기관들 사이의 접합 관계가 수시로 변하고 매 접속이 시시때때로 각 기관들에 돌연한 기능을 가능케 한다면, 고정불변한 해부도는 절대 그릴 수 없을 것이다. 개인의 신체를 전유하고 조작하여 '건강한' 몸과 '정상적' 정신으로부터 생산성을 끌어내려는 의학과 사회의 기획은 시작도 전에 좌초될 것이다. 그들은 절대 신체를 겁탈하지 못할 것이다.

"말 여러 마리가 머리를 짓밟고 가는 듯"한 물리적 고통으로 아프더라도, 혹은 "모든 수준에서 내 사유가 나를 저버리는" 탓에 "정신의 지독한 병으로 괴롭"[19]더라도 이 모든 고통은 온전히 아르토의 것이다. 자신의 고통을 의학에 양도하는 것, 그렇게 존재 전체가 의학과 사회가 정한 신체적, 도덕적 표준 범주에 포섭됨으로써 사회와 타협하는 것, 그것이 '치료'된다는 것의 아르토적인 의미인지도 모른다. "나는 평생 아

17

Florence de Mèredieu, *Sur l'électrochoc: Le cas Antonin Artaud*, 236.

18

Antonin Artaud, "Pour en finir avec le jugement de dieu," *Œuvres*, 1654; Antonin Artaud, "Le théâtre de la cruauté," *Œuvres Complètes*, tome XIII (Gallimard, 1974), 109.

19

Antonin Artaud, "L'ombilic des limbes," *Œuvres*, 110; Antonin Artaud, "Correspondance avec Jacques Rivière," *Œuvres*, 69.

팠으며 이 고통이 지속되기만을 바란다. 왜냐하면 생명이 결손된 상태는 내 넘치는 역량에 관해 '건강하기만 하면 됐다'라는 프티부르주아적인 포만함보다 훨씬 더 많은 것을 알려주었기 때문이다. [...] 병을 치료한다는 것은 범죄다."[20] 고통은 치료가 목적일 때는 의학과 사회의 대상이 되지만, 고스란히 겪어 내리라는 다짐 하에서는 자기 자신의 삶 그 자체가 된다. 아르토는 말한다. "나는 내 고통의 주인이다."[21] 그에게 병은 하나의 상태다. 건강은 병든 상태보다 "더 추하고 비겁하고 치사한"[22] 또 다른 하나의 상태일 뿐이다. 정신에 10만 개도 넘는 면면이 있는 반면 의식 혹은 제정신이란 그저 하나의 면에 불과한 것처럼 말이다.[23] 그렇다면 각자가 가진 정신 세계의 고유한 풍경은 어째서 사회가 정한 단 하나의 표준적 풍경화에 맞춰져야 하나. 누군가의 내면에 실재하는 엄연한 진실은 어째서 자의적이고 어용적인 정신의학의 기준에 의해 부정당하고 교정당해야 하나. 그 자가 믿는 진실이 설령 그들 눈에 망상이고 거짓이라 한들 거짓으로 사는 삶 그 자체의 있는 그대로의 진실이 진실이 아니라고 말할 수 있는가. 그 판단을 왜 그들이 하는가. "내 안의 것에 대한 심판자는 오직 나다."[24]

《반 고흐》에서 아르토가 페르디에의 이름을 똑똑히 언급한 대목이 있다. "가셰 박사는 반 고흐에게 (로데즈의 정신병원 병원장 가스통 페르디에 박사가 자신은 나의 시를 바로잡아 주기 위한 사람이라고 내게 말했던 것처럼) 그의 곁에서 그의 회화를 바로잡아 주겠다고 말하지는 않았다. 그렇지만 그는 반 고흐가 사유의 고통에서 벗어나기 위해서는 자연의 풍경 속에 파묻혀야 한다며 풍경화를 그리라고 반 고흐를 내보냈다."(32쪽) 아르토는 마치 자신의 분함이 터져나가지 못하게 붙들

20
Antonin Artaud, "Les malades et les médecins," *Œuvres*, 1086.

21
Antonin Artaud, "L'ombilic des limbes," 114.

22
Antonin Artaud, "Les malades et les médecins," 1086.

23
Antonin Artaud, "Pour en finir avec le jugement de dieu," 1648.

24
Antonin Artaud, "L'ombilic des limbes," 116.

어 두려는 듯이 페르디에를 언급한 문장을 괄호 안에 가둔다. 분통의 요인은 '나의 시를 바로잡아 준다'라는 표현에 있다. 1946년 2월 로데즈에서 퇴소하기 직전 아르토는 어느 편지에서 " 더 이상 어떤 의사에게서도 '아르토 씨, 제가 여기 있는 건 당신의 시를 바로잡아 주기 위해서입니다'라는 말을 듣고 싶지 않다. 내 시는 오직 나에게만 관계되는 것, 경찰 나부랭이에 불과한 의사는 시나 연극, 예술에 아무 권한도 없다"[25]라며 울분을 토한 적이 있었던 것이다.

반 고흐의 경우도 마찬가지다. 그가 그림을 그리러 나가든 말든 가셰가 허락하고 말고 할 일이 아니다. "사람들이 반 고흐가 자기 내부에서 길을 내고 그 길을 따라가려면 꼭 필요한 빛을 빼앗았다" 한들, 그렇다고 "그 길을 가셰 박사가 알려줄 수 있는 것도 아니었다".(33쪽) 반 고흐의 길은 반 고흐만이 낼 수 있고, 그 길을 내는 데 필요한 빛을 빼앗겼다면 스스로 불빛을 밝힐 일이다. 그래서 그가 "모자에 열두 개의 촛불을 달고 풍경화를 그리러 밤길을 걸어"가곤 했던 것이다. "그럼 스스로 빛을 밝히기 위해 가여운 반 고흐가 어떻게 할 수 있었겠는가?"(18쪽) 그런데 가셰는 반 고흐가 그림을 그리러 나가려고 돌아서는 순간 "악의는 전혀 없지만 깔보는 듯이 코를 슬쩍 찡그려 보임으로써 그에게서 생각의 스위치를 꺼버렸다." "그 별 것 아닌 찡그림에는 이 땅의 부르주아적 무의식이 백 번을 억누르고 억누른 생각으로 이루어진 기이한 힘이 깃들어 있다."(32쪽) 가셰는 교양 있는 부르주아로서 차마 '저 미친놈'이라고 말할 순 없어 그 마음을 콧잔등에 꾹꾹 눌러 담아 경멸조로 찡긋해 보인 것일까? 그러나 반 고흐는 "지독한 감수성"의 소유자였기 때문에 이 작은 표정 변화도 놓치지 않았다.(33쪽) 가셰는 찰나의 코 찡그림으로 반 고흐에게서 사유의 고통이라는 "문제의 해악"만 차단한 것이 아니라, 영감의 숨결이 지나는 "유일한 통로의 목구멍에 박힌 끔찍한 못", 창작이라는 연금술의 재료가 될 "유황 불씨"마저 제거해 버렸다. 그 못이 아무리 찌르고 그 불씨가 아무리 위험하다 해도 "반 고흐는 그 고통을 가지고서 영감의 숨결이 드나드는 구멍 앞에서 온몸이 경직된 채 그림을 그린 것"이었는데 말이다.(32-33쪽)

가셰의 눈에 한낱 치료와 제거의 대상인 반 고흐의 정신적 개별성

25
Évelyne Grossman, *Antonin Artaud: Un insurgé du corps*, 74.

과 이에 수반되는 고통은 사실 반 고흐의 생애와 내면세계의 진실이고, 진실인 만큼이나 그에게는 건강한 사유이며, 그가 그림을 통해 자기 안에 길을 내고 그 길을 따라가는 데 비록 설핏하나 지지가 되는 충직한 빛이다. 정신의학의 규정상 광기인 그것이 자기 자신의 진실이자 자기 '생'의 실재이고 그 실재하는 진실의 결정체가 곧 그림이라면, 이를 부정당하는 것은 자신의 모든 것을 부정당하는 것이다. 이런 이유로 "그의 광기를 이해하는 대신 진정시키려 애썼던"(38쪽) 동생 테오도, 세상을 보는 반 고흐의 '건강한sain' 방식이 "퍼져 나가게 되면 사회가 더 이상 존재할 수 없"을까 봐 그에게서 "모든 건강한 사유를 제거하려"(36쪽) 했던 가셰 박사도 모두 반 고흐의 죽음에 책임이 없지 않다. "반 고흐의 동생 테오와 가셰 박사 사이에 있었던 것 같은, 저들이 데려간 환자에 관한 가족과 정신병원 원장들의 역겨운 비밀 회담이 얼마나 많았던가. [...] —형, 의사 선생님이 그러셨는데, 그 생각들을 다 버려야 한대, 그 생각들이 형을 아프게 하는 거래, 계속 그런 생각을 하면 형 평생 정신병원에서 살다 죽어야 해. —반 고흐 씨, 안됩니다, 정신 차리세요, 다 우연입니다, 신의 섭리의 비밀을 그런 식으로 보고자 하는 것은 절대 좋지 않습니다."(36-37쪽)

아르토는 여기서 한발 더 나아가 "반 고흐가 죽은 것은 반 고흐 자신 때문도, 광기의 고통 때문도 아니었다. [...] 가셰 박사라고 불리며 정신과 의사로 행세하는 악귀의 압박이 그의 죽음에 직접적이고 효과적이며 충분한 원인이었다"라고 확신하기에 이른다.(31쪽) 그리고 또 한 발 더 내딛어 가셰 박사가 실은 반 고흐의 천재성에 질투를 느꼈기 때문에 그를 싫어했고, 그래서 반 고흐의 광기를 '치료'한다는 구실로 실은 그의 천재성을 제거하려 했던 것이라고 주장한다. 이는 가셰가 유난히 못난 사람이라서가 아니다. 아르토가 보기에 페르디에와 가셰를 포함한 모든 정신과 의사들은 다 그렇다. "의사이면서 괜찮은 사람이기는 거의 불가능한데, 정신과 의사이면서 동시에 어느 한 구석 명백하게 미친놈 티가 안 나기란 지지리도 불가능하다."(31쪽) "살아 있는 모든 정신과 의사들에게는 자기 앞의 모든 예술가, 모든 천재를 적으로 보는 역겹고 더러운 유전적 특성이 있다."(33쪽) 전기 충격술이나 인슐린 요법 등을 동원한 정신과 의사들의 치료는 결국 모난 돌에 정을 내리쳐 잠재된 천재성을 도려내고 개개인의 독특한 개성을 말살해 사회가 원하는 규격화된 둥근 돌을 만드는 것, 아르토 식으로 말하자면 "인간 종마種馬로부터 자아를 제거하여 공허한 상태로, 사용 가능하고disponible 텅 비워진 vide 기막힌 상태로 내어놓는 것"[26]이기 때문이다.

이러한 점이 정신과 의사들의 유전적 특성이라면, 반 고흐에게 온갖 정신의학적 진단명을 덕지덕지 붙여 누더기를 만들어놓은 비어의 경우도 예외일 수 없다. 아르토는 1947년 1월 31일 이 정신과 의사가 쓴 〈그의 광기?〉를 읽은 직후 공책에 이렇게 썼다. "한낱 의사의 빌어먹을 수술칼이 위대한 화가의 천재성을 내리 만지작거리게 둘 수 없다. 생산성 없는 정신 이상자라고? 개뿔." 그리고 덧붙인 메모를 통해 우리는 아르토가 《반 고흐》를 쓴 최초의 목적을 가늠해볼 수 있다. "나는 내 건강을 위해 타산적으로 반 고흐를 변호할 것이다. 나는 곳곳에 내 건강과 내 자유의 자리를 마련해 둘 것이다."[27]

"아니다, 반 고흐의 그림에 유령은 없다…"

아르토는 반 고흐가 죽음을 선택할 만큼 괴로웠던 근본 원인이 "광기 고유의 상태" 때문이라고 생각하지 않는다. 반 고흐는 자신의 육신 전체가 "정신보다 살이 중한지, 살보다 육체가 먼저인지, 살이나 육체보다 정신이 우위인지를 놓고 인류의 편파적인 정신이 태곳적부터 논쟁을 벌여왔던 문제의 장이 되었기 때문에" 죽을 만큼 고통스러웠다.(20쪽) 그러나 한 개인의 존재가 이처럼 속수무책으로 철학적 논쟁의 대상이나 의학적 사례로만 다루어지는 가운데 반이성으로서의 광기로도 질환으로서의 정신착란으로도 환원될 수 없는, 그 누구의 것도 아닌 자기 자신만의 "인간적 자아의 자리la place du moi humain"는 어디에 있나? 아르토는 반 고흐가 평생 동안 "묘한 에너지와 결단력으로" 그것을 찾으려 했으며 종국에는 "자기가 무엇이었고 자기가 누구였는지를 발견하는 데 이르렀다"라고 말한다.(20쪽)

이러한 반 고흐의 발견을 아르토는 '계시 받은illuminé', '오컬트한occulte', '초자연적인surnaturel' 등의 신비주의적 단어들로 표현한다. 아르토는 《반 고흐》를 집필하던 1947년 3월경 앙드레 브르통André Breton에게

26
Antonin Artaud, "Aliénation et magie noire," *Œuvres*, 1138.

27
Antonin Artaud, *Œuvres complètes*, tome XIII, 167, 364.

보낸 편지에서 계시와 신비주의에 대한 자신의 의견을 개진한다. 이 편지에 따르면 아르토는 기본적으로 비밀스럽게 감춰진 세상이 따로 존재하고, 거기에 계시 받은 매우 소수의 사람들만이 입문하여 그 세계의 비의적 앎에 접근한다는 생각에 반대한다. 그럼에도 불구하고 그의 사유를 좀 더 따라가다 보면 아르토가 받아들일 수 없는 것은 신비주의적인 것 일체가 아니라, 아무리 선택받은 소수라 할지언정 복수의 사람들이 공유할 수 있는 단 하나의 오컬트적 세상이 선험적으로 존재한다는 발상임을 알 수 있다. "오컬트함은 나태함에서 생겨납니다. 그것은 오컬트하지 않습니다. 다시 말해 은밀하지 않아요."[28]

아르토의 관점에서 진짜 오컬트한 세계는 미리 존재하는 것도, 타인과 공유할 수 있는 것도 아니다. 계시는 초자연적이거나 종교적인 존재로부터 수동적으로 받는 것이 아니다. 입문도 마찬가지다. "어느 누구도 그 무엇에 대해서도 나를 입문시킬 수 없으리라."[29] 오컬트함은 배타적으로 개인적이고, 절대적으로 자발적인 조건에서만 획득될 수 있다. 그래야만 어느 누구에게도 읽히지 않는 은밀하고 비밀스러운 어떤 것으로서 오컬트적일 수 있다.

> 하나의 거대한 코스모스로서의 우주는 없습니다. 개개인은 오직 자기에게만 속하는 자기만의 세계입니다. 개인은 자신의 세계를 살아 있게 만듦으로써, 다시 말해 팔과 손과 다리로, 자기 자신의 개인적이고 빼앗길 수 없는 의지의 숨결로 자기만의 세계를 창조함으로써 그 세계에 입문할 수 있습니다. 스스로 입문할 생각이 없는 사람이라면 어떤 타인도 그를 입문시킬 수 없을 것입니다. 세상에 태양, 달, 별이 있는 이유는 모든 사람들이, 반 고흐가 열두 개의 촛불을 단 모자를 쓰고 밤중에 그림을 그리러 간 것처럼 각자가 스스로 자기만의 불빛을 밝히는 참된 세상에서처럼 행동하지 않고, 보편적 빛이라는 이 점에 관해 신이라 불리는 양아치 개념에 동조해 버렸기 때문입니다. 그만큼 사람들은 유식한 체하는 작자들과

28
Antonin Artaud, "Cinq lettres à André Breton," *Œuvres*, 1211.

29
Antonin Artaud, "Cinq lettres à André Breton," 1209-1210.

조물주와 그의 보좌관들이 모인 이 연합체가 강요하는 것의 혜택을 받아 빈둥거리며 노력 없이 빛을 받는 것을 더 좋아했던 것입니다. 외부의 자연이나 타인에게서 찾지 않아도 인간의 몸에는 충분한 태양과 행성, 강과 화산, 바다와 늪지가 있는데도 말이죠.[30]

개인이 어떤 보편 지식에도 의존하지 않고 스스로의 힘으로 사유하여 오직 자기에게만 해당되는 우주를 지어 그 안에서 단지 자기 자신일 뿐인 자아와 만나는 것, 그것이 아르토가 생각하는 오컬트함, 신비주의, 계시론이다. 아르토는 위의 인용문에서처럼 반 고흐를 스스로 사유하는 노력을 통해 자신만의 은밀한 세계로 들어선 사례로 든다. 여기에서 아르토는 정신과 의사들과 뭇사람들이 반 고흐가 광인이었다는 물증으로 제시하곤 했던 촛불 모자 일화를 오히려 그가 스스로 빛을 밝혀 계시되었다는 증거로 사용한다. 아르토의 눈에 반 고흐는 'illuminé'라는 프랑스어 단어가 뜻하는 본래적 의미('빛을 밝히는')와 비유적 의미('계시 받은') 모두에서 'illuminé'된 자, 즉 촛불 열두 개로 스스로 '빛을 밝힌' 자이자 어느 누구에게도 간파되지 않을 비밀스런 자아와의 만남을 통해 '계시 받은' 자였다.

이 계시는 반 고흐의 그림에 직접적인 영향을 미친다. 아르토는 "한 편에는 예술, 다른 한 편에는 삶을 두는 이념, 예술을 위한 예술이라는 이념"[31]을 맹공하고 삶과 예술의 불가분성, '생'의 맥동을 간직한 예술을 부르짖어 왔던 만큼, 반 고흐의 계시 또한 반 고흐의 삶과 작품, 무엇보다 창작의 과정과 직결시킨다. "반 고흐는 자연을 대상으로 삼고, 인간의 육체를 솥이나 도가니로 삼았던 어둠의 연금술 작업들 중 하나에 쉼 없이 전념했다."(34쪽) 그리고 어느 단계에 이르러 이 연금술 작업은 성공을 거둔다. "말하자면 반 고흐는 신비적 계시illuminisme의 단계에 도달했는데, 거기서는 휩쓸려 들어오는 물질 앞에서 흐트러진 사유가 역류하고, 생각한다는 것은 더 이상 진이 빠지는 일이 아니며, 더는 생각이 존재하지도 않게 된다."(34쪽) 다시 말해 이러한 계시의 단

30
Antonin Artaud, "Cinq lettres à André Breton," 1209-1210.

31
앙토냉 아르토, 《연극과 그 이중》, 140.

계에 이르면 그림을 그릴 때 더 이상 사유를 기반으로 하지 않는다. "뇌와 의식 너머에서 되찾은 직접적 창조création directe의 세계"(35쪽)에서 반 고흐는 단지 "형체를 그러모으기만ramasser corps 하면, 그러니까 형체들을 괴어 놓기만ENTASSER DES CORPS 하면 된다".(34쪽)[32] 이런 이유로 반 고흐의 그림에서 광기의 흔적을 찾는 것은 헛된 일이다. 왜냐하면 그의 창작 작업은 제정신이나 광기를 측정하는 부위인 뇌와 무관하기 때문이다. 반 고흐는 "뇌 없는 신체corps sans cerveau"로 그림을 그린 것이다.(35쪽) 아르토는 반 고흐를 광인으로 몰았던 의학과 사회에 맞서 "그는 미치광이가 아니었다"라고 반박했던 때와 마찬가지로, 그의 그림 속에서 광기의 증상을 캐고 그 추이를 살피려는 비평 세력과 대중에게 고한다. "반 고흐의 그림에 유령은 없다. 환영도 환시도 없다. [...] 드라마도 주체도 없고, 심지어 나는 객체도 없다고 말하리라. 결국 모티프라는 게 무엇이란 말이냐?"(43쪽)

아르토는 "오래 전 반 고흐를 알게 된 이래로 단순히 선형적인 그림은 나를 돌아버리게 만든다"라고 말한다.(25쪽) 반 고흐는 눈 앞의 자연을 단순히 2차원의 선과 형태로 옮기지 않는다. 이는 그가 형체들을 있는 그대로 고스란히 주워 쌓기 때문일 것이다. 사유를 거치지 않는 이러한 '직접적 창조'는 그의 풍경화를 특별하게 만든다. 직접 야외로 나가 풍경화를 그릴 때에도 그는 풍경을 그리는 것이 아니다. 반 고흐에게서 '풍경화를 그리다peindre sur le motif'라는 프랑스어 표현 속 단어 '모티프motif'는 관용구의 구심력에서 벗어나 독립된 단어 그대로의 의미, 아르토의 시적 정의를 빌리자면 "모테트 음악에 무겁게 깔린 말없는 고대 음악의 그림자와도 같은, 자기 자신의 절망적 주제곡의 라이트모티프와도 같은 어떤 것"을 의미하게 된다.(44쪽) 이로써 그는 풍경화를 그릴 때에도 자기 자아의 진실, 자기 '생'의 경련 그 자체를 실어 나르는 고유의 곡조를 짓는다. "반 고흐는 자신의 그림을 당연히 화가로서, 그리고

32

그렇다고 성실을 요하는 그림 그리기의 지난한 물리적 작업과 신중함이 간과되는 것은 결코 아니다. "튜브에서 짠 그대로의 물감을 붓촉에 꼼꼼히 묻혀, 자기만의 태양 속에서 돋보이는 색으로 칠을 시작해, 화가가 사방에서 짓누르고 휘젓느라 물감이 덩어리로 불꽃처럼 튀며 그 자체로 춤을 추는 가운데 붓으로 쉼표를 찍고 붓 끝이 소용돌이처럼 휘감겨 올라가게 점을 찍어 화폭에 'i'를"(50쪽) 새기고 또 새기는 과정을 무수히 반복하는 동시에 "은근하면서도 비장하게 갖다 댄 붓질 한 번도 망설이는 신중함, 이것이 바로 반 고흐다".(46쪽)

오직 화가로서 바라보았다. 하지만 바로 그 이유로 인해 그는 굉장한 음악가이기도 할 것이다."(47쪽)

주간지에서 정신과 의사가 반 고흐에 관해 쓴 모욕적인 글을 읽고 이틀 뒤, 아르토는 곧장 오랑주리 미술관으로 가서 반 고흐의 그림과 대면했다. 그 그림들은 "사물과 인물, 재료와 요소의 어떤 구질구질한 단순함으로부터 반 고흐가 이런 종류의 파이프오르간 선율, 불꽃놀이, 대기의 에피파니, 그러니까 이 한결같고 시의적절하지 않은 변환을 끄집어 냈는지를 환기시키기"에 충분했다.(26쪽) 보는 이를 "무장 해제시키는 단순함"(43쪽)을 지닌 그의 그림은 실상 "모든 자연과 사물의 형태를 타격"한다.(25쪽) 회화의 수단을 넘어서지 않으면서도 "절대적으로 회화를 넘어서는, 절대적으로 유일한 화가"인 반 고흐는 한낱 건초 더미를 그리더라도 그로부터 "꿰뚫을 수 없는 전율"을 끄집어낸다.(35쪽) 그는 잔잔한 자연의 재현 속에서 "반격의 힘을 솟아오르게 만들"고(46쪽), 그의 캔버스에 담기는 자연은 "꼼짝 않고 있지만 경련의 와중에 있는 것처럼"(25쪽) 고유한 '생'의 맥박을 오롯이 간직하고 있다. 이처럼 반 고흐의 그림들은 아르토를 단지 시각적으로만 자극하지 않는다. "사물들의 신경증적 운명의 사나운 형상을 목 조르고"(26쪽) "자연을 다시금 땀 흘리게 만드는"(42쪽) 반 고흐의 그림에서 아르토는 그야말로 대폭발 직전의 "완고한 전율"(35쪽), "이 경련하는 정적"(38쪽)을 온몸으로 감각한다. 아르토에게 반 고흐의 그림이 음악이 되는 전환은 고요한 화폭을 경련케 하는 이 진동에서 연유하는지도 모른다. 음악이란 근본적으로 공기를 떨리게 만드는 진동이므로. "그는 재현 아래에서 음악이 솟아나게 만들었다. 그리고 재현 안에 신경을 가두어 놓았다. 그 음악과 신경은 자연 속에 있는 것이 아니다. 그것은 진짜 자연의 음악과 신경보다 더 진짜 같은 어떤 자연과 어떤 음악에서 온 것이다."(46쪽)

계시된 자는 외부나 타인이 아닌 자신의 내면에서 별과 산과 바다를 발견한다는 아르토의 계시론에 비춰보면, 여기서 말하는 '어떤' 자연과 '어떤' 음악은 반 고흐 고유의 자아에서 비롯한 자연, 그의 깊고 깊은 내면에서 생동하는 '생'의 경련과 공명하는 음악을 의미하는지 모른다. 아르토가 보기에 반 고흐는 그 어떤 정신과 의사보다도 더 정확하게 자신의 '병maladie'이 어디에 있는지 알고 있었다. 그리고 아르토는 그의 '병'이 있는 곳에 그와 자신의 진실이 있음을 직감한다. 그곳은 소실점처럼 까마득한 내면의 심연 속이다. "나로 하여금 어쩔 수 없이 내면으로 되돌아가게 만드는 것이 바로, 나의 내면을 통과하며 이따금 나를 사로잡는 이 애석한 부재absence désolante이다. 그러나 나는 이 부재 속에서 똑똑히, 아주 똑똑히 본다. 나는 심지어 무néant가 무엇인지 알고 있으며, 그 안에 무엇이 있는지 말할 수도 있으리라."(60쪽) 반 고흐는 자화상에서 자신의 "눈동자가 허공vide 속으로 흘러 들어가는 순간"을 포착했다.(60쪽) 그 어디에도 닿지 않은 채 공중에서 멎어버린 이 공허한 시선에서, 아르토는 오히려 무無 안에 생생하게 존재하는 무한을 주시하는 "더할 나위 없이 총명한extra-lucide" 총기를 간파한다.(59쪽) 그리고는 그 끝없는 무한의 들끓음을 꿰뚫어 보는 반 고흐의 눈에 자신의 눈을 맞추어 그의 화폭을 들썩이게 하는 '생'의 경련을 감각한다.

> 문학적으로 말하는 것이 아니라sans littérature, 정말로 나는 폭발하는 풍경 속에서 핏빛 붉은 반 고흐의 얼굴이 내게로 다가오는 것을 보았다,
>
> kohan
taver
tensur
purtan[33]
>
> 작열하는,
피폭되는,
파열하는 풍경 속에서,
가여운 미치광이 반 고흐가 평생 제 목에 걸고 살았던 연자맷돌에 복수를 가하는 풍경들.
무엇을 위해서인지도 어디를 향해서인지도 모른 채 그림을 그리는 것으로 짊어진 돌덩이.(49쪽)

반 고흐의 "거친 경련, 광폭한 트라우마의 풍경들"은 이글대고 전율한다.(53-54쪽) 아르토는 이 동요하는 풍경을 열이 펄펄 끓는 신체와 비교한다. 우리 몸에서 열이 나는 것은 잃어버린 '건강' 상태를 회복하기 위해서다. 그런데 대체 '건강'이란 무엇인가? 아르토에게 건강은 태평성

33
아르토가 만들어낸 말. 한국어로 번역이 불가능하다.

대보다 오히려 전시 상태에 가깝다. '건강bonne santé'은 문제적 과잉이나 결핍, 이상, 질병 등을 면한 평온한 상태가 아닌, "딱지 앉은 수많은 상처들을 통해 적응을 끝낸 고통의 과잉, 살겠다는vivre 뜨거운 열의의 과도함"이 작동되는 '생'의 소란이자 역동이다.(53쪽) "달아오른 폭탄 냄새를 맡아보지도, 아찔한 현기증을 느껴보지도 못한 사람은 마땅히 살아있다고 할 수 없다. 이것이 가련한 반 고흐가 이글대는 불꽃으로 표명하고자 했던 위안이다."(53쪽) 이런 맥락에서 반 고흐의 풍경이 진동하며 발열하는 것은 그 자체로 건강한 '생'을 증명한다. 그리고 우리는 반 고흐가 어떻게 이 건강한 '생'의 약동을 고이 지켜낼 수 있었는지 알고 있다. 회화에서 음악을 추출하는 연금술, '뇌 없는 신체'의 '직접적 창조'를 통해서다. '생'의 경련은 뇌가 아닌 신경과 관계하고, 사유 아닌 감각을 경로로 삼으며, 말이 아닌 음악에 가까울 때에야 있는 그대로의 생생함을 간직할 수 있다. 이 '생'의 맥동을 온전히 그러잡기 위해 그림조차 음악이 되어야 한다면, 이는 언어 예술도 마찬가지다.

아르토가 《연극과 그 이중》을 통해 잔혹극을 구상했을 때, 그 출발점이자 중심에는 서양 연극에서 텍스트의 독재에 대한 문제의식이 있었다. 아르토가 보기에 서양 연극은 희곡 텍스트에 전적으로 종속되어 텍스트를 구성하는 활자의 음성적 번역이 되는 데 만족함으로써, 공간 속에서 교차하고 충돌하는 여러 '생'의 운동 그 자체라는 연극 본연의 힘을 잃은 채 '생'에 대해 말하기만 하는 입으로 전락해 버렸다. 따라서 잔혹극의 가장 중요한 임무는 연극을 텍스트의 예속으로부터 해방하는 것, 연극에 분절 언어를 대체하는 새로운 언어를 찾아주는 것이다.[34] 이 새로운 언어는 "자연적인 유사성의 체계를 무너뜨리지 않는 언어", "진정한 상형 문자", "제스처와 자세에 의한 언어", "오브제, 침묵, 고함, 리듬과 공모한 신체적 언어", "공간을 활용하면서 공간이 말하도록 하는 것을 목적으로 하는 언어"이다. "우리는 최소한 활동적이고, 조형적이며, 호흡의 근원인 언어로 되돌아가야 합니다. 단어에 생명을 부여하는 신체적 움직임과 단어를 연결해야 합니다. 또한 파롤parole의 논리적이

34
"자신의 언어를 돌려받기 전까지는, 연극은 행동의 특별한 힘을 돌려받지 못할 것이다." "자, 실제로 일어날 일은 이렇습니다. 그것은 예술 창조의 출발점을 바꾸는 것이며 연극의 습관적인 규칙을 전복시키는 것입니다. 이는 분절 언어를 자연의 다른 언어로 대체하는 것입니다." 앙토냉 아르토, 《연극과 그 이중》, 163, 201.

고 추론적인 면은 신체적이고 정서적인 면 밑으로 사라지게 해야 합니다. 즉, 단어들을 오로지 문법적으로만 말하는 대신 음성 측면에서 이해해야 하며, 움직임으로서 포착해야 합니다."[35] 아르토는 잔혹극 논의를 이처럼 언어에 대한 비판을 중심으로 풀어나감으로써 말과 글에 대한 경배에 가까운 존중을 근간으로 세워진 유럽 문화와 문명을 비판하고, 유럽 문화가 부여한 정신-이성-말의 권위에 신체-감각-제스처라는 무기를 들고 도전한다.

아르토가 잔혹극을 위해 제안하는 새로운 언어는 묘사하거나 의미하지도, 규정하거나 논증하지도 않는다. 다만 소리 그 자체로 진동하며 살갗과 신경을 건든다. 이 언어는 사유를 가두고 고정하는 대신 "감성을 준동"시킨다. 아르토가 《연극과 그 이중》에서 걸작과 결별해야 한다고 주장할 때, 이는 걸작이 글로 쓴 것이라면 무턱대고 받드는 "새로운 형태의 우상 숭배이자, 부르주아 순응주의의 한 양상"의 중심에 있기 때문이기도 하지만, 무엇보다 걸작이 "문학적littéraire"이기 때문이다. 여기서 아르토는 '문학적'이라는 표현을 "시간의 필요성에 어떠한 대응도 하지 못하고 형태 속에 고정"[36]됨을 뜻하는 멸칭으로 쓴다. '생'의 경련을 경직시키는 모든 굳은 말은 '문학적'이다. 이런 맥락을 고려하면, 앞에서 제시한 인용 속 "문학적으로 말하는 것이 아니라sans littérature, 정말로 나는 폭발하는 풍경 속에서 핏빛 붉은 반 고흐의 얼굴이 내게로 다가오는 것을 보았다"라는 문장은 단순한 비유나 상상이 아닌, "두 신경의 자기장, 두 개의 살아 있는 중심, 두 개의 열정적인 표현",[37] 즉 반 고흐와 아르토라는 두 '생'의 진동이 만나 충돌하며 어우러지는 물리적인 맥놀이 그 자체를 예고한다. 그런데 이 파동의 생생함을 고스란히 전하기에는 아르토와 지금 우리가 쓰고 있는 분절 언어로 된 그 어떤 말도 '생'의 박동을 마비시킬 위험이 있다. 그래서 아르토는 차마 말이 되지 못한 소리, 아니 기꺼이 말이 되지 않기로 한 소리, 혹은 결연히 말 바깥으로

35
앙토냉 아르토, 《연극과 그 이중》, 217-218.

36
앙토냉 아르토, 《연극과 그 이중》, 137-138.

37
앙토냉 아르토, 《연극과 그 이중》, 143-144.

떠나버린 소리인 방언glossolalie을 지어 심는다. “kohan / taver / tensur / purtan.”

《반 고흐》에는 또다른 방언이 하나 더 나온다. 너무나 단순하고 적확하며 소박하고 현실적인 반 고흐의 그림을 가지고서 “자전축의 세차 운동에 대한 저질스럽고도 심히 미련하게 성스러운 신명 재판이나 미분법, 양자론에 결정적으로 나사 빠진déréglé 무언가가 있다는 것을 박식한 학자에게 어떻게 이해시킬 수 있는지”(38-39쪽) 불평하는 수사적 의문문과, 그림을 그릴 때만큼이나 단순하고 객관적이며 진실되게 자신의 그림을 글로 묘사한 편지에서 엿보이듯 위대한 화가인 만큼이나 훌륭한 작가인 반 고흐가 아니고서야 “반 고흐의 그림을 묘사한들 무슨 소용인가!”라고 탄식하는 문장 사이에서 그 방언을 찾을 수 있다. “o vio profe / o vio proto / o vio loto / o théthé”.(39쪽) 문맥상, 아르토는 이 방언을 통해 반 고흐의 그림을 이해와 묘사의 차원과 단절시킨다. 아르토가 보기에 반 고흐의 그림이 ‘생’의 경련을 오롯이 간직하고 있다면, 그 그림을 논리적으로 설명하거나 분절 언어로 번역하는 것은 그림이 지닌 생명력을 훼손할 따름이다. 말에서 뜻을 빼고 음가와 박자만 남긴 방언은 논증의 불가능성과 묘사의 불필요함 사이에 놓임으로써 반 고흐 그림의 헐떡이는 ‘생’을 있는 그대로 자기 안에 봉인하고 그 대신 자신의 물리적 소리와 리듬을 내어 놓는다.

아르토는 로데즈 정신병원 시절 말기, 퇴소 가능성이 점쳐지던 무렵부터 다시 호흡과 신체를 단련하기 시작했다. 폴 테브냉Paule Thévenin은 액운을 쫓듯 흥얼거리며 병실을 빙빙 돌아다님으로써 로데즈의 의사들로부터 의학적 근심을 샀던 이 기행이 병리적 이상 행동이 아니라, 소싯적 영화 배우이자 연극 배우였던 아르토에게는 일종의 신체 단련법이었다고 말한다.[38] 이러한 수련은 로데즈 퇴소 후에도 계속되었다. 아르토는 자기 방에 거대한 나무 도마를 들여 놓고 시시때때로 박자에 맞춰 망치로 내려치면서 “통사 바깥으로 내던져진 정서적 음절들”, “힘의 문자mots-force, 타격의 문자mots-coups, 폭탄처럼 터지는 기호”[39]인 방언에 즉흥적인 가락을 붙여 흥얼거리곤 했다. 이는 단지 호흡과 신체의

38

Paule Thévenin, “L'Impossible théâtre,” *Antonin Artaud, ce déséspéré qui vous parle* (Seuil, 1993), 124.

훈련에만 그치지 않고 그의 글쓰기 작업에까지 적용되었다. 아르토는 로데즈 퇴소 이후 기술과 구술을 오가는, 펜으로 쓰기와 망치로 두드리기가 교대되는, 말과 방언을 넘나드는 글쓰기를 수행했는데, 온몸을 사용한 엄격한 호흡법과 타격으로 만들어지는 방언은 "글쓰기에 신체의 물리적 행위를 개입"[40]시키는 아르토 후기 작법의 주요 요소다. 아르토가 《연극과 그 이중》에서 다룬 새로운 언어에 관한 구상과 로데즈 퇴소 이후의 여러 텍스트에 삽입된 방언의 연관성에 대해서는 보다 신중하고 정교한 논의가 필요하겠지만, 그럼에도 잔혹극을 위한 새로운 언어와 후기의 방언 모두 분절 언어로부터의 이탈, 관념과 의미로부터의 해방, 신체와 호흡, 감각과 정동의 기호라는 공통점을 공유하는 것은 분명해 보인다.

《반 고흐》의 수수께끼 같은 두 방언은 분절 언어에서 벗어나고 이해와 묘사의 기능을 거부함으로써 반 고흐 그림의 '생'의 경련을 생동하는 그대로 제 안에 봉인한다. 대신 이 방언은 제 의미를 영영 미결에 부치고서 다만 단순한 소리와 간결한 박자로 텍스트를 두드리는, 일종의 타악기가 된다. 그런데 이 방언에는 반 고흐뿐 아니라 아르토의 '생'의 진동 또한 새겨져 있다. 아르토가 숙련된 호흡에 의해 들썩이는 온몸으로 타악기를 연주하듯, 나무 도마를 망치로 두드리며 자신의 '생'의 박동을 방언의 '정서적 음절' 하나하나에 박아 넣었으므로. 이 방언을 해석하려는 시도는 이 방언 안에서 꿈틀대는 '생'을 고정시켜 방언 자체를 무효화하는 위협이 될 것이다. 아르토는 《연극과 그 이중》에서 "정확성을 강조하게 되면 이를 능욕할 위험이 있다", "분명한 단어에 대한 강박관념은 단어를 고갈시킬 것이다"[41]라고 말하며 분절 언어를 대체할 새로운 언어가 가져야 할 유동성과 가소성을 강조했는데, 이는 방언에도 꼭 해당되는 말이다.

나는 앞에서 《반 고흐》가 정신과 의사가 쓴 의학적 전기에 대항하

39
Évelyne Grossman, *Antonin Artaud: Un insurgé du corps*, 87.

40
Évelyne Grossman, *Antonin Artaud: Un insurgé du corps*, 86.

41
앙토냉 아르토, 《연극과 그 이중》, 183, 216.

는 잔혹의 평전이라고 이야기한 바 있다. 그런데 현 지점에 이르러 이 판단은 수정이 필요해 보인다. 이 글은 엄밀한 의미에서 평전이 아니다. 이 글은 반 고흐의 생애를 설명하거나 판단하지도, 그가 겪어낸 삶의 가치를 가르치지도 않는다. 이 글은 반 고흐의 그림에 대한 미술 비평이 되는 것도 거부하는 듯하다. 아르토는 반 고흐가 자기만의 비밀스런 자아를 만나는 문으로 들어가 죽기 이틀 전까지 그린 그림 〈까마귀가 있는 밀밭〉에 "영원한 가능성의 현실로 통하는" 또다른 문을 숨겨 놓았다고(26-27쪽), 그림 〈폴 고갱의 의자〉 속에서 빛의 "초점이 다른 곳에 위치해 있는 것 같고 광원이 이상하게 어두워서 마치 그 비밀에 대한 열쇠를 오직 반 고흐만이 가지고 있는 것처럼" 보인다고 말한다.(30쪽) 이처럼 아르토에게 반 고흐의 그림들은 지극히 단순하지만 절대적으로 불가사의한 구석으로 인해 끝내 낯설고 불투명해진다. 아르토는 그 불가사의 속으로 들어가 그의 작품을 투명하고 철저하게 해석하기를 단념하고 미련 없이 돌아선다. 왜냐하면 그 비밀스런 구석은 반 고흐에게만 은밀하게 열려 있고 그 이외의 어느 누구에게도 명확하고 온전하게 포착되지 않으며, 따라서 대상화되지도, 통제되지도, 착취되지도 않을, 반 고흐만을 위한 자유의 자리이기 때문이다. 이렇게 아르토는 반 고흐라는 사람과 그의 삶, 그의 작업을 떠받치는 '생'의 맥박을 방언의 진동으로 대체함으로써 그것에 대해 아무것도 설명하거나 해석하지 않기로 선택한다. 하지만 이 '생'의 경련에 대해 아무것도 이야기하지 않음으로써, 그 흔들림을 어떤 의미로도 고정시키지 않음으로써, 이 '생'을 영원히 살게 만든다. 그리고 "말로는 표현할 수 없는 불안과 불확실성의 상태"[42]가 아르토가 말하는 시詩의 핵심적 속성이라면, 경련하는 '생'을 영영 헐떡이고 꿈틀대게 만드는《반 고흐》는 잔혹의 시다.

"이 광기 속에 인간적 자아의 자리는 어디에 있는가?"

우리는 반 고흐의 말로를 잘 알고 있다. '생'을 펄떡이게 하는 '건강'과, 어느 누구로부터도 앎과 통제의 대상이 될 수 없는 비밀스러운 자아가 보장하는 '자유'를 가지고 자기 내부의 무한 속으로 입문하는 문을 발견하자마자, 사회는 "그 내부에 있는 나무의 섬유 사이사이를 흥건하게 채

42
앙토냉 아르토,《연극과 그 이중》, 111.

우는 검은 까마귀들이 범람하듯, 최후의 들어올림으로 그를 덮쳐 그의 자리를 차지하고는 그를 죽여버렸다".(21쪽) 자기만의 목적지를 향해 방향을 틀어 "스스로 사회를 이탈해버린 것을 벌하기 위해".(20쪽) 앞에서 언급한 바 있듯 아르토에게 '생'은 그 어떤 우연과 가차없음, 답보 상태와 고통도 "돌파하여 작동"하는 것인 만큼, 그는 '생'이 스스로를 죽이는 일을 "본성에 반하는 행위"이자 절대 있을 수 없는 일이라고 생각하는 듯하다. "절대 아무도 홀로 태어날 수 없다. 또한 아무도 홀로 죽을 수 없다. 그런데 자살의 경우처럼 신체가 자신의 생을 스스로 박탈한다는, 본성에 반하는 행위를 결심하게 하려면 한 패거리의 나쁜 존재들이 필요하다. 나는 우리가 스스로 생을 단념하는 죽음의 마지막 순간에 언제나 우리 아닌 다른 누군가가 있다고 생각한다."(61쪽) 즉, 반 고흐는 자살한 것이 아니라 사회에 의해 자살당한 것이다.

아르토가 글을 쓰던 1947년, 반 고흐는 자살당하고 없었지만 아르토는 살아 있었다. 아르토는 《반 고흐》의 마지막 추신에서 반 고흐가 살아 있을 때 그를 광인이라 욕하고 혐오하며 그의 목을 졸랐던 사람들이 지금은 아무 일도 없었다는 듯 그의 그림을 보러 연일 오랑주리 미술관을 가득 메우는 현실에 환멸감을 느낀다. 그는 그들에게 묻는다. "1946년 2월, 3월, 4월, 5월 매일 저녁 무엇을 했는지, 무슨 일이 자신들에게 일어났는지" 똑똑히 기억하느냐고.(63쪽) 그들은 "내가 말한 그 저녁들 중 어느 저녁, 포포카테페틀 화산에서 최근에 일어난 폭발처럼, 마튀랭 가로 꺾이는 마들렌 대로에 거대한 흰 돌이 떨어진 것"을 보지 못했느냐고.(64쪽) 왜냐하면 그 저녁들이란 그가 로데즈의 정신병원에서 최후의 인내심을 짜내며 하루하루 생을 견디던 시절이기 때문이다. 당대의 저명한 사상가와 예술가 들이 힘을 모아준 결과 아르토가 9년여 간의 정신병원 구금이라는 족쇄에서 풀려나 파리에 당도한 날이 1946년 5월 25일이었기 때문이다. '잔혹의 연극'의 창시자인 '연극인 homme de théâtre' 앙토냉 아르토가 파리로 귀환한 이상, 파리의 마들렌 대로와 마튀랭 가가 만나는 지점에 있는 오페라 가르니에, 이 유럽 전통 문화와 부르주아 계급을 대변하는 극장은 아르토라는 "거대한 흰 돌"에 의해 파괴될 것이기 때문이다.

이렇게 아르토는 '사회에 의해 자살당한 자' 반 고흐를 위해 자기 몫의 준엄한 복수를 다짐한다. 하지만 사회라는 악귀에 씌지possédé 않고는 "살 수도 산다고 생각할 수도 없는 것이 현대 인간의 해부학적 논리다".(21쪽) 그렇다면 어떻게 해야 사회로부터 통제되거나 제압당하지 않는 자신만의 '생'의 전율을 '건강'하고 '자유'로운 상태 그대로 지켜낼 수 있을까? 아르토가 정말 《반 고흐》라는 텍스트 곳곳에 자신의 건강과 자유의 자리를 마련해 두었다면, 그 또한 "o vio profe / o vio proto / o vio loto / o théthé"와 "kohan / taver / tensur / purtan"이라는 방언에 있는 것이 아닐까? 언어라는 기호를 이해할 수 있게 해부하여 구조화하는 모든 언어학적 연결고리를 잘라낸 이상한 말. 모든 뜻풀이의 가능성을 열어두면서도 동시에 어떤 뜻풀이도 빗나가게 만들고야 마는 번역 불가능한 말. 끝없는 해석을 불러일으키면서도 동시에 어떤 해석도 무력화시키는 불투명한 말. 오직 아르토만이 그 안으로 들어갈 열쇠를 쥐고 있을 그의 "인간적 자아의 자리". 그리하여 의학 권력과 행정·사법 권력을 포함한 사회의 어떤 권력도 침해하지 못할 그의 건강과 자유의 자리. 그러므로, 우리도 정확히 읽어 반드시 이해하고픈 욕심을 내려놓고 물러서야 할, 한 인간의 경련하는 '생'의 자리 말이다. +

참고 문헌

아르토, 앙토냉. 《연극과 그 이중》. 이선형 옮김. 지만지드라마, 2021.

______. *Nouveaux écrits de Rodez*. Gallimard, coll. L'Imaginaire, 2007.

______. *Œuvres*. édité par Évelyne Grossman. Gallimard, coll. Quatro, 2004.

______. *Œuvres Complètes*, tome XIII. Gallimard, 1974.

Beer, François-Joachim. *Du démon de Van Gogh*. Cartier, 1945.

Danchin, Laurent, André Roumieux. *Artaud et l'asile*. Séguier, 2015.

Grossman, Évelyne. *Antonin Artaud: Un insurgé du corps*. Gallimard, coll. Découvertes Gallimard, 2006.

______. *Artaud, «l'aliéné authentique»*. Éditions Farrago, 2003.

Mèredieu, Florence de. *Sur l'électrochoc: Le cas Antonin Artaud*. Blusson, 1996.

Thévenin, Paule. *Antonin Artaud, ce déséspéré qui vous parle*. Seuil, 1993.

Arts: beaux-arts, littérature, spectacle, no. 104, le 31 janvier 1947.

이진이

서울대학교 불어불문학과에서 학사와 석사 학위를 취득하고 파리 대학교(구 파리 7대학교)에서 사뮈엘 베케트에 관한 박사 학위 논문을 준비하고 있다. 지은 책으로 《불가능한 목소리》(공저)가 있다.

지영래

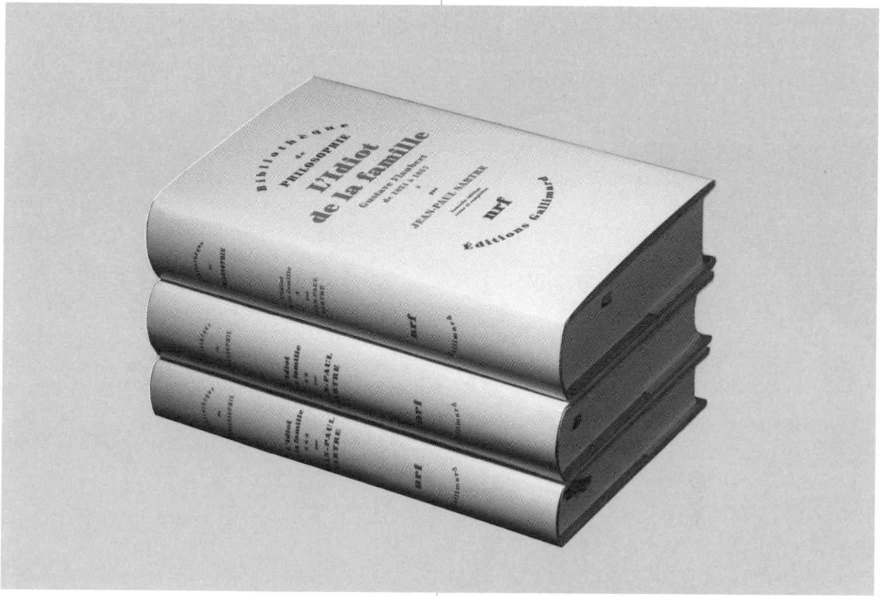

자아와 타자의 경계에서

장폴 사르트르Jean-Paul Sartre, 《집안의 천치: 1821년에서 1857년까지의 귀스타브 플로베르*L'Idiot de la famille: Gustave Flaubert de 1821 à 1857*》, 전3권(Gallimard, 1971-1972)

Bibliothèque
de
PHILOSOPHIE
L'Idiot
de la famille
Gustave Flaubert
de 1821 à 1857
*
par
JEAN-PAUL SARTRE
Nouvelle édition
revue et complétée
nrf
Éditions Gallimard

우리는 내가 아닌 다른 한 인간을 온전히 이해할 수 있는가? 모든 인간 각각은 보편적인 동시에 개체적인 하나의 세계이고, 또 저마다 세상의 중심에 자리 잡고 있다. 마치 빅뱅 이후에 팽창하고 있는 우주 속에서는 은하계 내의 그 어떤 별 위에 서 있더라도 모든 별이 자기로부터 멀어지고 있는 것처럼 보이듯이, 우리는 언제나 스스로를 "세상의 중심"(2권 1148쪽)으로 삼고 거기서부터 자신만의 한 세계를 구축한다. 각자의 이런 주관적 세계들 사이에서 나의 자아가 타자를 이해하는 것은 가능한가?

장폴 사르트르는 충분히 가능하다고 본다. 적어도 사르트르 자신은 언제나 타자를 이해하고자 하는 열정 속에서 자신의 낙천주의와 야심찬 방법론들을 동원하여 타자를 단순한 지식의 대상으로서가 아니라 한 개인의 온전한 개체성 속에서 포착하려고 부단히 노력했다. 타자에 대한 사르트르의 관심은 특히 전기 비평에서 두드러지는데, 그가 생전에 정식으로 출간한 평전은 《보들레르*Baudelaire*》(1946)와 《성자 주네, 배우와 순교자*Saint Genet, comédien et martyr*》(1952), 그리고 《집안의 천치》(1971-1972), 이렇게 모두 세 작품이다. 샤를 보들레르Charles Baudelaire, 장 주네Jean Genet, 귀스타브 플로베르Gustave Flaubert로 이어지는 작가들에 대한 그의 전기적 접근 방식은 작가의 삶과 작품을 별개로 다루고자 했던 구조주의 성향의 1960년대 신비평과는 대립각을 이룬다. 그래서 혹자는 사르트르의 문학 비평을 "인간과 작품을 따로 나누지 않는"[1] 생트뵈브Charles-Augustin Sainte-Beuve의 비평 방법론에 비교[2]하기도 한다. 사실 한 작가의 '문학적 자아'가 그의 '사회적 자아'와 결코 분리될 수 없다는 관점에서 서술된 사르트르의 평전들은 대상 작가의 작품들에 대한 미학적 평가에 초점을 맞추기보다는, 그 작가의 어린 시절까지 거슬러 올라가서 뿌리 깊은 심리적 갈등을 파헤치고 그가 작가가 되기로 결심한 그 선택의 시원점을 찾는 데 주력한다. 그리하여 어떤 의미에서 보면 사르트르가 이들 평전에서 제기한 여러 질문들은 '어떻게 한 사람이 작

1

Marcel Proust, *Contre Sainte-Beuve* (Gallimard, 1987), 126-127.

2

Bernard Fauconnier, "Sartre et la critique littéraire," *Magazine littéraire* 320 (1994. 4): 55.

가가 되는가?'라는 단 하나의 질문으로 수렴된다고 볼 수 있다.

미셸 시카르Michel Sicard가 지적했듯[3] 이들 세 전기 비평 작품은 뒤로 갈수록 분량은 점점 길어지는 반면,[4] 오히려 제목은 점점 더 간접적인 방식으로 표현되어 나중에는 주제가 되는 작가의 이름마저 사라져 버린다. 이러한 경향은 사르트르의 기획이 《보들레르》처럼 한 개인이 지닌 작가로서의 소명에 대한 연구에서 《집안의 천치》 서문을 여는 질문, 즉 "오늘날 한 인간에 대해서 무엇을 알 수 있는가?"(1권 7쪽)라는 인간 보편에 대한 이해로 점점 더 그 규모를 넓혀가는 것과 일치한다. 그리고 이 거대한 인간학적 기획은 '어떻게 한 인간이 작가가 되기로 결심하는가?'라는 구체적인 질문을 중심으로 전개되면서, 결국 작가 사르트르가 골몰하는 '나는 왜 지금의 내가 되었는가'라는 자전적 성찰과 통하게 된다. 그래서 《집안의 천치》는 플로베르에 대한 위대한 평전이기도 하지만, 그보다는 작가 사르트르를 이해하는 데 더 도움이 되는 작품으로 평가받기도 한다.

작가로서 사르트르의 여정은 《집안의 천치》와 더불어 끝난다. 전체 4권(혹은 5권)으로 기획되었던 이 작품은 1971년에 총 2,136쪽 분량으로 1권과 2권이, 그 이듬해인 1972년에 총 665쪽 분량의 3권이 출간되었지만, 1973년 사르트르가 시력을 거의 잃으면서 미완성으로 남는다. 실명 이후 사르트르의 활동은 구술 녹음 작업에 의존했고, 《집안의 천치》 4권을 쓰기 위해 작성했던 노트는 사후에 출간된 개정 증보판(1988년)에 미완의 상태 그대로 수록된다. "언어의 히말라야 산맥"[5]이라 불릴 정도로 방대한 분량과 가독성의 문제로 사르트르의 작품 중에서 가장 덜 읽히는 작품이 《집안의 천치》이지만, 사르트르를 이해하는 데 있어서 이 작품을 빼놓고 이야기할 수는 없을 것이다.

3
Michel Sicard, *La critique littéraire de Jean-Paul Sartre: Une écriture romanesque* (Minard, 1976), 10-11.

4
각 책의 분량은 《보들레르》가 224쪽, 《성자 주네, 배우와 순교자》가 690쪽, 그리고 《집안의 천치》가 전체 2,800여 쪽이다.

5
Claude Burgelin, "Lire *l'Idiot de la famille*?", *Littérature* 6 (1972. 5).

사르트르의 생애를 이야기할 때, 그와 플로베르의 관계에 따라 삶의 시기를 구분하는 것도 하나의 좋은 접근법이다. 사르트르가 플로베르를 대하는 방식의 변화는 문학을 대하는 사르트르의 태도 변화와 정확히 일치한다고 볼 수 있기에, 그가 플로베르와 두는 거리를 살펴 본다면 순수 문학과 참여 문학 사이를 오가는 사르트르 문학관의 변화를 가늠할 수 있다. 플로베르와의 관계에 초점을 맞추면, 사르트르의 생애는 크게 세 시기로 구분된다. 첫 번째 시기는 사르트르가 "《마담 보바리》의 마지막 장면을 20여 번이나"[6] 다시 읽었던 어린 시절부터 소설 《구토》(1938)를 쓴 30대까지로, 순수 문학에 대한 열정으로 가득 차 스스로를 플로베르와 동일시하다시피 한 시기이고, 두 번째 시기는 2차 세계 대전 당시 포로수용소의 경험 이후 참여 문학의 기수가 되어 플로베르를 적대시하면서 자서전 《말》(1963)에서 문학에 작별을 고하기까지 한 참여 지식인의 시기이며, 세 번째는 다시 《집안의 천치》(1971-1972)와 더불어 플로베르에게 되돌아 와서 작가로서의 마지막 10여 년을 할애한 시기이다.

《집안의 천치》 발간 후 세간에서 가장 궁금해 한 점 중 하나는 '사르트르가 왜 플로베르에게 되돌아 온 것일까?'였다. 전후 젊은 세대에게 실존주의의 대부로 추앙받고, 문학의 효용성과 작가의 책임을 내세우며 플로베르를 비참여적 성향을 지닌 가장 부정적인 인물로 지목했던 사르트르가,[7] 그리고 자서전 《말》에서 부르주아 작가로 살아온 자신의 삶이 "신경증"이었다고 자아비판을 하면서 "죽어가는 아이들 앞에서 《구토》와 같은 책은 일고의 가치도 없다"[8]고까지 했던 사르트르가 왜 다시 3천여 쪽에 달하는 《집안의 천치》로 플로베르에게 돌아온 것일까? 실제로 사르트르는 1963년 《말》 출간 이후 오로지 플로베르 연구에만 전념했는데, 68 혁명 당시 수많은 젊은 학생 혁명가들과 대화하고 거

6
장폴 사르트르, 《말》, 정명환 옮김(민음사, 2008), 61.

7
"나는 플로베르와 공쿠르에게 파리 코뮌으로 야기된 진압의 책임을 묻겠다. 이들은 그 일을 막기 위한 한 줄의 글도 쓰지 않았기 때문이다." Jean-Paul Sartre, "Présentation des Temps Modernes," *Situations II* (Gallimard, 1948), 13.

8
J. Piater, "Jean-Paul Sartre s'explique sur *Les Mots*," *Le Monde* (1964. 4. 18).

리의 노동자들 앞에서 연설하던 시기에도 실은 온통 플로베르와 시간을 보내고 있었던 사르트르를 어떻게 이해해야 하는가? 마치 《말》에서 보여준 자신의 과오에 대한 고백과 그에 대한 독자들의 열광적인 반응이 모든 죄를 말끔히 씻어주어서 이제는 아무 거리낌 없이 마음껏 하고 싶은 일에 몰두할 수 있게 되기라도 한 듯이, 사르트르는 자신의 '플로베르'를 쓰는 데 작가로서의 마지막 10여 년을 바쳤다. 그 자신이 《말》에서 그토록 철저히 고발한 문학의 신화들, 다시 말해 문학적 담화의 제국주의적 환상, 언어에 의한 실존의 화석화, 문학으로의 도피와 같은 내용은 《집안의 천치》를 떠받치는 근간을 이룬다. 그는 다시 순수 문학으로 회귀한 것인가? 아니면 애초에 순수 문학을 한 번도 떠난 적이 없었던 것인가? 이러한 궁금증을 대변하는 질문을 한 인터뷰에서 받자 사르트르는 다음과 같이 답변한다.

> 당신은 조금 전에 《말》이 문학에 대한 작별 인사였다고 말씀하셨습니다. 《집안의 천치》는 어떤 의미에서는 문학으로의 귀환으로 간주될 수 없겠습니까?
> — [...] 분명 애매한 부분이 있고, 저도 책을 쓰면서 느꼈습니다. 한편으로는, 19세기의 인물을 연구하고 그가 1838년 6월 18일에 무엇을 했는지 알기 위해 정열을 쏟는 일은 도피라고 부를 수 있습니다. [...] 책의 내용을 고려하면 도피했다는 인상이 있지만, 반대로 그 방법론은 시사적이라는 느낌입니다.[9]

사르트르는 《집안의 천치》에 접근하는 방식으로 자신의 전작과 연결된 두 방향의 길을 제안하곤 했다. 하나가 《집안의 천치》를 《상상계*L'Imaginaire*》(1940)의 속편으로 소개하면서 구체적인 '내용'의 측면을 강조한다면,[10] 다른 하나는 《방법의 문제*Questions de méthode*》(1957) 속편

9
Michel Contat, Michel Rybalka, "J'ai voulu montrer un homme et montrer une méthode dans *l'Idiot de la famille*," *Le Monde* (1971. 5. 14).

10
"나로서는 플로베르에 관한 연구가 나의 초기 저작 중 하나인 《상상계》의 후속 연구를 대표합니다." Jean-Paul Sartre, *Situations IX* (Gallimard, 1972): 118.

으로 소개하면서 '형식'의 측면을 강조한다.[11] 전자가 플로베르라는 한 인간에 대해 과연 '무엇을 말할 수 있는가'라는 관점에서 부재하는 현실과 상상을 통한 존재 회복으로서의 예술적 창작을 이야기한다면, 후자는 한 인간에 대해 '어떤 방식으로 이야기할 수 있는가'라는 관점에서 당시 활용 가능한 모든 지식을 다 동원하여 플로베르를 하나의 '총체성'으로 이해하는 과정을 보여준다.[12] 이 두 가지 통로 중 사르트르가 비중을 둔 쪽은 후자였던 것으로 보인다.

내용의 문제: 《마담 보바리》 이전과 이후

전체 세 권으로 구성된 《집안의 천치》의 내용은 크게 두 부분으로 나뉜다. 1권과 2권(1971)에 해당하는 '첫 번째 부분'은 《마담 보바리》의 작가 플로베르가 체험한 '신경증la névrose' 경험을 내면적으로 재구성하는 내용이고, 3권(1972)에 해당하는 '두 번째 부분'은 《마담 보바리》를 자신들의 모습을 작품으로 승화시킨 사실주의 소설로 받아들인 당대 독자들을 분석함으로써 플로베르의 신경증이 제2제정기의 사회 분위기와 어떠한 외적 연관 관계를 맺고 있는지 살펴보는 내용이다. 즉 《마담 보바리》(1857)라는 작품을 분기점으로 하여, 두 부분이 각각 작품의 '이전'에 있었던 일과 작품의 '이후'에 있었던 일을 분석했다고 요약할 수 있을 것이다. 한마디로 어떻게 귀스타브 플로베르가 《마담 보바리》의 작가가 되었고, 왜 그 소설이 제2제정기의 객관적 정신에 부응하는지를 밝힌 것이라 할 수 있다.

1권과 2권: '집안의 천치'라는 낙인

먼저 1권과 2권의 내용을 한마디로 요약해 보자면, 작품의 제목과 부제("1821년에서 1857년까지의 귀스타브 플로베르")에서 보듯이 '어린 귀스타브가 7살까지 글을 깨우치지 못하고 플로베르 집안에서 천치 소리를 듣는 바람에 1857년 발간되는 《마담 보바리》의 작가가 되었다'라고 할 수 있을 것이다. 1821년에 태어난 귀스타브는 냉정한 어머니의 애정

11
"《집안의 천치》는 《방법의 문제》의 속편이다."(1권 7쪽)

12
사르트르는 이것을 '전진-후진적 방법méthode progressive-régressive'이라고 명명한다.

없는 보살핌과 태어날 때부터 형을 더 편애했던 가부장적인 아버지로 인해 수동적 기질을 형성하게 된다. 이러한 수동성 때문에 언어를 처음 배우는 과정에서 어려움을 겪은 귀스타브는 결국 7살의 나이에도 글을 깨우치지 못하고, 플로베르 가문의 능동적이고 실용주의적인 세계에서 추방되어 "집안의 천치"로 낙인찍힌다. 어린 귀스타브는 가족의 선고를 받아들인 채 무기력함을 극단으로 밀고 나가서 결국 신경증으로 발전시키고, 22살이던 1844년 1월의 어느 밤 형의 발치에 쓰러지게 된다. 이 신경증적 발작 덕분에 그는 출세를 해야만 한다는 부르주아적 세계관의 필연성의 고리로부터 빠져나올 수 있게 되고, 글쓰기라는 거의 여성적이고 수동적인 예술 활동에 전념할 수 있는 권리를 획득하게 된다. 귀스타브는 연극의 체험과 언어의 구술적 연습을 통해 자신만의 독특한 글쓰기 미학을 완성하면서 《마담 보바리》의 작가로 탄생한다. 1부 '기질 형성'(650여 쪽), 2부 '인격 형성'(1130여 쪽), 3부 '엘벤옹 혹은 마지막 나선'(370여 쪽) 등 전체 3부로 구성된 1권과 2권의 내용에 초점을 맞추어 조금 더 구체적으로 따라가 보자.

1부 '기질 형성La constitution'(1권 9-647쪽)은 플로베르의 기질을 결정지은 요인들을 밝히기 위해 그 가족에 대한 분석적 검토와 점진적 종합을 시도한다. 합리주의 정신으로 무장한 외과 의사이자 봉건적 습관을 벗어나지 못한 가부장적인 아버지, 신앙심으로 무장한 채 따뜻한 애정 없이 아이를 기른 어머니, 아버지를 그대로 복제한 것 같은 9살 위의 형, 이들이 어린 귀스타브를 권태에 갇힌 순종적인 아이, 하나의 사물과 같은 수동적 존재로 만들어버린다. 사르트르가 보기에 플로베르가 앓던 신경증의 근원은 그의 어린 시절과 그보다 더 앞선, 말을 배우기 이전 시기에서 찾아볼 수 있다. 사르트르는 크게 세 가지 요소를 그 근거로 들고 있다.

첫 번째는 차남이라는 가족 내의 지위이다. 귀스타브는 태어나기도 전에 이미 플로베르 가문의 차남이라는 열등한 위치에서, 즉 당시 사회 분위기 속에서는 여성이나 식민지인의 지위와도 비슷한 열등하고 수동적인 지위에서 생을 시작해야 했다. 9살 위의 형 아실Achille은 아버지의 자리를 대신하는 인물이고, 가족의 기대주로서 안정된 지위를 누린다. 반면 부르주아적 세계 속에서 굳건한 존재 이유를 확보한 아버지와의 동일화를 거부할 수밖에 없었고, 그럼으로써 자신의 존재를 정당화할 근거를 상실한 귀스타브는 정해진 출세의 길을 훌륭히 따라가는 형과 반대로 예술가로서의 길을 준비한다.

신경증적 기질 형성의 두 번째 요소는 애정 없이 그를 키운 냉정한 어머니에게서 찾아볼 수 있다. 사르트르가 '스탈린적'이라고까지 규정한 그녀의 차갑고 빈틈없는 보살핌은 유아기의 귀스타브를 수동적 기질의 소유자로 만든 주된 원인이 된다. 이 부분에 대한 사르트르의 추론은 상당한 논란거리를 제공한다. 플로베르의 어린 시절에 대해서는 거의 알려진 것이 없는데, 사르트르는 많은 경우 정확한 근거를 언급하지 못하고 "이것이 내가 상상한 대로의 플로베르다"[13]라고 언명하면서 가설에 의존하기를 주저하지 않기 때문이다.

가장 결정적인 영향을 끼친 세 번째 요소는 귀스타브와 언어 사이의 관계이다. 읽는 법을 배우는 것은 최초의 능동적 실천인데, 귀스타브는 기질적 수동성으로 말미암아 언어와 원만한 관계를 맺지 못한다. 그리하여 형 아실이 아무런 어려움 없이 학업에서 눈부신 성과를 올리는 데 비해서, 귀스타브는 7살이 될 때까지 읽는 법을 깨우치지 못하고 권위적인 아버지의 총애를 잃게 된다. 이때부터 귀스타브는 자랑스러운 플로베르 집안에서 모자란 아이로 간주되어 '집안의 천치'라는 오명을 입게 된다. 그것은 사랑도 잃고 권리도 잃은 존재이고, 공격성도 없고 번민도 없으며 고통도 가치도 없이 출발점부터 실천의 범주를 박탈당한 존재이다. 부족하고 열등하며 아버지로부터 저주받고 수동적으로 키워진 귀스타브는 그때부터 죽을 때까지 결코 자신의 어린 시절에서도, 가족에게서도 벗어나지 못하고 가족이 아닌 모든 인간 관계에 대해 겉도는 인생을 살게 된다.

이어지는 가장 긴 분량의 2부 '인격 형성La personnalisation'(1권 649쪽-2권 1175쪽)은 7개 장으로 구성된다. 귀스타브는 태어나기 전부터 부과된 조건들과 그로부터 형성된 수동적 기질을 '인격 형성'이라는 능동적인 내면적 움직임의 과정을 통해 극복하려 한다. 사르트르가 말하는 인격이란 하나의 안정된 구조로 존재하는 어떤 것이 아니라 총체화의 끝없는 과정으로, 귀스타브의 경우에는 배우가 되고자 했던 7살 때부터 시인을 거쳐 예술가가 되기까지 삶의 과정 전체가 그의 인격이 된다. 기질적 수동성과 열등감 등의 결함은 귀스타브에게 '결핍'이라는

13
Jean-Paul Sartre, *Situations X* (Gallimard, 1976), 94.

고통스러운 인식으로 점점 내재화된다. 제 나이에 글을 깨우치지 못해 가족의 기대를 충족시킬 수 없는 지진아로 낙인찍히고, 부모의 따뜻한 시선마저 박탈당한 귀스타브는 현실에서 자신의 존재 이유를 찾을 수 없어 방황하고, 또 자신을 그렇게 만든 가족에 대해 수동적인 복수의 감정을 키운다. 그리하여 어린 귀스타브가 현실의 이러한 중압감을 벗어나고 또 가족에게 복수하는 방법으로 선택한 기도가 바로 상상계로의 도피이고, 이 선택은 여러 단계를 거쳐 귀스타브를 작가로 만들게 된다.

1장부터 4장의 내용은 상상계의 선택에서 작가에 이르기까지 귀스타브가 거치는 여러 단계들을 묘사한다. 우선 7살에 글을 깨우치지 못한 귀스타브는 8살 때부터 여동생과의 놀이를 통해 연극 배우를 꿈꾸게 된다. 모친의 차갑고도 빈틈 없는 보살핌에 의해 자신의 행위가 타인에게 어떤 반응을 불러올 수 있음을 체험하지 못했기에 어린 귀스타브의 행위는 한낱 몸짓으로 변모해 버렸고, 언어에 의한 의사 전달이 실패하자 온몸으로 전달하는 배우의 길을 가고자 한다. 자기 존재의 실체를 느낄 수 없었던 귀스타브는 타인의 눈에 비친 자신의 모습, 즉 타인이 규정한 자신의 모습이 진짜 자기라고 생각하게 되고, 자신에게는 느껴지지 않지만 타인은 느끼는 그 모습을 연기함으로써 그 존재가 자신의 텅 빈 속을 채워주기를 바라게 된다. 그러나 자신을 비현실화함으로써 그 존재를 확인하려는 귀스타브의 노력은 의도와 반대로 자신의 탈현실화를 가속화하는 결과를 낳는다. 동생과의 즉흥 연기에서 한 걸음 더 나아가 저택의 당구장에서 친구들과 진짜 연극을 구상하기도 한 귀스타브는, 배우의 길을 가로막는 부모의 반대에 부딪히고 마음에 맞는 역할을 위해 연극 대본을 뜯어고치면서 작가로 변모한다. 이러한 과정은 귀스타브로 하여금 시각보다 청각에 의존한 글쓰기를 모색하게 한다.

이어지는 5장부터 7장은 22세에 결정적 발작이 일어나기 전까지의 신경증 준비 단계에 해당하는 1836년(14세)에서 1842년(20세) 사이 귀스타브의 변모를 각기 다른 세 가지 시각에서 조명한다. 이 시기 귀스타브는 개인의 주관적 감정을 분출하던 시인에서 부르주아적 세계의 모든 것을 초탈하고 오직 순수한 아름다움을 추구하는 예술가로 변모하는데, 사르트르는 그의 실존이 어떻게 동일한 구심점을 통과하면서도 각기 다른 층위를 지나는 복잡한 나선형 운동으로 발전하는지를 보여준다.

5장은 플로베르 집안과 친분이 두터웠던 부유한 사업가 집안의 아들 알프레드 르 푸아트뱅Alfred Le Poittevin[14]과의 관계에서 귀스타브가 어떤 영향을 받았는지 살펴본다. 귀스타브보다 5살 연상인 알프레드는 이국적 취향과 오만에 가까운 자존심, 염세주의 등으로 무장한 채, 숨 막히는 가족 사이에서 지내던 13살의 귀스타브에게 부정의 화신으로 등장하여 아버지를 대신하는 새로운 주군의 역할을 맡는다. 타고난 부유함으로 잉여 인간의 멋을 누리는 알프레드와 자신을 동일시해 보려던 귀스타브의 불가능한 노력은 잉여성과 무상성을 특징으로 하는 독특한 미에 대한 취향을 남겼다. 그러나 귀스타브가 차츰 현실을 발견하고 푸아트뱅의 행실이 그에게 부르주아화에 대한 두려움을 심어줌에 따라 두 사람의 사이는 소원해진다.

6장은 중고등학교 시절[15]의 영향이다. 11살에 시작된 학교 생활은 귀스타브에게는 현실과의 최초의 접촉이었고, 학교는 인간 사회의 축소판이었다. 타인과의 비교를 통해 평가되는 경쟁 사회 속에서, 귀스타브는 동료들의 우발적 폭소에 과민하게 반응하며 인간 사회를 약육강식의 논리가 판치는 악의 세계로 규정하게 된다. 귀스타브가 정립한 새로운 세계관에 의하면, 인간은 인간을 잡아먹는 동물이고 악이 세상을 지배하고 있다. 따라서 모든 성공은 바로 악의 현현이고, 그렇기에 이 악의 세계에서 실패는 악의 반대편에 위치한다. 이와 같은 가치관의 전환이 학창 시절 전前 신경증la prénévrose 단계를 구성하고, '악이 횡행하는 세상에서 내가 설 자리가 없다는 사실이 나의 존재 가치를 확인해 준다'는 실패의 철학을 형성한다. 이러한 가치관을 실천하는 구체적 행위로 귀스타브가 선택한 것은 멍청하게 있기, 즉 외부 자극에 대해 영혼의 기능을 정지시키는 반응 방식이다. 귀스타브는 인간에 대한 혐오를 키우고, 현실을 빠져나와 마치 고공비행을 하듯 인간 세계를 굽어보며 스스로를 구경꾼으로 '탈현실화'시킴으로써 현실 자체를 구경거리로 '비현

14
1816-1848. 시인이자 법률가로 어린 시절 플로베르와 절친한 사이였고, 그의 누이동생은 작가 모파상Maupassant의 어머니가 된다.

15
귀스타브 플로베르는 1832년 루앙 중고등학교인 콜레주 루아얄에 8학년(우리 학제로는 초등학교 5학년 정도)으로 입학한다. 18살이 된 1839년 12월 졸업반을 다니던 중 수업 시간에 소란을 선동했다는 이유로 퇴학을 당해 대학 입학 자격 시험은 혼자 준비했고, 이듬해 8월 법과 대학에 합격한다.

실화'시키는 이러한 대응으로 무너진 현실을 보상받고자 했지만, 아직은 현실을 완전히 놓아버릴 정도의 신경증으로까지 확대할 용기는 없었던 전 신경증 단계에 머물러 있다. 사물들을 점점 더 높은 곳에서 굽어보며 현실을 유예시키고 인간성을 동물성 속에 침몰시키기에 이르는 귀스타브는, 결국 '스스로를 포기함으로써 스스로를 구원'하고자 하는 글쓰기를 선택한다.

7장에서는 이 시기에 쓰인 플로베르의 글을 직접 분석하며, 개인적 주관성을 표현하던 시인 귀스타브가 주관성을 거부하고 객관성을 우위에 둔 예술가로 전환되는 과정을 밝히고 있다. 이 과정은 1837년에서 1840년까지 문학의 좌절을 체험하는 시기와 1840년에서 1844년까지 점점 죄어오는 출세의 압박을 겪는 시기로 나뉘어 검토된다. 먼저 귀스타브는 즉흥적인 글쓰기와 심사숙고한 엄숙한 글쓰기 사이의 갈등을 겪으면서 '세상은 지옥'이라는 메시지를 미학적으로 전달하는 방식으로서 자신의 문체를 다듬게 된다. 이어서 직업을 선택해야 할 나이에 이르자 자신의 부르주아적 존재를 인식하고, 자기의 미래에 기다리고 있는 부르주아의 삶에 처단되는 것을 피할 수 있는 유일한 길로서 시간의 흐름을 고의로 정지시킬 수 있는 신경증적 발작을 준비하기에 이른다.

제3부 '엘벤옹Elbenhon[16] 혹은 마지막 나선'(2권 1777-2150쪽) 또한 두 부분으로 나뉜다. 첫 부분은 1844년 1월 퐁레베크[17] 근처에서 발생한 플로베르의 발작을 집중적으로 조명하며, 그 사건을 삶의 내재화와 재외재화 운동의 결과인 귀스타브의 인격 형성 과정의 최종 단계로 본다. 이 발작은 귀스타브가 받은 스트레스에 대한 하나의 해결책인데, 스스로 병을 '선택'함으로써 남은 인생을 정념에 초탈한 방관자로서 살 수 있고, 떠나기로 결심한 이 현실에 대해 적당한 거리를 유지할 수 있

16
'엘벤옹Elbenhon'이라는 이름은 히브리어로 '엘로힘Elohim의 아들'을 의미하는 '엘 베농El behnon'을 잘못 쓴 것이다. '엘벤옹 혹은 마지막 나선'이라는 제목은 나선형으로 형상화된 세상이라는 구조물의 꼭대기에서 항상 불가능한 절대를 추구하는 예술가 세계를 상징하는 것으로 해석할 수 있다.

17
노르망디의 작은 마을로 도빌에서 약 6km 거리에 있다. 플로베르는 형 아실과 함께 가족의 여름 별장지로 마련된 도빌 근방의 땅을 둘러보고 루앙으로 돌아오는 길에 퐁레베크 근처에서 발작을 일으킨다.

게 되었기 때문이다. 이 발작에는 또한 부친 살해라는 정신분석학적 의미도 부여할 수 있다. 퐁레베크 발작 이전에는 상징적 부친과 경험적 부친의 상이 하나로 합쳐져 있었으나, 1841년부터 귀스타브를 법관으로 만들겠다는 야심을 갖고 그에게 부르주아로서의 인생을 강요한 경험적 부친상은 더 이상 차남으로서의 비참한 죽음에 대한 저주를 내린 상징적 부친상과 일치하지 않는다. 그리하여 1844년의 추락은 이 보잘것없는 부르주아의 인생을 강요하는 경험적 부친의 잘못을 엄격하고 사나운 상징적 부친에게 고발하는 행위라고 사르트르는 풀이한다.

두 번째 부분에서는 1844년 발작 이후의 상황을 정리하며 플로베르 미학의 형성 과정을 살펴본다. 인간적 목적을 공유하기를 거부하고 내면을 비운 사람에게 인간의 지각이란 단순한 표상에 불과한 것이 된다. 또한 귀스타브는 이전의 문학적 실패의 원인을 인간사의 욕망 충족에만 목적을 두었기 때문으로 판단했고, '지는 자가 이긴다'라는 종교적 구호를 자신이 추구하는 문학론에 적용한다. 악이 지배하는 현실 세계에서는 모든 것을 잃고 패하는 자가 결국 예술을 통한 영원한 승리를 구가할 수 있다는 논리 속에서 귀스타브는 작가가 된다. 그에게 글쓰기란 자기 자신과 더불어 세계 전체를 상상계 속으로 내던짐으로써 세계를 탈현실화하고 그 근간을 뿌리부터 허물어 버리려는 악마적인 시도이다. 곧 그는 자신을 바보 취급하던 실용주의적 부르주아 세계를 버리고 상상계를 선택한 것이며, 상상계 속에서 최고의 영광을 누림으로써 현실에서 겪은 모멸감을 보상받고자 했다. 이 지점이 바로 사르트르가 《집안의 천치》를 30여 년 전에 발표한 철학서 《상상계》의 속편으로 소개하는 논리이기도 하다.

3권: 제2제정기의 객관적 정신, 《마담 보바리》

1권과 2권이 플로베르의 신경증을 내면적으로 재구성했다면, 1년 뒤에 출간된 3권은 당대 《마담 보바리》의 독자들을 분석함으로써 플로베르의 신경증과 프랑스 제2제정기 사회 분위기의 외적 연관 관계를 살펴본다. 1857년 《마담 보바리》 출간 당시 이 소설을 자신들의 모습을 작품으로 승화시킨 사실주의 소설로 받아들인 프랑스 독자들을 대상으로 삼아, 과연 한 신경증 환자의 작품 속에서 자신의 모습을 알아본 제2제정기의 독자들은 어떤 모습이었는가 하는 질문에 대답을 시도한다. 《마담 보바리》가 인간의 본성을 적나라하게 묘사한 사실주의 작품으로 받아들여진 것은 독자들의 오해에서 비롯했는데, 이런 오해는 가학음란증적 복수로서의 예술을 추구하며 시대 및 역사와 절연하려 한 사람의 작품이 한 시대의 역사 전체의 수수께끼를 해독할 '개체적 보편자universel singulier'로서 제시되었음을 보여준다.

2권의 말미에서 보여주듯이 1844년 퐁레베크에서 일어난 플로베르의 추락은 의도적인 것으로, 간질이 아니라 히스테리에 의한 결과였다. 다시 말해 신경증에 몸이 적응되어 나타난 결과로서, 이 과정은 1848년의 프랑스 사회가 겪은 위기와 예언적으로 일치한다. 즉 제2제정기 동안 잠재적 상태로 남아 있던 부르주아 계급 의식의 위기를 플로베르가 예언적으로 '미리' 체험한 것이다. 이 추락은 플로베르가 자기 생애 속에서 겪은 1848년 2월 혁명과 6월 봉기, 1851년 12월의 쿠데타 및 직접 보통 선거와 같은 가치를 지닌다. 《마담 보바리》는 절대적 허무주의 작품이면서, 한 개별체로서의 신경증 환자가 만들어낸 '신경증 예술'(사르트르는 '예술을 위한 예술'을 이렇게 부른다)의 걸작이었다. 동시에 이 작품은 제2제정기의 '객관적 정신Esprit objectif'을 온전히 드러내며, 당시의 교양 있는 엘리트층에게는 그들이 알아볼 수 있는 인간의 유일한 진실, 근본적인 실패의 진실을 소개하는 것이다.

1848년에서 1851년 사이 시민 전쟁을 겪으면서, 부르주아 계급 상층부와 지식인 엘리트층에서는 진보 사상에 근거한 '낙관적' 휴머니즘에서 인간 혐오에 갉아 먹힌 '염세적' 휴머니즘으로의 전이가 일어나게 된다. 2월 혁명 당시 부르주아 계급은 노동자 계급을 무자비하게 탄압했기에 더 이상 보편적 가치를 지닌 계급임을 자처할 수 없게 되었고, 이에 자신의 이데올로기를 수정하고 군대와 나폴레옹 3세에게 모든 것을 맡긴 채 질서와 소유의 개념 위에 새로운 휴머니즘을 재건하려 한다. 그것은 본질적으로 자신과 타인에 대한 증오에 기반을 둔 휴머니즘이었다. 그리고 이 근원적 염세주의로서의 휴머니즘, 즉 제2제정기의 '객관적 신경증'은 예술을 위한 예술이라는 당시의 '예술-신경증'과 일치한다. 이 예술의 근본 법칙들은 인간 혐오와 탈참여, 의사소통의 단절과 예술의 자치, 현실의 비존재 등이 될 것이고, 그 신봉자들은 예술가의 실패, 인간의 실패, 그리고 예술 작품 자체의 실패를 제안하면서, 모든 이들에 대항하여 예술을 위해, 절대를 위해, 그리고 무無를 위해 글을 쓸 것이다. 이런 의미에서 플로베르의 인생은 제2제정기라는 시대 상황이 개인을 통해 '프로그램화programmation'된 것이라고 할 수 있다. 1857년 소설《마담 보바리》의 성공은 플로베르 개인의 신경증과 시대의 집단적 신경증이 결합한 결과였다. 그리하여《마담 보바리》는 한 신경증 환자의 작품일 뿐만 아니라 한 시대의 부산물이 된다.

형식의 문제: 총체성을 위한 왕복 운동

하나의 작품에서 내용과 형식을 분리한다는 것은 현실적으로 불가능하지만, 사르트르는《집안의 천치》가 자신이 그전까지 구축해 온 이미지에 비추어볼 때 퇴행한 것이 아니냐는 비판을 방어하면서 이 책의 내용과 형식을 구분해 읽을 것을 요구한다. 3000여 쪽에 달하는《집안의 천치》의 방대한 본문에 비해 많이 왜소해 보이는 2쪽 분량의 서문은 이렇게 시작한다.

> 《집안의 천치》는《방법의 문제》의 속편이다. 주제는 '한 인간에 대해서 오늘날 무엇을 알 수 있는가?'이다. 내가 볼 때 이 질문에 대한 답변은 구체적인 한 사례에 대한 연구에 의해서만 가능하다. 예를 들어 우리는 귀스타브 플로베르에 대해 무엇을 알고 있는가? 이런 작업은 우리가 그에 대해 얻을 수 있는 정보를 총체화하는 것을 말한다.(1권 7쪽)

이 서문의 첫 문장에서 우리는 사르트르가《집안의 천치》에서 추구한 두 방향의 주제를 알아볼 수 있다. 하나는 "한 인간에 대해서 오늘날 무엇을 알 수 있는가?"라는 인간학적 물음과 관련된 내용적 주제이고, 다른 하나는 이 물음을 다루는 다양한 방법론의 탐구로서, 구체적으로는 플로베르라는 한 사례에 대해 "얻을 수 있는 정보들을 총체화"하려는 형식적 차원의 주제이다. 인간의 한 구체적인 예시로 선택된 귀스타브 플로베르라는 대상에 대해 "그 어떤 것도 어둠 속에 남겨두지 않겠다"(1권 657쪽)라는 어쩌면 터무니없어 보이는 기도 속에서, 사르트르는 우리가 한 개인에 대해 확보할 수 있는 정보를 '총체화'하기 위해 자신의 실존주의 철학은 물론 정신분석학, 마르크스주의 사회학, 역사학, 문헌학, 구조주의 텍스트 분석학 등 당시 활용할 수 있었던 모든 방법론적 지식을 끌어들여 타자로서의 한 인간에 대한 분석을 시도한다.

사르트르는 이미 이런 인간학적 야심을《변증법적 이성비판*Critique de la raison dialectique*》(1960)의 제1편 '방법의 탐구'에서 철학적으로 체계화하고자 한 바 있다. "오직 하나의 질문, 즉 오늘날 구조적이고 역사적인 인간학을 구축할 방법이 있는가의 문제"[18]를 제기하면서 시작하는 《변증법적 이성비판》의 '머리말'은 《집안의 천치》 '서문'에 화답한다. "인간에 대한 하나의 진리"[19]에 도달하고자 하는 자신의 철학적 인간학을 클로드 레비스트로스Claude Lévi-Strauss의 '구조주의적' 인간학과 구분하면서, 사르트르는 인간을 단순한 관찰 대상이 아니라 주어진 상황에서 스스로 의미 작용을 산출해 내는 살아 있는 역사적 존재로 간주한다. 그리고 이를 실현하기 위해 '실존적 정신분석psychanalyse existentiel'이라는 자신의 특수한 현상학적 시각을 마르크스주의의 '역사적 유물론'의 틀 위에서 '프로이트적 정신분석학'과 결합하고자 한다.

사르트르는 당시의 마르크스주의를 초월적 법칙으로 변질된 '변증법적 유물론'이라고 칭하며 신랄하게 비판하고, 그에 맞서 인간을 사회적 전체 속에서 유지하기 위한 총체적 노력을 허용하는 '역사적 유물론'을 주장한다. 동시에 그토록 응고된 마르크스주의에 생기를 불어넣을 수 있도록 프로이트적 정신분석학의 방법론을 결합할 것을 제안한다. 사르트르는 한 인간을 총체성 속에서 구체적으로 이해하기 위해서는 그가 사회 속으로 처음 진입하는 순간인 어린 시절부터 '가족'이라는 매개를 통해 연구해야 한다고 보았고, 그런 점에서 우리가 마치 "첫 월급을 타는 나이가 되어서야 세상에 태어나는"[20] 듯 성인기에만 관심을 둔 당시의 마르크스주의 이론은 개인의 사회적 진입을 알아볼 능력이 없었다. 그러나 사르트르가 보기에 "인생이란 바로 모든 소스가 곁들여진 어린 시절"(1권 55쪽)이다. 성인과는 근본적으로 다른 조건인 어린 시절에 모든 것이 벌어진다. 어린아이가 부모로부터 강요된 역할을 어둠 속에서 더듬으며 수행하려 노력하는 과정을 연구할 수 있는 방법론은 당시에 정신분석학뿐이었다.

하지만 정신분석학은 치료법이고 발견법이지 원칙이 없었기에, 개

18
장폴 사르트르, 《변증법적 이성비판: 실천적 총체들의 이론 1》, 박정자·변광배·윤정임·장근상 옮김(나남, 2009): 19.

19
장폴 사르트르, 《변증법적 이성비판 1》, 20.

20
장폴 사르트르, 《변증법적 이성비판 1》, 88.

별적인 세부 지식은 많이 확보하고 있었지만 이론적 토대를 결여하고 있었다. 반대로 마르크스주의는 모든 인간 활동을 포함하는 이론적 기반은 지니고 있었지만, 스스로를 선험적 절대 지식으로 구성해 버리고 더 이상 구체적 지식을 획득하려 하지 않았다. 이 둘의 약점을 보완하며 연결할 수 있는 것이 바로 실존주의인데, 실존주의는 한 인간이 자기 계급에 삽입되는 지점을 정신분석학이 포착할 수 있다고 봄으로써 마르크스주의가 갖고 있지 못한 해석적 방법론을 품을 수 있다고 보기 때문이다. 한 인간은 '가족'을 통해 계급에 삽입되는데, 어린 시절 가족 집단에서의 경험을 통해 자신의 계급과 사회적 조건을 포착하기 때문이다. 사르트르가 플로베르론에 '집안의 천치'라는 제목을 붙인 데에서도 인격 형성에서 가족이 미치는 영향에 부여하는 비중을 가늠해 볼 수 있다. 사르트르는 《집안의 천치》에서 적용할 자신의 새로운 방법을 "전진-후진적 방법méthode progressive-régressive"이라고 명명한다.

'전진-후진적 방법'은 "인간은 자신을 조건 짓는 주어진 환경 속에서 스스로의 역사를 만들어간다"[21]라는 대전제하에 역사의 테두리 속에서 구체적이고 개별적인 인간을 잊지 않으려 배려하고, 실존의 사회적·역사적 조건에 대한 연구와 이러한 조건을 극복하려는 개인의 실존적 기획에 대한 연구를 통합하려는 시도이다. 이 방법의 독창성은 무엇보다 그 진행 과정의 운동 양식에서 찾을 수 있는데, 이 운동은 우선 과거와 현재, 개인과 사회, 인간과 역사 사이의 '지속적인 왕복 운동'이면서, 동시에 전체를 총체화해 나가는 '나선형 구조'를 취하면서 진행된다. 즉 이 방법론은 '후진적 분석'과 '전진적 종합'을 통해 한 주체의 과거에서 가장 사소한 차이까지도 추출해 내어 그 주체를 개체성을 간직한 특별한 한 사람으로 개인화하는 방식의 왕복 운동이고, 이 차이들을 총체화의 요청 속에서 계속 문제 삼는 방식으로 진행된다.

사르트르는 자신의 방법론이 후진적이기만 한 정신분석학적 방법과 전진적이기만 한 마르크스주의 방법과 달리 후진적인 동시에 전진적이기 때문에, 자체적으로 해답을 찾을 수 있게 해주고 우리에게 새로운 것을 가르쳐 주리라고 단언한다. "이 방법은 (예를 들자면) 시대적인 것을 깊이 파고들어 전기적인 것을, 그리고 전기적인 것을 깊이 파고들

21
장폴 사르트르, 《변증법적 이성비판 1》, 111.

어 시대적인 것을 점진적으로 결정해 나갈"[22] 것이고, 전기적 사실과 시대적 사실을 성급하게 통합하기보다는 서로가 서로를 자연스럽게 감싸게 될 때까지 둘을 분리하여 유지할 것이다. 이 방법 속에서는 왕복 운동이 도처에서 발견되는데, 어떤 경우에는 같은 범주나 시간대에 주어진 것들 사이에서 수평적으로 이루어지기도 하고, 또 어떤 경우에는 구체적인 것과 추상적인 것, 혹은 과거와 현재 등 서열 지어진 것들 사이에서 수직적으로 이루어지기도 한다. 《집안의 천치》에서 사르트르는 플로베르의 젊은 시절 글과 《마담 보바리》로부터 출발해 플로베르라는 개인의 특이성(성적 기질, 수동성, 어린 시절, 가족, 시원적 선택 등)의 형성뿐 아니라 이런 기질 형성에 기여한 역사의 역할(1830년대의 객관적 정신, 제2제정기 부르주아 계급의 환경, 작가와 당대 대중의 관계, 대중의 오해와 플로베르의 소외 등)에 대해 말하게 될 것이다.

《집안의 천치》에서 사르트르는 후진적 분석과 전진적 종합 사이의 왕복 과정을 여러 차례 수행한다. 첫 번째 과정을 예시적으로 따라가 보자. 사르트르가 플로베르에 대한 방대한 조사의 출발점으로 선택한 지점은, "보통은 거의 언급되지 않는" 문제로서 플로베르가 "언제나 숨기고 있는 깊은 상처"(1권 8쪽)에 대해 말하는 한 편지에서 발견한 단서이다. 사르트르는 이 단서에서부터 플로베르의 어린 시절까지 거슬러 내려간다. 사르트르는 귀스타브의 아주 어린 시절에 관한 "매우 드물고 조작된"(1권 18쪽) 증언들, 그리고 그가 어린 시절에 관해 "의식적으로" "쉴 새 없이"(1권 27쪽) 이야기하는 초기 작품들을 검토하여, 어린 플로베르가 언어의 세계에 진입할 때 겪은 어려움에 대해 암시적이긴 하지만 많은 정보를 확보한다. 이 첫 번째 후진적 분석은 귀스타브가 말하고 읽는 데에 어려움을 느끼게 된 이유와 어린아이의 감수성에 관한 "순수 현상학적 기술"(1권 47쪽)에까지 이르게 된다. "여기저기에서 단서들을 주워 모으면서"(1권 54쪽) 어린 플로베르가 겪은 장애를 그의 가족 환경에 위치시킬 수 있는 지점까지 내려간 후에, 사르트르는 "이런 개인적 모험의 제일 밑바닥에서 6살까지 각 단계를 밟아가며 이 감수성의 생성 과정"(1권 50쪽)을 다시 따라 올라가기 위해 운동의 방향을 뒤집을 것을 제안한다.

22
장폴 사르트르, 《변증법적 이성비판 1》, 157.

이어지는 전진적 종합 과정에서 사르트르는 엄격한 방법론을 적용해 어린 플로베르가 겪었을 첫 여섯 해에 대해 "추측"하고, "연속되는 운동에 의해, 6살 때 닥친 난관들을 새로운 사실들과 이어주는 이해 가능한 가설"(1권 55쪽)을 세운다. 부친의 가족 이력에서 시작해 귀스타브가 6살이 되던 해에 언어를 마주하고 불편을 겪은 기간까지를 재구성하는데, 이 과정에서 모친 카롤린의 불행한 어린 시절과 부부 생활, 귀스타브 출생 후 수유기 때 모친의 차가운 과잉 보호, 그로 인한 귀스타브의 수동성과 어리숙함, 그리고 불안감의 형성에 대해 차례로 다룬다. 특히 사르트르는 유아기의 첫 두 해를 강조하면서, 이를 모정의 부재로 인해 고통이 형성된 결정적인 시기로 본다. 이 문제의 단계에서 사르트르는 다시 후진적 분석으로 돌아가 귀스타브가 사회 생활을 하면서 겪게 되는 변모를 설명할 다른 요인들을 모으게 된다.

《집안의 천치》에서 이러한 후진적 분석과 전진적 종합은 여러 차례 진행된다. 이 왕복 운동은 초반에는 분명하게 구분되었지만, 조사 작업이 진행됨에 따라 전진적 종합의 비중이 점점 커진다. 게다가 모든 가용한 요소들이 또 다른 제3의 운동, 즉 전진할수록 점점 빠르게 회전하면서 확대되는 나선형의 총체화 운동 속에서 서로 섞여 녹아들기 때문에 후진적 분석과 전진적 종합의 경계는 점점 의미가 없어진다.

이러한 변증법적 운동 속에서 사르트르는 당시 활용 가능한 모든 방법론을 동원하여 플로베르라는 한 인간을 완전히 투명해질 때까지 파고들고자 했다. 이러한 현기증 나는 기획에 대해 사람들이 신이 되고 싶은 것이냐고 따져 묻자, 사르트르는 신이 되지 않고서도 다른 사람과 똑같은 한 인간으로서 "필요한 요소들만 확보하고 있다면 한 인간을 완전하게 이해하는 데 이를 수 있음을 보여주려는 것"[23]이라 대답한다. 비록 그의 방법론이 성공적이었다고 보장할 수는 없겠지만, 타자를 이해하려는 사르트르의 열정이 낙천주의와 야심찬 방법론을 통해 《집안의 천치》에서 모범적으로 구현되었다는 것은 인정하지 않을 수 없다.

사르트르의 자화상, 플로베르

사르트르에게서 타자를 이해하려는 열정은 자기 자신이 누구인지 알고

23 Jean-Paul Sartre, "Sartre parle de Flaubert," *Magazine littéraire* 118 (1976.11): 106.

싶은 성찰로부터 시작된다. 《집안의 천치》가 '1821년에서 1857년까지의 플로베르'라는 부제를 달고 나왔지만, 사르트르 연구자들의 열광과 달리 정작 플로베르 연구자들의 반응은 냉담했다. 작품 자체의 가치와 아름다움은 인정한다 하더라도 플로베르에 대한 연구는 전혀 진지하지 못하다는 것이었다. 엄밀한 학술적 연구를 기대한 플로베르 전문가들의 눈에 비친 사르트르의 작업은 형식적으로나 내용적으로 많은 결함을 지니고 있었다. 하지만 플로베르 연구자들과 사르트르 연구자들이 《집안의 천치》에 대해 의견 일치를 보이는 점이 하나 있다면, 바로 이 플로베르에 관한 전기를 사르트르의 자서전적 기도의 연장선에서 해석하는 것이었다. 《집안의 천치》가 플로베르라는 실제 작가의 생애를 다루었다고는 하지만, 정보의 부정확성이나 취급 방식의 임의성, 허구성 등이 이 작품을 플로베르에 대한 진지한 전기 비평보다는 오히려 그를 바라보는 사르트르 자신에 관한 자서전적 소설로 보이게 한다는 것이다.

《집안의 천치》의 집필 배경을 살펴보면, 이 작품이 만년의 사르트르가 자신의 진실된 모습을 되돌아보려 기획한 자서전적 집필 계획의 큰 틀 속에서 나온 결과물임을 알 수 있다. 그는 환갑을 앞둔 1963년에 어린 시절의 이야기를 통해 성인기의 모습을 다룬 자서전 《말》을 발표하여 이듬해 노벨 문학상 수상자로 지명되었다. 《말》을 읽어 보면 알 수 있듯 후기 사르트르의 가장 큰 고심 거리는 자신이 왜 지금의 사르트르가 될 수밖에 없었는지에 대한 성찰이었고, 이러한 자기 성찰의 욕구는 그와 연관된 또 다른 집필 기획을 낳았다. 자기 자신에 대해 제대로 알고 싶다는 욕구는 그것을 위한 적절한 '방법론'을 찾을 필요성을 낳았고, 또 그 방법론이 객관성을 보장받으려면 이를 자신이 아닌 타자의 삶에 적용하여 그 타당성을 검증받을 필요가 있었다. 바로 그 방법론을 찾는 작업의 결과물이 《방법의 문제》(1957)와 《변증법적 이성비판》(1960)이었고, 이를 플로베르라는 타자의 구체적인 경우에 적용한 결과물이 《집안의 천치》이다. 이 작품들의 구상 시기를 살펴보면 사르트르의 이런 자서전적 기획 의도가 보다 선명하게 드러난다.

이 모든 것이 시작되는 시기는 1952년경으로 거슬러 갈 수 있다. 이 시기에 프랑스의 정치적 사정은 사르트르가 공산당과 가까워지도록 했고, 이는 곧 사르트르에게 부르주아 계급에 대한 증오감을 불러일으켜 자신의 출신 계급과 성장 배경에 대한 반성의 계기를 마련해 준다.

전후 젊은 세대 사이에 몰아친 실존주의 열풍에 힘입어 문학·철학 분야는 물론 정치·사상계에서 최고의 지위를 누렸지만, 이러한 외적 화려함에 비례해 내면적 고심은 점점 깊어갔다. 특히 당시의 전반적인 상황으로 인해 '문학'이라는 행위의 가치와 글쓰기를 선택한 자신의 결정에 회의를 품게 되었기에, 그는 우선 자기 자신의 모습을 제대로 알고 싶었다. 그런데 자기 자신을 더 잘 알기 위해서는 다른 사람에 대해 이야기함으로써 시야를 확대할 필요가 있었고, 또 자신과 타인에 대해 이야기하려면 한 인생을 서술하는 데 필수적인 이론적 도구가 필요했던 것이다. 그래서 사르트르는 세 종류의 집필 계획을 동시에 품게 되는데, 한 권의 자서전과 플로베르에 대한 한 권의 전기 비평, 그리고 후에 《변증법적 이성비판》으로 불리게 될 한 권의 철학서가 그것이었다. 이 세 가지 계획은 함께 익어갔고, 차례로 하나씩 실현된다. 처음에는, 적어도 1960년까지는 출간 순서가 구상 순서를 역으로 따르기로 되어 있었다. 즉 이론적 도구가 될 《방법의 문제》와 《변증법적 이성비판》을 출간한 후에 플로베르 전기를 끝내고, 그 뒤에 자신의 자서전으로 넘어갈 계획이었다. 그러나 금전적 압박으로 인해 자서전 《말》을 1963년에 먼저 발간하고, 이어서 전기 《집안의 천치》를 1971년과 1972년에 내놓는다. 하지만 1973년 실명 이후의 여러 자전적 대담을 《말》의 속편으로 본다면, 애초에 계획했던 '방법론-전기 비평-자서전'의 집필 순서는 지켜진 것으로 볼 수도 있다.

결국 《집안의 천치》는 작가 사르트르가 추구한 문학 행위의 본질인 자서전적 탐구의 종착역이라 할 수 있다. 사르트르가 《집안의 천치》에서 '귀스타브'를 이야기하는 것은 사실이지만, 그것은 귀스타브를 통해 자신의 내밀한 자아를 그 어디에서보다 더 잘 드러내 보이기 위함이었다. 그렇다면, 만일 사르트르의 본격적인 자서전 《말》이 "자기 내부에 지닐 수 있는 모든 주입된 것에 스스로 이의를 제기하기"[24] 위해 '의식적'으로 쓴 책이라면, 《집안의 천치》는 자신이 '천성적'으로 타고난 모든 것을 털어내기 위해 쓴 책이 아니었을까? 즉 사르트르가 자서전에서 스스로를 신랄하게 비판하며 행한 의식적인 청산 작업에도 불구하고 여전히 (자신도 모르는 상태로) 남아 있는 모든 잔재를 완전히 씻어

24 J. Piater, "Jean-Paul Sartre s'explique sur *Les Mots*".

내려고 애썼다는 의미에서, 그리고 자서전에서는 밝힐 수 없었던 자기 인생의 후미진 구석까지를 밝혀보려고 애썼다는 의미에서《집안의 천치》는《말》의 후속편이 아니었을까? 그래서 우리가 얼굴이 드러나지 않는 가면 무도회에서는 평소보다 훨씬 더 자유분방하고 솔직하게 행동할 수 있는 것처럼, 사르트르는 플로베르라는 타인의 가면 뒤에서 스스로를 더 적나라하게 보여줄 수 있었던 것이 아닐까? 자신이 쓴 '플로베르'를 한 권의 소설로 읽어달라고 요청하면서, 사르트르는 자서전보다 이 전기 비평에서 그 자신에 대한 더 많은 진실과 내밀한 모습을 알아차릴 수 있게 한 것이 아닐까?

사르트르는《집안의 천치》에서 자신이 그리고자 한 것이 "있었던 그대로의 플로베르"가 아니라 그가 "상상한 대로의 플로베르"[25]였다고 말한다. 한 걸음 더 나아가 독자들에게 자신의 '플로베르'를 한 권의 "진짜 소설"[26]로 읽어달라고 주문하기까지 한다.《집안의 천치》는 전기이자 소설이고 자서전이다. 소설과 전기와 자서전의 경계를 허무는 이 책에서는, 한 자아가 타인의 이야기의 그물 속에서 가려졌다가 나타나기를 반복하는 과정에서 '진실'이라는 특수한 효과가 솟아난다. '사르트르화된' 플로베르는 분명 '진짜' 플로베르도 아니고 '정확한' 플로베르도 아니지만, 이 플로베르를 통해서 모든 객관적인 해석의 틀이 무너지고 사르트르와 플로베르가 결합한 하나의 진리가 나타난다.

진정한 예술가에게는 자아와 타자의 대립이 존재하지 않는다고 확언하면서, 르네 지라르René Girard는 '보바리 부인은 바로 나다!'라는 플로베르의 유명한 외침을 이렇게 설명했다. "보바리 부인은 우선 플로베르가 청산하겠다고 맹세한 이 경멸스러운 타자의 모습으로 착상되었다. 보바리 부인은, 쥘리앵 소렐이 스탕달의 적이고 라스콜리니코프가 도스토옙스키의 적이듯 무엇보다 플로베르의 적이다. 그러나 소설의 주인공은 한 번도 타자임을 그치지 않은 채 차츰 창작 중인 소설가와 결합해 간다. 플로베르가 '보바리 부인은 바로 나다!'라고 외칠 때, 그는 보바리 부인이 이제부터 낭만주의 소설가들이 둘러싸이길 즐기던 기분

25
Jean-Paul Sartre, *Situations X*, 94.

26
Jean-Paul Sartre, *Situations IX*, 123.

좋은 분신들 중 하나라고 말하는 것이 아니다. 플로베르는 자아와 타자라는 것이 소설적인 기적 속에서는 하나일 뿐임을 말하는 것이다."[27] 우리는 이제 《집안의 천치》에 대해서도 똑같은 말을 할 수 있을 것이다. 사르트르도 역시 플로베르를 적으로 간주했다. 사르트르에게 플로베르란 우선 경멸스러운 타자를 의미했고, 그 역시 이 타자와 "청산할 것이 있다는 느낌"(1권 8쪽)을 지니고 있었다. 그러나 플로베르에 대한 연구가 진척됨에 따라 이 타자는 점점 저자의 자아와 동화되어 갔고, 결국 이 개체적 자아는 나와 타자의 경계를 허물면서 점점 보편적 자아로까지 변모한다. 그리하여 마침내 《집안의 천치》를 한 편의 '진짜 소설'로 읽는 우리 독자들은, '보바리가 바로 나야!'라고 외치는 플로베르처럼 '귀스타브 플로베르는 바로 나야!'라고 외치는 사르트르를 상상한다. 그리고 독자를 향해 돌아서면서 '또한 당신이기도 하고!'라고 나직이 속삭이는 사르트르의 모습을 본다.

"나에게는 사람들을 이해하고자 하는 열정이 있다"[28]라고 사르트르는 말한다. 그는 인간학적 야심 속에서 "인간에 대한 하나의 진리"[29]에 도달하고자 한다. 보들레르에서 플로베르에 이르는 사르트르의 전기비평들은 하나같이 대상이 되는 인물과 사르트르가 하나로 융합되는 동일화 과정을 보여준다. 사르트르는 이들을 이해하기 위해 대상 속에 스스로를 투사했고, 적어도 이들을 이해하려 노력하는 만큼 이들을 통해 자기 자신을 읽어냈다. 이것이 바로 "타자로부터 자기 자신을 생각"[30]하는, 전형적인 사르트르적 기획이었다. 《집안의 천치》는 분명 사르트르의 이런 열정적인 기획의 꼭대기에 위치한다. 자신이 다루는 인물들을 그들이 체험한 구체적인 현실 속에 살아 있는 주체들로 취급하고, 그들을 그들의 시간과 공간 속에서, 하지만 자신의 자아라는 프리즘을 통해 이해하면서, 사르트르는 귀스타브 플로베르라는 '개체적 보편자' 속

27
René Girard, *Mensonge romantique et vérité romanesque* (Grasset, 1961), 335-336.

28
Jean-Paul Sartre, *Saint Genet, comédien et martyr* (Gallimard, 1952), 158.

29
장폴 사르트르, 《변증법적 이성비판 1》, 20.

30
Jean-Paul Sartre, *Cahiers pour une morale* (Gallimard, 1983), 485.

으로 끈기 있게 스며들고자 했으며 동시에 자기 자신을 이해하고자 했다. 이를 위해 사르트르는《집안의 천치》속에서 자아와 타자 사이의 경계를 현기증 나도록 끊임없이 넘나들었고, 동시에 플로베르의 주관성 속으로 미끄러져 들어오도록 독자를 초대한다. 사르트르가 플로베르의 세계 속에 자신의 세계를 투사하여 하나의 진리를 읽어냈다면, 우리는 플로베르를 읽는 사르트르의 세계 속에 우리 자신의 세계를 투사하여 또 하나의 진리를 읽어낼 수도 있지 않을까? +

참고 문헌

지영래. 《집안의 천치: 사르트르의 플로베르론》. 고려대학교출판부, 2009.

Burgelin, Claude. "Lire *l'Idiot de la famille*?". *Littérature* 6 (1972.5).

Contat, Michel, Michel Rybalka. "J'ai voulu montrer un homme et montrer une méthode dans *l'Idiot de la famille*." *Le Monde* (1971. 5. 14).

Fauconnier, Bernard. "Sartre et la critique littéraire." *Magazine littéraire* 320 (1994. 4).

Girard, René. *Mensonge romantique et vérité romanesque*. Grasset, 1961.

레비, 베르나르 앙리. 《사르트르 평전》. 변광배 옮김. 을유문화사, 2009.

Piater, J. "Jean-Paul Sartre s'explique sur *Les Mots*." *Le Monde* (1964. 4. 18).

Proust, Marcel *Contre Sainte-Beuve*. Gallimard, 1987.

사르트르, 장폴. 《사르트르의 상상계》. 윤정임 옮김. 기파랑에크리, 2010.

_____. 《변증법적 이성비판: 실천적 총체들의 이론 1》. 박정자·변광배·윤정임·장근상 옮김. 나남, 2009.

_____. 《말》. 정명환 옮김. 민음사, 2008.

_____. *Cahiers pour une morale*. Gallimard, 1983.

_____. "Sartre parle de Flaubert." *Magazine littéraire* 118 (1976.11).

_____. *Situations X*. Gallimard, 1976.

_____. *Situations IX*. Gallimard, 1972.

_____. *Saint Genet, comédien et martyr*. Gallimard, 1952.

_____. *Situations II*. Gallimard, 1948.

Sicard, Michel. *La critique littéraire de Jean-Paul Sartre: Une écriture romanesque*. Minard, 1976.

지영래

고려대학교 불어불문학과와 동 대학원을 졸업하고 프랑스 스트라스부르 대학교에서 문학 박사 학위를 받았다. 현재 고려대학교 불어불문학과 교수로 재직하고 있다. 《집안의 천치: 사르트르의 플로베르론》, 《실존과 참여》(공저), 《사르트르의 미학》(공저) 등을 쓰고, 《사르트르의 상상력》, 《닫힌 방·악마와 선한 신》을 번역했다.

편영수

삶의 조각들로 카프카의 삶을 여행하다

라이너 슈타흐Reiner Stach,
《카프카: 초기 시절*Kafka: Die frühen Jahre*》(S.Fischer Verlag, 2014)
《카프카: 결정의 시절*Kafka: Die Jahre der Entscheidungen*》(S.Fischer Verlag, 2002)
《카프카: 통찰의 시절*Kafka: Die Jahre der Erkenntnis*》(S.Fischer Verlag, 2008)

18320
Die Jahre der Erkenntnis
833.912
K119s
2011
16187
Reiner S
Kafka
Die Jahre der Entsc
Die Jahre der Entscheidungen
833.912
K119s
2014
03140
Reine
Stach
Die frühen Jahre
833.912
K119s
2016a

전기 작가 라이너 슈타흐의 보고에 의하면, 노동자산재보험공사 관리이며 작가인 유대인 프란츠 카프카Franz Kafka의 삶은 40년 11개월 동안 지속되었다. 그 가운데 대학을 포함한 학창 시절은 16년 6개월 15일, 직장 생활은 14년 8개월 15일이었다. 카프카는 39세에 보험공사에서 퇴직했고, 오스트리아 빈 근교의 요양원에서 후두암으로 사망했다. 주로 주말 여행을 하면서 독일에 머문 기간을 제외하고는 약 45일을 외국에서 지냈다. 그는 베를린, 뮌헨, 취리히, 파리, 밀라노, 베니스, 베로나, 빈, 부다페스트를 여행했고, 바다를 총 세 번, 북해, 동해 그리고 이탈리아의 아드리아해를 구경했다. 그는 1차 세계 대전의 증인이었다. 그는 결혼하지 않았고 세 번 약혼했다. 두 번은 베를린의 직장인 펠리체 바우어Felice Bauer, 한 번은 프라하 출신에 양장점 점원으로 일하던 율리에 보리체크Julie Wohryzek와의 약혼이었다. 이 두 여성 외에는 4명의 여성과 애정 관계를 가졌던 것으로 추정되며, 프라하와 파리에서 친구 막스 브로트Max Brod와 함께 창녀들과 성적 접촉을 했다. 베를린에서는 폴란드 출신의 유대인 여성 도라 디아만트Dora Diamant와 6개월간 한집에서 살았다.(《카프카: 결정의 시절》, 9-10쪽)

작가로서 카프카는 약 40편의 완성된 산문 텍스트를 후대에 남겼다. 그리고 일기와 세 편의 미완성 장편 소설, 문학 단편 등 비평판Kritische Ausgabe의 쪽수로 총 3400쪽 분량의 글을 써냈고, 약 1500통의 편지를 생산했다. 이 1500통의 편지는 거의 한 쪽도 삭제되지 않고 모두 출판되었다. 그러나 카프카는 정확한 분량은 알 수 없지만 상당한 양의 원고를 직접 폐기했다.[1] 그는 생전에 출판했던 작품들은 사후에도 계속 남겨두려 했지만, 끝까지 마무리하지 못한 작품들은 모두 없애고 싶어 했다. 이 미완의 작품들은 카프카가 브로트에게 남긴 유언에 따르면 모두 없어질 운명이었다. 그러나 브로트는 이를 따르지 않았고, 자신이 찾은 카프카의 문학적 유산을 출판했다.

카프카는 현대 사회의 익명의 폭력을 예언하고 구상한 최초의 사람들 중 하나였다. 그의 작품이 지속적으로 독자의 폭발적인 반향을 불

1

Franz Kafka, *Tagebücher*, Hg. Hans-Gerd Koch, Michael Müller und Malcolm Pasley (S. Fischer Verlag, 1990), 133.

러일으키는 주된 이유다.(《카프카: 결정의 시절》, 618쪽) '벌레'로 변신한 단편 소설 〈변신〉의 주인공 그레고르 잠자와 이유도 모른 채 체포된 장편 소설 《소송》의 주인공 요제프 K는 카프카가 고안한 가장 유명한 인물이다. 〈변신〉의 첫 문장 "그레고르 잠자는 어느 날 아침 불안한 꿈에서 깨어났을 때, 자신이 흉측한 벌레로 변해 침대에 누워 있는 것을 발견했다"[2] 와, 《소송》의 첫 문장 "누군가 요제프를 중상모략한 것이 틀림없다. 그가 무슨 특별한 나쁜 짓을 하지도 않은 것 같은데, 어느 날 아침 느닷없이 체포되었기 때문이다"[3]는 세계 문학에서 가장 유명한 첫 문장으로, 이 안에는 이미 카프카를 가장 유명한 현대 작가 중 하나로 만들 거의 모든 것이 포함되어 있다. 즉 카프카는 모든 것을 지배하는 전체주의 및 익명의 감시 체제의 속박 아래 자신의 삶을 통제하지 못하는 현대인의 불안을 정밀하게 묘사한 작가이다.

카프카의 전기를 둘러싼 논쟁들

카프카의 전기와 관련된 논쟁은 우선 막스 브로트가 1937년 최초의 카프카 전기를 발표하고 1968년 사망하기까지의 시기, 이어 하르트무트 빈더Hartmut Binder의 전기가 발표된 직후인 1980년대, 마지막으로 페터 안드레 알트Peter-André Alt와 라이너 슈타흐 등이 전기를 출간한 2000년 이후라는 세 단계로 진행되었다.[4]

카프카의 생애를 기록한 최초의 전기인 《프란츠 카프카 전기*Franz Kafka: Eine Biographie*》(1937)[5]에서 브로트는 카프카의 문학이 절망적이고 출구가 없는 기만적 상황에 대한 표현들로 가득하며 희망의 빛이 거의

2

Franz Kafka, *Drucke zu Lebzeiten*, Hg. Hans-Gerd Koch, Wolf Kittler und Gerhard Neumann (S.Fischer Verlag, 1994), 115.

3

Franz Kafka, *Der Prozeß*, Hg. Malcolm Pasley (S.Fischer Verlag, 1990), 7.

4

Christian Klein, "Kafkas Biographie und Biographien Kafkas," *Kafka-Handbuch: Leben-Werk-Wirkung*, Hg. Bettina von Jagow und Oliver Jahraus (Vandenhoeck & Ruprecht Verlag, 2008): 17-36.

5

Max Brod, *Franz Kafka: Eine Biographie* (Heinrich Mercy Sohn, 1937).

존재하지 않는다는 주장에 이의를 제기한다. 브로트의 관심사는 카프카의 작품과 특히 일기에서 독자들이 만난 자학과 절망의 이미지를 수정하는 것이었다. 그래서 브로트는 카프카의 자유분방함, 독창성, 철저함, 삶의 강렬함, 원만한 성격, 절제와 남을 돕기 좋아하는 성격, 고상한 품격, 깊은 신앙심과 유대 민족의 일원으로서의 신념을 강조한다. 브로트는 자신의 선명한 기억, 카프카를 자주 언급한 자신의 일기, 카프카가 살아 있을 때 신문 문예란에 실린, 그와의 생활을 다룬 자서전적 글, 친구들과 카프카 사이에 오고 간 편지, 당시 살아 있던 주변인들(부모, 여동생, 직장 동료, 연인)에게 의지해 거의 모든 측면에서 카프카의 개성과 삶의 정황을 적절하게 묘사했다.

브로트는 카프카의 음울한 특성을 거의 강조하지 않는다. 하지만 그렇다고 해서 다른 사람들과 교제할 때만 행복을 느끼고 혼자 있을 때면 절망과 끊임없는 자기 성찰에 빠져 삶의 어려움에 대한 해결책을 찾지 못했던 카프카에게, 브로트가 주장한 '길을 제시하는 사상가'로서의 의미를 부여할 수는 없다고 말하는 것은 아니다. 브로트는 전기에서 카프카를 일종의 성인이자 유대교를 부흥시킨 인물로 과대평가한다. 브로트의 종교적 해석에 따르면, 카프카의 작품은 신의 은총을 체험하기 위한 종교적 투쟁의 표현이다. 하지만 이런 해석은 정신분석학적 해석과 함께 카프카의 작품을 망치는 길이다. 특히 브로트가 사용한 '신성' 개념은 "통속적이며 진부한 문구"일 뿐이다.[6]

1950년대 피셔 출판사의 편집자로 브로트와 함께 카프카 전집을 준비했던 클라우스 바겐바흐Klaus Wagenbach는 카프카의 청년 시절에 대한 모든 학문적 요구를 충족할 전기를 계획했고, 그 결과물을 1958년 《프란츠 카프카: 청년 시절의 전기 1883-1912*Franz Kafka: Biographie seiner Jugend 1883-1912*》[7]라는 제목으로 출판했다. 바겐바흐의 전기가 지닌 장점은 연구 대상으로 삼은 시기(1883-1912)에 관해 입수할 수 있는 모든 삶의 자료(출생증명서, 시험 기록, 채용 지원서, 직무 평가, 의사 소견

6

발터 벤야민, 《카프카와 현대》, 최성만 옮김(길, 2020), 137-143. 발터 벤야민Walter Benjamin은 브로트의 글에 나타나는 실용적 엄격함의 부족, 카프카 문체의 특성을 서술할 때 보이는 얼치기 예술 취미, 논문 전체의 천박한 말투에 불만을 표시한다.

7

Klaus Wagenbach, *Franz Kafka: Biographie seiner Jugend 1883-1912* (Francke, 1958).

서)와 그 외의 많은 문헌을 동원하고, 또 당시 살아 있던 주변인들의 개인적 보고를 근거로 가족 상황과 옛 프라하의 광경을 정확하게 파악했다는 점이다. 하지만 바겐바흐는 사실 관계에서 오류를 범했고, 실증적 자료들을 자의적으로, 또 편파적으로 이용했다. 특히 아버지와의 관계, 오스트리아의 교육 제도, 프라하의 독일어, 법학 공부, 잡지《예술 파수꾼*Der Kunstwart*》[8]의 영향, 무정부주의와의 관계, 유대 사회에 대한 입장 등에 대한 바겐바흐의 진술은 수정이 필요하다. 또한 바겐바흐는 보험공사 관리로 일하고 잠깐 동안 석면 회사 경영자로도 일했던 카프카의 직업적 활동이나 유대 사회에 대한 카프카의 입장을 소홀히 여겼다.[9]

하르트무트 빈더Hartmut Binder의 전기《프란츠 카프카: 삶과 개성*Franz Kafka: Leben und Persönlichkeit*》(1979)[10]은 카프카 동시대인들의 기억을 포함한 광범위한 자료를 토대로 삼고, 이에 더해 당대 프라하에서 생성된 기록 문서의 도움을 받아 풍부한 자료를 제공하면서 명료하고도 객관적으로 카프카의 삶을 묘사하려 한다. 전기가 사실과 연대기를 단순한 부속물로 보고 제외한다면 사변적 성향을 지닌 인물인 카프카에게는 위험할 뿐 아니라, 그의 삶이 보편적 시대 상황 속에 뿌리내린 것임을 은폐하게 되며, 중요하지 않은 사건과 중요한 사건을 구분하지 못하여 카프카의 개성을 올바르게 평가할 수 없다. 빈더가 실증주의에 입각해 독자에게 다양한 자료를 제공하는 이유는 이 때문이다.[11]

2005년 출간된 페터안드레 알트Peter-André Alt의《프란츠 카프카: 영원한 아들*Franz Kafka: Der ewige Sohn*》[12]은 카프카의 삶과 문학 작품을

8
《예술 파수꾼》은 1887년부터 1894년까지 드레스덴의 '예술 파수꾼' 출판사에서, 이후 1894년부터 1937년까지는 뮌헨의 콜웨이Callwey 출판사에서 출판되었다.《예술 파수꾼》은 1914년 1차 세계 대전 발발 전까지 청소년, 특히 대학생과 초등학교 교사의 문화 교육에 중요한 기여를 했고, 생활 개선 운동을 구성했다. 이 잡지는 개인과 국가의 삶에서 예술의 위치, 현대 사회와 예술의 관계, 국가와 예술의 관계와 같은 현대 예술의 문제를 다루었고, 부르주아적이며 보수적인 입장을 견지했다.

9
Hartmut Binder, *Franz Kafka: Leben und Persönlichkeit* (Kröner Verlag, 1979), 12-13.

10
Hartmut Binder, *Franz Kafka: Leben und Persönlichkeit* (Kröner Verlag, 1979).

11
Hartmut Binder, *Franz Kafka*, 14.

1880년에서 1920년 사이의 거대한 문화적 흐름의 문맥 속에 놓는다. 알트의 카프카 전기는 제목에 명료하게 표현된 중심 테제에 초점을 맞추어 '영원한 아들' 카프카의 삶을 상세히 서술한다. 알트에 따르면 카프카는 평생 의존적이고 우유부단한 아들의 역할에 머물렀기에 가정을 꾸리기를 꺼렸고 여성을 여동생의 역할을 하는 정도의 존재로 보았다. 알트는 또한 카프카의 삶이 전체적으로 '문학의 범위'에서 전개된다고 본다. 알트는 이 점에서 문학 텍스트에 대한 지식은 카프카의 삶을 연구하는 필수적인 전제 조건이며, 동시에 전기적 맥락 및 역사적, 사회적, 정치적 배경에 대한 지식이 있어야 비로소 카프카의 작품을 이해할 수 있다고 주장한다.[13]

1955년에 카프카를 처음 수용한 한국에도 카프카 전기가 존재한다. 2012년 출간된 이주동의 《카프카 평전: 실존과 구원의 글쓰기》[14]는 카프카의 삶의 체험과 창작 과정을 연대기순으로 탐색하면서 중요 작품에 해설을 덧붙인 전기이다. 이 책은 기존의 연구서들이 카프카의 작품을 이해하는 데 혼란만 가중시켰다고 지적하면서, 카프카의 삶과 문학 세계를 가능한 한 새로운 시각으로 관찰하고 조망하려는 의도를 밝힌다. 이 새로운 시각이란 카프카의 문학 세계를 비유의 세계로 파악하겠다는 것이다. 이주동은 카프카가 이해하기 어려운 "꿈같은 내면의 삶"[15]의 세계를 비유적 형상 언어를 사용해 드러내려 했다고 주장하면서, 비유적 서술 때문에 작품이 난해할 수밖에 없다고 설명한다. 이주동에 따르면 카프카는 일상적인 것, 평범한 것, 진부한 것에 만족하지 않고 그것에서 벗어나고자 끊임없이 투쟁함으로써 작가로서의 정체성과 예외적인 위치를 잃지 않으려 했다. 이어서 그는 카프카를 한순간도 그 어느 곳, 그 어느 것에 안주하지 않고 만족하지 않는, 끊임없이 투쟁하는 아웃사이더로 규정하고, 카프카의 작품을 "지상의 마지막 한계

12

Peter-André Alt, *Franz Kafka: Der ewige Sohn* (C.H.Beck Verlag, 2005).

13

Monika Schmitz-Emans, *Franz Kafka: Epoche-Werk-Wirkung* (C.H.Beck Verlag, 2010), 208.

14

이주동, 《카프카 평전: 실존과 구원의 글쓰기》(소나무, 2012).

15

Franz Kafka, *Tagebücher*, 546.

를 향해 돌진"[16]하는 영웅적인 투쟁의 기록으로 읽는다. 그렇다면 이주동은 미로와도 같은 카프카의 문학을 어떻게 해석하려는 것인가? 그의 입장은 카프카의 장편 소설《성》에 대한 진술에서 찾을 수 있다. 여기에서 이주동은 K가 추구하고 도전하는 '성'이 무엇인지 카프카가 소설의 마지막 순간까지 분명히 밝히지 않는다는 점에 놀라워한다. 이주동은 '의미 생산의 무한한 지연'을 카프카 문학이 지닌 최고의 창조적 심미성으로 꼽는다. 그는 카프카가 전략적으로 우리가 도달하고자 하는 궁극의 목표인 '성'을 '파악할 수 없는 빈자리'로 남겨 두었다고 주장한다. 그에 의하면 카프카는 이 빈자리를 채우는 일을 독자의 몫으로 돌리고 있다. 독자가 자신의 삶에서 어떤 목표를 추구하고 어떤 길을 택하느냐에 따라 '성'의 의미가 달라진다는 것이다.[17]

라이너 슈타흐의 카프카 전기: 벌집을 만들고 연결하다

라이너 슈타흐는 소시민 출신이다. 그의 부모는 1954년 구 동독에서 도망쳤고, 그는 포르츠하임에서 초등학교와 김나지움을 다녔다. 17살에 가족과의 갈등으로 부모의 집에서 나와 1971년부터 1979년까지 프랑크푸르트 대학교에서 철학과 수학, 문예학을 공부했고, 1978년에는 수학과 문예학 국가 시험을 치렀다. 그러나 카프카의 일기와 편지를 읽고 난 뒤 계획했던 수학 전공을 중단했다. 문예학으로 전공을 바꾼 슈타흐는 1985년 카프카에 관한 논문으로 프랑크푸르트 대학교에서 박사 학위를 받았다. 이 학위 논문은《카프카의 에로틱의 신화: 여성적인 것의 미학적 구성*Kafkas erotischer Mythos: Eine ästhetische Konstruktion des Weiblichen*》이라는 제목으로 출간되었다.[18] 슈타흐는 1985년부터 1986년까지 프랑크푸르트 대학교 독문과에서 강사로, 1986년부터 1990년까지 피셔에서 전문 편집자로, 1991년부터 1996년까지는 로볼트Rowohlt, 메츨러Metzler, 피셔에서 프리랜서 편집자로 일했으며, 피셔 사의 '카프카 비평판' 작업

16
Franz Kafka, *Tagebücher*, 878.

17
이주동,《카프카 평전》, 753.

18
Reiner Stach, *Kafkas erotischer Mythos: Eine ästhetische Konstruktion des Weiblichen* (Fischer Taschenbuch Verlag, 1987).

에 참여하기도 했다.

1990년대 중반, 슈타흐는 카프카에 대한 가장 포괄적이고 가장 근거가 확실한 전기를 쓰겠다는 계획을 세운다. 당시 카프카의 작품에 대한 문헌은 폭증했지만 전기는 충분하지 않았기 때문이다. 슈타흐가 전기 작업을 시작한 1996년의 시점에 카프카 전기는 바겐바흐의《프란츠 카프카: 청년 시절의 전기 1883-1912》와 빈더의《프란츠 카프카: 삶과 개성》뿐이었다. 슈타흐는 카프카가 자신의 작품 안에 뿌려 놓은 '자서전적 조각'을 단 하나도 놓치지 않고자 했다. 그 결과 슈타흐의 카프카 전기[19]는 총 3권 2214쪽이라는 방대한 분량의 책이 된다. 1996년 시작한 이 작업은 2014년 1권《카프카: 초기 시절*Kafka: Die frühen Jahre*》로 18년 만에 마무리된다. 1권이 가장 마지막에 완성된 이유는 그동안 브로트가 보관하던 카프카의 초기 시절에 관한 자료에 접근하기가 어려웠기 때문이다.

1권《카프카: 초기 시절》(이하《초기》)에서 슈타흐는 〈변신〉을 포함한 최초의 걸작들을 낳은 '돌파의 시기'인 1912년[20] 바로 직전까지 독자를 이끌면서 프라하에서의 출생부터 유년 시절, 청소년 시절, 학업과 문학 활동 시기, 직장 생활을 다룬다. 슈타흐는 카프카의 언어적 재능의 전개, 교육 경험, 성적 성숙, 특히 새로운 기술과 미디어와의 논쟁 등으로 독자를 초대한다. 2권《카프카: 결정의 시절*Kafka: Die Jahre der Entscheidungen*》(2002)(이하《결정》)은 1910년부터 1915년까지를 다룬다. 이 시기는 젊고 자유롭고 감수성이 풍부한 카프카가 책임감 있는 관리인 동시에 정밀한 악몽과 '카프카스러운' 유머의 대가로 변모하는 시기이다. 이 짧은 기간 동안 〈선고〉, 〈화부〉, 〈변신〉,《소송》등이 생산되었고, 카프카의 경로를 결정할 모든 궤도가 빠르게, 연속적으로 설정되었다. 즉 유대 사회와의 만남, 대중과의 첫 만남(뮌헨에서의 〈유형지에서〉 낭독회), 전쟁의 재앙, 특히 필사적으로 투쟁했지만 실패로 끝난 펠리체 바우어와의 관계 등이 그것이다. 3권《카프카: 통찰의 시절*Kafka:*

19

전3권으로 구성된 이 방대한 카프카 전기의 한국어 번역본은 2024년 마르코폴로에서 출간될 예정이다.

20

1912년은 카프카 자신이 결정적인 전환점이라고 부를 만큼 많은 작품을 쓴 해였다. 이해 가을에 〈선고〉,《실종자》, 〈변신〉 등 주요 작품들이 쏟아져 나왔다.

Die Jahre der Erkenntnis》(2008)(이하 《통찰》)은 펠리체와의 결별, 베를린에서 작가로 새롭게 출발하려는 계획을 좌절시킨 1차 세계 대전 발발이라는 이중 타격을 받은 이후 카프카의 삶 가장 낮은 지점에서 시작한다. 이 책은 전시 프라하에서의 고독한 삶, 펠리체와의 두 번째이자 결정적인 결별, 밀레나 예젠스카Milena Jeseská, 율리에 보리체크, 도라 디아만트와의 관계, 그리고 질병과 1924년의 종국적 죽음을 포괄한다.

슈타흐는 전기를 집필할 때 지식과 공감으로 무장된 상상력을 사용한다.(《결정》, 25쪽) 자료들을 저울질하고 평가하는 작업을 수행하는 데에는 빈틈없는 논리와 현실에 대한 훌륭한 이해력, 아마도 시인의 것과 유사하다고 할 수 있는 상상력이 요구되기 때문이다. 달리 말하면 전기 작가 슈타흐는 소설가처럼 이야기한다. 물론 이 이야기는 자료가 변형되지 않는 선에서 이루어진다.[21]

슈타흐는 대부분의 전기들처럼 자신의 전기를 일종의 '벌집의 기술'을 통해 구성한다. 즉 카프카의 삶을 여러 주제로 나누어 묘사하는 것으로, 이 주제란 카프카의 출신 배경, 교육, 영향, 성과, 사회적 상호 작용, 종교, 정치적 배경과 문화적 배경 등이다. 슈타흐는 독자를 혼란에 빠뜨리지 않으려고 명확성의 가설을 유지하고 요소들을 통합하며 개별 벌집들을 완결한다. 다음 단계에서 슈타흐는 개별 벌집들 사이의 빈 공간을 최소화하는 방법으로 벌집들을 통합하려 한다. 즉 통합들의 통합Synthese aus Synthesen[22]을 꾀하는 것이다. 그 결과 벌집들은 일렬로 놓이게 되고, 사건들이 선형으로 서술되는 식으로 삶이 묘사된다. 이로써 슈타흐는 '삶을 여행한다'라는 전기 문학의 이상적 모형을 구현한다.(《결정》, 19쪽) 슈타흐는 영화의 장면과도 같은 생생한 묘사로 독자를 카프카의 사적인 생활로 아주 가까이 이끄는 동시에 카프카 시대의 파노라마를 독자 앞에 펼쳐놓는다.

전기를 통해 슈타흐는 카프카의 동시대인들이 경험한 것을 경험하려는 꿈을 이루고자 했다. 즉 그는 '실제의 프란츠 카프카'를, '프란츠

21
레온 에델, 《작가론의 방법: 문학전기란 무엇인가》, 김윤식 옮김(삼영사, 1988), 23, 88.

22
존재하지 않는 전기적 자료를 해석하는 데 도움을 줄 수 있을지도 모른다는 생각에서 슈타흐는 이 개념을 사용한다.

카프카는 어땠을까?'를, '프란츠 카프카라면 어떻게 했을까?'를 경험하고 싶어 했다. 슈타흐는 지식과 공감으로 무장된 상상력으로 카프카의 실제 삶에 더 가까이 다가서려 한다. 하지만 전기를 통해 실제 삶에 도달하는 것이 불가능하다는 것을 자인하며, 카프카의 실제 삶에 잠깐 시선을 돌리고 그 삶에 대한 시선을 확장한 것에 만족한다.(《결정》, 25쪽)

슈타흐의 카프카 전기는 리차드 엘먼Richard Ellmann의 《제임스 조이스*James Joyce*》,[23] 조지 페인터George Painter의 《마르셀 프루스트*Marcel Proust: A Biography*》,[24] 레온 에델Leon Edel의 《헨리 제임스*Henry James: The Complete Biography*》[25]와 같은 반열의 위대한 전기 문학으로 평가되기도 한다.[26]

카프카의 작품과 연결된 벌집들(1916-1924)

슈타흐는 카프카의 작품을 문학 작품이 아니라 '위장된 자서전'으로 이해하려고 한다. 그는 자신의 전기적 해석을 뒷받침하는 자료로 카프카와 지인들의 발언, 특히 카프카의 일기와 편지를 사용한다. 하지만 문학적 글쓰기와 자전적 글쓰기가 얽혀 있다고 해서, 카프카가 문학 작품으로 일종의 암호화된 자서전을 만들 계획을 갖고 있었다고 단순하게 생각해서는 안 된다.

벌집 1:《펠리체 바우어에게 보낸 편지》(1912-1917)

1912년 8월 13일 카프카는 브로트의 집에서 펠리체 바우어를 만났고, 이로써 '고통의 5년'이 시작되었다. 이 무렵 카프카는 직업과 문학, 일의 성공과 행복을 향한 갈망이라는 이중적 삶에 적응할 수 없었던 불안의 시기를 보내고 있었다. 슈타흐에 의하면 카프카는 펠리체와 결혼하기를, 하지만 자신의 방식대로 하기를 바랐다. 카프카는 자신과 미래의 아내가 공통의 관심사를 갖고, 특히 문학에 대한 열정을 함께 나누고 아내

23
Richard Ellmann, *James Joyce* (Oxford University Press, 1959).

24
George Painter, *Marcel Proust: A Biography*, revised ed. (Random House, 1989)

25
Leon Edel, *Henry James*, 5 vols. (Avon Books, 1978).

26
John Banville, "A Different Kafka," *The New York Review of Books* 60 no. 16 (2013): 17.

가 자신의 글쓰기를 후원하는 동거 관계를 상상했다. 결혼에 대한 그의 가장 큰 두려움은 아내와 가족이 글쓰기를 방해하고 작품을 완성하기 위해 필요한 고독을 침범할지 모른다는 것이었다.(《결정》, 21-24, 108-116, 118-120, 128-135쪽)

카프카는 펠리체와의 결혼 때문에 글쓰기를 방해받고 싶지 않았다. 그는 여성, 결혼, 가족과의 지속적인 공동생활에 대한 욕구를 가지고 있었지만 자신은 작가로서만 존재할 수 있다고 확신했으며, 이를 위해 끊임없이 고독을 추구했다. 여성과의 접촉은 이 고독을 방해하고 실존까지 위협할 수 있었다. 카프카는 작가를 동굴에 사는 인간의 이미지로 표현한다. 동굴은 그에게 가장 이상적인 작업 환경이었다. 그는 "글 쓰는 도구와 램프를 가지고 밀폐된 넓은 지하실의 가장 깊숙한 곳에 앉아"[27] 절대적 몰입만이 만들어내는 상상력의 흐름에 자신을 완전히 맡긴다. 1912년 9월 20일부터 펠리체와 교환하기 시작한 편지의 양이 엄청나게 많은 것은 펠리체가 카프카와 함께 있지 않은 덕분이었다. 펠리체가 카프카와 거리를 둠으로써 생긴 관계와 거리를 두지 않음으로써 생긴 관계는 카프카에게는 문학적 실존의 이상적인 조건이었다. 이런 불안정한 균형 속에서 카프카는 사랑의 관계를 오랫동안 유지할 수 있었다. 그는 이 사랑의 관계를 이렇게 특징짓는다. "나는 그녀와 함께 살 수 없고 또 그녀 없이는 살 수 없다."[28] 그가 펠리체에게 보낸 700쪽이 넘는 편지 절반은 그와 펠리체가 첫 만남 이후 다시 만나지 않았던 7개월이라는 시간 동안에 쓰였다.[29]

카프카의 글 전체가 그렇듯이 펠리체 바우어에게 보낸 편지 역시 인간적 접촉에 대한 소망 때문에 작성되었다. 카프카는 브로트에게 보낸 편지에서 함축적인 이미지로 그 소망을 표현한다. "이 글은 전부 섬의 가장 높은 지점에 꽂혀 있는 로빈슨 크루소의 깃발에 지나지 않네."[30] 카프카는 거듭 섬과 같은 고립을 자신의 글쓰기와 이 고립에서 다시 벗

27

Franz Kafka, *Briefe an Felice Bauer und andere Korrespondenz aus der Verlobungszeit*, Hg. Erich Heller und Jürgen Born (S.Fischer Verlag, 1976), 250.

28

Franz Kafka, *Briefe 1913-1914*, Hg. Hans-Gerd Koch (S.Fischer Verlag, 2001),286.

29

Thomas Anz, *Franz Kafka: Leben und Werk* (C.H.Beck Verlag, 2009), 98-99.

어나려 했던 글쓰기의 기본 조건으로 밝혔다. 고립에 대한 소망과 공동체에 대한 동경의 역설적 공존은 카프카 작품 전체의 중심 주제이다.[31]

벌집 2: 〈학술원에 보내는 보고〉(1917)

슈타흐는 카프카의 친구들 사이에서 '원숭이 이야기'로 불렸던 이 소설을 유대인을 비유한 이야기로 이해한다. 원숭이가 폭력에 의해 자신의 본성을 부인하고 인간의 관습을 받아들이는 이 이야기를 서구에 동화된 유대인과 유대인의 자기 소외의 역사로 읽고, 원숭이를 서구에 동화된 유대인으로 해석하는 것이다.(《통찰》, 198-199쪽)

이 소설에서 하겐베크사의 수렵 원정대가 쏜 총알 두 방을 맞고 "서 있기에는 너무 낮고, 앉아 있기에는 너무 좁은"[32] 우리에 갇힌 원숭이는 생존을 위해 '출구'를 찾는다. 우리에 갇힌 상태에서 벗어날 수 있는 유일한 '출구'는 무자비한 학습을 통해 인간 세계에 적응하는 것이다. 대신 원숭이는 우리에 갇히기 전 구름 한 점 없던 시절의 자유를 포기한다. 이제 자유를 포기한 원숭이는 인간으로의 발전을 목표로 하여 본격적으로 인간을 모방하기 시작한다. 원숭이는 인간 사회의 "사용 설명서, 서식 그리고 규정"[33]을 준수하며 살아나간다. 다윈주의의 견지에서 보면, 인간화는 원숭이의 타락이다. 따라서 문명 세계의 무자비한 학습을 통해 원숭이가 인간으로 발전하는 과정은 승화가 아니라 자유의 상실을 의미한다. 보통의 인간에게 자유란 익숙한 것이 아니라 〈변신〉의 '벌레'처럼 낯선 것이며, 심지어는 "흉측한 것"[34]이다. 오히려 보통의 인간에게는 속박이 익숙하다. 벌레로 변신한 그레고르 잠자는 자유를 만끽

30
1922년 7월 12일 막스 브로트에게 보낸 편지.

31
Thomas Anz, *Franz Kafka*, 99.

32
Franz Kafka, *Drucke zu Lebzeiten*, Hg. Hans-Gerd Koch, Wolf Kittler und Gerhard Neumann (S.Fischer Verlag, 1994), 302.

33
구스타프 야누흐, 《카프카와의 대화》, 편영수 옮김(지식을만드는지식, 2013), 55.

34
Franz Kafka, *Drucke zu Lebzeiten*, 115.

한다. 보통의 인간은 그레고르의 부모나 여동생처럼 자유를 견디지 못하기에 〈학술원에 보내는 보고서〉의 원숭이처럼 자유를 포기하고 속박을 원하게 된다.[35]

벌집 3: 《아포리즘》(1917-1918)

슈타흐는 카프카의 《아포리즘》을 문학 작품이 아니라 수수께끼의 모음으로 보고, 일의적 의미의 진술로 종결되지 않는, 다양한 의미를 생산하는 불안한 텍스트로 이해한다.(《통찰》, 253쪽) 1917년 8월 폐결핵이 발병하자, 카프카는 자신의 삶을 철저하게 시험할 필요성을 깨닫게 되었다. 그는 질병이 다른 어떤 수단으로도 얻을 수 없는 "자유와 구원에 이르는 법"[36]을 선물해 준다고 생각했다. 카프카는 자신의 병을 확인한 뒤 "엄청난 작업"을 계획하고, "결정적인 것들(진실, 믿음, 죽음과 구원)"에 대한 관찰을 기록하기로 결심한다.[37] 그 기록이 바로 《아포리즘》이다. 카프카의 삶에서 그 어떤 사건도 폐결핵의 발병과 진단만큼 중요한 분기점은 없었다. 생사의 기로에 선 그 순간 카프카는 새로 습득한 아포리즘의 형식을 자기 분석을 위해, 더 정확하게 말하면 거리를 만드는 자기 객관화를 위해 이용한다. 카프카에게 아포리즘은 비유적 글쓰기를 자유롭게 펼치게 해주는 표현 수단이었다. 아포리즘이 간결함을 통해 형식적 완결성이라는 이상의 실현을 가능하게 한다는 점에서, 또 철저히 논리적인 것만은 아닌 근거가 독자에게 자발적인 논쟁을 요구한다는 점에서 카프카는 아포리즘 형식을 선호했다.

카프카가 계획한 '엄청난 작업'은 유일한 진리 혹은 절대자의 존재를 부인하고 이를 상대화하는 것이다. 그는 모든 의미와 중심, 근원 등

35
자유 대신에 속박을 선택한 '원숭이'와 관련된 카프카의 아포리즘이 있다. "그는 자신이 이 세상에 갇혀 있다고 생각한다. 그에게 세상은 비좁다. 갇혀 있는 자들의 슬픔, 허약, 질병, 망상이 그에게서 갑자기 터져 나온다. 어떤 위로로도 그를 위로할 수 없다. 그것은 위로에 불과하기 때문에. 갇혀 있다는 사실에 대한 부드러운, 두통을 불러일으키는 위로에 불과하기 때문에. 하지만 그에게 정말 갖고 싶은 것이 무엇이냐고 물으면, 그는 대답할 수 없다. 이것은 가장 강력한 증거들 중 하나인데, 그 이유는 그는 자유의 표상을 갖고 있지 않기 때문이다."(〈그Er〉)

36
구스타프 야누흐, 《카프카와의 대화》, 349.

37
Franz Kafka, *Tagebücher*, 843.

을 해석의 산물로 보며 영원 불변한 진리를 부정한다. 논증의 방법으로는 역설과 의심을 채택해서 지배적 가치의 그릇된 개념, 견해, 인식을 제거한다. 종교의 경우도 다르지 않다. 니체의 독자인 카프카는 구원과 종말론적 희망의 소멸을 표현하기 위해 기독교의 진술을 사용한다. 그는 기독교의 진술이 여전히 사용될 수는 있지만, 오래전에 효력을 상실해 구속력이 없다고 판단한다. 예를 들어 인류가 선악과를 먹었다는 이유로 추방되었다는 확신은 착각이다. 카프카는 "선악과를 먹은 것이 아니라 아직 생명 나무의 열매를 먹지 않은 것"[38]을 인류의 죄로 파악한다. 카프카는 인간이 낙원에서 추방된 이유를 인간의 타락이 아니라, 생명 나무의 열매를 먹지 못하게 된 데서 찾는다.

벌집 4:《아버지에게 보내는 편지》(1919)

카프카의 아버지는 율리에 보리체크가 사회적 신분이 낮은 유대인 회당의 사무 보조원이자 구두 수선공의 딸이라는 이유로 결혼을 격렬하게 반대했으며, 이는 카프카가 이 편지를 쓴 직접적인 동기였다. 슈타흐는 이 편지를 문학 텍스트가 아니라 카프카가 아버지의 강압적인 교육방식에 대해 자신을 변호하는 전기 문서로 취급한다.(《통찰》, 321쪽) 카프카의 아버지를 "가정의 폭군"으로 규정한 슈타흐는 이 편지가 아버지에 대한 증오로 더럽혀져 있다고 주장한다.(《통찰》, 328쪽)[39] 편지에 아버지와의 화해에 대한 이야기가 없는 이유가 해명만으로는 화해가 불가능하며, 동등한 입장에서 협상하지 않는 한 바람직하지 않고, 아들을 계속 지배하려는 아버지와의 화해는 굴복에 지나지 않음을 카프카가 잘 알고 있었기 때문이라는 것이다.(《통찰》, 330쪽)

1919년 이 편지를 쓸 당시 카프카는 문학 창작의 정상에 서 있었다. 장편 소설《실종자》와《소송》은 상당히 진척되었고, 단편 소설〈선

38

Franz Kafka, *Nachgelassene Schriften und Fragmente II*, Hg. Malcolm Pasley (S.Fischer Verlag, 1992), 131.

39

슈타흐는 그 근거로 이 편지의 다음 구절을 인용한다. "저의 모든 글은 아버지를 상대로 해서 씌어졌습니다. 글 속에서 저는 평소에 직접 아버지의 가슴에다 대고 토로할 수 없는 것만을 토로했지요. 그건 오랫동안에 걸쳐 의도적으로 진행된 아버지와의 결별 과정이었습니다."(Franz Kafka, *Nachgelassene Schriften und Fragmente II*, 192.)

고〉, 〈변신〉, 〈유형지에서〉와 단편집 《시골 의사》 등은 출판되었다. 놀라운 것은 원숙한 창작 능력을 보인 이 시기에, 100쪽이 넘는 "어마어마한 분량"[40]의 손 편지로 아버지와 "끔찍한 소송"을 벌인다는 사실이다. 이 편지에는 유년 시절의 고통과 몇 차례의 결혼 시도로 이 고통을 극복하려는 무익하고도 절망적인 노력이 담겨 있다. 카프카는 여전히 자신을 아버지의 인정을 받으려고 애쓰지만 허사로 돌아가고 아버지의 영향권에서 "기생 동물"처럼 머무는, "상속권이 박탈된", 추방당한 아들로 느낀다.

아버지와의 최초의 갈등에서 그 이후의 모든 갈등이 비롯되었다는 사실을 고려할 때, 이 편지에서 부자 갈등은 오이디푸스 콤플렉스라는 정신분석학적 테제의 삽화가 아니라 처벌하는 권력에 대항하는 투쟁의 축소판으로 해석해야 한다. 이 편지에서 부자 갈등은 복종을 강요하는 자본주의적이고 관료주의적인 현대 사회의 권력 구조에서 비롯된 것이다.[41]

벌집 5: 《성》(1922)

슈티흐는 《성》을 카프카의 자전적 소설로 이해하려 한다. 슈타흐는 밀레나가 1920년대 후반에 소설 《성》을 읽은 것이 확실하고, 자신이 이 소설에 등장한다는 것을 처음부터 알고 있었다고 주장한다. 슈타흐는 소설에서 관리들이 체류하는 여관의 이름이 하필 밀레나와 그녀의 남편 에른스트 폴락Ernst Pollak의 주요 활동 무대였던 빈의 '헤렌호프'라는 사실에 주목하고, 소설 속의 인물인 프리다·클람과 실존 인물 밀레나·에른스트 폴락을 연결시키면서 이 소설에서 전기적 암시, 즉 밀레나·에른스트 폴락을 암시하는 비밀 메시지를 찾아내라고 독자에게 요

40
Franz Kafka, *Briefe an Milena*, Hg. Jürgen Born und Michael Müller (S.Fischer Verlag, 1986), 73.

41
질 들뢰즈Gilles Deleuze와 펠릭스 가타리Félix Guattari는 지배하고 복종하는 가족 삼각형 뒤에서(가족 삼각형을 탈영토화해서) 조금 더 능동적인 다른 무수한 삼각형을 발견한다. 이 무수한 삼각형이란 법적·경제적·관료적 혹은 정치적 삼각형을 일컫는다. 예를 들어 《소송》에는 판사-변호사-피고인의 삼각형이 등장한다. 질 들뢰즈·펠릭스 가타리, 《카프카: 소수적인 문학을 위하여》, 이진경 옮김(동문선, 2001), 33-34.

구한다. 하지만 슈타흐는 프리다와 밀레나 사이, 클람과 에른스트 폴락 사이에서 전혀 공통점을 발견하지 못하겠다고 실토한다.(《통찰》, 467-470쪽) 슈타흐의 이러한 발언은 아이러니하게도 자신을 포함한 해석자들에게 작품 속 문학적 현실을 카프카의 개성 및 삶의 환경과 연결하려는 전기적 시도가 작품에 대한 불합리하고 틀린 결론에 이를 수도 있음을 의식한 것이다. 사실 카프카는 솜씨 있게 자서전적 신호 체계로 자신의 삶을 잘 알고 있는 독자들(그의 첫 번째 독자와 청자는 대부분 친척이나 친구였다)에게 그러한 시도를 하도록 자극하고, 자신의 개성에 대한 관심을 체계적으로 유도했다.[42] 그러나 《성》은 '위장된 자서전'이 아니다. 그렇다고 신의 율법과 은총의 성소를 찾아내려는 종교적 해석을 정당화하는 그 어떤 사유 가능한 신성의 표상도 찾을 수 없다.[43] 구원을 향한 탈출구가 소설 어디에서도 보이지 않고 신 혹은 신적인 것에 대한 이야기가 한마디도 없다는 것 때문만이 아니라, 더 중요하게는 이 '성'이 마을 주민들의 삶과 의식의 모든 과정을 기록하고 관리하는 거대한 관료 기구로서, 절대자나 '천국' 심지어 '은총'과 동일시하기에는 너무나 위협적인 존재이기 때문이다.[44]

카프카의 《성》은 전체주의적 관료제를 비판하는 소설이다. 따라서 관료제의 문제를 다루는 그 누구도 《성》을 읽지 않으면 안 될 것이다. 《성》은 개인과 관료제의 충돌을 문학적으로 형상화한 것으로 관료제에 저항하는 개인의 투쟁을 표현한 소설인 것이다.[45] 《성》의 주인공 K는 끊임없이 '성'에 도달하기 위해서 투쟁한다. 동시에 '성'에 저항하기 위해서 투쟁한다. K는 "명예롭고 평온한 생활을 하기 위해서"[46] '성'에

42
Thomas Anz, *Franz Kafka*, 110.

43
에리히 헬러, 《나는 문학이다》, 황태연 옮김(청사, 1979), 186.

44
발터 옌스·한스 큉, 《문학과 종교》, 김주연 옮김(분도출판사, 1997), 328

45
Axel Dornemann, *Im Labyrinth der Bürokratie: Tolstojs 'Auferstehung' und Kafkas 'Schloß'* (Heidelberg Universitätsverlag, 1984), 35-36.

46
Franz Kafka, *Das Schloß*, Hg. Malcolm Pasley (S.Fischer Verlag, 1982), 241.

온 것이 아니라, '성'에 맞서 투쟁하기 위해 온 것이다. K는 '성'으로부터 자선을 바라지 않고, '성'에게 권리를 요구한다. 성-관청에 맞선 K의 투쟁은 실패와 좌절을 동반한다. 그러나 K는 거듭된 실패에도 불구하고 끊임없이 '성' 안으로 들어가려고 한다. 이는 자유로운 시민으로서의 권리를 획득하려는 불굴의 노력이며, K는 '성'에서 관료제의 현실에 맞서 투쟁하는 유일한 사람이다. 사회가 인간에게 지불할 의무가 있는 소수의 기본적인 것(직업, 가정, 공동체)을 획득하기 위한 K의 투쟁은 마을 사람들, 적어도 마을 사람들 일부의 눈을 뜨게 해주었다. K의 이야기, K의 행동은 마을 사람들에게 인간의 권리는 싸울 만한 가치가 있다는 것과, '성'의 규칙은 신성한 법이 아니기에 공격의 대상이 될 수 있다는 것을 가르쳤다.[47]

벌집 6: 〈단식 광대〉(1922)

슈타흐는 이 소설이 비유가 아니라 카프카가 자신의 죽음에 대한 공포를 묘사한 것으로 이해한다. 그는 이 소설을 "더 이상 먹기 싫은 남자의 이야기를 더 이상 먹을 수 없는 남자"가 쓴 이야기로 읽고(《통찰》, 611쪽), 폐결핵으로 죽는 것을 두려워해 죽음의 공포를 대신 겪을 인물로 '단식 광대'를 고안해 냈다고 주장한다.(《통찰》, 512쪽)

카프카는 인물의 아웃사이더로서의 입장을 강조하기 위해 단식 모티프를 사용한다. 카프카의 인물들은 타인들의 식사에 참여하지 않고 단식하거나 굶음으로써 아웃사이더로 남는다. 이들은 일상의 식욕을 억제하거나 사라지게 만든다. 단식은 음식을 포기하여 실존에 필수적인 토대를 위협하는 행위이다. 단식의 최종 결과는 죽음이다. 단식을 자발적으로, 외부의 강요 없이 받아들이는 것은 아주 특별한 능력이자 기예이다. 그렇게 단식하는 사람은 공동체에서 두드러진다. 그가 다른 사람들이 할 수 없는 것을 행하며, 그를 살펴보고 더 자세히 관찰하며 경탄할 정도로 다른 사람들에게 깊은 인상을 줄 수 있는 것을 행하기 때문이다.[48] 단식 광대가 단식하는 이유는 "입에 맞는 음식"[49]을 얻기 위해서다. "입에 맞는 음식"은 글쓰기에 대한 카프카의 비유이다. 단식 광대

---

47 Hannah Arendt, *The Jewish Writings*, ed. Jerome Kohn and Ron H. Feldman (Schocken Books, 2007), 295.

카프카는 글쓰기를 위해 섹스, 먹는 것, 마시는 것, 철학적 사유 그리고 음악의 즐거움 등 다른 모든 능력을 고갈시킨다. 카프카는 자신의 능력이 전체적으로 빈약해서 한 곳으로 모아야만 그나마 글을 쓸 수 있다고 고백한다. 글쓰기는 카프카의 삶에서 가장 생산적인 활동이었고,[50] 그의 삶을 지탱하는 유일한 가능성이었다. 카프카에게 문학은 생명의 호흡이었다. 문학 이외 다른 모든 것은 중요하지 않았고 그를 만족시킬 수 없었다. 단식 광대가 죽은 다음 관객들이 우리 속 표범을 보고 감탄한 것은 단식 광대에게 적대적 입장을 보인 것이 아니라, 예술에 대한 단식 광대의 이해와 관객의 이해가 일치하지 않는다는 사실에 대한 분명한 증거이다.

벌집 7: 〈굴〉(1923)

슈타흐는 이 소설을 비유로 읽지 않고 전기적 사실에 기대는 것이 이해의 지름길이라고 말한다. 슈타흐는 굴의 동물을 폐결핵에 걸린 카프카로, 끊임없이 사각거리는 소리를 내면서 굴의 동물을 위협하는 외부의 적은 폐결핵을 앓고 있는 카프카 자신의 점점 가빠지는 숨소리로 본다.(592쪽) 굴을 파는 행위는 글쓰기에 대한 비유이다.[51] 굴을 파기 전 동물의 삶은 안전이라고는 전혀 없고 어디를 가나 다 똑같은, 구별되지 않은 위험으로 가득 찬 절망적인 것이었다.[52] 카프카는 〈굴〉의 동물처럼 "구멍 속으로 기어들어가 글을 쓰는 삶의 방식"[53]을 가장 좋아했다. 굴

48

Benno von Wiese, "Franz Kafka. Ein Hungerkünstler," *Die deutsche Novelle: von Goethe bis Kafka* (August Bagel Verlag, 1957), 331.

49

Franz Kafka, *Drucke zu Lebzeiten*, 349.

50

Franz Kafka, *Tagebücher*, 341.

51

Harald Bost, "Wir graben den Schacht von Babel," *Ein systematischer Einstieg in die Poesie Franz Kafkas* (Tectum Verlag, 2014), 1-14. 카프카의 소설 《소송》에서 '소송/과정Prozess'은 글쓰기 과정을 뜻하고 요제프 K의 '체포'는 이러한 글쓰기 과정에 붙잡혀 있는 상태로 해석할 수 있다.

52

Franz Kafka, *Nachgelassene Schriften und Fragmente II*, 594-595.

안에는 평화, 충족된 욕구, 달성된 목표, 자신의 집이 있고, 굴은 안전하고 폐쇄적이기에 그 안에서 동물은 자신을 유일한 주인으로 여길 수 있기 때문이다.[54] 카프카에게는 굴을 파는 행위, 즉 글쓰기는 권력에 대한 공포가 촉발한 불안에 대항하는 무기였던 것이다.

도전받는 카프카의 부정적 이미지

카프카와 그의 작품에 대한 부정적 이미지는 카프카를 문학에서 도피처를 찾는 내면의 작가, 고독의 작가, 죄의식의 작가, 내밀한 불행의 작가, 심지어 두통과 불면증을 동반한 조울증을 앓는 "유대인 환자"[55]로 취급하고, 카프카의 작품에서 삶의 도피처와 고뇌를, 무능력과 죄의식의 흔적을, 슬픈 내적 비극의 기호를 읽어내려고 한다. 카프카와 그의 작품에서 처음 부정적 이미지를 강조한 사람들은 장폴 사르트르와 알베르 카뮈Albert Camus로 대표되는 프랑스 실존주의자들이다. 이들은 카프카를 '암흑의 왕', 그의 작품을 '암흑의 문학'이라고 불렀다. 이들은 카프카의 작품에서 설명할 수도, 파악할 수도, 피할 수도 없는 공포와 마주한 인간의 총체적인 고독을 발견하고, 실존주의의 중심 표상인 구토, 허무, 신의 죽음, 세계의 부조리 등을 찾아냈다. 섬뜩하고 위협적이지만 이해할 수 없는 상황을 표현하는[56] '카프카스러운kafkaesk'이라는 표어는 이러한 실존주의의 표상과 연결되어 있다.

슈타흐는 카프카에 대한 정형화된 부정적 이미지의 소용돌이에서 빠져나오는 것이 쉽지 않음을 인정하면서도, '카프카스러운'이라는 상투적인 이미지를 낯설게 대하며 카프카를 이해하는 또 다른 통로들을 시험하는 것도 유익하리라는 예감을 가지고[57] 이 부정적 이미지에 맞선

53
Franz Kafka, *Briefe an Felice Bauer und andere Korrespondenz aus der Verlobungszeit*, Hg. Erich Heller und Jürgen Born (S.Fischer Verlag, 1976), 647.

54
Franz Kafka, *Nachgelassene Schriften und Fragmente II*, 580, 589.

55
Monika Schmitz-Emans, *Franz Kafka: Epoche-Werk-Wirkung* (C.H.Beck Verlag, 2010), 208.

56
Wilhelm Grosse, *Franz Kafka: Die Verwandlung* (Reclam Verlag, 2016), 5. 일부 해석자들은 《소송》에서 요제프 K의 설명되지 않는 '체포'를 '카프카스러운' 것의 진수로 간주한다.

다. 슈타흐의 카프카 전기가 중요한 점은 '실패한 작가'라는 진부한 이미지를 잘라낸 것이다.[58] 고독하고 세상을 등지고 사는 작가, 직업적으로도 성공하지 못한 작가라는 카프카의 상투적 이미지는 수정되어야만 한다.

카프카는 사교적이며 유머가 넘쳤다. 직장인 노동자산재보험공사에서도 상관과 동료의 인정을 받았고, 거의 최고 직위인 수석 서기관까지 올라갔다. 그는 국가 기관인 노동자산재보험공사의 관리이면서도 언제나 힘없는 노동자들 편에 서서 그들을 돕고 싶어 했고, 그들을 향한 따뜻한 시선을 잃지 않았다. 카프카는 자신의 직업상 위치와 부당한 대우를 받는 노동자에 대한 연민 사이에서 종종 딜레마에 빠지고는 했다. 노동자가 관리에게 부당한 취급을 당하면 그는 몰래 법률적 조언을 해주거나 때로는 가난한 노동자를 위해 법정 비용을 마련해 주기도 했다. 특히 직장 동료의 아들이자 《카프카와의 대화》 저자인 구스타프 야누흐Gustav Janouch에게 카프카는 혹한에 떠는 야누흐를 친절과 관용 그리고 꾸밈없는 진실성으로 보살피고 보다 성숙해질 수 있도록 도와주었던 사람이다.[59] 슈타흐가 전기에서 묘사한 것처럼 막스 브로트, 카프카의 임종을 지킨 의사 로베르트 클롭슈토크Robert Klopstock, 여동생 오틀라, 생의 마지막 반려자 도라 디아만트 같은 사람들과의 교제는 사랑, 부드러움, 상호 존경으로 가득 차 있었다.

카프카는 작가로서도 성공하지 못한 것은 아니었다. 카프카의 몇몇 작품은 그가 살아 있을 때에도 이미 주목을 끌었다. 특히 〈변신〉을 읽은 카를 슈테른하임Carl Sternheim은 "존경의 표시"로 자신에게 수여된 테오도르 폰타네Theodor Fontane 문학상 상금을 카프카에게 전달했다. 그 외에도 동료 작가들은 카프카를 존경하고 높이 평가했다. 토마스 만Thomas Mann은 카프카의 작품을 "삶의 기괴한 그림자 놀이를 비웃은 것으로, 세계 문학이 산출한 가장 읽을 만한 작품"이라 평했으며, 헤르만

57

Reiner Stach, *Ist das Kafka? 99 Fundstücke* (S.Fischer Verlag, 2012), 14-15.

58

Monika Schmitz-Emans, *Franz Kafka*, 208.

59

구스타프 야누흐, 《카프카와의 대화》, 3.

헤세Hermann Hesse는 카프카를 "위대한 혁명의 예감을 창조적으로 표현하는 영혼들" 가운데 한 사람이라 극찬했다.[60] +

60

Klaus Wagenbach, *Franz Kafka mit Selbstzeugnissen und Bilddokumenten* (Rowohlt Verlag, 1964), 145.

참고 문헌

이주동. 《카프카 평전: 실존과 구원의 글쓰기》. 소나무, 2012.

Anz, Thomas. *Franz Kafka: Leben und Werk*. C.H.Beck Verlag, 2009.

Alt, Peter-André. *Franz Kafka: Der ewige Sohn*. C.H.Beck Verlag, 2005.

Arendt, Hannah. *The Jewish Writings*. edited by Jerome Kohn and Ron H. Feldman. Schocken Books, 2007.

Banville, John. "A Different Kafka." *The New York Review of Books* 60 no. 16 (2013): 17-19.

Benjamin, Walter. *Benjamin über Kafka: Texte, Briefzeugnisse, Aufzeichnungen*. herausgegeben von Hermann Schweppenhauser, Suhrkamp Verlag. 1981. [발터 벤야민. 《카프카와 현대》. 최성만 옮김. 길, 2020.]

Binder, Hartmut. *Franz Kafka: Leben und Persönlichkeit*. Kröner Verlag, 1979.

Bost, Harald. "Wir graben den Schacht von Babel." *Ein systematischer Einstieg in die Poesie Franz Kafkas*. Tectum Verlag, 2014.

Brod, Max. *Über Franz Kafka*. S.Fischer Verlag, 1974. [막스 브로트. 《나의 카프카: 카프카와 브로트의 위대한 우정》. 편영수 옮김. 솔, 2018.]

______. *Franz Kafka: Eine Biographie*. Heinrich Mercy Sohn, 1937.

들뢰즈, 질, 펠릭스 가타리. 《카프카: 소수적인 문학을 위하여》. 이진경 옮김. 동문선, 2001.

Dornemann, Axel. *Im Labyrinth der Burokratie: Tolstojs 'Auferstehung' und Kafkas 'Schloß'*. Heidelberg Universitätsverlag, 1984.

에델, 레온. 《작가론의 방법: 문학전기란 무엇인가》. 김윤식 옮김. 삼영사, 1988,

Engel, Manfred, Bernd Auerochs. *Kafka-Handbuch: Leben-Werk-Wirkung*. Metzler Verlag, 2010.

Grosse, Wilhelm. *Franz Kafka: Die Verwandlung*. Reclam Verlag, 2016.

헬러, 에리히. 《나는 문학이다》. 황태연 옮김. 청사, 1979.

Janouch, Gustav. *Gespräche mit Kafka, Aufzeichnungen und Erinnerungen*. S.Fischer Verlag, 1981. [구스타프 야누흐. 《카프카와의 대화》. 편영수 옮김. 지식을만드는지식, 2013.]

옌스, 발터, 한스 큉. 《문학과 종교》. 김주연 옮김. 분도출판사, 1997.

Kafka, Franz. *Briefe 1913-1914*. herausgegeben von Hans-Gerd Koch. S.Fischer Verlag, 2001.

______. *Drucke zu Lebzeiten*. herausgegeben von Hans-Gerd Koch, Wolf Kittler und Gerhard Neumann. S.Fischer Verlag, 1994.

______. *Nachgelassene Schriften und Fragmente II*. herausgegeben von Malcolm Pasley. S.Fischer Verlag, 1992.

______. *Der Prozeß*. herausgegeben von Malcolm Pasley. S.Fischer Verlag, 1990.

______. *Tagebücher*. herausgegeben von Hans-Gerd Koch, Michael Müller und Malcolm Pasley. S.Fischer Verlag, 1990.

______. *Briefe an Milena*. herausgegeben von Jürgen Born und Michael Müller. S.Fischer Verlag, 1986.

______. *Das Schloß*, herausgegeben von Malcolm Pasley. S.Fischer Verlag, 1982.

______. *Briefe an Felice Bauer und andere Korrespondenz aus der Verlobungszeit*. herausgegeben von Erich Heller und Jürgen Born. S.Fischer Verlag, 1976.

Klein, Christian. "Kafkas Biographie und Biographien Kafkas." *Kafka-Handbuch: Leben-Werk-Wirkung*. herausgegeben von Bettina von Jagow und Oliver Jahraus. Vandenhoeck & Ruprecht Verlag, 2008: 17-36.

Schmitz-Emans, Monika. *Franz Kafka: Epoche-Werk-Wirkung*. C.H.Beck Verlag, 2010.

Stach, Reiner. *Ist das Kafka? 99 Fundstücke*. S.Fischer Verlag, 2012.

Wagenbach, Klaus. *Franz Kafka mit Selbstzeugnissen und Bilddokumenten*. Rowohlt Verlag, 1964.

_____. *Franz Kafka: Eine Biographie seiner Jugend 1883-1912*. Francke, 1958.

Wiese, Benno von. "Franz Kafka: Ein Hungerkünstler." *Die deutsche Novelle: von Goethe bis Kafka*. August Bagel Verlag, 1957: 325-342.

편영수

서울대학교 독문학과를 졸업하고 동 대학원에서 카프카 연구로 박사 학위를 받았다. LG 연암문화재단 해외 연구 교수로 선발되어 독일 루트비히스부르크 대학교에서 수학했다. 현재 전주대학교 명예교수로 있다. 프란츠 카프카와 관련된 다수의 논문, 번역서, 저서를 발표했다. 2018년 막스 브로트의 카프카 평전《나의 카프카》번역으로 한독문학번역상을 수상했다. 지금은 독일어권에서 생산되는 문학 및 문화와 관련된 책에 흥미를 가지고 우리말로 옮기는 작업을 하고 있다.

나성인

음악가의 시민 사회 정착기

엘리자베스 노먼 맥케이, 《슈베르트 평전》,
이석호 옮김(풍월당, 2020)
Elizabeth Norman McKay, *Franz Schubert: A Biography*
(Clarendon Press, 1996)
이성일, 《슈만 평전》(풍월당, 2020)
이성일, 《브람스 평전》(풍월당, 2017)

JOHANNES
BRAHMS
FRANZ
SCHUBERT

민요에서 예술로, 예술에서 시민의 교양으로

여전히 많은 사람들이 클래식 음악을 소수 특권층의 음악이라 여긴다. 그러나 클래식 음악은 오히려 시민의 음악으로서, 한때 귀족들만 누리던 연주와 공연을 보통 사람들을 위한 공공의 문화 자산으로 삼는 데 성공한 사례다. 클래식 음악이 축적해 온 역사적 경험은 수백여 년 동안 살아남은 걸작만큼이나 가치가 크다. 이때의 가치란, 첫째로 백성들의 노래인 민요를 뿌리 삼아 수준 높은 예술에 이른 것이요, 둘째는 그렇게 만들어진 예술적 자산을 또다시 일반의 문화 저변으로 확산시켜 시민의 교양에 이바지한 일로 집약될 수 있다.

오늘날에는 클래식이 거의 전세계에서 울려 퍼지지만, 민요로 예술을 만들고, 다시 예술로 교양을 일군 클래식의 '진화' 사례는 매우 희귀한 경우에 해당된다. 물론 서구를 표준 삼아 다른 문화권을 판단하자는 것은 아니나, 자연 발생적 민요가 독자적인 양식과 체계를 지닌 예술로 고양되는 것은 매우 어려우며, 이 예술이 다시금 엘리트주의에 갇히지 않고 시민 문화의 일부로 녹아들기란 더더욱 희귀한 일이다. 음악가만이 아니라 사회 계층 전반의 합의와 노력, 참여와 관심이 필요한 까닭이다. 반만년 빛나는 역사에도 불구하고, 우리는 그러한 음악사를 가져본 일이 없다. 민요의 저변이 충분히 계승되지 못했고, 엘리트 예술과 분리되어 홀대를 받았다. 거기에 성장하던 시민 계층을 왜란과 호란 등 두 번의 전란이 뒤흔들어 놓은 까닭에 양적으로나 다양성의 측면에서나 풍성한 발전을 이루지 못했다. 고유성과 예술적 수준은 높되, 그것이 특권층의 울타리를 넘어 사회 전반에 고루 퍼지지는 못한 것이다. 그러나 유럽의 클래식은 역동적인 교류와 연구, 다양성에 대한 존중, 수준 높은 문화에 대한 열망으로 두 번의 어려운 '도약'을 이루어냈다.

무릇 민요는 백성들의 삶과 생명력, 얼을 진실하게 담은 '땅에 붙어 있는' 노래다. 누구나 쉽게 부르고 전하며 바꾸고 살을 붙이며 단순한 생활 감정을 표현하고 전달하지만, 특정 지역, 특정 상황, 특정 전형에 쉽게 국한된다. 그래서 민요가 그저 원형 그대로 구전될 경우에는 구체적인 삶과 진솔한 감정을 전할 수는 있을지언정 노래 안에 담긴 음악적, 예술적 가능성을 틔워내지는 못한다. 말하자면, 민요는 일종의 발아되지 않은 씨앗인 셈이다.

16세기 마르틴 루터Martin Luther의 독일어 성경 번역과 찬송가는 그 씨앗에서 처음으로 움튼 싹과 같았다. 그는 백성들의 입말을 기본으로 삼아 성경을 번역하고, 저잣거리에서 불리는 백성들의 노래로 찬송가를 만들었다. 루터는 단순한 신학자가 아니라 시인이자 음악가이기도 했으므로, 전해야 할 내용과 아름다운 형식을 동시에 다룰 줄 알았다. 이후 헤르더Johann Gottfried Herder, 괴테Johann Wolfgang von Goethe, 실러Friedrich Schiller를 비롯한 낭만주의의 여러 기수들은 모두 새로운 예술의 바탕에는 민요의 정신이 있어야 한다고 여겼고, 이는 독일어 문화권의 중요한 전통이 되었다. 민요의 정신, 곧 백성의 삶에 깃든 건실한 생명력과 연결되어 있으면서도 그 표현 방식에서는 새롭고 다양하며 독자적인 발전을 과감히 꾀한 것이다. 그래야만 변하는 '백성'들의 삶을 적실하게 담아낼 수 있을 것이었다. 그러므로 민요를 뿌리 삼는 예술이란 생각보다 적극적인 새로움의 추구를 요구했다. 기존의 민요가 그저 세월에 따라, 전하는 사람의 기억에 따라 어쩔 수 없이 '변하는' 것이었다면, 민요를 닮은 예술에는 보통 사람들의 변하는 삶을 숙고하고 해석하며 표현 양식을 찾아내는 능동적인 '변신'의 과정이 포함되기 때문이다.

이러한 '루터 정신'은 낭만주의 시기에 다시금 강조되었다. 시민이 명실상부한 문화의 주체로 떠오르던 이 시기, 프랑스에서는 혁명이 터지며 낡은 신분제 질서를 해체하려는 거대한 세계사적 도전이 시작되었다. 낭만주의란 흔한 오해처럼 감정을 앞세우는 사조가 아니라, 혁명 이후의 세상을 준비하려는 치열한 성찰의 결과물이었다. 원어인 '로만틱Romantik'에서 알 수 있듯이 낭만주의는 '로만Roman'을 추구하자는 문화 운동이었다. 여기서 '로만'이란 식자층의 언어요 교회 세계의 보편언어였던 '라틴어'의 대립 개념으로서, 보통 사람들의 토박이말—곧 영어, 독일어, 프랑스어 등—을 아울러 부르는 말이었다. 언어에는 생각과 감정, 이야기가 담기므로 '로만'을 지향하자는 것은 곧 시민들의 이념과 정서, 이상을 지향하자는 것과 같은 의미였다. 혁명 시대 시민들의 이상과 열망은 신분적 질서를 타파하고 자유와 평등, 권리를 쟁취하려는 의지로 결집되었다.

그런데 다스림의 경험이 없는 보통 시민들이 세상의 주인이 되려면 여전히 많은 준비가 필요했다. 프랑스 혁명기의 대혼란과 무자비한 피의 숙청은 혁명의 대의에 공감하던 시민 지식인들에게 전방위적인 성찰의 계기를 제공했다. 신분제를 없애고 새로운 사회를 만든다면 어디에서 새로운 질서를 끌어올 것인가. 또 혁명 이후 이 '질서'가 고착되어 또 다른 특권층이 생겨나지 않게 하려면 어떤 방책이 필요할 것인가.

제 스스로 주인이 되어본 일 없는 이들에게 자유와 책임 의식을 가르치려면 어떻게 해야 할 것인가.

사람들은 물론 공화제 혹은 입헌 군주제와 같은 정치 체제를 통해 새로운 민주 사회를 구현하려 했다. 그러나 제도의 준비뿐 아니라 사람의 준비 또한 필요했으니, 그것은 곧 이성과 용기를 지닌 인간, 곧 질문하고 비판하며 성찰하는 능력을 갖추어 시행착오를 수정할 줄 아는 '계몽된 시민'이었다. 문학과 음악을 비롯한 예술은 바로 이러한 계몽된 시민상을 널리 퍼뜨리고 그 미덕을 전하는 사명을 감당해야 했다. 특히 음악은 시간의 흐름을 조직하는 예술이기에 균형과 조화, 변화와 역동성이라는 개념을 모순 없이 하나로 통합하여 전할 수 있었고, 비가시적인 '재료'를 다루는 예술이기에 언어와 개념 너머의 보이지 않는 아름다움을 나타낼 수 있다고 여겨졌다. 그래서 아직 오지 않은 미지의, 이상적인, 자유의 세계를 그리는 데 있어 음악보다 효과적인 예술은 없었다. 이것이 계몽과 혁명의 시대에 음악이 점점 각광받게 된 이유였다.

예술과 시민의 동반자적 관계의 기록

물론 음악이 시민 사회의 예술로 자리 잡은 데는 단순한 선망도 한 몫을 했다. 옛날 고관대작들이 누리던 호사를 나도 한번 누려보자는 것이었다. 그러나 만일 그것뿐이었다면 음악은 단순한 여흥 차원을 넘어서지 못했을 것이다. 새로운 시대의 이상을 아름다움과 함께 선보이려는 음악가의 치열한 탐구와 그들의 뒷받침이 되려는 선량한 후원자, 음악적 지식과 담론을 전달하고 축적하는 역할을 한 교육 및 출판 종사자의 성실함이 합을 이루며 성장하여 음악은 시민 사회의 발전과 맥을 함께하는 동반자적인 예술이 될 수 있었다. 당연한 일이지만, 그 동반의 과정 안을 들여다보면 질적 도약보다는 당장의 이익만을 바라는 속물근성과의 싸움, 학문과 예술을 제 동아리 안에 가둬 전유하려는 엘리트주의와의 싸움, 작품의 가치와 시장 가치의 차이에서 발생하는 경제적 위협과의 싸움이 치열하게 벌어졌음을 알 수 있다.

그러므로 어떤 음악가에 대한 평전을 쓴다는 것은 단순히 그들의 인생을 연대기적으로 조망한다거나 작품을 소개하는 차원에 그칠 수 없다. 그들의 삶과 음악이 예술사와 사회사에서 어떠한 위치에 있었으며 과거로부터 어떤 유산을 물려받아 후세에 어떻게 전했는지를 밝혀야 한다. 그들이 새로운 사회적 위치를 쟁취하기 위해 어떤 '투쟁'을 벌였으며 그것이 시민 전반의 교양을 어떻게 북돋았는지를 기술해야 한다. 만일 어떤 음악가의 성취가 단순히 그 자신의 천재성의 결과인양 기술된다면, 푸시킨Alexander Pushkin이 희곡의 작중 인물 살리에리의 입을 빌려 "천재는 후계자를 남기지 않을 것"이라 말했듯 후세에도 영향을 미치지 못할 것이며, 고립된 존재로서 신적인 능력을 발휘할지언정 사회의 발전과는 무관해진다.

우리 사회는 '후계자를 남기지 않는 천재'의 문제를 여러 차례 겪었다. 앞으로 제2의 김연아가 나올 수 있을까? 제2의 손흥민이나, 제2의 김광석은? 물론 천재란 쉬이 나오지 않는 법이다. 그러나 흔히 이야기하는 제2의 모차르트 등등이란 비단 '그만한 재능'의 생물학적 탄생만을 뜻하는 게 아니다. 그 사회가 천재를 알아보고 후원하며 그의 정신을 자극하고 북돋아 주는 동반의 관계를 맺을 수 있는지, 그러한 생산적인 관계를 지속할 문화 자산과 시스템을 보유하고 있는지를 묻는 것이다. 이런 조건을 갖출 때에야 천재가 남긴 유산을 기록과 교육을 통해 전수할 수 있기 때문이다. 그러므로 평전 기술자는 천재를 둘러싼 문화사적 맥락을 종합적으로 살펴보고, 오늘의 예술계와 사회가 재능을 길러내는 나은 풍토를 가꾸는 데 의미 있는 제언을 남겨야 한다.

풍월당에서 각각 2017년에서 2020년에 걸쳐 출간한 세 권의 음악가 평전《슈베르트 평전》,《슈만 평전》,《브람스 평전》은 이러한 문제의식을 공유하는 저작이다. 오스트리아-독일 전통의 거장들인 프란츠 슈베르트Franz Schubert, 1797-1828, 로베르트 슈만Robert Schumann, 1810-1856, 요하네스 브람스Johannes Brahms, 1833-1897가 활동한 낭만주의 시대에 시민들은 음악 문화의 주체로 떠올랐으며, 작품과 공연, 악보 출판 등 음악 시장의 내실 또한 질과 양 모두에서 비약적인 성장을 이루었다. 그러나 '성장' 자체보다 더 중요한 것은 예술의 순수성, 학문성, 시민성 등의 가치를 지키고 계승하여 하나의 문화적 전통을 만들어냈다는 사실이다. 이 세 권의 평전은 액면 그대로 생각하면, 프란츠 슈베르트가 태어난 1797년부터 요하네스 브람스가 죽은 1897년의 100년간을 다룬다. 1797년은 요제프 하이든Joseph Haydn이 저 유명한 〈황제 찬가〉를 지은 해였고, 1897년은 유대인 음악가 구스타프 말러Gustav Mahler가 빈 궁정 오페라의 상임 지휘자 자리에 오른 해였다. 여전히 하인이었던 하이든에 비해, 말러는 이방인이자 변방인으로서 음악사의 최중심부로 약진하는 데 성공했다. 스스로를 신민으로 여겼던 하이든의 1797년과 예술을 통한 자수성가의 아이콘이었던 말러의 1897년 사이의 격차는 음악가의 지위가 백 년 동안 얼마나 달라졌는지를 단적으로 보여준다. 그러나 하이든과 말러는 시대와 경험의 차이에도 불구하고, '예술은 진지한 것이며 다음 세대에 물려줄 고전적 가치를 담고 있어야 한다'는 하나의 믿음 위에 서 있었다.

《슈베르트 평전》: 시민적 울타리, 그 초기의 기록

영국의 음악학자 엘리자베스 노먼 맥케이Elizabeth Norman McKay의 《슈베르트 평전》은 영미권에서 출간된 슈베르트 관련 저작 가운데 가장 '꼼꼼한' 저서로 평가받는다. 서문에서 밝혔듯이 그는 슈베르트의 성품과 인간됨, 음악가로서의 성장 과정에 초점을 맞추되, 필요한 경우 작품에 대한 해설을 부분 부분 추가하는 식으로 저술했다. 그 때문에 음악 팬들에게 사랑받는 유명한 작품들을 빠짐없이 언급하기보다는, 슈베르트가 작곡가로서의 자의식을 키우고 방향을 정하는 과정에서 이정표가 되는 작품들을 뽑아 언급하고 있다. 이를테면 미사 1번(D105)은 어린 슈베르트가 17세이던 1814년 작곡하여 그가 살았던 동네 리히텐탈 교회에서 초연되었다. 싱싱한 아름다움으로 가득한 이 작품은 슈베르트가 작곡가로서의 소명을 확신하는 계기가 되었다는 면에서 중요한 의미가 있다. 미사 1번의 초연은 슈베르트와 기숙 학교 친구들, 이웃 주민, 스승, 교회 식구 들이 연주와 예배에 함께 참여한 공동체의 작은 축제이기도 했다. 한편 처음으로 돈을 받고 쓴 작품 〈프로메테우스〉 칸타타(D451)는 지금은 유실되었음에도 비중 있게 언급된다. 슈베르트의 후원자이자 명망 있는 정치학 교수 하인리히 요제프 바테로트Heinrich Joseph Watteroth가 100굴덴을 이 작품의 위촉료로 지불했는데 이는 오늘날의 870유로, 우리 돈으로 대략 110만 원 정도의 구매력을 지닌다. 이 작품을 쓴 1816년 당시 슈베르트는 여전히 19세의 청소년이었으므로 작품을 팔아 그만큼의 수익을 올린 사실에 무척 고무되었을 것이다.

이 두 가지 사례만 살펴보더라도 알 수 있듯, 저자 맥케이는 슈베르트의 작품이 특정한 사회적 맥락 안에서 탄생했고 이것이 다시 작곡가의 성장을 자극했음을 강조하고 있다. 슈베르트는 하늘에서 뚝 떨어진 천재가 아니었던 것이다. 슈베르트가 작곡을 시작했을 즈음 빈 음악계에는 일종의 지각 변동이 일어나고 있었다. 1811년 오스트리아 국가 부도의 여파와 1814년 라주모프스키 궁의 대화재를 비롯해 1812년에서 1816년 사이의 개인적 사고 등으로 베토벤Ludwig van Beethoven을 후원하던 귀족들이 연이어 갑작스레 몰락했다. 반면 이 와중에 1812년 연말에는 오늘날에도 빈 음악 문화의 중심적 역할을 하고 있는 '빈 음악 애호가 협회'가 창립되었다. 황제가 거금을 희사했고 귀족들도 여럿 참여했지만, 발기인은 빈 궁정 극장의 서기였던 요제프 존라이트너Joseph Sonnleithner였으며 여기에 다수의 명망 있는 시민들이 참여했다. 협회의 중심은 금세 시민 계층으로 옮겨갔다. 협회의 목표는 '모든 방면에서 음악 문화의 수준을 향상시키는 것'이었다. 이를 위해 협회는 음악원 설립, 정기 연주회 개최, 음악 사료의 정리와 수집 등 굵직한 사업을 벌였고, 중요한 음악가들에게 작품을 위촉하고 연주회를 주선하며 각종 자선 공연을 개최했고, 경우에 따라서는 예술가를 직접 후원하기도 했다. 《슈베르트 평전》에서 소개하는 대로, 협회는 슈베르트의 곤궁한 처지가 알려지자 그의 자존심을 지켜주면서 그 동안의 기여에 대한 '감사의 표시로' 그에게 조건 없는 지원금을 지급하기도 했다.

작곡가 슈베르트의 '시민적 울타리'는 협회와 같은 공식 단체만이 아니었다. 사실 그에게 개인적으로 더 중요한 의미가 있었던 모임은 친구들의 동아리였다. 슈베르트 주위에는 빈 시립 기숙 학교 '형님'들이 이끌었던 '빌둥 서클'이나 이후 슈베르트 음악을 연주하고 낭독과 독서 토론, 기타 여흥 활동을 하던 슈베르티아데, 슈베르트의 절친한 친구였던 시인 프란츠 폰 쇼버Franz von Schober가 중심이 되었던 '독서회' 등 청년들의 모임이 있었다. 맥케이는 이런 젊은 청년들의 자치 모임의 분위기와 성격을 탁월하게 묘사해 낸다. 빌둥 서클은 건실한 청년들이 가질 법한 이상주의적인 열정이 배움과 나눔으로 나타난 모임이었다면, 슈베르티아데는 음악이 중심이 된 시민 문화 살롱이었고, 쇼버 동아리는 지적인 자극과 방종과 허영이 뒤섞인 쾌락주의로 설명된다. 슈베르트는 청소년 시기에 이미 작곡을 시작했으므로, 이런 또래 집단의 영향력이 중요하게 작용했다. 맥케이는 지혜롭게도, 문학적 취향을 전수해 준 빌둥 서클이나 창작의 분출구가 된 슈베르티아데뿐 아니라 작곡가의 어두운 측면을 일깨우고 증폭시킨 쇼버의 영향력까지도 슈베르트의 음악적 성숙에 꼭 필요했다고 지적한다. 모범적인 지침으로는 훌륭한 시민을 키워낼 수 있을지 모르지만, 사람 마음의 심연을 포착해 내는 예술가가 될 수는 없는 것이다.

한편 맥케이는 이러한 '시민적 울타리'들이 직면해야 했던 국가 차원의 억압에 대해서도 충실하고 자세하게 다룬다. 음악에 대해서는 비교적 검열이 느슨했으나, 그럼에도 왕정복고 시기의 오스트리아는 엄격한 경찰국가였다. 프랑스 혁명의 불똥이 옮겨붙을까 염려한 당국은 앞서 언급한 학생 자치 모임, 그리고 일반인들의 모임까지도 감시했고, 음악 애호가 협회 등 여러 예술 단체 또한 검열에서 자유롭지 못했다. 이러한 부자유의 분위기를 단적으로 보여주는 것은 친구 요한 젠Johann Senn의 체포 사건—이 일로 전도유망한 학생 젠의 경력이 끝장나고 말았다—이었지만, 이런 일은 그에게만 운 나쁘게 일어난 것이 아니라는 점도 명백하게 드러나 있다. 건전한 학생 자치 모임이었던 빌둥 서클도 해체 위기를 겪었고, 베토벤이나 극작가 프란츠 그릴파르처Franz Grillparzer 등 훨씬 더 유명한 인사들이 회원으로 있었던 '루들람의 동굴' 모임도 당국에 의해 해산되었다. 한편 이보다 더 교묘한 억압책도 있었는데, 이는 결혼할 때 직업 혹은 그에 준하는 경제적 능력을 증명해야 하는 소위 '혼인 허가법'이었다. 사랑과 혼인이라는 사적 자유 영역을 국가가 '허가'하겠다는 것은 결국 청년들의 일상적 부담을 증가시켜 혁명에 가담하는 것을 원천 봉쇄하려는 통제책이었다. 슈베르트는 이 때문에 짝사랑이었던 테레제 그로프Therese Grob를 놓치고 이후 독신으로 살게 된다.

이처럼 슈베르트의 시대는 여러 가지 측면에서 과도기적이었다. 첫째, 귀족과 시민들은 서로 갈등 및 협력이라는 이중적인 관계에 놓여 있었고, 둘째, 예술가와 일반 시민은 같은 배를 타고 있기는 했지만 서로에 대한 몰이해와 이해관계의 차이로 언제든 갈라설 수 있었다. 예를 들어 학창 시절 슈베르트와 친밀했던 부유층 자제 대부분은 안정된 직업을 얻고 사회인이 되면서 자연히 그와 거리를 두게 되었다. 물론 여기에는 저자가 자세히 다룬 대로 슈베르트의 개인적 결점이 한몫했지만, 그럼에도 자유로운 창작자로 살고자 하는 예술가의 삶의 방식이 시민적 직업이 요구하는 그것과 맞지 않았음을 시사하기도 한다(이는 오늘날에도 여전히 유효한 사실이다). 슈베르트와 부친 사이의 갈등 또한 근본적으로는 시민적 삶(교사) 대 예술가적 삶의 갈등이라 볼 수 있다.

한편 셋째로 음악가 사회를 들여다보아도, 슈베르트가 살았던 시대는 고전주의 세대와 낭만주의 세대가 예술적으로 공존하되 사회사적으로는 혁명 세대와 왕정복고 이후의 비더마이어 세대가 갈리는 이중적 관계에 놓여 있었다. 음악사적으로는 고전주의와 낭만주의에 걸쳐 있으면서 혁명 세대에 속한 베토벤에게는 그래도 대작을 선보일 기회가 넉넉한 편이었다. 그가 교향곡 5번과 6번을 발표한 1808년까지만 해도 오스트리아의 귀족들은 대규모 음악 행사를 꾸준히 열고자 했고, 베토벤은 이 기회를 놓치지 않고 영웅주의적 교향곡을 잇따라 성공시킨 것이다. 그러나 그 이후 음악계에 등장한 슈베르트에게는 상황이 좋지 않았다. 앞서 언급한 1811년의 국가 부도로 음악 시장이 위축되었고, 1814년 왕정복고 이후로는 검열과 감시가 심해져 작품 활동에 제약이 따랐다. 특별히 공을 들였던 오페라 분야에서도 비슷한 어려움이 뒤따랐다. 로시니Gioacchino Rossini 열풍으로 대표되는 이탈리아 오페라의 강세로 인해 일종의 보호 조치로 이탈리아-독일 오페라 양립 정책을 펴야 할 만큼 독일 오페라가 설 자리는 협소했다. 이러한 상황에서 가난하고 숫기 없는 청소년 작곡가가 흥행 감각이 중요한 이 장르에서 성공하기란 거의 불가능에 가까운 일이었다. 궁정 악장 살리에리Antonio Salieri가 스승이라는 점 외에는 내세울 만한 인맥이 없었던 슈베르트의 교향곡들은 주로 프리슐링이나 하트비히 등과 같은 부유한 시민의 사설 아마추어 오케스트라에 의해 초연되어야 했고, 어렵게 잡은 오페라 초연들이 성공하지 못한 것도 음악의 문제라기보다는 함량 미달의 대본, 연습 부족, 흥행 감각의 부재 등이 원인이었다.

그러나 작곡가에게는 불행이었을 이러한 제약은 슈베르트를 음악사 최초의 명실상부한 시민 음악가로 만드는 중요한 이유가 되었다. 교향곡, 오페라 같은 거대한 장르 대신 가곡과 춤곡에서 빛을 보기 시작한 것이다. 이 '소품'들은 점차 시민들의 가정집에 들어갔고, 교양에 목마른 보통 사람들의 음악 생활 수준을 몰라보게 향상시켰다. 그러나 그의 '하우스무지크Hausmusik'(가정 음악)들은 그 이전의 여흥용 소품과는 차원이 달랐다. 말하자면 전 세대 예술가들이 키워 물려준 막대한 예술적 유산인 빈 고전주의와 독일 시문학의 세례를 받아 나온 작품이었던 것이다. 사람들은 서서히 슈베르트의 진가를 알아보기 시작했다. 슈베르트의 무명 시절은 꽤 길어서 이미 500여 곡을 써놓은 1821년에야 가곡 〈마왕〉으로 첫 출판에 성공했지만, 그가 세상을 떠난 1828년 출판 목록은 이미 100번에 다다르게 되었다. 만일 슈베르트가 좀 더 건강하게 삶을 지속했다면 분명 천재성과 노력의 열매를 풍성하게 수확할 수 있었을 것이다.

맥케이의 저작에서 가장 훌륭한 점은 마치 원경과 근경을 오가듯이 슈베르트 개인의 문제를 사회적 조건과 연결 짓는다는 사실이다. 평전의 가장 인상적인 대목인 6장 '두 가지 본성'은, 표면적으로는 슈베르트가 앓았을 순환 기분 장애를 다루는 장이다. 이 주제는 특히 슈베르트의 고통스러운 말년과 그때 쏟아져 나온 걸작들을 이해하는 데 중요한 정보를 제공한다. 슈베르트의 원숙기 걸작들은 하나같이 그의 타고난 성품이라 할 수 있는 다정하고 천진한 서정성과 음울하고 공격적이며 공포스러운 면을 야누스적으로 결합하고 있다. 맥케이는 슈베르트 작품을 걸작의 반열로 끌어올린 이러한 대체 불가능한 개성이 순환 기분 장애와 관련되어 있다고 지적한다. 이는 일정 부분 유전적 소인에 의한 것이지만, 한편으로는 그가 너무 이른 시기부터 감당해야 했던 '방랑' 생활과도 관련된다. 그는 자유 창작 예술가로 살기 위해 아버지와 불화 끝에 가출하여 소위 '어른의 보호'를 받지 못했다. 결혼 허가법이라는 시대의 억압으로 인해 가정을 꾸리는 데도 실패했고, 친구의 집을 전전하며 불안정한 삶을 영위해야 했다. 큰 상실감에 시달리던 슈베르트는 쾌락주의자 쇼버의 영향을 받으며 폭음과 흡연, 성적인 유혹을 받기 시작했다. 유복했던 상류층 자제들에 비해 경제적으로, 정서적으로 위험한 환경에 쉽게 노출되었던 것이다. 이러한 여러 조건은 슈베르트의 순환 기분 장애를 보다 악화시키는 방향으로 작용했다. 이어진 매독 발병은 그의 인생과 예술에 돌이킬 수 없는 결과를 초래했다. 물론 매독은 슈베르트의 방종과 무절제를 단적으로 보여주는 사안이지만, 그렇다고 무조건 개인적인 문제로 치부할 수는 없다. 한 사회의 격변기, 기성세대에 대한 신뢰를 잃고 정신적 아노미를 겪는 젊은 독신 남성들 사이에서 매독은 광범위하게 퍼진 병이었다. 직업과 사랑을 스스로 선택할 수 없다는 절망감, 대안을 찾기 어려운 현실은 많은 젊은이들을 질병으로 내몰았다. 지극히 협소했던 사회적 안전망은 제대로 작동하지 않았고, 오히려 그 안전망 안에 안전하게 머무르는 계층과 바깥으로 내몰린 계층을 구분하는 가름막 역할을 했다.

슈베르트의 순환 기분 장애는 매독과 결합되면서 극심한 조울증으로 악화되었고, 이는 다시 사회적 관계를 망가뜨리면서 그의 전망을 어둡게 했다. 그러나 역설적으로 질병으로 인한 고립은 슈베르트의 걸작 탄생에 꼭 필요한 조건이 되었다. 맥케이는 슈베르트의 질병과 사인, 그리고 죽음 이후의 일에 대해 주관적 개입을 자제하며 세세히 정리하여, 그의 죽음에서 매독이라는 엄연한 사실을 지우려 했던 '사회'의 노력을 드러낸다. 슈베르트의 훌륭한 예술에 누가 될 만한 부분을 '필요에 따라' 누락하려는 후대 사람들의 태도는 역설적으로 사회와 천재의 진정한 동반이 무엇인지를 묻게 만든다. 이러한 태도는 그 의도가 선량하건 아니건 간에 예술가가 남긴 예술을 좀 더 '부담 없이' 이용 가능하게 하되, 예술가의 방종과 타락에 대한 사회의 공동 책임은 은폐하려는 시도이다. 슈베르트는 1824년에 적은 메모에서 고통이야말로 진정한 예술을 벼린다는 신념을 표현했다. 그렇다면 사회는 예술을 위해서 예술가를 고통스럽게 하거나 혹은 그렇게 방치해도 좋은가. 우리는 알고 있다. 굳이 그렇게 하지 않아도 누구에게나 인생에는 자기 몫의 고통이 가득해서 예술의 소재 또한 마를 날이 없으리라는 것을. 31세로 생을 마감한 슈베르트에 대한 평전은 결국, 아직 젊은 예술가를 충분히 보호하지 못했던 사회에 대한 기록이다. 젊은 예술가가 미숙했던 만큼이나 시민 사회도 미성숙했음을 알려주는 것이다.

그밖에 맥케이는 슈베르트의 삶에 관한 다양한 디테일을 생생하게 전달한다. 빈 기숙 학교 시절 슈베르트가 형에게 용돈을 나눠 달라고 보낸 편지에서는 그가 겪었던 가난과 공복통이 아이다운 천진함과 함께 전달된다. 슈베르트가 아버지에게 처음 선물 받은, 중고품이었을 것이 분명한 피아노는 1년 만에 망가져 버려서 피아노 음악 작곡을 더디게 만들었다. 작곡가의 가난한 환경과 아직 과도기였던 피아노의 발달 단계를 잠시 엿볼 수 있는 대목이다. 슈베르트에 관한 한 가장 중요한 연구자인 오토 에리히 도이치Otto Erich Deutsch의 저서 《슈베르트: 친구들의 회고*Schubert: Die Erinnerungen seiner Freunde*》를 면밀히 연구하여, 직접 남긴 글이 많지 않은 슈베르트의 생애를 제3자의 시각으로 자세히 살피는 점도 탁월하다. 또 슈베르트의 출신 배경을 밝히는 첫머리에서 양부모가 모두 동유럽 이주민이었음을 밝히는데, 이 또한 슈베르트 음악의 중요한 주제인 방랑과 연결되는 동시에 그의 음악에 들어 있는 동유럽적 색채와 즉흥적인 요소를 환기시킨다.

다만 슈베르트의 삶과 음악을 이해하는 데 가장 중요한 지점 가운데 하나인 독일 가곡 분야의 의의가 보다 강조되지 못한 점은 아쉽다. 초기에 쏟아져 나온 합창(앙상블) 가곡과 발라데 연습, 1814년에서 1815년에 걸친 유절 가곡 집중 연습 등은 그가 상당히 체계적이고 주체적으로 독일 시민 문화에 기여하고자 했음을 말해준다. 한편 1816년 슈베르트의 가곡 묶음을 괴테에게 보내며 그를 소개한 친구 슈파운Joseph von Spaun의 일화에서 저자 맥케이는 슈파운이 불필요하게 오시안Ossian 가곡들이 특별히 훌륭하다고 하여 시인의 신경을 건드렸을 것이라고 설명하지만, 이는 다소 부주의한 추측이다. 괴테는 스코틀랜드 시인 오시안을 '북구의 호메로스'라 칭할 정도로 높이 평가했고, 이는《젊은 베르테르의 슬픔》에도 잘 드러나 있다. 오히려 슈파운은 이런 사실을 이용해 괴테의 관심을 환기하고자 했을 것이다. 독일 문학과 가곡에 대한 다소 얕은 해석은 슈베르트 가곡의 비중을 생각한다면 아쉬운 대목이다. 한편 이석호의 번역은 충실하다. 특히 언어 구사의 자연스러움, 풍부한 어휘 등은 이 평전을 하나의 훌륭한 이야기로 읽을 수 있게 해준다.

《슈만 평전》: 주변인들을 통해 입체적으로 조망하는 예술가상

한편《슈만 평전》과《브람스 평전》은 국내 저자인 이성일의 저작이다. 이 두 저작의 미덕은 국내의 음악가 평전에서는 그동안 만나기 어려웠던 방대한 세부 정보를 담고 있다는 점이다. 특히 주인공인 슈만, 브람스의 삶과 작품을 다루느라 주변적으로 언급되던 인물들을 최대한 소개하려 한 점이 인상적이다. 이러한 시도는 독자들의 지평을 당대의 시민 사회 및 음악가 사회로 넓혀주는 효과를 발휘한다.

음악사에서 슈만의 위치는 여러 가지로 미묘하다. 낭만주의를 대표하는 음악가로서 높은 인지도를 지닌 것은 사실이지만, 어느 영역에서도 제왕적이거나 독보적인 위치를 점하지는 못하는, 말하자면 불운한 천재 이미지가 늘 따라다닌다. 비록 통속적인 접근이기는 하지만, 슈만에게는 타이틀이 없다. 하이든에서 베토벤, 브람스, 말러로 이어지는 독일 교향악의 계보에서 그의 위치는 그간 독특한 과도기적 시도쯤으로 여겨졌다. 피아노 음악은 동시대의 프레데리크 쇼팽Frédéric Chopin과 프란츠 리스트Franz Liszt 다음으로 여겨졌다. 다양한 장르에서 준수한 작품을 남겼지만, 그런 '완성형' 작곡가 중에 당대 사람들이 최고로 친 인물은 펠릭스 멘델스존Felix Mendelssohn이었다. 슈만의 가곡은 장르사를 바꿔놓은 명작들이지만, 그래도 '가곡의 왕'은 슈베르트다. 요컨대 훌륭하고 독특한 '2등 작곡가'가 슈만인 것이다.

이성일은 슈만의 이런 자리매김에 대해 문제를 제기한다. 보통 음악사에서는 음악과 직접 관련된 이야기만을, 그중에서도 가장 중요하다 여겨지는 작곡가들의 간추린 이야기만을 접하게 된다. 그러다 보면 우리는 취사 선택된 대표 이미지 하나만을 가지고 예술가를 바라보게 된다. 시야가 좁아지는 것이다. 모차르트는 요절한 신동 음악가이고 베토벤은 귀가 먹은 영웅이라는 식의 요약이 이어지면 문화를 가꾸는 데 더 필요한 지식들이 무수하게 탈락된다. 이런 요약을 슈만 같은 인물에 적용하면 그 해악은 더 커진다. 슈만은 결국 정신병원에서 생을 마감했기 때문이다. 그의 모든 노력과 성취와 시행착오가 결국 '미쳤다'라는 한 마디에 다 묻혀버린다. 그러나 그것은 한 인간에 대한 예의가 아니지 않은가.

그런 까닭에 이성일의 《슈만 평전》은 어느 하나의 이미지에 슈만을 가두지 않으려고 세심하게 배려한다. 슈만은 실상 아주 폭이 넓은 인물이었고, 그가 낭만주의 음악에 기여한 바는 다채롭고도 심원했다. 저자가 슈만과 관계된 사람들, 사회 문화적 환경, 음악의 내력과 뿌리를 최대한 폭넓게 보여주고자 한 것도 그를 보는 너른 시각을 제공하기 위해서다. 슈만이 어떤 인물인지를 제대로 이해하기 위해서는 베토벤 이후 유럽 음악계의 지형도를 그리는 일이 꼭 필요하다. 1810년 세대는 음악사에서 중요한 국면에 위치해 있었다. 베토벤을 비롯한 빈 고전주의의 대표 음악가들이 귀족의 후원을 통해 자기 입지를 확립한 뒤 새롭게 열리는 시민 중심의 문화를 개척했다면, 1809년생 멘델스존, 1810년생 쇼팽과 슈만, 1811년생 리스트, 1813년생 리하르트 바그너Richard Wagner와 주세페 베르디Giuseppe Verdi 등을 아우르는 1810년 세대는 새로운 시민 음악 청중을 계속 가꿔 진정한 문화 주체로 만들어내야 할 사명을 이어 받았다고 할 수 있다. 하나의 새로운 생각이 깨어나 문화적 정수를 탄생시킨 다음에는 그것을 도처로 확산시키고 다양성을 부여하려는 움직임이 이어지게 마련이다. 그리스의 정신이 로마의 길을 타고 각지로 퍼졌듯, 르네상스의 정신을 바로크가 양적으로 증대시켰듯, 빈 고전주의의 유산 또한 유럽 전역으로 펼쳐지며 진지하게 경청하는 음악 문화를 확산시키는 와중에 있었다. 게다가 그동안 가장 혁신적인 음악의 창작 산실이었던 빈의 매력은 급속히 반감되고 있었다. 귀족 후원자층의 몰락 및 경제적 쇠락과 더불어 빈 특유의 유연한 계몽적 분위기를 잃었던 것이다. 여전히 공화제로의 개혁 내지는 혁명을 꿈꾸고 있었던 1810년 세대에게 황제의 도시 빈은 너무나 보수적으로 느껴졌고, 쇼팽, 리스트, 슈만은 모두 빈에 둥지를 틀지 않았다. 이는 빈 고전주의의 유산이 다양하게 펼쳐져 계승, 변화, 발전되는 효과를 낳았다. 그러나 슈만은 슈베르트의 〈대교향곡〉을 찾아내 멘델스존으로 하여금 라이프치히에서 초연하게 함으로써 빈의 음악 세계와 낭만주의 전체를 상징적으로 접속시켰다.

1810년 세대의 음악사적 과업이 시민 음악 문화의 확산에 있다면, 그것은 작곡이나 연주 같은 활동만으로 될 일이 아니다. 생각을 나누고 방향을 제시하고 연대를 모색하는 일이 반드시 병행되어야 한다. 슈만은 비록 당대에 동료들보다 덜 인정받았을지 모르지만, 전반적인 음악 문화에 있어서는 누구보다도 중요한 공헌을 했다. 음악을 스스로 작곡할 뿐 아니라, 의미를 찾아내고 가치를 부여하는 일까지 했기 때문이다. 예를 들어 그가 만든 〈신음악지〉는 단지 칼럼니스트 슈만을 보여준 것만이 아니라 보다 수준 높은 평론 문화의 태동이었고, 그가 결성한 '다윗 동맹'은 예술을 그저 감성적 소비로 치부하는 속물성에 반대하겠다는 하나의 지향점이었다. 그 이전에도 음악가가 자신의 생각을 적어두거나 다른 이에게 전하는 일은 늘 있었다. 그러나 동아리와 평론지를 만드는 것은 공론의 장을 펴놓는 일, 일종의 예술 플랫폼을 구축하는 일과 같았다. 누구라도 이 장에서 예술의 방향성과 역할에 대해 토론할 수 있었고, 새로운 작품의 의미에 대해 묻고 답할 수 있었다. 그 와중에 그는 쇼팽과 베를리오즈Hector Berlioz를, 나중에는 〈새로운 길〉이라는 유명한 칼럼을 통해 브람스를 소개했고, 낭만주의의 방향성을 제시했으며, 예술을 대하는 진정한 태도를 논했다. 말하자면, 슈만은 자기보다 더 유명한 1810년 세대의 다른 음악가들보다 월등하게 인문학적인 사람이었던 것이다.

슈만은 작곡가로서도 폭이 넓었다. 그는 인간 내면의 복잡성에 매료된 작곡가였다. 그는 마치 소설가 장 파울Jean Paul이나 E. T. A. 호프만E. T. A. Hoffmann의 세계를 음악으로 구현하는 것처럼 때로는 환상적이고, 때로는 비합리적이며, 때로는 비약을 선보이기도 하면서 음악 표현의 영역을 넓혔다. 단정하고 다소 보수적인 멘델스존이나, 기교와 외향적 효과를 앞세우는 리스트에 비해 슈만은 기존의 음악이 다루지 않던 인간의 어두움을 누구보다도 과감하게 표현한다. 체계적이지만 파편적이고, 서정적이지만 낯설게 이탈하며, 열광적이지만 늘 침묵과 가까운 슈만의 음악 언어는 그가 자기 내면을 철저하게 관찰하며 그 복잡함을 성찰한 결과물이다. 말하자면 외적으로는 연대를 추구하고, 내적으로는 인간 마음의 구도자가 되려 했던 것이 작곡가 슈만이다.

그러므로 슈만은 입체적인 사람이다. 단순하게도 쉽게도 이해될 수 없다. 저자 이성일은 바로 이 지점을 명확하게 이해하고 있다. 그는 슈만이 물려받은 독일 시민 문화의 다양한 유산을 성실하게 조망한다. 여러 인물과 예술 작품에서 받은 영향 관계에 대한 정보들은 예술가 슈만의 복잡한 성향이 어떻게 형성되었는지를 짐작해 볼 수 있도록 해주고, 작품의 창작과 수용을 둘러싼 다양한 논쟁을 통해서는 19세기 사람들의 일반적인 세계관 및 음악관을 엿볼 수 있게 하여 예술가 슈만의 독특성과 참신성을 이해할 수 있도록 돕는다. 그 과정에서 다양한 자극을 독창적으로 수용할 줄 아는 슈만의 지적인 능력과 새로운 방식을 끝없이 찾아내기 위해 극단에 서기를 두려워하지 않는 열정이 인상적으로 드러난다.

한편 저자는 슈만의 많은 작품들 가운데 오로지 몇몇만이 감상자에게 전달되고 있음을 안타까워하며 덜 알려진 작품들을 공들여 설명한다. 그러한 '편식'을 불식시킬 때 슈만의 진면목이 더 잘 드러나기 때문이다. 특히 오라토리오 〈천국과 페리〉나 극음악 〈괴테의 파우스트 장면〉 등에 깃든 각고의 노력과 두려움, 바흐 작품에 대한 열광이 빚어낸 푸가 작품들, 만년의 작품들을 둘러싼 갖가지 오해 같은 이야기는 그동안 잘 알려지지 못했던 음악가 슈만의 다면성을 심도 있게 조망한다. 이를 통해 우리는 슈만이 그저 클라라의 영원한 사랑이라든지, 브람스의 스승이라든지, 라인강에 몸을 던진 비극적인 광인이라는 단면적 그림을 넘어서서 낭만주의의 한복판에 서 있던 한 음악가를 다시 만나게 된다.

《브람스 평전》: 예술가다움과 시민다움의 결합

슈만이 빈을 방문하여 슈베르트의 〈대교향곡〉을 발굴한 1839년이 독일 낭만주의의 중요한 이정표가 되었듯이, 브람스가 뒤셀도르프를 방문하여 슈만 부부를 만난 1853년 또한 그만한 무게를 지닌다. 슈베르트가 최초의 시민 문화 살롱을 가꿨다면, 또 슈만이 〈신음악지〉를 바탕으로 새로운 차원의 음악-인문학적 공론장을 열어젖혔다면, 브람스는 음악가의 위상을 시민적 직업과 대등한 수준으로 격상시키고, 슈만이 발전시킨 학문적 면모를 공연장 및 음악원의 제도 안에서 공고히 다졌다. 그러나 무엇보다 중요한 것은 브람스가 진지한 예술가이자, 성공한 시민으로서 한 시대의 문화적 아이콘으로 자리 잡아 사회 일반의 존경을 한 몸에 받았다는 사실이다. 브람스의 존재 자체가 독일 시민 문화의 융성기를 상징할 정도였다. 이는 슈베르트, 슈만이 결코 이루지 못한 과업이었다.

저자 이성일은 《브람스 평전》을 2부로 나누어, 1부에서는 그의 인생과 음악가 경력을 통시적으로 다루고 2부에서는 브람스라는 인물과 관계되는 주제들에 관해 조목조목 상술했다. 1부에서는, 특히 두 번째 항목 '음악학자로서의 브람스'와 세 번째 항목 '위대한 음악가들에 대한 존경'은 과거의 것에서 새로움을 찾아내려는 브람스식 '온고지신'을 입체적으로 조망한다. 독일의 전통뿐 아니라 바로크 이전과 중세 음악을 연구하고 작곡에 활용하는 선구적인 면모는 후대에 지대한 영향을 미쳤다. 한편 '브람스와 조형예술' 등의 항목은 흔히 간과하기 쉬운 브람스의 폭넓은 교양과 관심사를 제대로 짚어준다.

1853년, 브람스의 등장은 하나의 사건이었다. 슈만은 그들의 만남이 향후 독일 문화사의 지형을 바꿀 중요한 일임을 알아보았다. 그는 이 약관의 젊은이를 두고 '시대가 요구하는 최상의 표현을 이상적인 방식으로 구현할 소임을 받은 자'라고 소개했다. 이 말은 이후 브람스의 예술적 발전에 의미심장한 예언이 된다. 사실 슈만이 이 글을 발표하던 시기, 낭만주의는 일대 위기에 봉착한 상태였다. 혁명과 낭만주의는 나폴레옹의 패망과 함께 왕정복고로 마무리되었고, 이는 베토벤과 슈베르트 세대가 겪은 첫 번째 좌절이었다. 그러나 이상을 꺾을 수 없었던 예술가들은 위고Victor-Marie Hugo가 절절히 그려낸 바 있는 '비참한 사람들'(곧 《레 미제라블*Les Misérables*》)의 시대를 지나 두 번째 혁명의 물결을 기다렸다. 이 두 번째 물결, 즉 1848년 7월 혁명은 프랑스에서는 공화제를 이룩했지만 독일과 오스트리아에서는 무참한 탄압에 의해 다시금 가로막히고 말았다. 1849년 5월, 독일 혁명의 좌초는 말할 수 없는 상실감을 남겼고 낭만주의는 지향점을 영영 잃어버린 것 같았다. 그것이 슈만 세대가 겪은 혁명사의 두 번째 좌절이었다. 이제 낭만주의의 정신은 거시적 차원의 정치적 변혁을 직접 향하는 것이 아니라 시민의 일상과 문화를 아우르는 방향으로 모습을 바꾸었다. 사람들은 정치에서의 실패를 문화로 보상받고 싶어 했는데, 이러한 경향을 넓게 '비더마이어Biedermeier'라고 부른다.

브람스는 이런 시대의 아들이었다. 그의 음악 여정에서 일관성 있게 관찰되는 성실과 인내, 장인다운 진지함과 전통에 대한 존중은 독일적 미덕의 모범이었다. 모든 면에서 독일 문화의 가치를 최고조로 끌어올리려 했던 그는 자신도 모르는 사이에 시대의 아이콘이 되어 있었다. 무엇보다 브람스는 교향악 분야에서 베토벤을 계승한 적자로 추앙받는다(지휘자 한스 폰 뷜로Hans von Bülow는 브람스의 교향곡 제1번을 베토벤 교향곡 제10번이라 칭하기도 했다). 낭만 초기의 작곡가들은 표제적 성격에 치우치거나 형식상의 특이성, 작법상의 분절성(낭만주의의 한 특성이다) 등으로 인해 베토벤의 후계자로 선뜻 지목되지 못했다. 그러나 브람스는 고전적인 틀과 낭만적 어법을 조화시켜 베토벤을 계승하는 동시에 자신의 개성을 각인해 내는 데 성공했다.

독일 교향악의 후계자가 된다는 것은 실로 의미심장한 일이었다. 소위 '라이프치히 파'라 불리던 독일 순수주의 음악의 계보가 끊어지는 것을 막아낸 상징적인 사건이었기 때문이다. 아마 브람스가 없었다면 독일 음악계는 문학적 표제와 극적 효과를 앞세우는 신독일악파의 경향으로 완전히 기울었을 것이다. 베토벤 이후 순수 기악 음악의 가능성이 거의 소진되었다고 본 바그너와 리스트가 비교적 장수하면서 비르투오소적인 기교적 음악, 악극, 교향시를 내놓고 있었다. 반면 음악을 문학적 표제에 복속시키는 것에 반대하는 입장으로서, 고전적 형식이 여전히 유효하며 그 형식을 새로이 발전시켜 나가야 한다고 본 슈만, 멘델스존 등은 모두 이른 나이에 세상을 떠나버렸다.

그러므로 브람스의 존재는 아카데미즘 음악의 버팀목과 같았다. 이후 음악계에는 바그너 대 브람스의 구도가 펼쳐졌고, 이는 시민적 음악이 다양성과 긴장감을 유지하며 발전, 융성하는 토대로 작용했다. 바그너, 리스트가 철저히 공연장 음악을 썼던 것과는 달리, 브람스는 슈베르트, 슈만을 이어받아 가곡, 앙상블, 합창곡 등과 같은 가정 음악을 많이 썼고, 민요가 모든 음악의 기본이라는 생각도 이어나갔다.

한편 브람스는 활기찬 사업가의 도시인 함부르크 태생답게 사업가적 수완을 발휘하는 인물이기도 했다. 비록 오페라에는 거리를 두었지만, 그는 음악 시장과 음악 대중의 요구를 정확히 파악하여 적극적인 행보를 이어갔다. 작곡가로서 그는 독일 시민 문화의 중요한 주제들을 작품으로 택하여 연이은 성공을 거둔다. 〈독일 레퀴엠〉 등에서처럼 도덕적인 고결함과 금욕적인 성실성을 추구하는 신교적 윤리를 내면화하는 작품을 발표하기도 했고, 〈헝가리 무곡〉처럼 당시 오스트리아-헝가리 이중 왕국에서 널리 퍼져 있던 헝가리, 동유럽, 집시 음악을 대중적인 춤곡 형태로 작곡하여 공전의 히트를 기록하기도 한다. 한편 요한 슈트라우스 2세Johann Strauss II가 〈아름답고 푸른 도나우〉를 작곡하자 여기에 자극을 받아 슈트라우스와는 달리 성악 앙상블 편성으로 〈사랑의 노래와 왈츠〉를 내놓아 성공을 거둔다. 평생 빈 청중들의 속물적 취향을 배격했지만, 그럼에도 브람스 작품의 이러한 방향성은 독일 시민 사회의 요구와 일치하는 것이었다. 브레슬라우 대학교에서 명예 박사 학위를 받았을 때 〈대학 축전 서곡〉을 쓰는 등, 그는 중요 행사 때마다 필요에 맞는 작품을 내놓았다. 역할과 책임에 걸맞는 작곡 행보 때문에 학자적인 고고한 이미지를 유지하면서도 상업적으로 성공할 수 있었던 것이다.

요컨대 브람스는 생존자였다. 슈베르트와 슈만이 얻지 못한 것을 브람스는 얻은 셈이다. 어떻게 가능했을까. 물론 브람스에게는 슈베르트와 슈만에게는 없었던 연주자로서의 능력이 있었다. 그는 비르투오소 피아니스트이자 뛰어난 지휘자이기도 했는데, 연주 활동은 본디 형체가 없는 음악 활동에 일종의 후광과 전시 효과를 부여해 주며 그 수준이 훌륭할 경우 확실한 수입원이 되기도 한다. 그러나 그보다 더 핵심적이었던 것은 브람스가 예술적으로 뛰어났을 뿐 아니라 시민적인 역할 수행에 있어서도 훌륭했다는 점이다. 마치 문학에서의 괴테처럼 말이다.

그러나 이 또한 슈베르트, 슈만보다 브람스가 개인적 차원에서 더 훌륭했다는 식으로 단순화할 수는 없다. 커리어를 펼치는 과정에서 브람스는 기성세대의 지원과 지지를 받았다. 아버지와 반목했던 슈베르트나 장인이자 라이프치히의 유력한 음악 교사였던 프리드리히 비크Friedrich Wieck와 투쟁해야 했던 슈만과 달리, 브람스는 젊은 나이에 슈만과 클라라Clara Schumann와 개인적 친분을 맺을 수 있었다. 슈만은 글로 브람스를 알렸고, 당대 최고의 피아니스트인 클라라와 바이올리니스트인 요제프 요아힘Joseph Joachim 등은 젊은 브람스의 음악을 널리 알렸다. 이는 나중에 브람스가 빈에 정착하는 교두보가 되었다. 브람스의 피아노 작품과 실내악은 순수 기악 음악을 등진 신독일악파와 달리 베토벤에 대한 향수를 자아냈기에, 빈 음악원이 중심이 된 음악가 사회를 비롯하여 빈 청중에게 열렬한 환영을 끌어낼 수 있었다. 이는 고전적 형식을 완벽하게 체득한 브람스의 공이면서, 동시에 브람스를 이끌어준 앞선 세대의 공이기도 하다. 슈베르트 시대 아직 체계를 완전히 갖추지 못했던 빈 음악원은 브람스의 시대에는 연주와 이론 양 측면에서 확실한 구심점 노릇을 할 수 있었다. 브람스는 작곡과 교육, 연주 등 모든 방면에서 활약할 수 있었고, 에두아르트 한슬리크Eduard Hanslick와 같은 비평가, 구스타프 노테봄Gustav Nottebohm과 같은 음악학자 들의 지원도 얻을 수 있었다. 슈만이 열어젖힌 본격적인 음악 비평은 이제 작곡가의 미학과 가치를 옹호하고 이론화하는 전문성을 갖추게 되었는데, 음악원이라는 기관은 이를 뒷받침해 주었다. 음악원은 안정성이 상대적으로 떨어지는 저널보다는 그 영향력이 클 수밖에 없었다.

결국 슈베르트, 슈만, 브람스의 시대를 거치며 음악계는 비단 예술 작품의 측면에서만 발전을 이어간 것이 아니었다. 천재 혹은 예술가의 행보만을 보아서는 안 된다. 그들을 빛나게 해준 조력자들의 공로를 함께 다룸으로써 전체 시민 사회의 기여를 함께 조망해야 한다. 음악가 평전은 예술가의 개인적인 성장뿐 아니라 그를 둘러싼 사회적, 경제적, 시대적, 문화적 조건의 변화상을 함께 그림으로써 우리 시대, 우리 땅의 천재들과 그들이 활동하는 조건들을 살펴보게 만든다. 사실 가장 사적으로 보이는 환경도 그 내막에는 사회적인 동인이 작용한다. 슈베르트, 슈만, 브람스는 모두 지식욕과 자수성가의 열망을 지닌 아버지를 두었으며, 아버지들은 근면과 성실이라는 미덕을, 어머니들은 예술적이고 인간적인 감수성을 아들들에게 물려주었다. 그러나 이 역시 노력하는 만큼 더 나은 환경을 일궈낼 수 있다는 계몽주의적 믿음이 100여 년에 걸쳐 내면화된 결과이지 않을까.

이성일의 두 저작은 자세하고 충실하게 슈만과 브람스의 주변부를 다루고, 그것이 작곡가에게 미친 영향을 다각도로 조망한다. 다만 그의 시각과 태도는 학자의 것이라기보다는 애호가의 것에 가깝다는 점에서 한계가 있다. 곧 작곡가의 작품을 빈틈없이 언급하고 관련된 정보를 제공하기는 하지만 그 발전상을 명징한 개념으로 포착하지는 못하여 때로는 단순 정보의 나열이나 주관적 해석으로 빠지기도 한다. 또한 전체 문화사를 아우르는 시각을 확보하지 못하여 문학사와 음악사의 서로 다른 시대 개념을 혼동하거나, 음악가와 시인, 출판인, 동료 등 주변의 인물들과의 영향 관계를 단편적으로만 서술하는 등의 한계를 종종 노출한다. 이로 인해 《슈만 평전》과 《브람스 평전》은 맥케이의 《슈베르트 평전》과 달리 개인과 사회의 영향 관계보다는 예술가를 중심으로 한 관계망을 하나하나 열거하는 정도로 서술의 폭이 좁아지기도 했다. 음악 작품에 관해서는—물론 평전이 악곡 해설이나 분석에 관한 책은 아니라 하더라도—단순한 인상 비평, 경우에 따라서는 주관적인 감정의 서술에 그치는 경우가 더러 나타났고, 특히 독일 시에 대한 해석이 곁들여지는 가곡의 경우에는 엉뚱한 시어에 의미를 부여하거나 무리한 연결 짓기—예를 들어 슈만이 쓴 편지에 등장하는 "잘 자요"라는 일상적인 안부 인사를 통해 슈베르트의 〈겨울 나그네〉 첫 곡을 떠올린다든지 하는 것은 전혀 설득력이 없다—도 종종 있다.

이러한 서술상의 결함에도 불구하고, 이성일의 두 저작은 국내 저자가 사심 없는 애호의 마음으로 시도한 클래식 음악가 평전으로서 하나의 의미 있는 출발점이다. 이 평전은 그 자체로 클래식 음악은 공부하며 듣는 것임을 말하고 있다. 모든 진정한 예술은 삶을 닮는다. 그러므로 한 인간의 삶을 제대로 만나는 것은 곧 그의 예술을 이해하는 첩경이 된다. 그러나 또한 모든 삶은 그를 둘러싼 사회와의 관계 안에서 형성되는 법이다. 삶을 닮은 예술은 그리하여 사회 안에서 인생보다 오래 살아 숨쉬며 결국 전승될 수 있는 문화적 자산이 되는 것이다.

우리 사회는 심심치 않게 천재들을 내고 있다. 그러나 우리는 이제 막 슈베르트 시대의 시행착오들을 겪고 있는 것처럼 보인다. 천재를 스타로 만들어 당장의 벌이를 위해 소비해 버리는 경우가 여전히 많고, 전시 효과가 없는 분야는 지원하지 않으며, 예술가들은 사회를 모르고, 사회는 예술의 가치를 여흥쯤으로 여긴다. 천재적 재능이 시민적 교양을 널리 이롭게 하는 데까지 얼마나 많은 분야의 숱한 '둔재'들의 노력이 필요했는지를 살펴야 한다. 그러므로 슈베르트, 슈만, 브람스의 평전은 천재 예술가가 시민 사회에 마침내 정착하게 된 이야기다. 곧 시민 사회가 예술을 이해하고 예술을 위한 자리를 제 안에 마련하게 된 내력을 그린 것과 같다.

나가며

물론 슈베르트, 슈만, 브람스가 살았던 100여 년간의 시간을 매끄럽게 이어지는 하나의 서사로 단순화하여 이해할 수는 없는 일이다. 슈베르트, 슈만, 브람스를 잇는 '계보'란 생각보다 헐거우며 어느 정도는 가상적이기도 하다. 멘델스존 남매, 작곡가 페르디난트 힐러Ferdinand Hiller, 혹은 작곡가 루이스 슈포어Louis Spohr와 같은 인물들의 역할을 생각하면 이러한 '계보'가 단일한 선으로 묘사될 수도 없음도 자명하다. 그러나 예술가들의 역사란 서로가 서로를 자발적으로 찾아내고, 같은 소명 의식을 확인하며 과거에 대한 계승 및 미래를 향한 개척 방향 등을 주체적으로 결정하는 일종의 '선택적 친화력'(이는 괴테의 소설 제목이기도 하다)으로 인해 연속성을 얻는다. 낭만주의 음악가들은 그들 스스로 베토벤을 계승하고, 또 바흐를 계승한다고 믿었다. 이러한 믿음은 그들의 창작과 주제 및 소재 선택에 결정적인 영향을 미쳤다. 이처럼 슈만은 스스로가 슈베르트를 계승한다고 믿었고, 브람스는 슈만을 계승한다고 믿었다. 그 결과 슈베르트, 슈만, 브람스는 모두 가정 음악 및 살롱 음악이었던 리트와 실내악, 합창곡, 순수 기악 음악인 교향악, 협주곡 등을 중시했고, 또 의지를 기울여 성과를 보였다. 이러한 공통성은 슈만 및 브람스의 언명을 따라 음악적 순수주의라는 흐름으로 나타났다.

이 세 사람의 천재가 일관된 방향으로 자기 예술을 갈고 닦았다는 사실, 또 사회 일반 및 예술가 집단과 교류하며 그 너비와 깊이를 더해갔다는 사실은 매우 중요하다. 슈베르트의 탄생에서 브람스의 서거까지 100여 년 동안 시민들은 이들의 '순수한 예술'에 지속적으로 노출되었고, 그중 후세대에 전할 만한 가치가 있는 작품들이 '고전', 곧 클래식이라는 이름으로 추려졌다. 처음부터 열광적으로 받아들여지지는 않았다 해도, 일정 시간이 지나자 작품들은 시민을 교육했다. 근면과 성실, 조화로움, 경청과 협력 등 시민 사회의 미덕을 강화시켰다. 또 무엇보다 눈에 보이지 않는 가치를 존중하고 당장의 성과보다 오래도록 기다리며 문화를 가꿀 줄 아는 태도를 내면화시켰다.

그러므로 이들 평전이 말하고자 하는 바는 단순히 작곡가의 성공담이나 사회가 예술가를 잘 먹고 잘 살게 했다는 것이 아니다. 클래식 음악은 여러 겹의 존중 없이는 불가능한 음악이다. '제대로 하려는' 장인의 정신, 작곡가의 생각을 더 앞세우려는 겸양의 정신, 전통과 기록을 존중하려는 학구의 정신 등이 어떻게 오래도록 이어져 내려올 수 있었는지를 단편적으로나마 엿볼 수 있게 하는 것이다.

그의 길을 예비하라. 구약 성서의 선지자 이사야는 예수 그리스도의 탄생 앞에 세례 요한이 올 것을 예언하면서 이렇게 외쳤다. 이와 같이 사회 또한 그 땅에 태어날 천재적 재능을 맞이할 준비를 해야 한다. 그것이 지혜다. 만일 우리가 우리 시대와 한국어를 사용하는 우리 예술가들에게 같은 질문을 던진다면, 어떤 답을 기대할 수 있을 것인가. 결국 이 음악가 평전들은 그저 먼 나라에서 벌어진 수백 년 전의 이야기를 담은 고정된 서사가 아니라, 오늘날 우리 사회와 예술가의 관계 맺음 전반을 살펴보게 하는 살아 있는 '질문의 책'이다. +

음악가의 시민 사회 정착기

나성인

나성인
서울대학교 독어독문학과를 졸업하고 독일 아우크스부르크 대학교에서 수학했다. 독일 시를 전공한 뒤 예술 가곡 분야의 코치 및 공연 기획자로 활동했다. 인문학과 클래식의 만남에 주목하여 강의와 저술 활동을 하고 있다. 지은 책으로 《베토벤 아홉 개의 교향곡: 자유와 환희를 노래하다》, 《하이네. 슈만. 시인의 사랑》, 《슈베르트 세 개의 연가곡: 사랑과 방랑의 노래》, 《베토벤 현악 사중주》, 옮긴 책으로 율리우스 베르거의 《이슬의 소리를 들어라》 등이 있으며, 부정기 예술 무크지 《풍월한담》의 편집을 맡고 있다.

이름 없는

내 어머니와 누이와 남동생…을 죽인

나,

피에르 리비에르

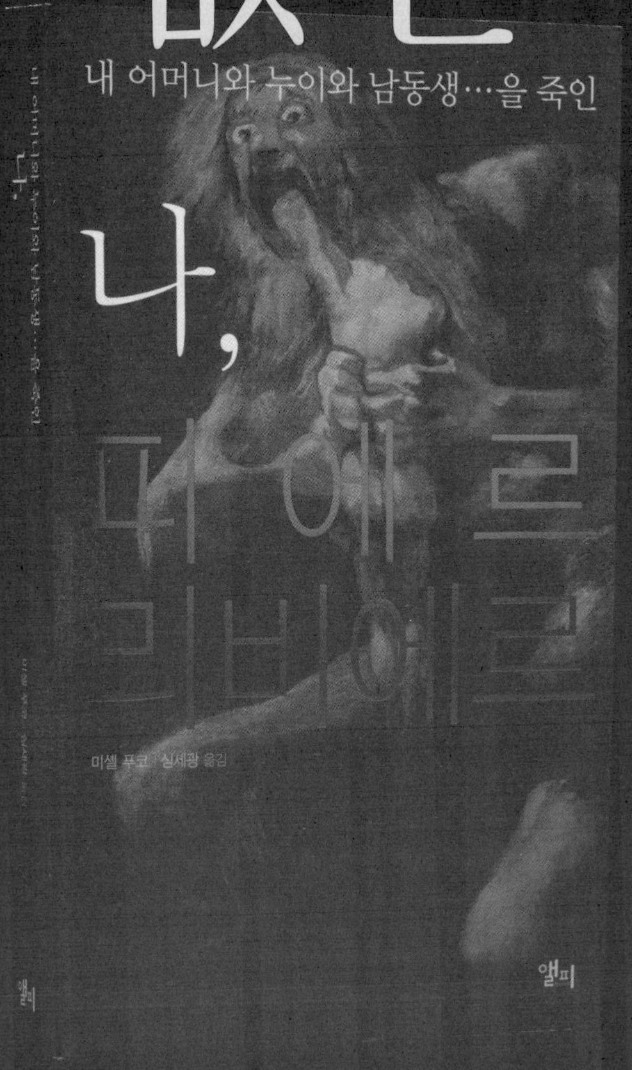

미셸 푸코 | 심세광 옮김

앨피

전기

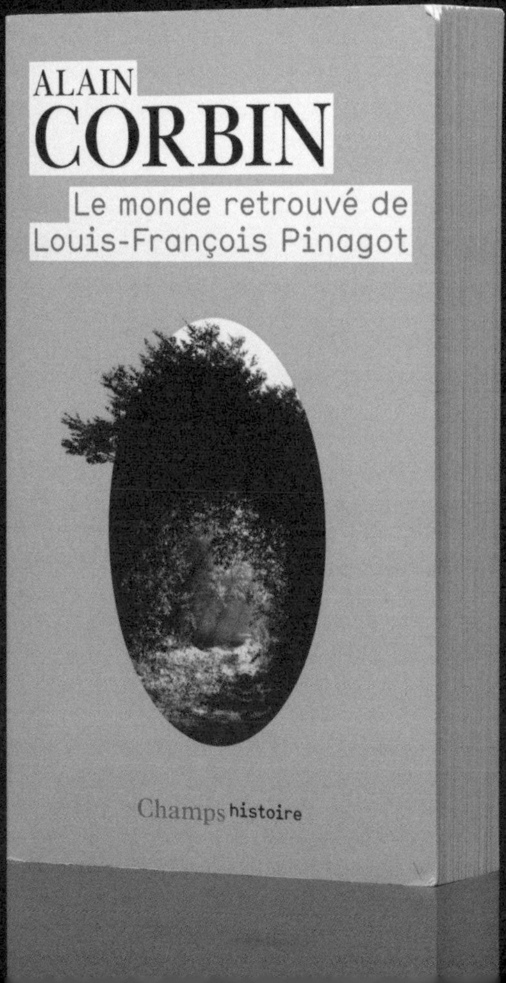
ALAIN
CORBIN
Le monde retrouvé de
Louis-François Pinagot
Champs histoire

윤상원

규율 권력의 합리성과 광기의 문학 사이에서

미셸 푸코, 《내 어머니와 누이와 남동생…을 죽인 나, 피에르 리비에르》, 심세광 옮김(앨피, 2008)
Michel Foucault, *Moi, Pierre Rivière, ayant égorgé ma mère, ma sœur et mon frère...: Un cas de parricide au XIX siècle* (Gallimard, 1973)

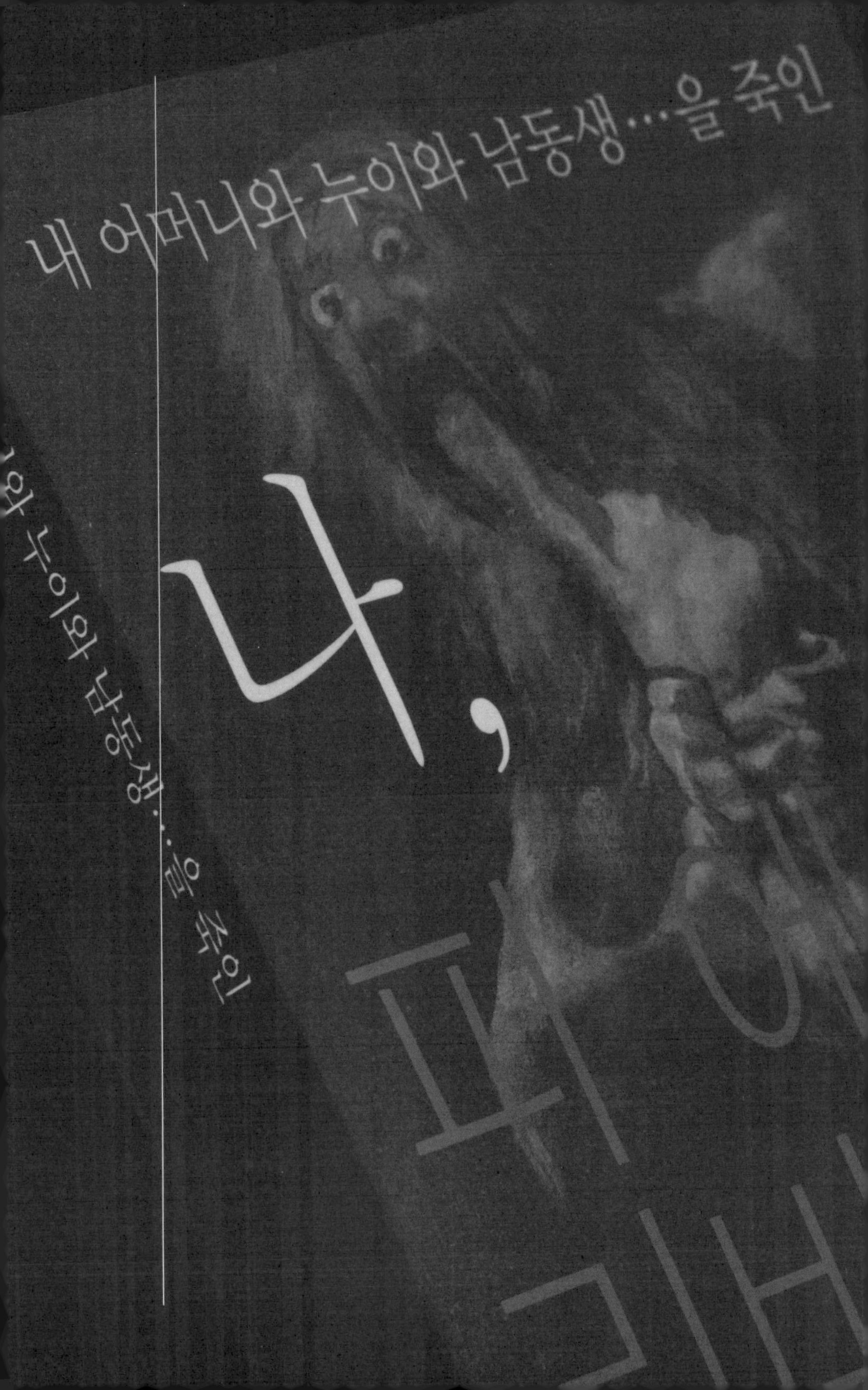

내 어머니와 누이와 남동생…을 죽인
나,
와 누이와 남동생…을 죽인

1. 에워싸인 텍스트

한 텍스트가 있다. 이 텍스트는 1835년 프랑스 노르망디에서 어머니와 두 동생을 낫으로 살해한 젊은 농부의 수기mémoire이다. 이 수기의 화자 피에르 리비에르Pierre Rivière는 글을 시작하며 자신을 '어머니와 동생들을 죽인 나, 피에르 리비에르'라고 직접 규정한다. 본격적인 이야기에 앞서 마치 전제를 제시하듯이, '나는 존속 살해범이다'라는 명제를 공표한 셈이다. 이런 '나'의 주도 아래 리비에르는 '아버지가 어머니에게 받아온 고통과 비탄'을 요약하고, 유년 시절의 일화와 살해 전후의 심정들, 그리고 도주 생활에 대해 차례로 기술한다. 1835년 7월, 리비에르가 재판을 기다리며 작성한 이 수기는 일종의 '자서전'이다.

리비에르의 텍스트는 독립적으로 전해지지 않는다. 그의 수기는 《내 어머니와 누이와 남동생...을 죽인 나, 피에르 리비에르》(1973)(이하 《리비에르》)라는 작품의 한복판에 그 일부로 놓여 있다. 1973년에 출판된 이 책은 미셸 푸코Michel Foucault가 제안해 1971년부터 1973년까지 콜레주드프랑스에서, 형사 소송과 정신의학의 관계를 연구한 비공개 세미나의 산물이다. 이 책에서 리비에르의 수기는 그의 재판에 대한 소송 기록과 증언 및 신문 기사, 그리고 정신 감정을 수행한 지역 및 파리 의사들의 보고서에 에워싸여 있다. 더불어 존속 살인의 사법적 측면, 19세기 정신의학 체계와 사법 권력의 관계, 리비에르의 수기를 분석한 푸코와 동료 연구자들의 담론 등과도 닿아 있다.

흥미롭게도 푸코와 동료들은 그들 스스로 밝히듯 리비에르의 자서전을 내적으로 연구하는 데에는 관심을 두지 않는다. 리비에르의 수기에 대한 심리학적, 정신분석학적 해석을 제시하는 것이 이들의 목적은 아니다. 마찬가지로 푸코는, 자서전을 포함해 아카이브에서 발견한 리비에르 관련 자료를 토대로 그의 삶을 직접 재구성하는 데에도 관심을 기울이지 않는다. 다시 말해 푸코는 리비에르의 자서전 옆에 별도의 평전을 제시하려고 시도하지 않는다. 그는 오히려 리비에르의 사건과 관련된, 연구자들의 글을 포함한 일련의 담론들을 연대기적 순서에 따라 보여준다. 《리비에르》는 리비에르의 자서전을 가운데에 두고 다양한 목소리들이 공존하는 담론들의 모음집이다.

한편, 독자 입장에서 보면 담론들 사이의 관계에서 독특한 효과가 발생한다. 리비에르의 자서전을 에워싼 목소리들은 리비에르가 자서전에서 말한 바를 확인하거나 부연하고, 자서전 자체에 대해 검토한다.

그리고 리비에르의 최후를 보고할 뿐만 아니라 그에 대한 신화적 소문과 기억까지도 소개하며, 통일된 방식은 아니지만 리비에르의 삶에 대해 기술하는 역할을 한다. 푸코는 단일한 화자를 통해 리비에르의 평전을 직접 쓰지는 않지만, 여러 목소리들이 '평전 효과'를 낼 수 있도록 일련의 담론들을 배치한 셈이다. 특히 리비에르의 자서전에 대한 법의학 감정서에서 이런 평전 효과가 극대화될 수 있도록 책을 구성한다. 지역 의사들의 감정서는 리비에르가 예심을 마치고 본심을 기다리며 작성한 자서전 바로 다음에 위치하고, 파리 의사들의 감정서는 본심에서 사형 판결이 내려지고 상고까지 기각된 후에 왕에게 감형을 청하는 법무 대신의 서한 바로 앞에 위치한다. 이처럼 리비에르의 정신 상태에 대한 의사들의 감정서는 재판 진행 단계마다 중요한 분기점에 위치함으로써, 이전 담론들에서 말해진 바를 종합적으로 검토하는 방식으로 리비에르의 삶에 대해 기술하는 평전 효과를 가장 분명하게 내고 있다.

이 맥락에서 보면, 《리비에르》에는 '나는 존속 살해범이다'라고 공표하는 한 목소리의 자서전과 이를 둘러싼 여러 목소리의, 특히 의사들의 감정서-평전이 공존한다. 따라서 이 저작에서는 리비에르의 자서전과 평전의 관계, 한 목소리와 여러 목소리의 관계가 문제시된다.

《리비에르》는 또다른 에워쌈과도 관련된다. 이번에는 텍스트 내부의 에워쌈이 아니라 외적 에워쌈이 문제다. 이 책의 기초가 된 1971-1973년의 세미나는 당시 푸코가 진행하던 공개 강의들과 동시대에 이루어졌다. 다시 말해, 이 책은 1970년대 전반기에 푸코가 콜레주드프랑스에서 행한 일련의 공개 강의들에 둘러싸여 있다. 이 무렵 푸코는 '형벌 이론과 제도'(1971-1972), '처벌 사회'(1972-1973), '정신의학의 권력'(1973-1974), '비정상인들'(1974-1975)과 같은 강의를 진행했다. 이 목록에서 확인할 수 있듯이, 1970년대 초반 푸코는 형벌 메커니즘을 통해 권력 문제를 분석하고 있었다. 그런데 《리비에르》가 출판된 해에 시작된 강의 '정신의학의 권력'에서 푸코는 권력 문제를 다루며 《광기의 역사》(1961)[1]를 소환한다. 그 자신이 밝히듯, 18세기 말 이래 서구에서 본격적으로 작동하기 시작한 규율 권력의 메커니즘에 대한 분석은, 광기에 대한 지각 또는 경험을 다룬 《광기의 역사》가 중단된 곳에서 새롭

1
미셸 푸코, 《광기의 역사》, 이규현 옮김(나남출판, 2020).

게 시작하려는 목적을 가지고 있다. 이제 푸코는 광기에 대한 지식을 권력 문제의 기원에 두는 대신, 권력 문제를 광기에 대한 담론들의 심급에 두고자 한다. 이런 시도에서 짐작할 수 있듯이, 푸코는 형벌 체계를 다루던 와중에 광기 문제를 재검토함으로써 권력 연구를 위한 이론적 도구들을 정교하게 다듬으며 곧 출판될《감시와 처벌》(1975)[2]을 예고한다. 그리고 '비정상인들'에서는 광기 문제의 연장선상에서 비정상적 인간-괴물의 섹슈얼리티를 권력 문제의 중심에서 포착함으로써《성의 역사 1: 지식의 의지》(1976)[3]를 예고한다.

이처럼 1970년대 전반 푸코의 콜레주드프랑스 강의들은 그 이전이나 이후에 출판된 저작들과 무관하지 않다. 이 강의들은 멀게는《광기의 역사》를, 가까이로는《감시와 처벌》및《성의 역사 1》을 지시하면서 푸코 초기 사유의 문제의식을 가져와서 변주한 뒤 다음 단계의 문제의식으로 전달한다. 다시 말해, 이 강의들은 푸코의 연구가 '지각-광기'에서부터 '광기-권력'을 거쳐 '권력-성'을 향해 이행하는 사유 계열의 한복판에 자리 잡고 있다. 그렇다면 이런 강의들에 둘러싸인《리비에르》는 단순히 특정 기간 동안 진행된 세미나의 산물에 그치지 않고, 푸코의 지적 여정에서 '광기-권력'의 순간을 드러내는 지표 역할을 한다.

그러므로 이제 이중의 에워쌈이 문제가 된다. 한편에는 '나는 존속살해범이다'라는 명제가 동반되는 자서전에 대한 감정서-평전의 에워쌈이 있고, 다른 한편에는 이를 통해 구성된《리비에르》에 대한 푸코의 강의 및 저작 들의 에워쌈이 있다. 첫 번째가 이 책의 '구조'의 문제라면 두 번째는 '발생'의 문제와 관련되는데, 이 둘은 따로 떨어져 고려할 수 없다.《리비에르》의 독특한 구조는, 그리고 이런 구조 속에 등장하는 리비에르의 자서전은, 푸코가 자신의 지적 여정 가운데 어떤 맥락에서 리비에르 사건에 대한 다양한 담론들을 모아 한 권의 책으로 출판하기에 이르렀는지를 이해할 때 그 의미가 드러날 것이다.

이 맥락에서 본 연구는 푸코와 동료들이 리비에르의 수기를 내적으로 분석하는 대신 여러 담론들 사이에 위치시킨 것처럼, 이렇게 구성

2
미셸 푸코,《감시와 처벌: 감옥의 탄생》, 오생근 옮김(나남출판, 2020).

3
미셸 푸코,《성의 역사 1: 지식의 의지》, 이규현 옮김(나남출판, 2020).

된 《리비에르》를 독립적으로 살펴보는 대신 푸코의 담론들 속에서 분석하려고 한다. 다시 말해 《리비에르》를 둘러싼 푸코 사유의 여정에서 이 작품이 지시하는 '광기-권력'의 순간, 특히 《정신의학의 권력》[4]을 거울로 삼아 리비에르의 자서전과 이를 에워싼 감정서-평전의 의미와 관계를 비춰볼 것이다. 《정신의학의 권력》이 《광기의 역사》를 소환하는 한, 이 작품에 대한 참조도 빠트릴 수 없다. 이 과정에서 '나는 존속 살해범이다'라고 고백하는 한 목소리의 자서전과 이를 감정하는 여러 목소리의 평전을, '나는 사유하며 있다cogito ergo sum'라고 선언한 고전주의 시대 코기토cogito의 맞은편에서 근대적 인간의 고유한 경험으로 파악할 것이다. 그리고 자서전과 평전 성격을 띤 글은 고대부터 존재했지만 이런 이름으로 불리기 시작한 것은 18세기에 이르러서임을 감안해, '자서전'과 '평전'이라는 근대적 형식의 글쓰기가 리비에르의 자서전 및 감정서-평전의 '근대성'과 맺고 있는 관계를 추론해 볼 것이다.

2. 진정한 인간의 가상과 미완의 과제

《광기의 역사》부터 시작해 보자. 앞서 살펴보았듯, 푸코는 《광기의 역사》, 특히 광기에 대한 근대적 경험과 관련된 분석에서 미완으로 남은 문제를 《정신의학의 권력》에서 새롭게 반복한다. 리비에르의 자서전과 감정서-평전은 이런 배경에서 거론된다. 그렇다면 푸코가 《광기의 역사》에서 남겨둔 문제란 무엇일까? 이 문제를 살펴보기 전에, 푸코가 이 저작을 광기에 대한 지각이나 경험의 역사로 규정한다는 점에 주목할 필요가 있다.

사실, 《광기의 역사》는 푸코 사유의 초기 단계에서 발생한 단절을 보여준다. 그는 《정신병과 인격》(1954)[5]이나 루트비히 빈스방거Ludwig Binswanger의 《꿈과 실존》(1954)에 부친 〈서문〉[6]에서, 《광기의 역사》와는 다른 관점으로 광기의 문제에 접근한다. 《정신병과 인격》이 정신

4
미셸 푸코, 《정신의학의 권력: 콜레주드프랑스 강의 1973~74년》, 오트르망(심세광·전혜리) 옮김(난장, 2014).

5
《정신병과 인격》은 1954년에 처음 출판되었고, 이후 《광기의 역사》의 성과를 고려해 2부를 전면 개정한 뒤 1962년에 《정신병과 심리학》이라는 제목으로 재출판되었다. 미셸 푸코, 《정신병과 심리학》, 박혜영 옮김(문학동네, 2002).

병의 여러 형태를 자본주의 사회의 구조적 모순의 산물로 간주한다면, 《꿈과 실존》〈서문〉은 정신의 병리 현상을 실존적 차원에서 자유의 소외나 비본래성으로 이해한다. 이처럼 양립하기 어려워 보이는 마르크스주의적 시선과 현존재분석Daseinsanalyse은 각각 물질적 소외와 자기 소외의 극복을 지향함으로써, '진정한 인간'을 전제한 심리학적 기획으로 수렴된다. 《광기의 역사》가 단절시킨 것은 바로 이런 인간상의 '환영'이다.

《광기의 역사》에서 푸코는 진정한 인간을 겨냥한 '진정한 심리학'을 정초하는 데 관심을 두지 않는다. 오히려 그는 정신병리학을 포함한 일련의 심리학이 어떻게 실증적 학문으로 등장할 수 있었는가 하는 가능성의 조건에 관심을 기울인다. 이런 태도는 에드문트 후설Edmund Husserl의 문제의식을 환기시킨다. 후설은 《유럽 학문의 위기와 초월적 현상학》[7]에서, 자연과학이라는 학문의 실증성이 어디에 기원을 두고 있는지 묻는다. 그에 따르면, 자연과학의 실증성은 객관이나 주관 어느 한 쪽으로 환원되는 대신 근본적으로 분리 불가능한 양자의 관계에 의존하고 있다. 후설은 이 관점에 따라, 타자와의 관계에서 공동으로 펼쳐진 지평 위에 주어지는 현상을 심신 복합체인 '인간'의 초월적 의식이 어떻게 실증적 세계로 구성하는지를 분석한다. 푸코 또한 《광기의 역사》에서 심리학이라는 학문의 실증성의 근거를 문제 삼지만, 그는 후설과는 다른 길을 택한다. 푸코에게 문제가 되는 것은 광기인데, 광기는 타자와의 상호주관적인 지평 위에 직접 주어지는 의식의 대상이 아니다. 따라서 푸코의 시선이 향한 곳은 의식의 초월적 경험이 아니라, 광기라는 바깥과 대면한 이성의 '한계 경험'이다. 이 맥락에서, 푸코가 《광기의 역사》를 광기에 대한 경험의 역사로 규정한다는 점을 이해할 필요가 있다. 그는 이성이 광기라는 부정성을 경험하는 양상들을 역사적으로 분류한 뒤, 근대적 경험의 '특수성'에서부터 심리학의 실증성을 해명한다. 푸코는 실증적 학문의 가능성의 조건을 탐색하는 후설의 문제의식을

6
Ludwig Binswanger, *Le rêve et l'existence*, éd. Michel Foucault, trad. Jacqueline Verdeaux (Desclée de Brouwer, 1954).

7
에드문트 후설, 《유럽학문의 위기와 선험적 현상학》, 이종훈 옮김(한길사, 2016).

계승하지만, 초월적 방식 대신 역사적 방식을 선택한다. 물론 후설에게서도 역사적 고찰은 중요하다. 하지만 후설의 역사가 초월적 의식의 지속의 역사라면, 푸코의 역사는 이성의 한계 경험의 불연속적 역사다. 푸코의 관점을 조금 더 자세히 살펴보자.

우선 푸코는 광기에 대한 중세와 르네상스 시대의 경험은 주로 비극적이라고 파악한다. 이때 이성이 상상하는 광기란 외적으로는 세계 질서를, 내적으로는 자기 질서를 총체적으로 위협하는 부정성이다. 광기는 이성의 타자이기에 두려움을 유발하는 동시에, 너무나 닮았기에 매혹적이다. 이런 광기 경험은 고전주의 시대에 이르면 도덕적인 것이 된다. 고전주의적 이성은 사유하는 이성인 코기토의 완전한 부정을 광기로 파악하고 이를 비이성이라는 절대적인 비존재 안으로 추방한다. 담론 속의 비현실적 이미지인 착란 또는 망상으로 나타나는 이 광기는 코기토의 타락이자 악한 의지다. 이제 광기는 이성과 닮은 구석을 하나도 찾아볼 수 없는 완전한 타자가 된다.

근대의 광기 경험은 이러한 비극적, 도덕적 경험과 구분되어 인간학적이라고 규정된다. 광기는 더 이상 파괴에 대한 상상적 강박이나 착란으로 경험되지 않고 하나의 질환으로 간주된다. 신체의 질병이 건강 상태를 부정적인 방식으로 알려주는 것처럼, 광기라는 정신의 질병은 이성이 자신의 본질을 규정할 수 있게 하는 역설적 지표가 된다. 이 관점에서 보면, 광기라는 한계는 이성의 타자이지만 단지 이성의 외부에만 머물지 않는다. 광인은 타자로서 감금되어야 하지만 배척되지는 않는다. 광인은 이성적 존재자가 자신을 관찰하기 위해 필요한 거리를 확보해 주는 '이성적 광인'으로 자리매김하며, 정신의학의 등장과 함께 정신 질환자로 탄생한다. 광기에 대한 근대의 인간학적 경험이란 이처럼 광기라는 한계 안에서 자신의 본질을 파악하는 이성의 경험이다. 그리고 정신병리학은 물론 동시대에 등장한 일련의 인간 과학 역시 한계를 통해 인간 본질을 규정하려는 시선의 산물이다. 푸코가 보기에 근대적 이성의 이런 인간학적 시선하에 하나의 객관으로 등장한 '인간'이 역사적 산물인 이상, 실증성의 근저에서 인간의 초월적 자리를 찾으려는 후설의 시도는 '가상'에 불과하다.

지금까지 살펴본 바에서 알 수 있듯이, 《광기의 역사》는 이성의 한계 경험의 양상들의 역사다. 이성은 광기를 타자로 간주하기 때문에 광기라는 타자에 대한 경험을 기술할 수 있다. 광기는 이성과 닮은 상상이거나, 이성과 무관한 비존재이거나, 이성 내의 부정성이기도 하다. 이처럼 이성은 다채롭게 광기를 경험하는데, 자신이 경험하는 광기에 비춰 스스로에 대해서도 간접적으로 말할 수 있다. 따라서 이성이 경험하는 광기의 양상들의 역사는 이성 자신의 역사이기도 하다. 그리고 이 역사는 광기의 양상들이 고정적이지 않은 한 불연속적이다.

이 관점에서 보면 광기에 대한 경험의 다양한 양상 뒤에는 광기의 실체도, 초월적 이성도 전제되지 않는 셈이다. 따라서 푸코가 보기에 정신의학이나 심리학의 등장은 광기의 진실이 마침내 밝혀졌음을 의미하지 않는다. 광기에 대한 실증적 이해는 이성의 연속적 진보가 도달한 성취가 아니라, 한계를 경험하는 이성의 근대적 에피소드일 뿐이다. 이처럼 푸코는 학문의 탄생과 발전을 해명하기 위해 이성 안에만 머물지 않는다. 그는 이성의 한계 경험을 추적하는 역사적 관점에서, 부정성조차 자기화하는 이성의 시선과, 이런 시선을 이성의 본래성으로 여기는 사유 방식 자체를 근대적인 것으로 상대화한다. 이 경우, 광기라는 한계를 이성 내에서 파악하는 근대적 관점을 고전주의 시대의 코기토나 그리스적 로고스로 소급하는 '탈역사적 역사화'는 후설의 가상에 상응하는 신화적 가상일 것이다.

한편 학문이 문제시되는 지금 경우에서 확인할 수 있듯, 《광기의 역사》를 지식과 권력의 관계에서 보면 푸코 자신도 인정하는 바와 같이 지식에 초점이 맞춰져 있다. 그는 비이성을 감금하는 고전주의 시대의 사회적 실천을 분석하면서도 도덕적이고 철학적인 담론을 광기에 대한 실천의 기원에 둔다. 근대적 경험에 대해서도 그는 정신 질환자로 규정된 광인에 대한 의학적 감금-치료에서 요구된 기술을 다루지만, 이 또한 인간학적 시선 아래서 광기를 객관화하는 담론의 연장선상에서 검토할 뿐이다. 그는 광인-정신병자를 향해 작동하는 이성적 존재자-의사 권력의 일반적 전략을 문제 삼지는 않는다. 《정신의학의 권력》에서 푸코가 겨냥하는 것은 바로 이 문제다. 그는 《광기의 역사》에서 미완으로 남은 문제, 즉 광기를 정신 질환으로 간주하기 시작한 이성의 근대적 경험의 또 한 축인 의사와 광인의 권력 관계에 대한 분석을 중심으로 지식을 새롭게 검토한다. 리비에르의 자서전과 감정서-평전은 이런 맥락에서 주요 사례로 등장한다.

3. 권력의 미시물리학

《정신의학의 권력》에서 푸코는 크게 두 가지 문제를 제기한다. 첫째, 19세기 초 정신병원에서 광인을 향한 의사의 권력은 어떻게 작동하며, 이런 권력의 실천과 의학적 지식 사이에는 어떤 관계가 있을까? 만약 정신의학적 지식이 권력 효과를 낳는다면, 정신의학의 권력은 어떻게 점차 병원의 문턱을 넘어 일반화되었을까? 둘째, 정신의학의 권력이 발전하는 과정에서 진실의 문제는 어떻게 제기될까? 광기의 진실은 의학적 지식 안에 어떻게 자리 잡고 어떤 효과를 산출할까? 이하에서는 이 물음들에 대한 푸코의 입장을 재구성해 가며, 《리비에르》에 포함된 리비에르의 자서전과 감정서-평전을 '권력과 진실의 관계'에서 살펴보고자 한다.

3.1. 규율 권력, 그리고 진실에 기초하지 않는 지식의 권력화

먼저 첫 번째 질문을 살펴보자. 푸코는 강의 초반부에서, 의사 필리페 피넬Philippe Pinel이 1800년에 보고한 영국 왕 조지 3세의 사례에 주목한다. 그가 보기에 이 사례는 19세기 초부터 정신병원에서 본격적으로 작동한 권력의 특수성을 상징적으로 표현한다. 피넬의 보고서에서 의사는 정신병자인 왕의 폐위를 선언하고, 그의 신체와 인격이 복종해야 하는 규율을 제시한다. 이제 치료는 자신이 여전히 왕이라고 믿는 정신병자의 망상을 '진실 게임' 속에서 해소하는 것이 아니라, 정신의학의 권력에 예속시키는 것이다. 푸코는 이런 권력을 규율 권력으로 규정하고, 정신의학의 메커니즘을 분석하기에 앞서 규율 권력의 일반적 특징을 제시한다.

푸코에 따르면, 중세 수도원에서 기원을 찾을 수 있는 규율 권력은 17-18세기에 사회로 스며들어 19세기에 본격적으로 확산된다. 규율 권력은 이에 선행하는 주권 권력과 대비되는데, 주권 권력이 전쟁 모델에 따라 신체를 징발하는 방식으로 작동한다면, 규율 권력은 생산 모델에 따라 신체를 훈육하는 방식에 따라 작동한다. 이런 차이를 통해 푸코가 강조하는 것은 '개별화'의 문제다. 토머스 홉스Thomas Hobbes의 《리바이어던》 표지가 시사하듯이, 주권 권력이 신체와 관련될 때는 권력을 수행하는 군주에게 개별성이 드러난다. 푸코에 따르면, "한편에는 개별성 없는 신체들이 있고, 다른 한편에는 복수의 신체를 갖는 하나의 개별성이 있다".[8] 주권 권력의 대상은 개인이 아니라 인간 집단이나 생산 수

단 또는 이를 이용하는 사람들의 신체적 다수성이라면, 군주는 하나의 신체를 갖는 개인이지만 주권의 보존을 위해서는 죽음과 함께 소멸하는 개별적 신체 외에도 주권적 관계에서 영속하는 '왕이라는 신체' 또한 무한하게 필요로 하는 개인이다. 반면, 규율 권력이 신체와 관련될 때는 권력의 대상에서 개별화가 진행된다. 권력을 수행하는 곳에서는 개별성 대신 네트워크화된 권력 장치가 작동하기 시작한다면, 규율 권력이 개입되는 곳에서는 각 개인의 신체적 단일성이 중요해진다. 이제 개인의 신체는 항구적 감시와 처벌을 통해 규율에 예속되고, 이를 위한 도구들은 지속적으로 요청된다.

푸코는 이런 도구 중 '문서 기록'에 주목한다. 기록의 목적은 개인의 신체를 가시화하는 데 있는데, 기록을 통해 누적된 정보들은 코드화, 도식화되어 개인을 완전히 포위한다. 이 지점에서 푸코는 규율 권력이 '잠재성'에 개입하는 방식을 창안했다고 본다. 개인에 대한 중앙 집권화된 정보는 어떤 행위가 현실화되기도 전에 그 정상성 여부를 판단하는 규범으로 작동할 수 있다. 잠재성이 문제시되면서 특정 행위를 실현할 것으로 추정되는 개인의 성향과 의지도 부각되며, 개인의 신체를 겨냥한 규율 권력은 이제 '영혼'마저 사로잡게 된다. 이 맥락에서 푸코는 규율 권력에 신체-영혼이 완전히 포획된 역사적 개인이 탄생한다고 말하며, 법적-철학적 권리를 통해 규정되는 추상적 개인을 이와 구분한다.

이처럼 개별화 방식으로 예속하는 규율 권력은, 푸코가 19세기 초부터 정신병원에서 발견하는 의사와 광인의 관계를 지배한다. 그에 따르면, 정신의학은 광기의 곁에서 현실을 강화하는 일종의 '초권력'이다. 이런 권력의 수행자인 의사는 광인을 향해 네 가지 기획을 추진한다. 첫째, 힘의 균형이 의사 쪽으로 기운 권력의 비대칭. 둘째, 주인의 언어인 명령 습득을 통한 복종. 셋째, 다양한 결여를 조장하는 욕구의 조절. 넷째, 자기 삶에 대해 기록하는 고백.

이들 중 리비에르의 자서전과 관련되어 보이는 네 번째 기획에 주목해 보자. 광인의 고백은 스스로를 대상으로 수행하는 문서 기록이다. 그런데 푸코에 따르면, 이 기록은 광기가 자기의 이름으로 밝힌 진실이

8
미셸 푸코, 《정신의학의 권력: 콜레주드프랑스 강의 1973~74년》, 오트르망(심세광·전혜리) 옮김(난장, 2014), 80.

아니다. 광인은 1인칭으로 진실을 말하지만, 그의 진실은 예속하는 규율 권력의 요청에 따라 개별성을 증명한 것에 불과하다. 이 관점에서 보면, 광인의 자서전은 의사와의 관계에서 규율 권력의 효과로써 등장한다. 물론, 광인의 자기 기록을 자서전 일반의 경우로 확대 해석할 수는 없을 것이다. 하지만 고대부터 존재하던 자신에 대한 글쓰기가 근대에 이르러서야 '자서전'이라는 이름으로 불리기 시작한 점을 감안하면, 푸코가 19세기 의사와 광인의 권력 관계에서 주목한 자서전적 고백과 진실의 특수성은 '자서전'이라는 근대적 글쓰기와 광기 그리고 규율 권력의 관계에 대해 시사하는 바가 적지 않다. 이 문제는 리비에르의 자서전과 감정서-평전을 다루는 대목에서 더 자세히 살펴보기로 하고, 의사와 광인의 관계로 돌아가 보자.

푸코의 분석이 보여주듯, 의사는 광인의 신체와 언어, 욕구와 진실을 전적으로 통제하고 구속하기를 멈추지 않는다. 따라서 정신 질환자로 간주된 광인에게 치료란 자신에게 부과되는 강제와 예속을 받아들이는 과정에 지나지 않을 것이다. 그런데 이 대목에서 푸코는 중요한 질문을 하나 제기한다. 정신병원에서 의사가 광인 개개인을 지도하는 규율 권력의 수행자라면, 이런 역할을 왜 굳이 의사가 맡아야 할까? 광인에게 요구되는 것이 신체-영혼의 완전한 예속이라면, 광인에 대한 관리와 통제는 시설 운영자에게 맡기는 게 더 효과적이지 않을까? 푸코는 이 질문과 관련해, 의학적인 실천과 지식의 관계를 검토하기 시작한다.

푸코에 따르면, 19세기 초에는 일반 의학의 발전에 힘입어 정신의학에서도 병리 해부학적 연구가 발달한다. 정신 질환으로 간주되기 시작한 광기의 병변을 뇌나 신경에서 찾으려는 시도들이 등장하며, 광기에 대한 진실은 실증적 체계를 갖춰나간다. 그런데 푸코는 이런 의학적 진실이 정신병원에서 작동하던 규율 권력과 무관하다는 사실에 주목한다. 그가 보기에, 의학적 이론과 실천 사이에는 간극이 존재한다. 의사가 광인과의 권력 관계에서 활용한 지식은 광기에 대한 실증적 진실이 아니다. 의사의 지식은 광인을 심문하거나 처벌하고 광인에 대한 문서를 기록하는 노하우이거나, 임상 교육에서 광인을 청중에게 노출시킬 때 공개하는 병력 등이다. 그런데 푸코가 보기에는, 이런 정보를 다른 누구도 아닌 의사가 보유하고 있다는 사실이 권력 효과를 낳는다. 광인을 겨냥한 행위에서 실제 내용이 무엇이건 간에 의사가 지식을 보유하고 있다는 '표식'이 드러날 때, 의사의 훈육은 정신 질환에 대한 치료의 의미를 획득하며 정당화된다.

이 맥락에서 볼 때, 정신의학적 지식은 광기에 대한 진실의 관점에서 논의되지 않는다. 의학적 지식은 오히려 권력의 관점에서 문제시되고, 이런 지식은 단지 규율 권력의 수단이 아니라 그 자체가 권력으로서 기능한다. 푸코가 '정신의학의 권력'이라는 표현을 사용할 때에는 이처럼 '지식의 권력화'라는 의미를 염두에 두고 있다는 점을 우선 이해할 필요가 있다.

3.2. 정신의학 권력의 일반화

한편, 푸코는 정신의학의 권력이 점차 병원의 문턱을 넘어 일반화되었다는 사실에도 주목한다. 그가 보기에, 정신의학의 권력이 전파되는 중심에는 '백치'가 있다. 앞서 살펴본 《광기의 역사》의 관점에서 보면, 고전주의 시대에 백치는 비이성의 일부로서 광기와 구별되는 특징을 갖지 못한다. 그런데 《정신의학의 권력》에서 푸코가 지적하듯이, 19세기 초에는 백치에 대한 새로운 관점이 등장한다. 근대에 이르러 질환으로 간주된 광기와 달리 정신의학에서 백치는 병으로 여겨지지 않는다. 백치는 처음에는 '발달 부재'로 파악되었으나, 이런 이해는 점차 '발달 정지'로 정교화된다. 발달의 완성인 성인을 규범으로 삼아 판단한다면, 백치는 발달의 초기 단계에서 멈춘 것이다. 이런 인식 변화에서 푸코는 백치와 광기를 구분하는 이론적 분기점을 포착한다. 백치는 정상적인 발달 과정의 유년기에 고착된 상태라는 점에서 규범 자체를 벗어나지는 않는다. 백치는 발달의 하위 단계에 머무는 '비정상'일 뿐, 광기처럼 규범에서 일탈한 '병리 현상'은 아니다.

그런데 푸코에 따르면, 정신의학의 실천적 차원에서는 백치에 대한 이론적 이해와는 정반대의 사태가 벌어진다. 백치가 광기라는 질환과 구분되면서도 규율 권력이 작동하는 정신의학적 공간에 함께 배치된 것이다. 그 결과, 백치와 광인은 이론상으로는 타자이지만 제도상으로는 동일자가 된다. 푸코는 이런 사태가 백치와 정신 질환자를, 다시 말해 비정상과 광기를 '정신 이상'이라는 범주 아래서 포괄할 수 있게 만든다고 본다. 또한 광인에 대한 예속이 질환에 대한 치료로 정당화되듯이, 백치에 대한 예속을 정당화하는 근거가 정신의학 내에서 확립된다고 본다. 백치는 환자가 아니라 비정상일 뿐이지만, '위험'하기 때문에 치료가 필요하다는 것이다. 다시 말해, 지금은 아니더라도 장차 문제를 일으킬 수 있다는 잠재적 위험 때문에 백치는 정신의학의 규율에 따라 예속-치료되어야 한다. 이 관점에서 보면, 백치에 대한 치료는 단순한 통제를 넘어 잠재적 위험으로부터 사회를 보호하는 것이다.

푸코는 이런 분석을 통해 정신의학의 규율 권력은 광기와 백치를 동시에 겨냥한 이중 권력이라고 규정하며, 이 이중성에서 정신의학적 권력의 일반화의 기원을 발견한다. 그가 보기에, 동일한 공간을 점유한 백치와 광기를 향한 의학적 시선에는 일련의 착종이 발생한다. 한편으로는 위험 개념의 전이가 있다. 백치를 위험으로 바라보는 의사의 시선은 광인에게 확장된다. 다음으로 비정상과 광기의 접속이 있다. 정신의학은 백치-유년기와 광인-성인 사이에 모종의 관계를 상정하고, 이 관계를 개인의 발달 과정과 가계 구조 안에서 추적한다. 끝으로 비정상의 확대가 있다. 광인에게 적용되던 정신의학의 규율 권력은 백치라는 비정상의 위험과 접촉하며 비정상 범주에 포함된 다른 층위로 확산된다. 가족, 학교, 작업장, 병영 등 사회 제반 분야에서 이른바 성인의 규범에 부합하지 못하는 '미성년'의 위험이 정신의학적 규율의 대상으로 포획된 것이다. 정신의학은 이처럼 광인은 물론 광기와 접속된 다양한 비정상인들의 위협으로부터 사회를 보호하는 역할을 맡게 된다. 정신의학적 지식의 권력화는 이렇게 사회 전반으로 확산된다.

3.3. 진실에 기초한 권력의 합리성

《정신의학의 권력》에서 푸코가 제기한 두 번째 계열의 질문들에 대해 생각해 볼 차례다. 정신의학의 권력이 발전하는 과정에서 진실의 문제는 어떻게 제기될까? 광기에 대한 진실은 의학적 지식 안에 어떻게 자리 잡고 어떤 효과를 산출할까? 그리고 이 과정에서 리비에르의 자서전과 감정서-평전은 무엇을 시사할까? 앞서 살펴본 푸코의 분석에 따르면, 19세기에 정신의학의 지식은 권력의 관점에서 논의되고, 광기에 대한 실증적 진실과는 무관하게 작동한다. 그런데 푸코의 분석은 여기서 멈추지 않고, 정신의학적 지식에서 생겨난 중요한 변화를 향해 나아간다.

푸코는 이 문제를 검토하기 전에 진실 일반의 역사를 개괄한다. 그에 따르면, 서구 문명에는 크게 두 방향의 '진실 테크놀로지'가 있다. 첫째는 '논증적 진실'의 기술로 과학적 인식에 해당하며, 여기서는 항존하는 진실을 발견하고 증명하는 '방법'이 문제가 된다. 둘째는 '사건으로서의 진실' 기술로 의례를 통해 발생하고 책략을 통해 포착하는 진실에 해당하며, 여기서는 산출을 위한 '전략'이 문제가 된다. 전자의 방법이 주관과 객관 사이의 '인식 관계'를 전제한 채 진실을 발견하는 방식이라면, 후자의 전략은 푸코가 1970-1971년 콜레주드프랑스 강의인《앎의 의지에 관한 강의》[9]에서 중세 재판을 분석한 경우에서 알 수 있듯이 분쟁 중인 인물들 사이의 '권력 관계'에서 지배와 승리를 위해 진실을 확립하는 방식과 관련된다. 푸코가 보기에 서구에서 만약 진실의 역사가 가능하다면, 양자 가운데 어느 한쪽을 택하는 방식이 아니라 논증적 진실 이면에서 사건의 진실을 발견하는 '고고학'의 시선, 또는 사건의 진실이 논증적 진실로 대체되는 과정을 추적하는 '계보학'의 시선을 따라서일 것이다. 정신의학의 지식에서 생겨난 변화에 주목하는 푸코의 시선은 바로 이 두 시선의 중첩 속에 있다. 이 점을 염두에 두고 그의 분석을 따라가 보자.

푸코에 따르면, 일반 의학에서는 오랫동안 사건으로서의 진실 기술이 주된 역할을 해왔다. 고대부터 18세기에 이르기까지, '고비'라는 결정적 사건은 병의 진실이 드러나는 현실이었다. 이때 의사는 자연적인 병의 전개 과정에서 고비의 관리인이자 중재자 역할에 머물렀다. 그런데 18세기 말에 이르면, 병리 해부학 및 통계학적 방식의 등장과 함께 논증적 진실의 기술이 주된 역할을 하기 시작한다. 반면, 정신의학에서는 전혀 다른 사태가 벌어진다. 앞선 푸코의 분석에 따르면, 19세기에 정신의학은 병리 해부학의 영향 아래 광기에 대한 실증적 진실을 구축했다. 진실 기술의 관점에서 보자면, 논증적 진실의 기술에 따라 광기가 정신 질환으로 포착된 것이다. 그러나 논증적 진실에 기반한 정신의학적 지식은 의사가 정신병원에서 규율 권력을 수행할 때에는 요구되지 않았다. 다시 말해, 정신병원 밖 이론의 관점에서 보면 정신의학적 지식은 광기에 대한 실증적 이해 또는 논증적 진실에 기초한 반면, 정신병원 안 실천의 관점에서 보면 정신의학적 지식은 이런 진실에 기초하지 않았다. 광인들과의 관계에서 의사에게 필요한 지식은 광기에 대한 실증적 이해가 아니라, 그들을 예속하는 데 필요한 훈육 기술의 정보였다.

9
미셸 푸코,《지식의 의지에 관한 강의: 콜레주드프랑스 강의 1970~71년》, 양창렬 옮김(난장, 2017).

그런데 이 대목에서 푸코의 새로운 분석이 등장한다. 정신병원에서 의사는 광기에 대한 논증적 진실을 광인들에게 외부로부터 적용하는 대신 그들과의 권력 관계 속에서 사건으로서의 진술 기술에 따라 광기에 대한 진실을 산출하며, 정신의학적 지식의 이론과 실천상의 간극이 해소된다는 것이다.

푸코가 강조하는 것은 다음의 사실이다. 정신병원에서 의사가 환자에게 규율 권력을 수행하려면, 우선 환자가 실제로 광인이어야 한다. 그러기 위해서는 의사가 규율 권력을 실행하기 위한 조건으로 자기 눈앞에 있는 자가 광인인지 아닌지, 그의 광기가 현실인지 허위인지 결정할 수 있어야 한다. 다시 말해, 정신의학의 규율 권력이 작동하려면, 정신병원 내에서 광기라는 고비가 정신 질환의 진실을 드러내는 사건으로서 의사 자신에 의해 먼저 현실화되어야 한다. 이처럼 의사가 광기에 대한 병리적 진실을 전략적으로 산출해야만, 광인에 대한 의사의 예속과 통제는 정신 질환에 대한 의학적 치료로서 정당화될 수 있다.

물론 앞서 살펴본 것처럼, 의사가 지식의 표식을 드러내며 규율 권력을 행사할 때에도 그의 행위는 치료로서 정당화된다. 하지만 이 표식에는 광기에 대한 실증적 진실이 배제되어 있기에, 의사의 행위는 엄밀히 말해 치료의 표식일 뿐, 다시 말해 예속에 대한 위장일 뿐 의학적 의미의 치료는 아니다. 그렇다면 정신과 의사 역시 엄밀한 의미의 의사는 아닌 셈이다. 하지만 의사가 광인을 정신 질환자로 판정할 때, 다시 말해 정신병원 내에서 광기라는 사건을 병으로 현실화하는 전략을 구사할 때, 그의 진단은 일반 의사가 병을 분류하는 진단에 비해 단순하고 절대적임에도 불구하고 엄밀한 의미에서 의학적이다. 따라서 의사가 사건으로서의 진실 기술을 통해 광기를 승인할 때, 정신병원에서 의학적 지식은 광기에 대한 실증적 진실 밖에서 지식의 표식에 의존할 때와 달리 마침내 진실의 관점에 기초하게 된다. 이로써 정신과 의사는 '진정한 의사'가 되고, 정신의학 역시 '학문'이 된다. 그리고 진실에 따라 판정된 광인을 향해 의사가 훈육 기술의 정보를 이용해 권력을 행사함으로써 의학적인 이론과 실천 사이의 간극은 해소된다.

푸코의 이런 분석에 따르면, 이제 다음과 같은 구분이 가능해진다. 정신의학적 지식이 일종의 표식으로서 권력의 관점에서 논의될 때는, 진실에 기초하지 않는 지식이 권력으로서 기능한다. 반면 정신의학적 지식이 광인들과의 권력 관계에서 의사의 전략에 따라 진실의 관점에서 논의되면서부터는, 진실에 기초한 지식이 학문으로 정초되는 동시에 '권력의 이성'으로 작동한다. 광기에 대한 사건으로서의 진실이 정신의학적 지식 내에 자리 잡으며, 정신의학적 지식은 규율 권력의 작동을 규제하는 '합리성'으로 구성된 것이다. 이 맥락에서, 푸코가 사용한 '정신의학의 권력'이라는 표현은 '지식의 권력화'라는 의미에 그치지 않고, '권력의 합리성'이라는 의미에서 정신의학과 규율 권력의 관계를 인식론적 차원에서 지시한다고 이해할 수 있다.

이런 사태를 《광기의 역사》와 비교해 보면, 진실과 학문의 가능 조건을 검토하는 푸코의 관심이 권력 관계를 향해 완전히 선회했다는 점을 확인할 수 있다. 《광기의 역사》는 광기에 대한 근대적 이성의 한계 경험인 인간학적 경험을 심리학을 비롯한 인간 과학을 가능하게 한 조건으로 제시한다는 점에서 초월적 이성의 시선에서 자유롭다. 그런데 여기서 한 걸음 더 나아가 《정신의학의 권력》의 관점에서 보면, 인간학적 한계 경험은 근대적 이성이 광기와의 권력 관계 속에서 진실을 형성해 가는 경험으로 이해될 수 있을 것이다. 이런 인식론적 관점에서 보면 진실은 이성의 진보에 따라 마침내 밝혀지는 것이 아니라, 광기와의 권력 관계에서 펼쳐지는 이성의 한계 경험 속에서 전략적으로 산출되는 것이다.

3.4. 권력의 합리성에 포획된 리비에르의 자서전

한편 푸코는 사건으로서의 진실 기술에 따라 광기를 현실화하는 의사의 구체적인 방법에 대해서도 분석하는데, 그중 하나가 '심문'이다. 《리비에르》에 포함된 리비에르의 자서전과 감정서-평전은 심문의 중요한 사례로 등장한다. 푸코에 따르면 심문은 앞서 살펴본 자서전적 고백처럼 광인에게 자기 진실을 요구하는 규율 권력의 개별화 전략의 일환으로, 광기라는 사건의 현실적 형태를 예고하는 전조를 포착하려고 시도한다. 이런 전조는 아직 광기처럼 병리적이지는 않지만, 그 잠재태로서 다가올 병을 예고하는 표식과 같다. 그렇다면 이런 표식은 무엇일까? 푸코는 이 문제와 관련해, 백치의 경우에서 검토한 비정상의 문제를 다시 언급한다.

앞서 우리는 정신의학적 권력의 일반화의 기원을 살펴보며, 일련의 착종에 대한 푸코의 언급에 주목했다. 그에 따르면, 이론적으로 구분되는 비정상적 백치와 병리적 광인이 동일한 의학적 공간에 감금됨으로써 정신의학적 시선에는 착종이 발생한다. 그중 비정상-유년기와 광인-성인 사이에 형성된 모종의 관계가 있었다. 의사는 광인인 어른의 유년기에서 비정상의 흔적을 발견해 이를 광기의 전조로 이해하려 하거나, 비정상적인 아이의 가계를 분석해 부모 대에서 광기의 흔적을 찾은 후 바로 이 광기가 아이의 비정상으로 발현되었다고 생각하게 된 것이다. 이처럼 권력 관계에 의해 착종된 의학적 관점에서 보면, 비정상은 의사가 심문을 통해 정신병원에서 광기를 판정하고 현실화하는 결정적인 증거가 된다.

푸코가 보기에, 리비에르의 자서전은 광인-어른의 유년기에서 광기의 전조인 비정상의 증거를 발견하려는 정신의학적 권력의 심문에 충실한 답변을 제시하고 있다. 리비에르의 자서전에는 유년기의 일화가 언급되는데, 양배추가 전투 대형으로 늘어서 있는 것처럼 보여서 대장을 임명한 뒤 잘랐다던지, '칼리빈느'라고 이름 붙인 무기를 만든 후 땅에 묻었다는 등의 이야기가 등장한다. 푸코에 따르면, 이런 일화에는 리비에르에게 살인 편집증이라는 병명을 붙이길 주저했던 의사들조차 부인하기 어려운 광기의 전조인 비정상적 면모가 엿보인다. 살인 편집증은 고전주의 시대처럼 광기가 착란이나 망상으로 간주되지 않던 시대에 존속 살해 같은 중범죄를 이성이 잠시 중단된 '착란 없는 광기'로 규정하기 위한 의학적 전략의 산물이다.(496쪽) 따라서 리비에르의 자서전에 대한 의사들의 심문 감정서는 유년기의 비정상적 일화를 근거로, 리비에르의 존속 살해가 광기라는 잠재된 질병을 마침내 현실화한 것이라는 판단을 도출한다. 이런 감정서에 근거해 리비에르에 대한 감금과 예속은 의학적 치료이자 사법적 처벌로서 정당화될 수 있다.

이 사태에서는 크게 두 가지 사항을 확인할 수 있다. 먼저 리비에르의 자서전은 사건으로서의 진실 기술에 따라 광기를 질환으로 현실화하는 의사의 전략에 포획됨으로써, 정신의학적 지식이 권력의 이성으로 작동하는 사태를 증명한다. 다시 말해 광인이 고백한 '자기 진실'은, 비록 자서전 일반이 이런 면모를 보인다고 할 수는 없어도 규율 권력의 진실 테크놀로지에서 그 가능성의 조건을 찾을 수 있다. 그리고 리비에르의 자서전에 대한 감정서 역시 그의 삶 전체를 광기라는 진실의 관점에서 현실화한 일종의 평전으로, 규율 권력의 수행자인 의사들의 '진실 전략'의 산물이다. 따라서 리비에르의 자서전과 감정서-평전은, 개별화 방식으로 예속하는 규율 권력의 정신의학적 합리성에 따라 정초된 '진실의 담론들'로서 분리 불가능한 짝을 이룬다.

다음으로, 앞서 살펴보았듯 백치-비정상이 정신의학적 권력의 일반화에 결정적 기여를 한다는 점에서, 리비에르의 자서전과 감정서-평전의 짝은 규율 권력의 정신의학적 합리성이 병원을 넘어 사회 전체로 확산되는 데 기여한다. 푸코가 분석했듯이, 유년기의 비정상적 일화로 가득 찬 리비에르의 '자기 진실'은 광기에 대한 진실을 고안하는 의사들의 전략 속에서 현실화되고, 이렇게 현실화된 자서전에 따라 그에 대한 감정서-평전은 사법적 판단의 근거가 된다. 그리고 규율 권력의 정신의학적 합리성은 이 판단에 의존해 리비에르라는 존속 살해범-광인의 위험으로부터 사회를 보호해야 한다는 실천의 전략으로 작동할 수 있다.

이 맥락에서 볼 때, 리비에르 같은 광인의 자서전과 감정서-평전은 규율 권력의 합리성에 따라 '진실의 담론들'로 정초되면서도, 이 합리성이 병원의 문턱을 넘어서게 하는 '진실의 장치'로 기능한다. 다시 말해, 진실과 권력이 서로를 규정하는 관계 속에서 광인의 자서전과 감정서-평전의 짝은 규율 권력의 합리성에 의해 조건 지어지는 동시에 이 합리성을 사회 전반으로 확산시키는 조건이 된다. 그렇다면 18세기 이래 '자서전'과 '평전'으로 불리기 시작한 근대적 형식의 글쓰기는, 광인의 경우처럼 이중적 위상을 갖는다고 할 수는 없더라도, 광인의 자서전과 감정서-평전이 서구 근대 사회에 일반화한 규율 권력의 정신의학적 합리성 내에, 다시 말해 그 장치들 중 하나인 '문서 기록'의 개별화하는 '진실 전략'의 영향력 안에 놓여 있다고는 말할 수 있을 것이다. 만약 이런 추론이 정당화될 수 있다면, 자서전과 평전이라는 근대적 형식에서 드러난 한 개인의 진실에서 광기나 비정상의 흔적이 쉽게 발견되는 것은 우연이 아닐 것이다.

그렇다면 이제 푸코가 리비에르의 자서전을 《정신의학의 권력》에서 분석하는 데 그치지 않고 이 자서전과 평전 효과를 산출하는 일련의 담론을 모아서 출판하게 된 경위를 짐작해 볼 수 있다. 만약 리비에르의 자서전이 광기를 현실화하는 정신의학적 권력의 심문에 충실한 답변을 제공한다면, 여러 담론들이, 특히 평전 효과를 극적으로 드러낸 의사들의 감정서가 리비에르의 자서전을 에워싼 《리비에르》의 구조는, 규율 권력의 수행자인 의사들이 리비에르의 '자기 진실'을 가능케 한 사태를, 더 근본적으로는 심문을 위해 의사들이 리비에르를 에워싼 형상을 재현한 것은 아닐까? 그리고 이렇게 구성된 《리비에르》가 사회를 '향해' 책이라는 물리적 형태로 등장한 것은, 리비에르의 자서전과 감정서-평전이 규율 권력의 합리성에 의해 정초되는 데 그치지 않고 이를 확산시킨 사태를 가시화한 것은 아닐까? 이 맥락에서 보면, 푸코는《정신의학의 권력》에서처럼 규율 권력의 정신의학적 합리성에 따라 리비에르의 자서전과 감정서-평전의 이중적 위상과 역할을 분석하는 데 그치지 않고, 근대적 이성의 한계 경험이 펼쳐지던 진실과 권력의 복잡한 관계를 체험할 기회를《리비에르》를 통해 책의 형태로 제공한 것일지도 모른다.

4. 유한성과 인간학적 가상

지금까지 우리는《광기의 역사》에서 푸코가 미완으로 남겨둔 권력 관계의 문제에 주목해,《정신의학의 권력》이 논한, 광인을 향한 규율 권력의 정신의학적 합리성을 검토한 후, 진실과 권력의 상호 관계를 중심으로《리비에르》에 담긴 리비에르의 자서전과 감정서-평전에 대해 살펴보았다. 그렇다면 이제 푸코의 이 저작들을 하나로 간주해 전체적으로 조망할 수 있게 된다.

4.1. '나는 유한성이다'

이를 위해 우선《정신의학의 권력》에서는 서구의 근대가 문제시된다는 점을 감안해, 이성의 한계 경험을 르네상스와 고전주의 시대를 지나 근대까지 추적하는《광기의 역사》의 시대 구분을 배경으로 삼아보자. 그렇다면 리비에르의 자서전과 감정서-평전은 푸코가 근대적 이성의 한계 경험인 인간학적 경험을 다루는 곳에서 주요 사례로 자리 잡을 것이다. 이 경우, 리비에르의 자서전에 등장하는 '나는 존속 살해범이다'라는 명제는 푸코가 고전주의 시대 이성의 한계 경험을 연구하며 검토한 명제 '나는 사유하며 있다'와 대응한다고 할 수 있다. 이를 권력 관계의 관점에서 보면, 고전주의 시대의 '나는 사유하며 있다'는 광기를 포함한 비이성에 대한 배제의 실천적 합리성으로 작동하고, 근대의 '나는 존속 살해범이다'는 정신 질환으로 규정된 광기에 대한 훈육의 합리성에 응답한다.

그런데 '나는 존속 살해범이다'는 '나는 사유하며 있다'와 달리, 광기를 경험하는 이성 자신의 고백이 아니다. '나는 존속 살해범이다'는 이성의 심문에 답해야 하는 광기의 고백이다. 하지만 이성의 근대적 한계 경험이 지닌 특성을 고려할 때, 즉 광기라는 부정성을 통해 자기 본질을 규정하는 이성의 인간학적 경험을 감안할 때, '나는 존속 살해범이다'의 발화자는 리비에르라는 광인이지만 의사는 그의 발화를 통해 이성의 본질을 생각한다. 다시 말해, 리비에르는 의사 안에 자리한 한계로서의 광인과 다르지 않다. 따라서 '나는 존속 살해범이다'는 근대적 이성이 간접적으로 언표한 자기 고백이다. 그렇다면 직접적 언표란 무엇일까?

'나는 존속 살해범이다'라는 우회적 발화에서 이성의 본질은 즉시 규정되지 않는다. 이성은 '나는 존속 살해범이다'를 통해 자기 본질을 부정적 방식으로 파악한다는 점에서, '나는 존속 살해범이다'는 이성에게 언젠가는 존속 살해범이 될 수도 있다는 잠재성을 지시하고, 어떻게 하면 이 잠재성이 현실화되는지, 혹은 어떻게 하면 그런 사태를 막을 수 있는지를 가리킨다. 그리고 더 근본적으로는, 부정성을 통해 자기 본질을 규정하는 인간학적 태도가 기초하는 심급의 전제를 시사한다. 서구 근대에서 이성은 왜 광기라는 부정성을 자신에 대해 사유할 수 있는 매개로 경험하는 걸까? 어쩌면 근대적 이성은 한계를 자신에게 본래적인 것으로 전제하기 때문에, 다시 말해 처음부터 자신을 유한성으로 규정하기 때문에 이 유한성이 극단적 타자의 형태로 현전한 광기를 통해 자기 본질을 규정하려 시도하는 것일 수 있다.

이런 추측이 정당하다면, '나는 존속 살해범이다'라는 고백은 '나는 유한성이다'라는 전제하에서만 가능하다. '나는 존속 살해범이다'라는 리비에르의 고백을 감정하는 의사는 '나는 유한성이다'라고 되뇌기 때문에, 광인의 고백을 자신에 대한 우회적 발화로 간주할 수 있다. 따라서 고전주의 시대 이성의 '나는 사유하며 있다'와 짝을 이루는 근대적 이성의 직접적 명제는 '나는 유한성이다'라고 할 수 있다. 이 관점에서 볼 때, 코기토가 고전주의 시대 이성의 한계 경험의 명제로서 비이성을 배제하는 실천의 합리성이라면, '나는 유한성이다'는 근대적 이성의 한계 경험의 명제로서 리비에르라는 광인의 자서전을 감정하는 규율 권력의 정신의학적 합리성이다.

4.2. 인간학적 가상

푸코의 연구를 이런 관점에서 조망하고 나면, 지금부터는 '철학적' 논의가 가능하다. 잘 알려져 있듯 고전주의 시대의 코기토에서도 유한성이 고려되는데, 이 유한성은 신의 절대성에 비추어 본 것이었다. 반면 근대적 이성의 '나는 유한성이다'는 유한성을 자신의 본질로 간주한다는 점에서 절대자를 매개하지 않는 유한성을 지시한다. 사실, 푸코는 유한성에 대한 이런 이해와 관련해 이미 입장을 밝힌 바 있다. 박사 학위 논문 심사를 위해 《광기의 역사》와 같은 자리에서 발표한, 임마누엘 칸트Immanuel Kant의 《실용적 관점에서의 인간학》(이하 《인간학》)[10]에 대한 〈서설〉[11](이하 〈서설〉)이 바로 그것이다. 《리비에르》에 포함된 리비에르의 자서전과 감정서-평전에 대해 새롭게 생각해 볼 수 있는 가능성을 이 〈서설〉에서 확인하는 것이 이 글의 마지막 과제다.

결론부터 밝히면, 푸코는 '나는 유한성이다'를 본래적인 것으로 여기며 진실의 조건으로 삼는 근대적 이성의 태도를, 다시 말해 광기라는 극단적 형태로 외재화된 이성 자신의 한계에서 자기 본질을 인식하려는 인간학적 경험을 '가상'으로 규정한다. 푸코가 이런 결론에 도달하게 된 과정 전체를 설명하기에는 지면상의 한계가 있기에, 여기서는 핵심 논점만 소개하고자 한다.

〈서설〉에서 푸코는 칸트의 사유 전체를 재구성한다. 푸코가 보기에, 칸트가 《비판》[12]에서 기획한 초월 철학은 이성적 존재자가 진실의 주체가 될 수 있는 선험적 조건에 대한 탐구였으며, 이러한 탐구는 《인간학》에서 실존적 인간 이성의 유한성에 대한 숙고와 병행한다. 이후 《유작》[13]에서 칸트의 문제의식은 인간학적인 탐구에 근거해, 진실을 드

10
임마누엘 칸트, 《실용적 관점에서의 인간학》, 백종현 옮김(아카넷, 2014). 《인간학》은 칸트가 1772년부터 1796년까지 대학에서 진행한 인간학 강의록이다. 푸코는 칸트가 비판 철학의 기획을 시작해 정점에 달한 후 다시 의문에 부치는 시기와 이 시기가 일치한다는 점에 주목한다.

11
미셸 푸코, 《칸트의 인간학에 관하여: 『실용적 관점에서 본 인간학』 서설》, 김광철 옮김(문학과지성사, 2012). 푸코는 박사 학위 주논문으로는 《광기의 역사》를, 부논문으로는 칸트의 《인간학》 번역본과 이에 대한 〈서설〉을 제출했다.

12
《순수이성비판》, 《실천이성비판》, 《판단력비판》 등 칸트의 3비판서를 《비판》이라 약칭하겠다.

13
임마누엘 칸트, 《유작 I.1》, 백종현 옮김(아카넷, 2020); 임마누엘 칸트, 《유작 I.2》, 백종현 옮김(아카넷, 2020); 임마누엘 칸트, 《유작 II》, 백종현 옮김(아카넷, 2022). 《유작》은 칸트가

러나게 하는 인간의 근본적 한계에 대한 탐구로서의 초월 철학으로 변모한다.[14] 이때《인간학》은《비판》의 문제의식이《유작》의 초월 철학을 향해 나아가는 매개 역할을 한다.

그러나《인간학》은《비판》에서《유작》으로 나아가는 칸트의 사유 과정에서 가교 역할을 할 뿐,《비판》과《유작》의 문제의식을 가져와서 통일하는 저서는 아니다. 그런데 푸코가 보기에, 칸트 이후 서구 철학은 이런 혼란을 지속해 왔다. 칸트가 이성의 선험적 조건과 실존적 유한성, 인간의 근본적 한계를 차례로 문제시한 이래, 서구 철학은 이들을 종합하려는 '가상'을 멈추지 않았다. 칸트에게서 매개 역할에 머물던 실존의 유한성에 대한 인간학적 문제의식에 인식의 조건과 인간의 근본적 한계를 더해, 실존적 이성의 근본적 한계 안에서 인식의 조건을 찾으려는 '종합적 시도'가 등장한 것이다. 다시 말해, '나는 유한성이다'라고 규정하는 이성 자신에게서 진실의 가능성을 발견하려는 근대적 이성의 '종합의 가상'이 시작된다. 그 결과 말년의 칸트에게서 부각된 주체의 한계 또는 불가능성은 사라지고, 인간 실존의 초월적 주체가 중요해진다.《말과 사물》의 표현을 빌리자면, 근대적 이성이 '경험적-초월적 이중체로서의 인간'으로 등장하게 된 것이다. 푸코에 따르면 앞서 언급한 후설을 비롯해, 칸트가 비판한 초월적 가상을 역으로 인간 유한성의 증거로 포착해 존재를 사유하는 조건으로 치환한 마르틴 하이데거Martin Heidegger의 철학은 이런 가상의 대표적 사례이다. 푸코는 이런 시도를 칸트가 비판한 이성의 초월적 가상에 상응하는, 근대적 이성의 '인간학적 가상'이라고 규정한다.

이 맥락에서 보면, 근대적 이성의 한계 경험은 가상으로 간주될 수

남긴 유고 가운데 최후 작품을 위한 예비 작업들의 모음집으로, 완결된 형태가 아니기에 일관된 입장을 확인하기 어렵다.《유작》 편집의 역사와 각 판본의 특성에 대해서는 다음 논문을 참조하라. 김재호, 〈칸트『유작』(Opus postumum)에 대한 이해와 오해: 칸트의 마지막 작품을 위한 예비 작업들의 편집 역사를 중심으로〉,《철학연구》75집(2006): 315-347.

14 이 문장 하나로 칸트 사유의 '전회'를 설명하기에는 무리가 있다. 이를 파악하려면, 초월적 도식을 통해 선험적인 것에서 경험적인 것으로의 이행을 분석한《순수이성비판》의 성과에도 칸트가 여전히 '이행'의 문제에 천착했음을 이해할 필요가 있다. 해소되지 않은 그의 의심은《자연과학의 형이상학적 원리》에서 '에테르의 선험적 현존에 대한 요청'으로 표명되고,《유작》에서는 〈에테르 연역〉으로 이어진다. 이에 대한 분석을 통해 '칸트식 전회'의 과정을 재구성하는 작업은 다음 기회로 미루기로 한다.

있다. 한계 경험은 이성의 한계인 광기에서 자신의 본질을 파악하려는 인간학적 경험이며, '나는 유한성이다'를 본래적인 것으로 전제하고 인식의 조건으로 삼는다는 점에서 인간학적 가상이다. 따라서 이런 가상의 산물인 정신의학적 지식을 권력 관계에서 이해할 때 문제시되는 규율 권력의 합리성 또한 가상의 산물에 불과할 것이다. 그리고 정신의학적 합리성이 정초한 진실의 담론이자, 이 합리성을 일반화하는 진실의 장치로 이해된 리비에르 같은 광인의 자서전과 감정서-평전 역시 가상의 산물일 것이다.

그렇다면 이런 사태를 어떻게 이해해야 할까? 만약 근대적 합리성 자체가 가상과 분리될 수 없다고 이해한다면, 가상이란 한계를 이성의 본래성으로 전제한 인간학적 가상에 계속 머무는 셈이다. 그렇다고 가상에 기반한 합리성을 허위로 간주한다면, 근대적 이성의 진실과 합리성 역시 무효화될 것이다. 따라서 칸트가 초월적 가상을 비판하면서도 그것이 불가피하며 이성에게 여전히 유효함을 인정하듯이, 인간학적 가상의 실효성과 능동성을 인정할 때 가상의 산물을 이해하는 데 그치지 않고 가상 또한 넘어설 수 있다. 다시 말해, 근대적 이성의 한계 경험을 가상으로 포착하고 긍정한다면 푸코의 분석을 따라 규율 권력의 메커니즘과 정신의학적 합리성을 이해할 수 있을 뿐만 아니라, 바로 그 합리성 내에서부터 규율 권력의 균열 가능성 및 새로운 진실의 조건과 합리성을 모색할 수 있을 것이다. 이 관점에서 세 가지 사항을 마지막으로 생각해 보려고 한다.

4.3. 유한성 너머 인간의 죽음: 결론을 대신해

먼저 규율 권력의 의학적 합리성이 가상의 산물이라면, 이런 합리성은 상대적이다. 정신의학은 근대적 경험의 에피소드라는 점에서 그 상대성을 짐작할 수 있는데, 근대적 경험 자체가 가상에 기반한다는 점에서 규율 권력의 합리성은 가상을 가로지를 가능성을 지닌다. 따라서 리비에르의 '자기 진실'에 귀 기울이던 의사와 광인의 권력 관계에서는 새로운 합리성이 등장할 수 있고, 개별화 방식으로 예속하던 권력 관계의 근대적 메커니즘 또한 새롭게 재편될 수 있다. 이 맥락에서, 《정신의학의 권력》이 의사와 광인의 권력 관계 내 광인의 '저항'에 주목하며 정신분석의 등장을 분석한다는 점을 이해할 필요가 있다.

다음으로, 규율 권력의 정신의학적 합리성이 가상, 곧 광기에 대한 인간학적 경험의 산물이라면, 이런 경험 자체가 이미 상대적이다. 다시 말해, 광기에 대한 비인간학적 경험의 가능성은 근대적 이성에게 열려 있다. 푸코는 《광기의 역사》 말미에서 이 가능성을 언어의 근대적 형태인 '문학'에서 발견한다. 서구 근대는 광기를 인간학적 시선 아래 정신 질환으로 객관화하는 경험에 그치지 않고, 비인간학적인 방식에 따라 고전주의 시대의 광기 경험을 새로운 형태로 변주했다. 고전주의 시대의 이성이 착란이라는 광기를 광인의 언어에서 경험한 반면, 근대적 이성은 광인이 인간학적 시선 아래로 호출되어 부재한 상태에서 '주체 없는 언어' 속에서 광기를 경험하는 문학적 기술을 창조한 것이다. 이 기술은 근대적 이성이 실존의 초월적 주체로 등장한 인간학적 가상에 빠지지 않은 채, 말년의 칸트에게서 잠시 모습을 드러낸, 주체의 불가능성을 시사하는 '한계 철학'을 계승하는 셈이다.

바로 이 맥락에서, 리비에르의 자서전과 감정서-평전을 앞서와는 다른 관점에서 이해할 가능성을 발견할 수 있을지도 모른다. 《리비에르》에서 의사들의 감정서-평전이 리비에르의 자서전을 에워싼 형상은, 개별화하는 규율 권력의 진실 전략을 시사하는 동시에 정반대의 사태를 가리키는 것일 수도 있다. '나는 존속 살해범이다'라고 고백하는 한 목소리가 자신과 분리될 수 없는 의사들의 감정서-평전 속으로, 다시 말해 그들의 여러 목소리 속으로 흩어져 파편화되어 버리기 때문이다. 이런 사태를 '주체 없는 언어'에서 모습을 드러내는 광기에 대한 비인간학적 경험으로, 또는 정신 질환으로 환원될 수 없는 광기에 대한 근대적 경험으로 이해할 수는 없을까? 만약 이런 추론이 정당화될 수 있다면, 푸코에게서 리비에르의 자서전과 감정서-평전은 주체 없는 언어의 경험을 제공하는 프리드리히 횔덜린과 귀스타브 플로베르 사이에서 레몽 루셀Raymond Roussel과 앙토냉 아르토 그리고 모리스 블랑쇼Maurice Blanchot나 조르주 바타유를 예고하는 '문학'으로 자리매김할 수 있을 것이다. 그렇다면 《리비에르》는 규율 권력의 정신의학적 합리성을 표현하는 동시에 이 합리성을 가로지르는 '광기의 문학'으로서 기획된 것일지도 모른다.

이 관점에서 보면, 리비에르의 자서전과 감정서-평전은 규율 권력의 합리성을 일반화하는 데 그치지 않고, 스스로를 진실의 담론들로 정초될 수 있게 한 바로 이 합리성을 내부에서부터 가로지르는 새로운 이중성을 확보한다. 따라서 리비에르의 자서전과 감정서-평전이 이처럼 규율 권력의 정신의학적 합리성 내에서 그 밖을 향한 근대성의 새로운 길을 낼 수 있다면, '자서전'과 '평전'이라는 근대적 형식의 글쓰기 또한 규율 권력의 진실 전략 아래서 이 전략을, 또는 경험적-초월적 이중체로서의 인간을 가로지르는 글쓰기 기술로 작동할 수 있을 것이다.

마지막으로 이 맥락에서, 이런 기술의 또다른 계승자로서 광기에 대한 비인간학적 경험의 사례를 직접 제시하는 푸코 자신이 문제가 된다. 푸코는 정신의학을 비롯한 일련의 인간 과학과 철학에서의 진실 문제를 권력 관계의 역학 구조 안에서 이성의 한계 경험을 통해 분석한다. 그의 이런 인식론적 시도는 초월적 주체로 등장한 근대적 이성의 불가능성을 드러낸다. 푸코는 규율 권력의 정신의학적 합리성이 인간학적 가상에 의존함을 밝히는 고고학자이자, 주체의 불가능성이 실존의 초월적 주체로 대체되는 과정을 추적하는 계보학자로서, 실존의 유한성에서 인식의 조건을 밝히는 대신 역사 속에서 인간 이성과 인식의 한계가 드러나도록 한다. 따라서 푸코에게서 인간의 근본적 한계에 주목한 말년의 칸트와, 신의 죽음을 매개로 인간의 죽음을 공표한 니체의 면모를 동시에 발견하기란 어렵지 않을 것이다. +

참고 문헌

김재호. 〈에테르(Äther) 현존(Existenz)에 관한 선험적 증명은 어떻게 가능한가?: 칸트 『유작』(Opus postumum) '이행 1-14'(Übergang 1-14)를 중심으로〉. 《칸트연구》 32호(2013): 137-166.

_____. 〈칸트 『유작』(Opus postumum)에 대한 이해와 오해: 칸트의 마지막 작품을 위한 예비 작업들의 편집 역사를 중심으로〉. 《철학연구》 75집(2006): 315-347.

Artière, Philippe. "Le jour où Michel Foucault rencontra Pierre Rivière." *Libération*. le 5 août 2020, https://www.liberation.fr/debats/2020/08/05/le-jour-ou-michel-foucault-rencontra-pierre-riviere_1796134/?redirected=1&redirected=1.

_____. "Fouiller l'écrit. Témoinage." *L'Atelier du Centre de recherches historiques* (En ligne). le 19 janvier 2017, https://journals.openedition.org/acrh/7529.

Bert, Jean-François et Elisabetta Basso. *Foucault à Münsterlingen: A l'origine de l'Histoire de la folie*. Editions de l'Ecole des Hautes Etudes en Sciences Sociales, 2015.

Binswanger, Ludwig. *Le rêve et l'existence*. Michel Foucault, éd. Jacqueline Verdeaux, trad. Desclée de Brouwer, 1954.

푸코, 미셸. 《감시와 처벌: 감옥의 탄생》. 오생근 옮김. 나남출판, 2020.

_____. 《광기의 역사》. 이규현 옮김. 나남출판, 2020.

_____. 《성의 역사 1: 지식의 의지》. 이규현 옮김. 나남출판, 2020.

_____. 《지식의 의지에 관한 강의: 콜레주드프랑스 강의 1970~71년》. 양창렬 옮김. 난장, 2017.

_____. 《정신의학의 권력: 콜레주드프랑스 강의 1973~74년》. 오트르망(심세광·전혜리) 옮김. 난장, 2014.

_____. 《말과 사물》. 이규현 옮김. 민음사, 2012.

_____. 《칸트의 인간학에 관하여: 『실용적 관점에서 본 인간학』 서설》. 김광철 옮김. 문학과지성사, 2012.

_____. 《정신병과 심리학》. 박혜영 옮김. 문학동네, 2002.

_____. 《비정상인들: 콜레주드프랑스 강의 1974~75년》. 박정자 옮김. 동문선, 2001.

Gros, Frédéric. *Foucault et la folie*. PUF, 1997. [김웅권 옮김. 《푸코와 광기》. 동문선, 2005.]

후설, 에드문트. 《유럽학문의 위기와 선험적 현상학》. 이종훈 옮김. 한길사, 2016.

칸트, 임마누엘. 《유작 II》. 백종현 옮김. 아카넷, 2022.

_____. 《유작 I.1》. 백종현 옮김. 아카넷, 2020.

_____. 《유작 I.2》. 백종현 옮김. 아카넷, 2020.

_____. 《실용적 관점에서의 인간학》. 백종현 옮김. 아카넷, 2014.

Madelénat, Daniel. *La biographie*. PUF, 1984.

Paltrinieri, Luca. "Les aventures du transcendantal: Kant, Husserl, Foucault." Guillaume le Blanc, éd. *Lumières, N° 16, 2e semestre 2: Foucault lecteur de Kant: le champ anthropologique*, PU Bordeaux, 2010.

윤상원

고려대학교 철학과를 졸업하고 파리 8대학교 철학과 박사 과정을 수료했다. 철학 서점 소요서가를 운영하는 연구소오늘의 대표로 일하며, 칸트와 푸코 철학의 관계를 중심으로 프랑스 인식론의 '비판성'을 추적하는 연구를 주로 하고 있다. 옮긴 책으로 《프랑스 철학자란 무엇인가?》(근간)가 있다.

김민철

19세기 무명씨의 삶: 침묵한 '보통 사람'의 흔적을 찾아

알랭 코르뱅Alain Corbin, 《루이프랑수아 피나고의 세계를 되살려 내다: 어느 무명씨의 흔적을 찾아, 1798-1876*Le monde retrouvé de Louis-François Pinagot: Sur les traces d'un inconnu 1798-1876*》(Flammarion, 1998)

ALAIN
CORBIN

Le monde retrouvé de Louis-François Pinagot

김민철

위인전이 아닌 평전을 쓸 수 있는가? 역사에 확실한 발자국을 남긴 사람이 아니라 조용히 살다 간 '보통 사람'의 전기를 쓸 수 있는가? 알랭 코르뱅의 《루이프랑수아 피나고의 세계를 되살려 내다: 어느 무명씨의 흔적을 찾아, 1798-1876》는 이 질문이 내포하는 스펙트럼에서 '위인'의 반대편 극단에 있는 한 '무명씨inconnu', 사료史料에 거의 흔적을 남기지 않은 어느 가난한 농촌 주민의 삶에 접근하기 위한 역사가의 작업 일지다.

여기 1798년 6월 20일, 프랑스 혁명 제1공화정의 공화력 6년 맥월麥月 2일 오후 3시에 태어난 한 남자가 있다. 그는 제3공화정 1876년 1월 31일 집에서 숨을 거두었다. 그의 이름은 루이프랑수아 피나고Louis-François Pinagot. 그는 뱃사공인 아버지 자크 피나고Jacques Pinagot와 어머니 잔 코탱Jeanne Cottin 사이에서 난 4남매 중 둘째로, 나막신 만드는 일을 업으로 삼았으며 평생 글자를 읽을 줄 몰랐다. 20살에 인근 농부의 딸과 결혼했고, 그의 아내는 28년의 결혼 생활 동안 8명의 아이를 낳아 키웠으며 1846년에 사망했다.

루이프랑수아와 그의 가족은 격변으로 가득한 19세기 프랑스의 역사에 아무런 족적을 남기지 않았다. 1799년 11월 나폴레옹 보나파르트가 군사 정변을 일으켜 제1공화정의 권력을 탈취한 때에도, 1814년 루이 18세가 돌아와 왕정을 복구한 때에도, 1815년 나폴레옹이 엘바섬을 탈출한 때에도, 워털루 전쟁으로 그의 100일 천하가 끝난 때에도, 피나고 집안은 역사에 기록될 어떤 일도 하지 않았으며 민중 사회사의 으뜸가는 사료인 경찰 문서와 재판 문서에도 흔적을 남기지 않았다.[1] 1830년 7월 사흘간의 시가전 끝에 "반동적인" 부르봉 왕정이 붕괴하고 "자유주의적인" 오를레앙 왕정이 들어선 때에도, 1789년과 1830년에 이어 1848년에 "3번째 혁명"으로 제2공화정이 수립된 때에도, 나폴레옹의 조카 루이Louis-Napoléon Bonaparte가 대통령으로 선출되고 결국 정변을 일으켜 황제 나폴레옹 3세가 된 제2제정 시대에도, 1870년 그 황제가 프로이센과의 전쟁에서 패배하자 수립된 제3공화정과 1871년 파리

1 Arlette Farge, *Vivre dans la rue à Paris au XVIIIe siècle* (Gallimard-Julliard, 1979); Arlette Farge, *La vie fragile: Violence, pouvoirs et solidarités à Paris au XVIIIe siècle* (Hachette, 1986); 아를레트 파르주, 《아카이브 취향》, 김정아 옮김(문학과지성사, 2020).

코뮌의 시대에도, 피나고는 역사에 흔적을 남기지 않았다. 자료의 생산과 보관, 그리고 그 자료가 '사료'가 되는 기제의 작동 방식에 따라,[2] 그들은 마치 역사에서 어긋나 있는 것처럼, 모든 대사건이 자신과는 무관한 것처럼 산 셈이 되었다. 역사가들은 민중이 시대적 대사건으로부터 얼마나 유리될 수 있는지를 지적하곤 했는데,[3] 이 점에서 피나고는 대사건들이 중첩되는 긴 세월 내내 침묵하는 두더지처럼 우리의 시야 바깥에 존재했던 민중의 모습을 드러내 보여주는 것만 같다.

그러나 일견 피나고의 '침묵'으로 보이는 것은 기층에 가닿을 수 없는 역사가의 무력함이 낳은 착시인지도 모른다. 피나고를, 또는 그가 살았던 작은 세계를 되살려내고자 시도한 이 책의 저자 알랭 코르뱅의 진단에 따르면, 20세기 중반부터 "아래로부터의 역사"를 기치로 삼은 사회사가들은 이른바 노동 계급의 언어, 여성의 언어, 소외된 자들의 문학을 연구했지만 그중 누구도 사료의 발생 기제로부터 거리를 두고 살았던 저 많은 "민중"의 삶을 들여다보거나 그 민중이 19세기의 격변들과 하층 계급의 투사들을 바라본 관점을 복원해 낼 엄두를 내지는 못했다. 과연 노동 계급이나 여성이나 그밖에 "소외된" 사람들을 "대변한" 작가나 운동가 들을 통해 민중의 모습을 밝혀낼 수 있을까?[4] 코르뱅은 이런 의문을 품고 자신의 고향 오른도道의 문서고에서 무작위로 작은 코뮌 하나를 골라서, 그 주민들 중에서 둘을 무작위로 고르고, 둘 중 19세기에 걸쳐 더 긴 생을 살았던 인물을 연구 대상으로 선택했다. 이 인물은 한편으로는 어떤 방식으로도 범상치 않은 기록을 남긴 적이 없는 사람이어야 했고, 다른 한편으로는 후손들에게도 완전히 잊혀 흔적이 모두 사라진 사람이어서는 안 되었다. 그렇게 선택된 인물이 바로 이 책의 주

2

김민철·김한결, 〈분류하고 저장하고 기억하기: 프랑스혁명과 아카이브〉, 《역사학보》 245집(2020): 373-407.

3

Richard Cobb, *Reactions to the French Revolution* (Oxford University Press, 1972), 163.

4

Peter Gurney, "Working-Class Writers and the Art of Escapology in Victorian England: The Case of Thomas Frost," *The Journal of British Studies* 45 no.1 (2006): 51-71; Aruna Krishnamurthy, ed., *The Working-Class Intellectual in Eighteenth- and Nineteenth-Century Britain* (Routledge, 2009); Tobias Higbie, *Labor's Mind: A History of Working-Class Intellectual Life* (University of Illinois Press, 2019).

인공인 나막신 제작자 피나고였다.

그렇다면 우리는 코르뱅의 역작에서 19세기의 격변을 살아낸 어느 무명씨의 생애를 알 수 있게 되는 것일까? 아쉽게도 그렇지 않다. 오랜 연구와 험난한 서술 과정을 거친 뒤, 결론적으로 이 책은 피나고의 전기가 아니게 되었다. 이 책을 쓰기 전까지 19세기 농민들의 세계와 도시 하층민의 세계를 연구했고,[5] 이어서 향기와 악취의 역사가,[6] 침묵과 날씨의 역사가,[7] 바다와 풀잎의 역사가[8]가 된 코르뱅은 결국 피나고라는 개인의 삶을 재구성하는 데 실패했다. 사료가 부족하면 역사가는 발이 묶이는 법이다. 이 책은 정녕 "미시사 연구가 아니며", 코르뱅은 자료를 거의 남기지 않은 피나고에 대해서는 도무지 카를로 긴츠부르그Carlo Ginzburg의 방앗간 주인 메노키오Menocchio나 미셸 푸코의 살인자 피에르 리비에르처럼 상세하게 연구할 재간이 없다.(10쪽)[9] 여러 해 동안 전력으로 연구했음에도 그는 피나고의 삶을 거의 재구성해 내지 못했다. 우리는 피나고가 어떻게 생겼는지, 눈동자나 머리카락이 무슨 색이었는지, 어떤 질병을 앓았는지 알 수 없다. 그의 유년기와 청년기는 "완전

5

Alain Corbin, *Les filles de noce: misère sexuelle et prostitution au XIXe siècle* (Flammarion, 1978); Alain Corbin, *Le village des cannibales* (Flammarion, 1990); Alain Corbin, *Les cloches de la terre: paysage sonore et culture sensible dans les campagnes au XIXe siècle* (A. Michel, 1994); 알랭 코르뱅, 《시간, 욕망, 그리고 공포》, 변기찬 옮김(동문선, 2002).

6

알랭 코르뱅, 《악취와 향기: 후각으로 본 근대 사회의 역사》, 주나미 옮김(오롯, 2019). 이 책은 '감각의 역사 분야 고전 50선'에 꼽힌 바 있다. Christophe Granger and Hervé Mazurel, "L'histoire des sensibilités en cinquante classiques," *Vingtième siècle: Revue d'histoire* no. 123 (2014): 49-51.

7

알랭 코르뱅 외, 《날씨의 맛: 비, 햇빛, 바람, 눈, 안개, 뇌우를 느끼는 감수성의 역사》, 길혜연 옮김(책세상, 2016); 알랭 코르뱅, 《침묵의 예술: 소음으로 가득한 세상에서 침묵을 배우다》, 문신원 옮김(북라이프, 2017).

8

알랭 코르뱅, 《풀의 향기: 싱그러움에 대한 우아한 욕망의 역사》, 이선민 옮김(돌배나무, 2020).

9

카를로 진즈부르그, 《치즈와 구더기: 16세기 한 방앗간 주인의 우주관》, 김정하·유제분 옮김(문학과지성사, 2001); 미셸 푸코, 《내 어머니와 누이와 남동생...을 죽인 나, 피에르 리비에르》, 심세광 옮김(앨피, 2008).

한 어둠에 가려져 있다".(121쪽) 밝혀진 것은 피나고의 가족 관계, 그리고 매우 궁핍하던 그의 형편이 1850년대부터 조금씩 나아졌다는 사실뿐이다. 문맹이었던 피나고가 "어떤 말투를 썼는지"를 알아내는 것이 매우 중요하다는 저자의 문제의식은 일반적인 사회사의 경우와 달리 피나고 개인에 대해서는 실제로 그것을 알아낼 방법이 없다는 현실과 충돌한다.(106쪽)[10] "예외적인" 사례를 통해 "일반적인" 상태를 파악하려는 연구들과 달리[11] 애초에 의도적으로 극히 범상한 인물을 연구 대상으로 선택한 코르뱅은 사료가 부족한 상황을 상상력으로 극복하려 하지만, 그의 과감한 추측들조차 19세기 프랑스 촌락의 하층 민중이 지닌 삶의 태도와 세계관을 피나고라는 개인의 차원에서 설득력 있게 복원해 내지는 못한다.

그렇다면 이 책이 되살려 낸 것은 범상하기 그지없는 인간 피나고의 삶이라기보다는, 제목 그대로 피나고의 흔적들을 추적하려고 시도하는 과정에서 드러난 그의 세계, 즉 그가 바라본 세계상이 아니라 그를 둘러싼 세계의 모습이다. 코르뱅은 지방 문서고 사료 상자들의 캄캄한 혼돈 속에서 그에게 친숙한 19세기 프랑스 촌락의 세계를 끄집어냈으며, 이것이 피나고의 마을 오리니르뷔탱과 그곳을 에워싼 조금 더 큰 세계의 풍경이다. 이 풍경에서, 연구될 수 없는 연구 대상 루이프랑수아 피나고는 "보이지 않는 중심"에 해당하며, 독자는 마치 "결코 화면에 등장하지 않는 인물의 시선에서 촬영된" 것처럼 가장되었지만 사실은 그 인물의 시선조차 불분명한 장면들을 감상하는 영화 관객과 같은 위치에 놓인다.(13쪽)

숲과 마을과 피나고의 세계

가장 먼저 등장하는, 아마도 가장 중요한 환경은 숲과 촌락이다. 피나고의 마을 북동쪽에는 걸어서 한 시간이면 남북을 가로지르는 작은 벨

10 Alain Corbin, "Pour une étude sociologique de la croissance de l'alphabétisation au XIXe siècle: l'instruction des conscrits du Cher et de l'Eure-et-Loir (1833-1883)," *Revue d'histoire économique et sociale* 53 no.1 (1975): 99-120.

11 Chuanfei Chin, "Margins and Monsters: How Some Micro Cases Lead to Macro Claims," *History and Theory* 50 no.3 (2011): 341-357.

렘 숲이 있었다. 숲의 시간은 느리게 흘렀다. 그러나 시간이 멈춰 있지는 않아서, 대혁명기(1789-1799)와 제1제국 전쟁기(1800-1815)에 다소 훼손되고 황폐해졌던 숲은 피나고의 생애에 걸쳐 천천히 혁명 이전 시절의 아름다움을 되찾았다.[12] 나막신 제작자인 피나고는 "좋은 나무를 확보하는 것이 최우선"이었을 테니 숲과 친했을 것이고, 나무를 속속들이 알았을 것이다.(130쪽) 이 숲의 생태계 범위 내에 있는, 1831년 인구가 50명에 불과했던 프랑스 북서부 마을 오리니르뷔탱의 주민들은 바로 근처의 이웃들을 제외하고는 외부 세계와 많이 접촉하지 않은 채 살아갔다. 피나고는 평생 가족들, 즉 할머니, 아버지와 어머니, 고모와 삼촌, 장인, 장모, 사촌 들과 매우 가까이 살았고, 늙어서는 그의 자식들과 손주들도 그러했다. 그들은 거의 매일 잠깐씩 이동해서 서로 만났을 것이며, 일이 생기면 상부상조했을 것이다. 고작 13가구에 분포되어 있던 주민 대부분은 농민이었다. 이 작은 마을에 전문직은 없었고, 오랜 기간 교사도 없었던 것으로 보이며, 심지어 19세기 중반까지는 상점을 운영하는 사람도 없었다. 1830년대 내내 여관이 없었으며, 1844년이 되어서야 식료품점이 있었다는 기록을 발견할 수 있다.

걸어서 당일에 다녀올 수 있는 거리에 정기시定期市가 열렸고, 오리니르뷔탱 사람들은 여러 정기시를 활용해서 생업을 확장했다. 나막신을 팔아야 했던 피나고도 마찬가지였을 것이다. 그가 22살이 되던 해, 오리니르뷔탱에서 25km 이내에 열리는 정기시는 그 마을이 속한 오른도에만 33개였다. 그러나 이 사실들을 기반으로 오리니르뷔탱의 주민들과 정기시가 열리는 조금 더 큰 마을이나 도시의 주민들 사이에 친밀한 교류가 있었으리라고 추론할 수는 없다. 코르뱅이 호출한 당대인의 증언은 "절름발이 프랑스어français estropié"를 사용하던 작은 숲 마을 사람들이 "도시 거주민들과 거의 소통하지 않았으며", 시장이 열렸을 때도 그들은 도시인들과 "가격을 흥정하기 위해서만 대화했다"라고 말한다.(107쪽) 촌사람들은 정기시에 가더라도 대체로 "여관에서 술 한잔

12 Peter McPhee, *Revolution and Environment in Southern France: Peasants, Lords, and Murder in the Corbières, 1780-1830* (Clarendon Press, 1999); Kieko Matteson, *Forests in Revolutionary France: Conservation, Community, and Conflict, 1669-1848* (Cambridge University Press, 2015); Laurent Brassart, Grégory Quenet, and Julien Vincent, "Révolution et environnement: état des savoirs et enjeux historiographiques," *Annales historiques de la Révolution française* no. 399 (2020): 3-18.

하지 않고 귀가했으며, 대혁명은 급류처럼 그들 위를 흘러 지나가 버렸다".(49쪽) 피나고가 이런 증언에 들어맞는 사람이었는지, 또는 이 증언들이 포착하지 못한 독특한 면모를 지닌 사람이었는지, 사료가 침묵하므로 우리는 알 길이 없다.

19세기에 오른도는 프랑스에서 가장 가난한 지역에 속했고, 오리니르뷔탱의 주민들은 가난했다.(249쪽) 절반 이상은 4년 단위로 농지를 빌려 경작하는 농부들이었고, 일부는 행정 당국에 스스로 "거지"로 등록했다. 흉작을 버티기 위해 만든 제도들은 실제로 농민들을 구해줄 만큼 잘 작동하지 못했다. 종종 당국은 피나고를 다른 여러 주민과 묶어서 "빈궁한" 사람으로 분류했다. 제2공화정이 무너지고 제2제정이 수립되던 1850년대 초반, 주민들은 가난을 못 이겨 마을을 떠났고 인구는 절반이 줄었다. 정부는 농민들에게 풍요를 가져다주지는 못했지만 구걸을 불법으로 만들기는 했다. 가부장의 권위가 우리의 상상만큼 강하지 않았으며 주로 핵가족을 이루고 살던 이 가구들은 가난에 맞서 싸우기 위해 합가하기도 했는데, 당사자들은 이를 일종의 후퇴로 인식했다. 초기 근대 서유럽에서 소작농에게 주어진 소규모 보유지는 크기가 상이하고 법적으로 분할이 금지된 경우가 많았다. 전반적으로 인구에 비해 토지가 넉넉하지 않아서 소유지의 확장이 힘들었으므로 농민들은 가족 규모와 토지 규모 사이의 균형을 추구했으며, 그 결과 핵가족이 프랑스를 포함한 서유럽의 지배적인 가구 형태가 되었다. 그러나 궁핍한 시기에는 이런 가족 구조를 유지할 수 없었고, 이는 피나고의 마을에서도 마찬가지였다.[13]

아이들은 일찍 죽거나, 유년기를 넘기더라도 허약한 편이었지만 그럼에도 이 "절망적으로 가난한 사람들"은 놀라우리만큼 수명이 길었고, 먹는 입은 줄기보다는 늘었다.(87쪽) 그들은 가족이 확장되어 이루는 친족 집단과 직업 세계 바깥으로 탈출하는 경우가 드물었다. 사회 전반에서는 계급 이동이 증가하는 추세였으나 이 가난한 숲 마을 사람들이 이를 반드시 따라가지는 않았으며, 계급 이동이 하방으로 일어나는

13
Joan Scott and Louise Tilly, "Women's Work and the Family in Nineteenth-Century Europe," *Comparative Studies in Society and History* 17 no. 1 (1975): 36-64; Karl Kaser, "Serfdom in Eastern Europe," *The History of the European Family, vol. 1: Family Life in Early Modern Times 1500-1789*, eds. David Kertzer and Marzio Barbagli (Yale University Press, 2001), 39-54.

경우도 숱하게 목격되었다.[14] 경찰 문서와 재판 문서에는 가난에 시달리던 농민들이 숲에서 불법으로 마른 잎, 나무, 풀, 도토리를 가져와 식량, 사료, 땔감으로 쓴 기록이 남아 있다. 이들은 붙잡히면 자신의 20-30일치 수입에 맞먹는 벌금을 내야 했다. 피나고는 이 문서들에 등장하지 않는다. 그의 일상을 재구성할 수는 없지만, 결과를 놓고 보면 그는 이 험난한 삶을 꽤 잘 살아냈던 것으로 보인다. 자세한 것은 알 수 없으나, 사료에서 우리는 그가 가장 혹독한 흉년들을 보낸 뒤 50대 후반에 접어들어 비로소 문 하나, 창문 하나, 텃밭이 있는 오두막집을 매입해서 자가 소유자가 되었다는 사실을 확인할 수 있다. 상존하는 나막신 수요와 19세기 중반부터 이륙을 시작하던 프랑스 경제의 흐름이 그에게 행운으로 작용했던 것일까?[15] 그러나 대체로 경제 발전의 낙수 효과는 구석진 촌락에 쉬이 도달하지 않았고, 농민들은 작은 땅뙈기라도 소유하게 되는 것을 큰 꿈으로 삼아 매년 삶을 버텨내듯 살아갔다. "생계의 요구"가 다른 것을 지배했다.(249쪽) 작은 촌락은 평온한 낭만적 전원이 아니었던 것이다.

이 혹독한 물질세계와 생활 환경을 넘어 정신세계 혹은 심성의 영역으로 들어가도, 우리는 피나고에 대해 밝혀낼 수 있는 바가 거의 없다. 프랑스 혁명부터 파리 코뮌까지, 오른도나 사르트도에서 어떤 정파들이 투쟁했는지, 무슨 법령이 시행되었고 어떤 도로가 놓였으며 그밖에 혁명과 전쟁의 여파가 어떠했는지를 지방사 연구들이 밝혀냈다 하더라도 정작 피나고가 과거를 어떻게 보았는지, 어떤 정체성을 지녔으며 자신의 개인사나 마을의 과거를 어떻게 재구성해서 기억했는지, 또는 자신이 어떤 특정한 '시대'를 살고 있거나 특정한 '세대'에 속한다는 인식을 갖기는 했는지를 확인할 수 있는 자료는 없다.[16] 코르뱅은 다만

14

Marco van Leeuwen, Ineke Maas, Danièle Rébaudo, and Jean-Pierre Pélissier, "Social Mobility in France 1720-1986: Effects of Wars, Revolution and Economic Change," *Journal of Social History* 49 no.3 (2016): 585-616.

15

Ronald Aminzade, "Reinterpreting Capitalist Industrialization: A Study of Nineteenth-Century France," *Social History* 9 no. 3 (1984): 329-350; François Crouzet, "The Historiography of French Economic Growth in the Nineteenth Century," *The Economic History Review* 56 no. 2 (2003): 215-242.

피나고가 "명확한 연대기 관념을 결여했을 것이며 역사적으로 사고할 능력이 없었을 것"이라고 추측할 뿐이다.(199쪽) 마찬가지로, 당대 프랑스 민중의 종교적 관행과 심성에 대한 연구들에서도 피나고에 관한 구체적인 내용은 추출할 수 없다.[17]

1870년 보불전쟁이 터지자 오른도의 인민이 "범상치 않은 열정"으로 애국심을 발휘하고 많은 젊은이들이 군에 자원입대했지만, 피나고의 마을에서는 자원입대자가 1명뿐이었고 전쟁과 전사자를 기념하는 시설은 전혀 설치되지 않았다. 프로이센 군대가 인근 지역을 점령·통과했으며, 오리니르뷔탱 주민들은 살인, 강간, 무차별 약탈과 같은 피해는 입지 않았지만 18개월 동안 비상 징발, 가뭄, 혹한에 시달려야 했다. 그러나 이 대목에서도 개인 피나고는 너무나 멀리 있으며, 그가 이 사건을 어떻게 경험했는지, 그가 느낀 "정신적 고통"이 무엇이었는지 코르뱅은 밝혀낼 수 없다. 프로이센 군대가 남긴 "공포"에 대한 다른 인물의 증언을 인용하면서, 저자는 결국 대답 없는 질문으로 일련의 추측을 마무리한다. "이 외국인들이, 아마도 그가 아는 유일한 외국인들이 자기 삶의 공간을 침략하는 것을 평생에 2번 목격한 이 남자에게, 그 공포는 과연 어떤 것이었을까?"(247쪽)

전쟁이 아닌 다른 정치적 문제들에서도, 19세기 지방민들의 정치적 사고를 파악하는 것을 목표로 삼은 역사가는 당시 각지 행정관들이 자신의 인상에 의지해서 다분히 임의적으로 기록해 둔 "여론 동향 조사"에 의지하는 것 외에는 방법이 없다. 그런 문서를 아무리 많이 본들, 코르뱅이 인정하듯 "그것들은 피나고에 대해서 말해주는 바가 거의 없다".(279쪽) 단순히 전형과 일반론을 피나고에게 적용하지 않는다면 말이다. 추론자가 기댈 수 있는 맥락적 계량화의 가능성도 희박하다. 피나

16

Alan Spitzer, *The French Generation of 1820* (Princeton University Press, 1987); Christine Peyrard, *Les Jacobins de l'Ouest: Sociabilité révolutionnaire et formes de politisation dans le Maine et la Basse-Normandie (1789-1799)* (Publications de la Sorbonne, 1996); Robert Gildea, *Children of the Revolution: The French, 1799-1914* (Harvard University Press, 2008).

17

Eugen Weber, "Religion and Superstition in Nineteenth-Century France," *The Historical Journal* 31 no. 2 (1988): 399-423; Caroline Ford, "Violence and the Sacred in Nineteenth-Century France," *French Historical Studies* 21 no. 1 (1998): 101-112.

고의 생애는 프랑스의 역사에서 논쟁, 폭동, 반란, 혁명의 세기였지만,[18] 한편으로 그가 어떤 시위나 폭동에 가담했다는 증거는 전혀 없으며, 다른 한편으로 우리는 이러한 증거 부재에서도 아무런 결론을 도출할 수 없다. 오른도에서 크고 작은 사건들이 있었으니, "분명히 피나고 가족은 저녁 식사 후 그것들에 대해 이야기를 나누었을 것이다".(288쪽) 그러나 이런 뻔한 추측을 넘어서는 구체적 결론은 아무것도 나오지 않는다. 정치 참여도는 지방에 따라, 또 도시나 마을의 규모에 따라 대체로 조금씩 달랐으며 가까운 지역 내 비슷한 규모의 마을이라 하더라도 상황은 상이할 수 있었다는 설명이 길게 이어지지만, 이는 19세기 정치사 연구자에게 새로운 이야기가 아니다. 여전히 피나고에 대한 구체적인 서술은 불가능하며, 그가 "한 번이라도 투표권을 행사했다는 증거" 또한 없다.(306쪽)

무명씨의 전기 쓰기: 실패의 의미

1874년 8월 장남이 죽고, 2년 뒤 1876년 1월 피나고는 "흔적을 남기지 않은 채" 사망했다. 결국 코르뱅은 이 책에서 루이프랑수아 피나고라는 인물을 매개 삼아 그의 전기를 쓰지 않으면서 그를 둘러싼 사회의 역사를 구체적으로 그려내고자 했다. 그 과정은 작성이 "불가능한 전기"를 쓰는 일이 아니라 멀고 흐릿한 과거로부터 피나고를 "불러내는" 작업이었다.(317쪽) 결과론을 벗어나 연구의 착상 단계로 되돌아가서 단호하게 평가해 보자면, 피나고의 전기 쓰기는 '실패'했다. 편지나 일기 같은 "사적私的" 사료의 중요성을 항상 강조했던 코르뱅은 그런 사료가 부재한 상황에서 스스로도 인정하듯 "이 인물의 감정이나 열정에 대해 아무것도 아는 바가 없는" 상태에 머물렀다.[19]

그 결과 탄생한 이 책은 미시사도 경험사도 감정사도 아닌 19세기 프랑스 농촌의 사회사가 되었다. 그러나 해당 시대 사회경제사 전문가가 보기에, 특히 개인이 아닌 "집단"을 연구했을지언정 각 지역별 차이

18

Michèle Riot-Sarcey, *Le procès de la liberté: Une histoire souterraine du XIXe siècle* (La Découverte, 2016).

19

Sima Godfrey, "Alain Corbin: Making Sense of French History," *French Historical Studies* 25 no. 2 (2002): 396.

를 규명해 낸 19세기 사회사 연구들과 나란히 놓고 보면, 이 책에는 사회사적으로 새로운 정보가 많지 않다. 한 평자의 비판을 인용하자면, 이 책에서 "피나고는 개인으로서 등장하는 것이 아니라 고도로 일반화된 몇몇 명제와 주장을 운반하는 도구로서 등장할 뿐이며" 그 결과물은 오히려 사회사가 보여줄 수 있는 국면들의 "다양성을 은폐한다".[20]

그럼에도 이 책은 지방 문서고의 혼돈 속을 자유로이 거닐 수 있는 실력을 갖춘 역사가만이 시도해 볼 수 있는 실험이다. 이 독특하고 험난한 실험을 우직하게 밀고 나간 코르뱅의 자세를 높이 평가할 수 있을 것이다. 그가 다른 곳에서 시도한 다양한 실험들이 때로는 성공적이었고 때로는 허탈한 결과에 그쳤지만, 이 작업은 여전히 사학사史學史에서 유일무이한 지위를 유지하고 있으며 피나고는 근대 서양사에서 가장 유명한 무명인이 되었다. 이 도전은 코르뱅처럼 지방 문서고와 19세기 민중사 자료를 다룰 수 있는 사람만이 감행할 수 있는 것이었으며, 그조차 결국 피나고라는 개인에게 가까이 다가가기 어려웠다는 사실은 후대 역사가들이 비슷한 도전을 꺼린 이유가 되었는지도 모른다. 우리는 실패가 예상되는 도전을 감행하는 것이 개별 연구자의 입장에서 더 이상 현실적인 선택지가 아니게 된 오늘날의 상황에 묶인 채, 때로는 성공했고 때로는 실패했던 옛 역사가들의 무모한 실험을 영화관의 관객처럼 감상만 하게 된 것이다.

독자는 이 책에서 매춘부와 살인자의 사회문화사가 코르뱅, 눈앞에 닥친 실패의 그림자를 보고도 지치지 않는 발굴자 코르뱅의 작업을 그의 호흡에 발맞춰 따라가는 진귀한 경험을 할 수 있다. 주제의 참신함, 때로는 가벼움이 초래할 수 있는 혹평의 전망에 짓눌리지 않고 언제나 자기 갱신에 전념했던 연구자가 어둠 속에서 피나고의 사라진 흔적들을 더듬는다. 독자는 150년 전의 일상 세계 속으로 들어가, 피나고를 만나기보다는 그의 전기를 쓰지 못한 어느 역사가를 만난다. 1998년, 환갑을 갓 넘긴 코르뱅은 여전히 젊은 역사가였던 것이다. +

20
Iorwerth Prothero, "Alain Corbin, *the Life of an Unknown: the Rediscovered World of a Clog Maker in 19th-Century France*," *Labour/Le Travail* no. 53 (2004): 329-331.

참고 문헌

김민철·김한결. 〈분류하고 저장하고 기억하기: 프랑스혁명과 아카이브〉. 《역사학보》 245집 (2020): 373-407.

Aminzade, Ronald. "Reinterpreting Capitalist Industrialization: A Study of Nineteenth-Century France." *Social History* 9 no. 3 (1984): 329-350;

Brassart, Laurent, Grégory Quenet, and Julien Vincent. "Révolution et environnement: état des savoirs et enjeux historiographiques." *Annales historiques de la Révolution française* no. 399 (2020): 3-18.

Chin, Chuanfei. "Margins and Monsters: How Some Micro Cases Lead to Macro Claims." *History and Theory* 50 no.3 (2011): 341-357.

Cobb, Richard. *Reactions to the French Revolution*. Oxford University Press, 1972.

코르뱅, 알랭. 《풀의 향기: 싱그러움에 대한 우아한 욕망의 역사》. 이선민 옮김. 돌배나무, 2020.

_____. 《악취와 향기: 후각으로 본 근대 사회의 역사》. 주나미 옮김. 오롯, 2019.

_____. 《침묵의 예술: 소음으로 가득한 세상에서 침묵을 배우다》. 문신원 옮김. 북라이프, 2017.

_____. 《시간, 욕망, 그리고 공포》. 변기찬 옮김. 동문선, 2002.

_____. *Les cloches de la terre: paysage sonore et culture sensible dans les campagnes au XIXe siècle*. A. Michel, 1994.

_____. *Le village des cannibales*. Flammarion, 1990.

_____. *Les filles de noce: misère sexuelle et prostitution au XIXe siècle*. Flammarion, 1978.

_____. "Pour une étude sociologique de la croissance de l'alphabétisation au XIXe siècle: l'instruction des conscrits du Cher et de l'Eure-et-Loir (1833-1883)." *Revue d'histoire économique et sociale* 53 no.1 (1975): 99-120.

코르뱅, 알랭 외. 《날씨의 맛: 비, 햇빛, 바람, 눈, 안개, 뇌우를 느끼는 감수성의 역사》. 길혜연 옮김. 책세상, 2016.

Granger, Christophe and Hervé Mazurel. "L'histoire des sensibilités en cinquante classiques." *Vingtième siècle: Revue d'histoire* no. 123 (2014): 49-51.

Crouzet, François. "The Historiography of French Economic Growth in the Nineteenth Century." *The Economic History Review* 56 no. 2 (2003): 215-242.

파르주, 아를레트. 《아카이브 취향》. 김정아 옮김. 문학과지성사, 2020.

_____. *Vivre dans la rue à Paris au XVIIIe siècle*. Gallimard-Julliard, 1979.

_____. *La vie fragile: Violence, pouvoirs et solidarités à Paris au XVIIIe siècle*. Hachette, 1986.

Ford, Caroline. "Violence and the Sacred in Nineteenth-Century France." *French Historical Studies* 21 no. 1 (1998): 101-112.

푸코, 미셸. 《내 어머니와 누이와 남동생...을 죽인 나, 피에르 리비에르》. 심세광 옮김. 앨피, 2008.

Gildea, Robert. *Children of the Revolution: The French, 1799-1914*. Harvard University Press, 2008.

진즈부르그, 카를로. 《치즈와 구더기: 16세기 한 방앗간 주인의 우주관》. 김정하·유제분 옮김. 문학과지성사, 2001.

Godfrey, Sima. "Alain Corbin: Making Sense of French History." *French Historical Studies* 25 no. 2 (2002): 381-398.

Gurney, Peter. "Working-Class Writers and the Art of Escapology in Victorian England: The Case of Thomas Frost." *The Journal of British Studies* 45 no.1 (2006): 51-71.

Higbie, Tobias. *Labor's Mind: A History of Working-Class Intellectual Life*. University of Illinois Press, 2019.

Kaser, Karl. "Serfdom in Eastern Europe." *The History of the European Family, vol. 1: Family Life in Early Modern Times 1500-1789*. edited by David Kertzer and Marzio Barbagli. Yale University Press, 2001. 39-54.

Krishnamurthy, Aruna, ed. *The Working-Class Intellectual in Eighteenth- and Nineteenth-Century Britain*. Routledge, 2009.

Matteson, Kieko. *Forests in Revolutionary France: Conservation, Community, and Conflict, 1669-1848*. Cambridge University Press, 2015.

McPhee, Peter. *Revolution and Environment in Southern France: Peasants, Lords, and Murder in the Corbières, 1780-1830*. Clarendon Press, 1999.

Peyrard, Christine. *Les Jacobins de l'Ouest: Sociabilité révolutionnaire et formes de politisation dans le Maine et la Basse-Normandie (1789-1799)*. Publications de la Sorbonne, 1996.

Prothero, Iorwerth. "Alain Corbin, *the Life of an Unknown: the Rediscovered World of a Clog Maker in 19th-Century France*." *Labour/Le Travail* no. 53 (2004): 329-331.

Riot-Sarcey, Michèle. *Le procès de la liberté: Une histoire souterraine du XIXe siècle*. La Découverte, 2016.

Scott, Joan, and Louise Tilly. "Women's Work and the Family in Nineteenth-Century Europe." *Comparative Studies in Society and History* 17 no. 1 (1975): 36-64.

Spitzer, Alan. *The French Generation of 1820*. Princeton University Press, 1987.

van Leeuwen, Marco, Ineke Maas, Danièle Rébaudo, and Jean-Pierre Pélissier. "Social Mobility in France 1720-1986: Effects of Wars, Revolution and Economic Change." *Journal of Social History* 49 no.3 (2016): 585-616.

Weber, Eugen. "Religion and Superstition in Nineteenth-Century France." *The Historical Journal* 31 no. 2 (1988): 399-423.

김민철
성균관대학교 사학과 교수. 프랑스 혁명사와 지성사를 연구한다.

전기

삶에서 들로

시대와 분과를 가로지르는 지식의 교차로
서평 무크지 '교차'

1호
《지식의 사회, 사회의 지식》 2021년 10월
고전과 현대의 문제작을 오가며
지식 공동체의 작동과 변모를 조망하다

2호
《물질의 삶》 2022년 4월
인간 중심주의 너머 비인간 행위자들의 세계
살아 움직이는 물질의 행위성에 주목하다

3호
《전기, 삶에서 글로》 2022년 10월
어떤 사람이, 누구의 삶을, 어떻게 쓰는가
무수한 삶의 조각을 기술하는 법

정기구독

1년 36,000원 (2권)
2년 72,000원 (4권)
10% 할인

'교차'는 연 2회 발행되며, 6호를 끝으로 마칩니다.
자세한 사항은 QR코드를 통해 확인해 주세요.

문의
itta@itta.co.kr
02-6494-2001